Diakonische Bildung

Veröffentlichungen
des Diakoniewissenschaftlichen Instituts
an der Universität Heidelberg (VDWI)

Begründet von Theodor Strohm

Herausgegeben von Johannes Eurich und Volker Herrmann

Band 49

Walter Boës

Diakonische Bildung

Grundlegung einer Didaktik diakonischen Lernens an der Schule

EVANGELISCHE VERLAGSANSTALT
Leipzig

Walter Boës, Dr. theol., Jg. 1970, ist Pfarrer der Evangelischen Landeskirche in Baden. Von 2001 bis 2010 war er Studienleiter am Theologischen Studienhaus Heidelberg. Seit 2010 ist er Pfarrer der Evang. Lukasgemeinde in Karlsruhe.

Bibliografische Information der Deutschen Nationalbibliothek
Die Deutsche Bibliothek verzeichnet diese Publikation in der Deutschen Nationalbibliografie; detaillierte bibliografische Daten sind im Internet über http://dnb.dnb.de abrufbar.

Printed in Germany · H 7617

Das Buch wurde auf alterungsbeständigem Papier gedruckt.

Cover: Kai-Michael Gustmann, Leipzig
Satz: Zacharias Bähring, Leipzig
Druck und Binden: Hubert & Co., Göttingen

ISBN 978-3-374-03153-5
www.eva-leipzig.de

Inhaltsverzeichnis

7. Grundlinien einer diakonischen Didaktik 143

Vorwort

Ein hörendes Ohr und ein sehendes Auge,
die macht beide der HERR.
Prov 20,12

Die diakonische Grundgeschichte vom barmherzigen Samariter (Lk 10,25-37), nach der zwei Passanten das Opfer eines Raubüberfalls zwar sahen, es aber gleichwohl liegen ließen, erzählt von der Bedeutung sehender Augen für ein Zusammenleben in einer Gesellschaft, in der nicht nur die Stärksten und Fittesten einen guten Ort haben. Sehen und wirklich sehen, was Not ist, hören und wirklich hören, das ist eine Gabe. Dass Jesus nach dem Lukasevangelium diese Geschichte in einem Lehrgespräch erzählt, lässt hoffen, dass solches Sehen und Hören auch gebildet werden kann. Bildung zwischen Gabe und Aufgabe.

Immer mehr Schulen widmen sich dieser Aufgabe und richten Angebote diakonischer Bildung ein. Welches aber sind die Schritte, die solches Sehen anbahnen und die darüber hinaus helfen, das Sehen wie beim Samariter in reflektiertes und verantwortliches Handeln münden zu lassen? Und was ist von solcher diakonischen Bildung für die allgemeine Bildung und damit für den Einzelnen, für seine Gesellschaft und seine Kultur zu erwarten?

Die vorliegende Arbeit, die 2012 von der Theologischen Fakultät der Ruprecht-Karls-Universität Heidelberg als Dissertation angenommen wurde, widmet sich diesen grundlegenden bildungstheoretischen und didaktischen Fragestellungen um das diakonische Lernen an der Schule.

Ich danke allen, die zum Entstehen dieser Arbeit beigetragen haben, besonders meinem Doktorvater Herrn Prof. Dr. Heinz Schmidt für seine Begleitung und sein Gutachten. Dem Gespräch mit ihm und seinen Arbeiten zur diakonischen Bildung verdanke ich grundlegende Einsichten und unentbehrliche Anregungen. Danken möchte ich auch den Kommilitoninnen und Kommilitonen sowie den Mitarbeitenden am Diakoniewissenschaftlichen Institut, in deren Kontext und weitem Horizont meine Arbeit entstand. Herrn Kirchenrat i. R. Prof. Dr. Jürgen Kegler gilt mein Dank dafür, dass er mich an entscheidender Stelle ermutigt und durch manchen Hinweis angeregt hat. Frau Prof. Dr. Ingrid Schoberth danke ich für die Erstellung des Gutachtens und für die fruchtbaren Gespräche im Umfeld der Heidelberger religionspädagogischen Sozietät. Herrn Prof. Dr. Johannes Eurich und Prof. Dr. Volker

Herrmann danke ich für die Aufnahme des Buches in die Reihe der »Veröffentlichungen des Diakoniewissenschaftlichen Instituts« (VDWI). Frau Vikarin Anke Meckler sei für die sorgfältige Korrektur des Manuskripts gedankt. Für den Zuschuss zum Druck der Dissertation bedanke ich mich bei meiner Landeskirche, der Evangelischen Landeskirche in Baden. Schließlich danke ich meiner Familie, die diese Arbeit neben dem Pfarramt getragen hat.

Im diakonischen Tun und Nachdenken entstehen neue Augen. Im diakonischen Handeln und Reflektieren wird eine neue Sicht geschenkt. Das ist eine der grundlegenden Erkenntnisse dieser Arbeit. Wo im Kontext von Schule solches Sehen ermöglicht wird, da wird es in der Landschaft der Schulen und in den Welten der Schülerinnen und Schüler Spuren hinterlassen. Diese Erfahrung wünsche ich den Leserinnen und Lesern mit den ihnen anvertrauten Menschen.

Karlsruhe im Oktober 2012 *Walter Boës*

1. Einleitung

> »Da soziale Erfahrungen heute für immer mehr Menschen nicht mehr von allein zustande kommen, benötigen wir neue gesellschaftliche Orte, neue »soziale Lernarrangements«, in denen Formen der Solidarität gelernt und erfahren werden. Dazu zählen in erster Linie Familie, Netzwerke von Jugendlichen, Nachbarschaften, Kirchengemeinden, Initiativen und Bürgerforen. Auch die moderne Gesellschaft lebt vom Humus des Sozialen. Dieses darf nicht in beruflich organisierte Expertensysteme verlagert werden.«[1]

An der Aktualität dieser Gegenwartsanalyse aus der EKD-Denkschrift »Herz und Mund und Tat und Leben« aus dem Jahr 1998 hat sich nichts geändert. Was aber ist zu tun, wenn Familie, Netzwerke von Jugendlichen und Nachbarschaften – der Humus des Sozialen – nicht mehr die nötigen Nährstoffe und Mineralien für soziales »Wachstum«, für eine soziale Blüte bereitstellen? An kirchlich getragenen Schulen wurde aus der Not, über die sonst an Schulen viel geklagt wird, dass die gewachsenen sozialen Institutionen wie Familie und Nachbarschaft ihre sozial-erzieherische Funktion oft nur noch eingeschränkt wahrnehmen und auf die Schule abwälzen, eine Tugend gemacht. Sie machten die soziale Erziehung zu ihrem Thema, richteten sozial-diakonische Praktika ein und boten Unterricht in Diakonie an.

> »Um es einmal ganz plakativ zu sagen: Im Sportunterricht sollten nicht die Baseballregeln gelernt, sondern es sollte vor allem gemeinsam geschwitzt werden; im Kunstunterricht sollte gezeichnet, gemalt und gestaltet werden. Nur so wird die Wahrnehmung geschärft und die Kritikfähigkeit gegenüber den visuellen Medien wirklich gefördert. Reden (oder das Auswendiglernen von Stilepochen) ist hier völlig nutzlos. In der Musik geht es nicht um die Geburtsdaten von Bach oder Mozart, sondern um das Singen und Musizieren.«[2]

Diese Forderung Manfred Spitzers ist bei nahezu allen Modellen diakonischen Unterrichts an kirchlich getragenen Schulen Programm. Im diakonischen Unterricht geht es nicht (allein) um die Reproduktion der Diakoniegeschichte

---

1 Kirchenamt der EKD (Hg.): Herz und Mund und Tat und Leben. Grundlagen, Aufgaben und Zukunftsperspektiven der Diakonie, EKD-Denkschrift Nr. 143, Gütersloh 1998, Abs. 127.

2 Spitzer, Manfred: Lernen. Gehirnforschung und die Schule des Lebens, Heidelberg - Berlin 2002, S. 161.

oder um das Wissen um die Existenz und Organisationsform des Diakonischen Werkes. Im Diakonieunterricht will Diakonie geübt werden. Der kognitive Zugang allein genügt nicht. Erst im Zusammenspiel mit der ans diakonische Handeln geknüpften Erfahrung wird diakonisches Lernen in seinem Ernst und Lebensbezug möglich. Die sinnlichen Eindrücke des Fühlens, Schmeckens und Riechens genauso wie des Hörens und Sehens, die ans diakonische Handeln geknüpften Emotionen, Begegnung und Herausforderungen – all das gehört essentiell zum diakonischen Lernen dazu. Wahrnehmung, Kognition und Handeln gehören gleichermaßen zur diakonischen Bildung und sind notwendig aufeinander bezogen.

Dass Spitzer sich in seinen Beispielen auf den Sport, die Musik und die Kunst beschränkt, zeigt, dass die Diakonie noch nicht als Schulfach im allgemeinen Bewusstsein angekommen ist. Obwohl an zahlreichen kirchlich getragenen Schulen selbstverständlich zum Kernbestand des Schulprofils gehörend, obwohl als Compassion-Projekt auch an zahlreichen staatlichen Schulen fest verankert, ist diakonischer Unterricht noch immer eine Randerscheinung in der deutschen Schullandschaft. Aber diakonischer Unterricht ist auf dem Vormarsch – vor allem deswegen, weil er sich gleichsam subsidiär mit den geforderten Sozialpraktika beschäftigt, aber auch weil die Angst vor einem Werteverfall in einem (religiösen) Wertepluralismus den Ruf nach einer Werteerziehung laut werden lässt. Soziale Problemstellungen wie die Auswirkungen der demographischen Prognosen in Deutschland, die eine extreme Überalterung der Gesellschaft voraussagen, aber auch das Auseinanderklaffen der Einkommens- bzw. Reichtums-Armutsschere in Deutschland verstärken diesen Ruf.

Etliche Schulen in kirchlicher Trägerschaft haben diesen Prozess einer Verstärkung der sozialen Bildung vorangetrieben – freilich in der kirchlichen Zuspitzung auf Caritas oder Diakonie. Erste Auswertungen wissenschaftlicher Begleitung liegen vor. Der Grundtenor der Erfahrungsberichte gleichermaßen wie der wissenschaftlichen Evaluation entspricht der auf die Diakonie übertragenen Erkenntnis Spitzers: Diakonische Bildung braucht diakonische Praxis. Bei dieser Grunderkenntnis wird auch meine Arbeit ansetzen, um von da aus einen Beitrag zur Grundlegung einer Didaktik diakonischen Lernens und diakonischer Lehre zu leisten.

Wie nun gestaltet sich der Zusammenhang von Kognition und Praxis im Bereich der Diakonie und im Bereich diakonischen Lernens? Schon jetzt sei, um den Zugang zu dieser Arbeit zu erleichtern, die zentrale Antwort auf diese Frage vorweggenommen. Die Exegese von Lk 10, der Erzählung vom barmherzigen Samariter, ergab schon zu einem recht frühen Zeitpunkt dieser Arbeit die Erkenntnis, dass Diakonie und diakonisches Lehren und Lernen anhand eines Dreischrittes zu beschreiben sind, der dem aus der Befreiungstheologie bekannten, Paolo Freire zugeschriebenen Dreischritt aus Sehen, Urteilen und Handeln verwandt ist. Exegetische Beobachtungen, Erkenntnisse aus der Neurobiologie und der damit wissenschaftstheoretisch eng verbundenen konstruktivistischen Pädagogik, der Einbezug ästhetisch-pädagogischer Forschung sowie bildungs- und kulturtheoretischer Überlegungen führten zu einer abweichenden Formulierung dieses Dreischrittes für die Didaktik diakonischen Lernens: *Ansehen - Deuten - Handeln.*

Die erste, nur scheinbar unwesentliche Änderung findet sich bereits beim ersten Schritt: Ansehen statt Sehen. Viele neuere (religions-)pädagogische Ansätze stützen sich auf die Ästhetik und bringen dadurch den Begriff der Wahrnehmung ins Spiel, so dass die Überlegung nahelag, das Sehen durch das Wahrnehmen zu ersetzen. Je nach Definition engt das entweder den Begriff des Sehens auf einen im künstlerischen Sinne ästhetischen Bereich ein oder es erweitert ihn um die übrigen Sinne. Mir ist an einem möglichst weiten Begriff von Wahrnehmung gelegen. Die so unterschiedliche Verwendung und die verschiedenen kursierenden Definitionen von Wahrnehmung lassen es mir abgeraten sein, das Sehen durch das Wahrnehmen zu ersetzten. Die Unschärfe des Wahrnehmungsbegriffs ist ein Grund für meine Entscheidung für das »Ansehen«. Der zweite, wesentlichere Grund ist, dass ich mir von dieser Formulierung verspreche, dass biblische Anklänge an den im exegetischen Kapitel noch darzustellenden Begriff des Sehens mitschwingen, der eine für die Diakonie und die diakonische Bildung wesentliche Prägung verspricht. Schließlich wird, das ist ein dritter Grund, beim »Ansehen« der Vorgang der Aneignung betont, den ich als Konstruktionsprozess verstehe.

Im zweiten Schritt, dem Deuten, das ich statt des Urteilens wähle, findet sich eine offensichtlichere Veränderung gegenüber dem befreiungstheologischen Dreischritt. Deuten vollzieht sich anders als Urteilen. Das Urteilen zielt – das ist eben der Wortsinn – auf eine Einordnung, eine Feststellung von einer und Festlegung auf eine Wahrheit. Deuten ist vielgestaltiger. Deuten schafft Bedeutung. Bedeutung meint semiotisch zunächst nichts anderes, als dass ein Zeichen auf etwas deutet, auf etwas anderes, auf eine von ihm verschiedene Realität deutet und verweist. In einer Kultur sind solche Zeichen zu Deutungs- und Bedeutungstexturen verwoben, wobei gilt, dass jedes Individuum – konstruktivistisch betrachtet – seine ganz eigene Textur gebildet hat, durch dessen Kommunikation ein clusterhaftes Gewebe an Bedeutungen und Deutungsprozessen entsteht. Deuten im diakonischen Dreischritt heißt Bedeutung bilden, heißt, aus der Wahrnehmung, aus dem Ansehen von Wirklichkeiten und von Kultur, in der wir leben, eine Bedeutung für uns und für andere zu gewinnen – und zwar eine Bedeutung, die die diakonische Wirklichkeit und Kultur mit in den Deutungsprozess einspeist und ihr somit Bedeutung verleiht. Dieses Deuten ist also ein gestaltender, ein aktiver Prozess: Wirklichkeit (diakonisch) deuten heißt, dass ich neue Bedeutung schaffe, Kultur mit neuer Bedeutung versehe und dadurch mich und andere zum Handeln herausfordere.

Der dritte Schritt, das Handeln, bleibt vom befreiungstheologischen Vorbild her erhalten. Man ist im diakonischen Kontext versucht, Handeln durch Helfen zu ersetzen. Dies halte ich jedoch für eine unglückliche Verkürzung, weil dadurch vor allem konkrete Hilfeleistungen in den Blick kämen. Im weiteren Sinne diakonisches Tun aber geriete aus dem Fokus. Gerade um diesen Bereich geht es aber auch an der Schule – das Bilden von und Mitarbeiten an einer diakonischen

Kultur. Ein zweiter Grund, der gegen die Verwendung von »Helfen« spricht, ist die Gefahr eines Machtgefälles zwischen Helfer und Hilfsbedürftigem. Die Exegese der Beispielerzählung vom barmherzigen Samariter wird zeigen, dass der Helfer immer auch Hilfeempfänger ist. Diese zweite Seite, das Hilfeempfangen, wäre mit dem Begriff des Helfens nur unzureichend berücksichtigt.

Ansehen - Deuten - Handeln, diesen diakonischen Dreischritt biblisch und bildungstheoretisch zu begründen und ihn von dort aus didaktisch zu entfalten, das ist die Aufgabe dieser Arbeit. In einem ersten Schritt werde ich dazu den Stand der Entwicklung bzw. der Forschung wiedergeben, den ich voraussetze und den ich mit dieser Arbeit voranbringen möchte. Erst nach diesem Überblick werde ich die genauen Fragestellungen, das methodische Vorgehen und den weiteren Fortgang dieser Arbeit formulieren.

2. Diakonische Bildung an der Schule – Stand der Forschung

Seit den 90er Jahren gibt es vor allem an Schulen kirchlicher Trägerschaft verstärkt diakonische Bildungsoffensiven. Im katholischen Bereich ist das Compassion-Programm zu nennen, das Lothar Kuld und Stefan Gönnheimer wissenschaftlich begleitet und evaluiert haben. Im evangelischen Bereich gibt es kein solches schulübergreifendes Programm, sondern einzelne, herausragende Projekte wie beispielsweise an der Elisabeth-von-Thadden-Schule in Heidelberg, am Ev. Schulzentrum in Leipzig oder am Ev. Schulzentrum in Michelbach/Bilz.[3] Das Diakonieprofil der Elisabeth-von-Thadden-Schule wurde vor allem vom Diakoniewissenschaftlichen Institut in Heidelberg begleitet, insbesondere durch die ehemaligen Institutsleiter Theodor Strohm und Heinz Schmidt. Das Modell am Evangelischen Schulzentrum in Leipzig wurde wissenschaftlich vom Leipziger Institut für Religionspädagogik (Helmut Hanisch) und dem Lehrstuhl für Pädagogische Psychologie (Siegfried Hoppe-Graff) begleitet. Um einen Überblick über den Forschungsstand im Bereich diakonischer Bildung zu geben, werde ich kurz die jeweiligen Forschungsleistungen von Kuld, Hanisch und Schmidt darstellen.

---

3 Weitere evangelische Schulen, an denen Diakonie-Unterricht bzw. Diakoniepraktika durchgeführt werden, sind aufgezählt bei Schubert, Britta von: Diakonisches Lernen in der Schule. Überblick über Projekte Sozialen Lernens, in: Frenz, Michaela; Herrmann, Volker; Joas, Uwe; Leis, Annette (Hg.): Diakoniewissenschaft heute – Zwischenbilanz und Perspektive, DWI-Info 31 (1997/98), Heidelberg 1997, S. 107–110. Vgl. auch die systematisierende Darstellung bei Gramzow, Christoph: Diakonie in der Schule. Theoretische Einordnung und praktische Konsequenzen auf der Grundlage einer Evaluationsstudie, Leipzig 2010, S. 102–140.

2.1 Compassion – Kultur der Mitleidenschaft (Lothar Kuld und Stefan Gönnheimer)

Das Compassion-Projekt[4], erstmals vorgestellt von Adolf Weisbrod, Franz Kuhn und Friedrich Hirsch,[5] hat »die Entwicklung und Stärkung sozialverpflichteter Haltungen unter Schülerinnen und Schülern«[6] zum Ziel. Der Leitbegriff Compassion darf dabei nicht als »Mitleid« missverstanden werden. Compassion bezieht sich vielmehr auf die von Johann Baptist Metz geprägte Formel der Compassion als »elementarer Leidempfindlichkeit«, als »Mitleidenschaft«. Bloßes Mitleid impliziere ein Machtgefälle und eine Einseitigkeit der Beziehung zwischen Helfer und Hilfsbedürftigem, lege außerdem einen zu privaten Wirkungsbereich nahe.[7] Compassion im Sinne von Mitleidenschaft bestimmt also die inhaltliche Füllung der intendierten sozialverpflichteten Haltungen bei den Schülern[8]. Die entscheidende Idee des Compassion-Projektes ist die Verknüpfung der herkömmlichen Sozialpraktika mit einer fächerübergreifenden unterrichtlichen Begleitung, die das ganze Schuljahr über soziale, historische, biologische und ethische Fragen, die im Zusammenhang mit dem Praktikum auftauchen, vor- und nachbereitend aufgreift. Das Compassion-Projekt hat fünf Dimensionen:

1. Die politische Dimension: Compassion ist eine Haltung engagierter Mitmenschlichkeit, die über den privaten Wirkungskreis hinausreicht und insofern immer auch politisch ist.
2. Die Dimension religiöser Sinngebung: »Im Entdecken, im Sehen von Menschen, die im alltäglichen Gesichtskreis unsichtbar bleiben, beginnt

---

[4] Obwohl das Compassion-Projekt aus dem römisch-katholischen Bereich stammt, subsumiere ich es unter diakonische Initiativen, da auch nach dem Selbstverständnis von Compassion die Konfessionalität keine bzw. eine untergeordnete Rolle spielt, Compassion also der Sache nach auf das zielt, was mit diakonischem Lernen bezeichnet wird.

[5] Weisbrod, Adolf; Kuhn, Franz; Hirsch, Friedrich: Compassion - Ein Praxis- und Unterrichtsprojekt sozialen Lernens: Menschsein für andere, in: Engagement. Zeitschrift für Erziehung und Schule, Münster 1994, H. 2-3, S. 268-307.

[6] Kuld, Lothar, Gönnheimer Stefan: Compassion – Sozialverpflichtetes Lernen und Handeln, Stuttgart 2000, S. 150 (Kuld, Gönnheimer 2000a).

[7] Vgl. Kuld, Gönnheimer 2000a, S. 8 und Metz, der »gerechtigkeitssuchende Compassion« als »Schlüsselwort für das Weltprogramm des Christentums im Zeitalter der Globalisierung« versteht. Metz, Johann Baptist: Compassion. Zu einem Weltprogramm des Christentums im Zeitalter des Pluralismus der Religionen und Kulturen, in: Metz, Johann Baptist; Kuld, Lothar; Weisbrod, Adolf: Compassion. Weltprogramm des Christentums. Soziale Verantwortung lernen, Freiburg i. Br. 2000, S. 13.

[8] Aus Gründen der Verständlichkeit werde ich in dieser Arbeit an vielen Stellen auf eine geschlechterdifferenzierende Sprache verzichten. Wenn ich von Schülern, Lehrern, Praxisanleitern etc. in der maskulinen Form spreche, dann sind Schülerinnen, Lehrerinnen, Praxisanleiterinnen impliziert.

die Sichtbarkeit Gottes.«[9] Diese Dimension legt zwar den theologischen Grund des Compassion-Programmes, muss aber in der konkreten Durchführung nicht zwingend assoziiert und eingebracht werden.
3. Die moralpädagogische Dimension: Das Compassion-Projekt versucht, Bedingungen für moralisches Lernen zu schaffen. Dabei wird versucht, Gelegenheiten zu schaffen, in denen sich eine »Disposition zur sozialmoralischen Selbstverpflichtung bewähren und weiter entfalten kann«.[10] Diese substantielle Bezugnahme auf eine soziale Praxis führt zur nächsten Dimension.
4. Die erlebnispädagogische Dimension: Erlebnisse ethischer oder moralischer Entscheidungssituationen sind wertvolle, ja notwendige Lernchancen, führen jedoch nicht zwangsläufig zu moralischem Lernen. Eine unterrichtliche Reflexion der erlebten Praxis ist daher unbedingt geboten.[11]
5. Die institutionelle Dimension: Ein Projekt, das Schule auf einen außerschulischen Bereich hin öffnet, wird die Institution Schule verändern. Dies gilt noch einmal verstärkt für den sozialen Bereich, der nicht nur außerhalb schulischer, sondern vielfach auch außerhalb gemeingesellschaftlicher Wahrnehmung und damit Lebenswirklichkeit ist. Veränderungen der besuchten Einrichtungen oder darüber hinaus gesellschaftlicher Institutionen (wie beispielsweise Recht, Sozialsystem etc.) sind intendiert, hängen jedoch an zu vielen weiteren Faktoren, als dass hier messbare Effekte erwartet werden könnten.

Das Compassion-Projekt wurde gleich an mehreren Schulen durchgeführt und von Lothar Kuld und Stefan Gönnheimer evaluiert. Die Evaluation bezog sich im Wesentlichen auf Schülerbefragungen vor, während und nach dem Projekt, anhand derer Änderungen der Einstellungen und Werthaltungen bei Schülern beobachtet werden sollten. Die Antworten der an Compassion beteiligten Schüler wurden verglichen mit denen dreier Vergleichsgruppen an Schulen, an denen kein Compassion-Projekt durchgeführt wurde. Die Evaluation bezog sich dabei nur auf die Dimensionen drei bis fünf.[12] Die Ergebnisse, die in eine Reihe praktischer Ratschläge für die weitere Durch-

---

9 Metz, Johann Baptist: Die Autorität der Leidenden. Compassion – Vorschlag zu einem Weltprogramm des Christentums, in: Süddeutsche Zeitung (SZ), Nr. 296, 24/25/26.12.1997, S. 57, zitiert nach Kuld 2000a, S. 10.

10 Kuld, Gönnheimer 2000a, S. 11.

11 Kuld, Lothar: Dimensionen der Compassion-Initiative, in: Metz, Johann Baptist; Kuld, Lothar; Weisbrod, Adolf: Compassion. Weltprogramm des Christentums. Soziale Verantwortung lernen, Freiburg i. Br. 2000, S. 90.

12 Auch die Lehrer wurden zwei Mal befragt. Die Fragen blieben bez. der Einschätzung über Erfolg und Misserfolg von Compassion jedoch sehr oberflächlich und ungenau und eruierten im Übrigen eher die Art und den Umfang der Beteiligung. Vgl. Kuld, Gönnheimer, 2000a, Anhang.

führung von Compassion an Schulen münden, sollen hier nicht im Einzelnen aufgeführt werden.

Folgende drei, für den Kontext meiner Arbeit zentrale und, wie ich meine, grundlegende und wegweisende Ergebnisse seien kurz und gebündelt dargestellt:

Schüler, die am Compassion-Projekt teilnahmen, weisen – anders als solche, die nicht daran teilnahmen – deutlich zur Sozialität veränderte Werte und Haltungen auf. Als soziale Einstellung galt ganz im obigen Sinn von Compassion eben nicht nur selbstlose Opferbereitschaft (Altruismus), sondern auch die Lust zu helfen, die impliziert, dass das Helfen einen wie auch immer gearteten Gewinn für die helfende Person bedeutet (Egoismus).[13]

Praktisches Erleben und theoretischer Unterricht müssen verbunden werden. »Jene Schüler, die im Unterricht auf vielfältige Weise Erfahrungen des Praktikums vorbereiten und im Nachgang aufbereiten konnten, weisen am Ende des Schuljahrs gegenüber Schülern, die wenig Unterricht zur Thematik hatten, eine signifikant größere Handlungsbereitschaft im Sozialen auf. [...] Dieses Ergebnis bestärkt unsere Skepsis gegenüber der erlebnispädagogischen Annahme, dass es so etwas wie eine dauerhafte Selbstwirksamkeit von Erlebnissen gäbe.«[14]

Compassion führt zu einer kritischeren Beurteilung von Schule und ihrer Lebensrelevanz. »Das Compassion-Projekt gibt den Schülerinnen und Schülern zu denken. Die Welt ist anders, als sie dachten, die Schule ist weniger, als sie meinten, die Fragen des Lebens sind bei mir und nicht bei den Sachen.«[15] Aber: »In Klassen, in denen in fünf und mehr Fächern Unterricht zu Compassion gemacht wurde, wird die Lebensrelevanz des schulischen Unterrichts signifikant mehr erlebt.«[16] Dieses Ergebnis zeigt etwas vom grundlegenden und allgemeinen Bildungsanspruch jeglichen diakonischen Lernens. Diakonische Erfahrung bildet zum Leben. Schule profitiert von diakonischen Bildungsinitiativen.

Kritische Würdigung

Das Compassion-Projekt stellt einen überzeugenden Entwurf für diakonisch-soziales Lernen dar. Sein Ziel – wie ich es bezeichnen möchte – einer Kultur

---

[13] Vgl. Kuld, Gönnheimer 2000, S. 129. Vgl. auch Theißen, Gerd: Die Bibel diakonisch lesen: Die Legitimitätskrise des Helfens und der barmherzige Samariter, in: Schäfer, Gerhard K.; Strohm, Theodor (Hg.): Diakonie – biblische Grundlagen und Orientierungen. Ein Arbeitsbuch zur theologischen Verständigung über den diakonischen Auftrag, VDWI 2, Heidelberg [3]1998, S. 401. Die gender-spezifischen Untersuchungsergebnisse werden mit Hilfe der als überholt zu betrachtenden Theorie von Carol Gilligan auszulegen versucht. Dies führt nicht zu einer weiterführenden Klärung der festgestellten Unterschiede zwischen Schülerinnen und Schülern. Vgl. Kuld, Gönnheimer, 2000, S. 131 und vgl. unten, Kapitel 7.3.2.2.

[14] Kuld, Gönnheimer 2000a, S. 153.

[15] Kuld, Gönnheimer 2000, S. 138.

[16] Kuld, Gönnheimer 2000, S. 137.

der Mitleidenschaft ist ein hoffnungsvoller Beitrag zur Kultur unserer pluralistischen Gesellschaft. Die wissenschaftliche Evaluation unterstreicht einen Kernpunkt aller diakonischen Bildung, die Verbindung von real-praktischer Erfahrung und theoretischer Reflexion. Je stärker die Reflexion fächerübergreifend vernetzt wird, desto nachhaltiger ist diakonisches Lernen. Diese Erkenntnisse können als grundlegend und maßgeblich für alle weitere Forschung im Bereich diakonischen Lernens gelten.

Kritisch sehe ich die Tatsache, dass ausgerechnet die theologische Dimension nicht ausgewertet wurde. Compassion versteht sich nach Metz als christlicher Beitrag in einer pluralistischen Kulturlandschaft.[17] Das Projekt fällt hinter diese notwendige theologisch profilierte Position zurück, wenn auf eine Auswertung dieser Dimension zugunsten einer (scheinbar) besseren Allgemeinverträglichkeit an der Schule verzichtet wird. Ein wie auch immer austariertes Gleichgewicht zwischen Positionierung und Freiheit der Schüler und Schule muss offen benannt und gesucht werden. Die Gefahr der Wahrnehmung von Compassion durch Schüler und Institution als einer nicht transparenten *hidden agenda* ist sonst übergroß. Diakonische Bildung muss, so wird die folgende biblische Analyse genauso wie die sich anschließenden Überlegungen zu einem diakonischen Bildungsbegriff zeigen, ihre christlich-theologische Position einbringen und reflektieren. Dass es sich dabei in einer pluralistischen Kultur nicht um ein spannungsfreies Gegenüber handeln kann, ist naheliegend.

Die Evaluation des Projektes mündet sehr schnell und ausführlich in praktischen Empfehlungen, bewegt sich mithin im Bereich der Projekt- und Lernorganisation. Verspielt wird dabei ihr grundlegend theologischer Zugang. Auch eine Klärung, wie sich Compassion bildungstheoretisch begründen lässt, ist damit nicht im Blick. Die angestrebte Kultur der Compassion bzw. der Mitleidenschaft[18] droht ihre Verankerung in ihrem christlichen, noch pointierter formuliert, in ihrem christologischen Grund zu verlieren. Das Besondere christlich-diakonischer Wahrnehmung, das Johann Baptist Metz und Klaus Engelhardt einfordern, wird in seiner Reichweite daher leider nicht ausgelotet und geht in einem allgemein-anthropologisch begründeten Begriff von Helfen unter. Um »mitleiden zu können, braucht es die Unmittelbarkeit des Empfindens wie der Wahrnehmung«[19], zu der Engel-

[17] Metz 2000, S. 9.

[18] Metz 2000, S. 15.

[19] Engelhardt, Klaus: Für eine Kultur des Erbarmens, in: Metz, Johann Baptist; Kuld, Lothar; Weisbrod, Adolf: Compassion. Weltprogramm des Christentums. Soziale Verantwortung lernen, Freiburg i. Br. 2000, S. 158. Vgl. auch Johann Baptist Metz, der Compassion auch als Empfindlichkeit bezeichnen kann: »Die Mystik der Bibel [...] ist in ihrem Kern eine politische Mystik, näherhin eine Mystik der politischen, der sozialen Compassion. Ihr kategorischer Imperativ lautet: Aufwachen, die Augen öffnen! Jesus lehrt nicht eine Mystik der geschlossenen Augen, sondern eine Mystik der offenen Augen und damit der unbedingten Wahrnehmungspflicht für fremdes Leid.« Metz 2000, S. 17.

hardt, von dem dieses Zitat stammt, aus der Betrachtung des Handelns und der Verkündigung Christi seinen Zugang gewinnt. Solche Wahrnehmung als Grundbaustein diakonischer Bildung bedarf daher weiterer Untersuchung und Beschreibung.

2.2 Diakonisches Lernen als situiertes Lernen – Kultur der Partizipation (Helmut Hanisch und Kollegen)

Über den Ansatz des Compassion-Projektes hinausgehend, der gemessen an der gesamten Schulzeit ein eher punktuelles Programm darstellt, wird am Evangelischen Schulzentrum in Leipzig ein Fach »Sozial-diakonischer Lernbereich« angeboten, das kontinuierlich über mehrere Jahre unterrichtet wird. Es handelt sich dabei um ein Profilfach, das ab der 7. Klasse alternativ zum Fach »Französisch« gewählt werden kann. Für Schüler, die den Hauptschulabschluss anstreben, bedeutet das, dass sie sich drei von neun, für Schüler, die die mittlere Reife anstreben, dass sie sich vier von zehn Schuljahren mit Theorie und Praxis der Diakonie beschäftigen. Ähnlich wie beim Compassion-Projekt wird auch hier schon durch den relativ offenen Titel des Fachs versucht, das Missverständnis zu vermeiden, es handle sich bei Fach und Thema um ein rein innerkirchliches Anliegen.[20] Das Fach wird vierstündig unterrich-

---

[20] Ähnlich in der Begriffswahl Rupp, Knapp und Dammann, die aber die Reihenfolge vertauschen: »Diakonisch-soziales Praktikum« nennen sie das von ihnen angebotene bzw. untersuchte Programm. Mit dem diakonisch-sozialen Praktikum streben sie im Rahmen des an Realschulen in Baden-Württemberg verpflichtenden Programms »Themenorientiertes Projekt Soziales Engagement« (TOP SE) diakonisch-soziales Lernen als Service-Learning an. In der konkreten Konzeption ähnelt das Praktikum weniger dem Leipziger Modell, als es – erweitert um die Komponente des Service-Learnings – dem Compassion-Programm folgt. Vgl. Rupp, Hartmut; Knapp, Angela; Dammann, Christoph: Diakonisch-soziales Lernen, Service Learning und gesellschaftliche Verantwortung, in: Adam, Gottfried; Hanisch, Helmut; Schmidt, Heinz; Zitt, Renate: Unterwegs zu einer Kultur des Helfens. Handbuch des diakonisch-sozialen Lernens, Stuttgart 2006, S. 56–68. Ebenso führt einen in der Reihenfolge gedrehten Lernbegriff des diakonisch-sozialen Lernens Gottfried Adam, der damit die enge Verbindung von diakonischem und sozialem Lernen ausdrücken möchte. Adam, Gottfried: Diakonisch-soziales Lernen. Eine Zwischenbilanz in weiterführender Absicht, in: Eurich, Johannes; Oelschlägel, Christian (Hg.): Diakonie und Bildung. Heinz Schmidt zum 65. Geburtstag, Stuttgart 2008, S. 362–375. Hanisch und Toaspern gebrauchen in ihren Veröffentlichungen anders als das Schulzentrum den Begriff des »diakonischen Lernens«, um die christlich-theologische Dimension des Lernens zu betonen. S. u. S. 21. Vgl. Toaspern, Huldreich: Diakonisches Lernen. Modelle für ein Praxislernen zwischen Schule und Diakonie, Göttingen 2007, S. 16; Hanisch, Helmut; Gramzow, Christoph; Hoppe-Graff, Siegfried: Diakonisches Lernen – Konzeptionelle Annäherungen auf empirischer Grundlage, in: Hanisch, Helmut; Schmidt, Heinz (Hg.): Diakonische Bildung. Theorie und Empirie, Heidelberg 2004, S. 81ff.

tet, je zweistündig in Theorie und Praxis. Darüber hinaus wird fächerübergreifend, mithin projektartig unterrichtet.[21] Im Zentrum des Profils steht ein drei- bis vierwöchiges Blockpraktikum im neunten Schuljahr. Auch das Leipziger Modell zeichnet sich also durch das mit- und ineinander von Theorie und Praxis aus. Das Leipziger Modell wurde, ähnlich wie das Compassion-Projekt, empirisch durch Schülerbefragungen evaluiert. Dazu befragten Helmut Hanisch, Christoph Gramzow und Siegfried Hoppe-Graff elf Schüler vor dem Schuljahr und acht von diesen elf Schülern danach.[22] Neben den sehr positiven Untersuchungsergebnissen (bleibende bzw. steigende Beliebtheit der Fächer »Diakonie praktisch« und »Diakonie theoretisch« sowie des Fachs Religion), die den grundsätzlichen Wert des Modells belegen, zeigten sich jedoch auch gravierende Schwächen des Leipziger Modells. So blieben die Einschätzungen der Schülerin[23] und der Schüler nach dem Schuljahr, was das Fach zur Vermittlung sozial-diakonischer Kompetenz beitragen würde, deutlich hinter ihren Erwartungen zurück. Auch eine Weiterentwicklung der Schülerin und der Schüler bez. ihres Verständnisses von Diakonie ließ sich nicht bzw. nicht im erwarteten Maße feststellen.[24] Aus dieser Defiziterfahrung heraus analysieren Hanisch, Gramzow und Hoppe-Graff zunächst die Gründe dafür und entwickeln aus ihrer Analyse ein Modell diakonischen Lernens. Drei Hauptgründe sind für das partielle Scheitern des Leipziger Modells zu nennen: Zum Ersten – und hier knüpfen Hanisch, Gramzow und Hoppe-Graff nahtlos an die Erkenntnisse aus der Untersuchung des Compassion-Projektes an – gab es in der untersuchten 7. Klasse zwar praktischen Diakonieunterricht. Aber ein ausführliches Praktikum im Sinne des Compassion-Projektes war erst für die 9. Klasse vorgesehen. Es fehlte also trotz des als praktisch ausgelobten Teilbereiches die real-praktische Erfahrung eines Praktikums. Aus solch fehlenden Erfahrungen erklärt sich, dass die Schüler, nach der Bedeutung des Wortes Diakonie befragt, auch nach einem ganzen Schuljahr noch sehr unkonkrete und unterbestimmte Definitionen äußerten.

Zum Zweiten erklärt sich das defizitäre Diakonieverständnis der Schülerin und der Schüler aus einem Mangel an dezidiert theologischen Lehrplaninhalten.[25] Es fehlen die theologischen Grundlagen, ohne die sich Diakonie nicht hinreichend bestimmen lässt.

---

21 Hanisch, Gramzow, Hoppe-Graff 2004, S. 78 f.

22 Hanisch, Gramzow, Hoppe-Graff räumen selbst ein, dass es sich bei dieser geringen Zahl der befragten Schülerinnen und Schüler keineswegs um eine repräsentative Stichprobe handeln könne. Gleichwohl erhoffen sie sich insbesondere aus dem Vergleich der Vorher-Nachher-Studie wegweisende Erkenntnisse. Vgl. Hanisch, Gramzow, Hoppe-Graff 2004, S. 102.

23 Bei der zweiten Befragung war nur noch eine Schülerin unter den Befragten. Die übrigen Befragten waren männlichen Geschlechts.

24 Hanisch, Gramzow, Hoppe-Graff 2004, S. 124 ff.

25 Hanisch, Gramzow, Hoppe-Graff 2004, S. 127.

Zum Dritten – und hier werten Hanisch, Gramzow und Hoppe-Graff die Forschungsergebnisse von Daniel Hart und seinen Mitarbeitern aus und übertragen sie auf den diakonischen Kontext – stellen sie fest, dass soziales Engagement eng mit dem jeweiligen Selbst- und Weltbild verknüpft ist.[26] Diakonisches Lernen ist von daher untrennbar verbunden mit der Entwicklung der Persönlichkeit.[27]

Auf der Suche nach einem Lernkonzept, das diese drei Erkenntnisse (Integration einer *»realen« Praxis, theologische Fundierung und Persönlichkeitsentwicklung*) berücksichtigt und aufnimmt, stoßen Hanisch und Kollegen auf die Konzepte des *situated learnings*. Zum *situated learning* gehören wesentlich zwei Dinge: zum Ersten das letztlich ausschließliche Lernen in und durch die Praxis[28] und zum Zweiten die »community of practice«. Das Lernen in der Praxis vollzieht sich demnach nur dann sinnvoll, wenn die sog. *newcomers* eine Lern- und Arbeits-Gemeinschaft mit den »Alten« bilden. Jean Lave und Etienne Wenger prägten für die geforderte Praxis-Gemeinschaft den Begriff der *legitimate peripheral participation*. Die *newcomers* haben nach dem Modell der *legitimate peripheral participation* vollen Zugang zur Gemeinschaft und ihrem Arbeitsfeld. Gleichzeitig aber ist klar, dass die Übernahme von Verantwortung und von Tätigkeiten am Rande beginnt (peripheral) und erst nach und nach zum vollen Umfang ausgebaut wird.[29] Durch eine so gestaltete Praxis könnten vier Lerndimensionen abgedeckt werden:

1. *Professionelle Orientierung*: Darunter verstehen Hanisch und Kollegen das Eintauchen in und praktisches Erarbeiten von professionell-diakoni-

---

[26] Hart und Mitarbeiter hatten eine Gruppe sozial sehr engagierter Jugendlicher mit einer Kontrollgruppe verglichen und waren zu eben diesem Ergebnis gekommen, dass sich die Jugendlichen vor allem hinsichtlich ihres Selbstkonzeptes unterscheiden. Das wird sichtbar an 1. anderen Selbstzuschreibungen wie Ehrlichkeit, Vertrauenswürdigkeit, 2. der Integration von positiven Idealen ins Selbstbild, 3. der weiter entwickelten Theorie des Selbsts und 4. der Verbindung des aktuellen Selbstkonzeptes mit denen aus der Vergangenheit und der Zukunft, was für Kontinuität und Kohärenz des Selbstbildes steht. Vgl. Hanisch, Gramzow, Hoppe-Graff, S. 129 f.

[27] Vgl. auch Hanisch, Helmut: Diakonisch-soziales Lernen als Impuls zur Persönlichkeitsentwicklung, in: Adam, Gottfried; Hanisch, Helmut; Schmidt, Heinz; Zitt, Renate: Unterwegs zu einer Kultur des Helfens. Handbuch des diakonisch-sozialen Lernens, Stuttgart 2006, S. 43–55.

[28] Hanisch führt hier das Beispiel der Lehre von Hebammen in Yucatan an. Von Anfang an sind die Schülerinnen in der Praxis mit dabei und werden nach und nach über beobachtende Teilnahme, durch das Erzählen von Geschichten und die stetige Erweiterung des eigenen Tätigkeits- und Verantwortungsbereiches in das Arbeitsfeld integriert. Als Gegenbeispiel wird die Ausbildung von Fleischhauern zitiert, an der die Schüler das »nötige« Wissen theoretisch vermittelt bekommen und im Anschluss daran in Betrieben eingesetzt werden, in denen sie jedoch nur eine spezialisierte Teilaufgabe zu erledigen haben.

[29] Hanisch, Gramzow, Hoppe-Graff, S. 133 ff.; ausführlicher: Toaspern 2007, S. 63–97.

schen Kommunikations- und Arbeitsabläufen und Berufsbildern sowie das Erschließen sozial-diakonischer Kompetenz.
2. *Persönlichkeitsentwicklung*: Hier geht es um eine Weiterentwicklung des Selbstkonzeptes, vor allem hinsichtlich von Werten, Handlungsmaßstäben und sozialem Verhalten.
3. *Diakonische Profilierung*: Nicht beliebige soziale Arbeitsbereiche werden erfahren, sondern diakonische. Das diakonische Profil wird sichtbar an Symbolen, an Umgangsformen, an Angeboten geistlichen Lebens und ggf. an den jeweiligen diakonischen Motivationen der Mitarbeiter.
4. *Diakonische Organisation*: Hier geht es um den Blick über die einzelne Institution hinaus, dahin, wie sich der Praktikumsort in die diakonische, soziale und politische Landschaft eingliedert. In ihrer Anwendung des *legitimate-peripheral-participation*-Modells auf das diakonische Lernen an der Schule transzendieren Hanisch et al. allerdings dieses Modell insofern, als sie nicht auf eine theoretische Reflexion, also einen die Praxis einführenden, begleitenden und nachbereitenden Unterricht verzichten wollen. Sonst würden einerseits die Möglichkeiten schulischer Bildung überfordert und andererseits, so ergänze ich, die jeweiligen theologischen Ausprägungen gelebter Diakonie nicht für eine gründliche theologische Fundierung des Diakoniebegriffs ausreichen.[30] Dieser theoretische Unterricht ist aber als vorbereitender, als begleitender und als nachbereitender streng bezogen auf die Praxis. Themenstellungen werden insbesondere in Begleitung und Nachbereitung durch die Praxis vorgegeben – nicht durch einen theoretischen Überbau.

Einzige Ausnahme bietet die Theoriedimension »Konzeptionelle Vergewisserung«, in der Hanisch et al. dezidiert theologisch-diakonische Inhalte fordern. Aber auch solche Inhalte können didaktisch geschickt auf die Praxis Bezug nehmend verhandelt werden.[31]

---

30 In diesem Sinne und ganz im Sinne von *legitimate peripheral participation* könnten die jeweiligen *oldtimer* dann sogar von den *newcomers* ihr diakonisches Selbstverständnis hinterfragen lassen und verändern.

31 In seinem Aufsatz »Religion und diakonisches Handeln aus religionspädagogischer Perspektive« reflektiert Hanisch insbesondere den theoretischen Bereich diakonischen Lernens und schlägt zwei Lernformen dafür vor:

1. Das Lernen am Modell, das sich vom reinen Vorbild- bzw. Nachahmungslernen dadurch unterscheidet, dass über Vorbilder bzw. modellhaft handelnde Personen reflektiert wird.

2. Das Lernen mit der Bibel, bei dem das Handeln der Modellpersonen auf ihre biblische Begründung hin untersucht werden soll. Beide theoretischen Zugänge ergeben jedoch – wie Untersuchungen zeigen – nur nachhaltigen Sinn, wenn sich die jungen Menschen »nicht nur theoretisch mit dem Zusammenhang von biblischer Weisung und helfendem Handeln beschäftigen, sondern zugleich auch die Möglichkeit erhalten, sich in der Praxis zu erproben« (Hanisch, Helmut: Religion und diakonisches Handeln aus religionspädagogischer Perspektive, in: Eurich, Jo-

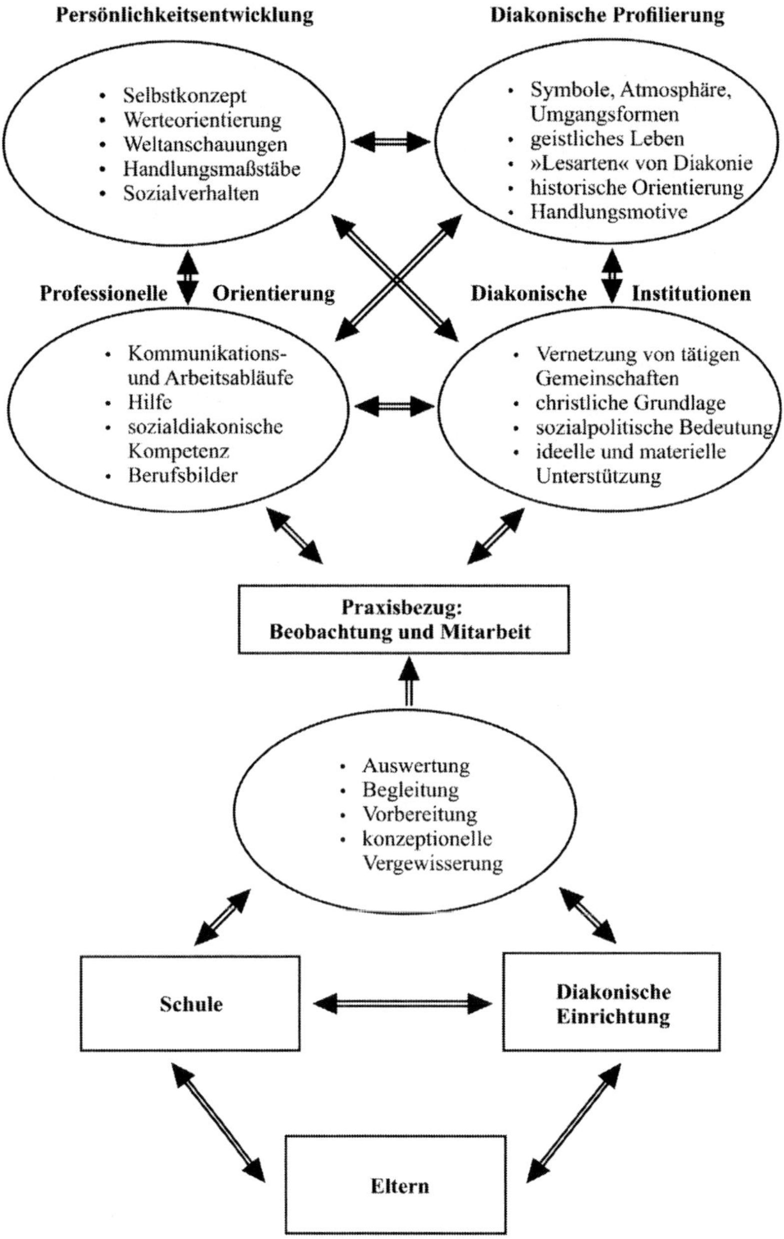

Abb. 1: Diakonisches Lernen im schulischen Kontext, aus: Hanisch, Gramzow, Hoppe-Graff 2004, S. 152.

Huldreich Toaspern hat in seiner Dissertation »Diakonisches Lernen. Modelle für ein Praxislernen zwischen Schule und Diakonie« diesem Modell der *legitimate peripheral participation*, das sein Doktorvater Hanisch in den Diskurs über diakonische Lernprozesse einbrachte, noch zwei weitere Lernformen aus dem Bereich des *situated learnings* an die Seite gestellt.[32] Das Modell *knowing what we know*[33] entnimmt er der Forschung im Bereich der Erziehungswissenschaften von Catherine Elizabeth Snow. Dieses Modell vermag den Zusammenhang von Theorie und Praxis besser zu beschreiben als das Modell der *legitimate peripheral participation.* Nach diesem Modell funktioniert Lernen in drei bzw. vier Schritten, die ich an dem auch von Toaspern angeführten Beispiel der Lehrerausbildung verdeutlichen möchte: Die erste Phase ist bestimmt von einem *Expertenimpuls*: Der Lernende erwirbt zunächst und als Erstes ein vorprofessionelles Wissen (*preprofessional personal knowledge)* durch Expertenimpulse. Im Fall der Lehramtsanwärter hatte dieser i. d. R. unreflektierte Wissenserwerb bereits mit der eigenen Erfahrung von Schule begonnen, als sie als Schüler selbst tagtäglich Impulse von »Experten« erlebt hatten. Eine

---

hannes; Oelschlägel, Christian (Hg.): Diakonie und Bildung. Heinz Schmidt zum 65. Geburtstag, Stuttgart 2008, S. 388). Hier kommt dann wieder das situierte Lernen in der Praxis zum Zuge. »Von dem Dreiklang Modelllernen, Lernen in tätiger Gemeinschaft und Lernen mit der Bibel« verspricht sich Hanisch, dass »sich junge Menschen von dem Doppelgebot der Liebe inspirieren lassen und entsprechend handeln« (Hanisch 2008, S. 388).

32 Vgl. Toaspern 2007. Toaspern entwirft, die Thesen seines Doktorvaters aufgreifend, dann aber doch eine andere Systematisierung der Dimensionen diakonischen Lernens, die in seiner Darstellung leider recht unverbunden mit den drei Lernformen aus dem Bereich des *situated learnings* bleiben:

1. Die fachliche Dimension: Zur fachlichen Dimension gehören die theoretische Praxisvorbereitung, Nachbereitung und Reflexion, die Erarbeitung von diakonischen Handlungsfeldern und Arbeitsformen, Diakoniegeschichte und Medizinethik.
2. Die soziale Dimension: Hierzu zählen der Erwerb sozialer Kompetenz auf Grundlage christlicher Werte (mit den Kompetenzfeldern Ausdruck, Empfang, Offenheit, Kooperation, Gestaltung, Identifikation) und Teilhabefähigkeit an einer verantwortlichen Gesellschaft.
3. Die theologische Dimension: Die Fähigkeit, soziales Engagement theologisch zu reflektieren, ist wesentlicher Bestandteil diakonischen Lernens. Folgende Leitlinien nennt Toaspern: das christliche Menschenbild, (von Gott) empfangende und (dem Nächsten) gebende Liebe, ein christologisch begründeter Gemeinschaftsbegriff, Zuwendung zum wirklichen Menschen, Freiheit zur helfenden Tat, Diakonie als Gemeindegeschehen, Kontextualisierung christlichen Glaubens auf die Gegenwart. Toaspern setzt sich damit wie sein Doktorvater für eine sich positionierende diakonische Pädagogik ein.

Allen drei Dimensionen stellt er eine entwicklungspsychologische Orientierung voran: der ersten Piagets allgemeines kognitives Stufenmodell, der zweiten vor allem Eriksons Stufenmodell der sozialen Identitätsentwicklung, der dritten Kohlbergs moralische Entwicklung und die Theorie religiöser Entwicklung von Oser/Gmünder.

33 Vgl. zum Folgenden Toaspern 2007, S. 122–144.

zweite, nicht zwingende Phase, ist die *Vertiefung des Wissens*. Am Beispiel des Weges zum Lehrer wäre hier das Studium zu nennen. Auf theoretischer Basis werden die eigenen Erfahrungen reflektiert und bearbeitet. Die dritte Phase nun ist eine Praxisphase: *»Performing with limited Competence«* bedeutet, dass der Lernende mit seiner begrenzten, vorprofessionellen Erfahrung in die Praxis einsteigt. Auf der Grundlage seiner (unzureichenden) Erfahrung ist er gezwungen zu handeln, sein vorhandenes Wissen kreativ auf die neue Situation anzupassen und einzusetzen. Schulpraktika während des Studiums, das Referendariat, aber auch noch die ersten Berufsjahre wären im Bereich der Lehrerausbildung zu dieser Phase zu zählen. Die vierte und abschließende Phase befasst sich mit der *Analyse* der Erfahrungen der dritten Phase, die nun unter Anleitung eines Experten reflektiert und aufgeschlüsselt werden. Ohne diese vierte, theoretische Phase, würde das Lernen nur sehr langsam und mit deutlichen Grenzen fortschreiten.

Das Modell *knowing what we know* lebt vom produktiven Ungleichgewicht von Kompetenz und Performanz (Handeln) in einer konkreten Situation. Experten entwickeln sich nur durch Erproben und durch Erfahrung.[34] Soziale Einbindung (z. B. in das Lehrerkollegium der Schule), die dadurch entstehende Öffentlichkeit, der mit Praxis und sozialer Einbindung verbundene Vertrauensvorschuss und die unmittelbare Rückmeldung aus der Praxis wirken als motivierende Faktoren. Soziale Interaktion muss dabei immer sowohl auf sprachlicher als auch auf handelnder Ebene geschehen und führt nur in dieser Verzahnung zum Lernerfolg.

Auch dieses Modell berücksichtigt beide von Hanisch und Kollegen erarbeiteten Komponenten, das Lernen in der Praxis und die Persönlichkeitsentwicklung. Insbesondere der Zusammenhang von theoretischem und praktischem Lernen wird hier gut berücksichtigt. Das Moment der Persönlichkeitsentwicklung ist allerdings nur insofern im Fokus, als es unreflektierte persönliche Erfahrung durch Anwendung und Reflexion transformiert. Die Persönlichkeitsentwicklung liegt also darin – und hier lege ich Toaspern über seine Ausführungen hinaus aus –, dass intuitive Selbst-, Fremd- und Weltbilder zum Gegenstand der Reflexion gemacht werden und sich dadurch weiterentwickeln können.

Schließlich wendet Toaspern noch einen weiteren Entwurf situierten Lernens an, das sog. *world travelling*, das Suzanne K. Damarin entwickelt hat.[35] Hier wird vor allem die Forderung nach Persönlichkeitsentwicklung betont. Damarin hat in ihren Bildungsbeiträgen einen feministischen bzw. antirassistischen Fokus, weshalb Gerechtigkeit, Freiheit und Offenheit Voraussetzung und Ziel ihres Entwurfes sind. Ebenfalls vorausgesetzt ist ein multiples Identitätsverständnis. Identität ist nicht einlinig, sondern setzt sich aus einer Vielzahl von (kontextuell gebundenen) Identitäten zusammen. Die Stärke eines solchen Identitätskon-

34 Toaspern verweist auf den eigentlichen Wortsinn von experi, versuchen, erproben. Toaspern 2007, S. 141.

35 Vgl. zum Folgenden Toaspern 2007, S. 158 ff.

zeptes in einer pluralistischen Lebenswelt liegt auf der Hand. *Situated learning* geschieht, indem Lernende sich neue Welten erschließen; das ist der Sinn von *world travelling.* »Der Nachdruck des Modells liegt aber nicht auf den Formen der Zugehörigkeit, sondern auf der Kreativität, Flexibilität und Integrationskraft der Persönlichkeit, mit der sie ihr multiples Selbst schafft und lebt, also die Eruierung neuer Bereiche und der Wechsel zwischen den Bereichen.«[36] Durch den Wechsel der Welten werden dem Selbst neue Identitäten hinzugefügt. Am Beispiel der Gegenüberstellung von *travel* and *tourism* wird deutlich, wie Lernen vorgestellt ist: Unter *tourism* ist das gefasst, was abschätzig auch als Sightseeing bezeichnet wird: Kultur wird von außen – gleichsam durch die Linse des Fotoapparates wahrgenommen. Es entsteht ein verobjektivierendes Bild von Kultur. Der Gegenentwurf ist das *travelling.* Der *traveller* reist allein mit dem Rucksack, kommt mit Einheimischen ins Gespräch, ist zu Gast, lebt für eine bestimmte Zeit mit ihnen und lernt mit ihnen – erweitert seine Identität um die neu erschlossene Welt. Kennzeichen dieses Lernens sind:

Freiheit der Wahl: Die Lernenden entscheiden selbst und frei, welcher Welt sie sich zuwenden.

Gleichheit bzw. Gerechtigkeit: Lernende und Beteiligte (Bereiste) sind gleichberechtigt und frei. Objektivierung, die Herabwürdigung des Gegenübers zum Objekt, ist ausgeschlossen. Diese Erkenntnis ist besonders wichtig im Kontext diakonischen Lernens, in dem die Lernenden Menschen begegnen, die in der Wahrnehmung der Lernenden wie in der Eigenwahrnehmung leicht zum Hilfsobjekt und Lerngegenstand geraten.

Vitale Identität: Lernen bedeutet, den Kanon zur Verfügung stehender Identitäten zu erweitern und die Fähigkeit zum Wechsel zwischen den Identitäten zu fördern. Identitäten bleiben nur dort vital, wo sie weiterhin gebraucht, d. h. aktiv angewendet und gelebt werden.

Für die Adaption dieses Ansatzes an die schulische Praxis gerät dieses Modell schon in seiner ersten Forderung an seine Grenzen. Die Wahl der Welten ist beim diakonischen Lernen zumindest eingeschränkt. Umgekehrt wird deutlich, dass für die Auswahl des Praktikumsplatzes möglichst viele verschiedene Arbeitsfelder zur Verfügung stehen sollten.

Was bei Hanisch, Gramzow, Hoppe-Graff und Toaspern noch auf sehr schmaler empirischer Datenbasis beruhte, das hat Christoph Gramzow in einer sehr umfangreichen empirischen Untersuchung des Modells diakonischen Lernens am Ev. Schulzentrum in Michelbach/Bilz (Michelbacher Modell) zu validieren unternommen.[37] Dafür verwendete er verschiedene Testverfahren

---

[36] Toaspern 2007, S. 161.

[37] Sowohl Toaspern als auch Hanisch konzedieren in ihren Untersuchungen die schmale Datenbasis, die es – so Hanisch – nötig mache, »zu betonen, dass die befragten Schülerinnen und Schüler forschungstheoretisch in erster Linie für sich selbst stehen. Sie bilden keine repräsentative Stichprobe«. Hanisch, Gramzow, Hoppe-Graff 2004, S. 102. Toaspern spricht von »Veranschaulichung und Unterstreichung von Ergebnissen aus dem Theorieansatz«. Toaspern 2007, S. 99.

und befragte nahezu alle am Praktikum beteiligten Gruppen[38] mit dem Ziel, einerseits den Lernerfolg der Schüler, andererseits den Einfluss des Lernkontextes auf das diakonische Lernen zu untersuchen.[39] Davon ausgehend zieht Gramzow Rückschlüsse auf die theoretischen Annahmen. Außerdem erarbeitet er wertvolle Hinweise für die Praxis.[40]

Um den *Lernerfolg* der Schüler zu untersuchen, legte Gramzow ein Kompetenzprofil bzw. Zieldimensionen zugrunde, die er aus einem synchronisierenden Abgleich des Michelbacher Kompetenzmodells mit den Dimensionen diakonischen Lernens von Hanisch, Gramzow, Hoppe-Graff und Toaspern gewonnen hatte.[41] Dadurch erarbeitete Gramzow ein differenziertes Bild, welche Kompetenzen bzw. in welchem Ausmaß die angeführten Kompetenzen bzw. Ziele durch das Michelbacher Modell gefördert werden. Das sich ergebende Bild korrigiert manche Fehlerwartung, z. B. die Erwartung, dass die Empathiefähigkeit in der Selbsteinschätzung der Schüler steige. Gramzow schafft es, manche dieser Fehlerwartungen zu erklären: So sei beispielsweise nicht die Empathiefähigkeit gesunken, sondern die Selbsteinschätzung wirklichkeitsnäher geworden.[42] Andere Fehlerwartungen können von Gramzow nur konstatiert werden, so z. B. im Fall des Horizonts der Auferstehungshoffnung[43].

---

[38] Die einzige nicht befragte Personengruppe ist die Gruppe der Menschen, die in den Praktikumseinrichtungen lebten bzw. betreut wurden - also die Gruppe der »Klienten«.

[39] Gramzow 2010, S. 161ff.

[40] So weist Gramzow beispielsweise auf den besseren Erfolg von Blockpraktika hin oder auf die Notwendigkeit eines zielgruppenorientierten Unterrichtes, für den er die notwendigen Zielgruppenmerkmale liefert. Vgl. Gramzow 2010, S. 570.

[41] Gramzow 2010, S. 142–145; Hanisch, Gramzow, Hoppe-Graff 2004, S. 147 ff.; Toaspern 2007, S. 191ff. Und s. u. Kapitel 7.9 Diakonische Kompetenz.

[42] Dass die Selbsteinschätzung bez. der Empathiefähigkeit nicht stieg, sondern im Gegenteil sank, zählt zu den überraschenden Erkenntnissen Gramzows. Gramzow deutet dies dennoch insofern als Lernfortschritt, als vermutlich nicht die Empathiefähigkeit gesunken, sondern lediglich die Selbsteinschätzung der Schüler realistischer geworden sei und die Schüler die Grenzen ihrer Empathiefähigkeit besser kennengelernt hätten. Als weiteren Grund für diesen Effekt vermutet Gramzow die veränderte Wahrnehmung der betreuten Menschen. So würden beispielsweise Behinderung oder Alter in der Wahrnehmung selbstverständlicher. Alte oder behinderte Menschen würden nicht mehr nur in ihren Einschränkungen wahrgenommen, sondern auch als Individuen mit ihren besonderen Gaben. Leider fällt Gramzow insofern hinter seine plausiblen Erklärungen zurück, als er eher nicht davon ausgeht, dass die Subkompetenz Empathie im Rahmen des Diakonieunterrichtes gefördert wird. Damit erhebt er die Selbsteinschätzung der Schüler zum objektiven Messinstrument und vernachlässigt doch die von ihm genannten Faktoren, die zu einer Veränderung der Selbsteinschätzung, nicht aber der Subkompetenz führen. Vgl. Gramzow 2010, S. 504 und S. 578.

[43] Schon hier sei darauf verwiesen, dass es sich bei den untersuchten Kompetenzen in vielen Fällen nicht um Kompetenzen im eigentlichen Sinn handelt. Hierin liegt m. E. eine gewisse Unschärfe der Untersuchung. S. u. S. 244.

Insgesamt aber bewertet Gramzow das Michelbacher Modell hinsichtlich des Lernerfolgs sehr positiv.

Die Untersuchung der *Lernkontexte* bestätigt noch einmal die Erkenntnis, dass »Praktika das ›Herzstück‹ diakonischen Lernens«[44] bilden. Von der Gestaltung des Praktikums hängt wesentlich das Gelingen diakonischen Lernens ab.[45]

Auch die drei vorgeschlagenen Modelle des situierten Lernens betrachtet Gramzow in seiner Untersuchung. Die Untersuchungsergebnisse allerdings sind m. E. nicht eindeutig genug, um den positiven Effekt des situierten Lernens wirklich nachzuweisen. Insbesondere die die Tatsache, dass eine Förderung der theologischen Orientierung bzw. der Erkenntnis des Zusammenhanges von christlicher Motivation und diakonischem Handeln nicht nachweisbar waren,[46] wirft Fragen auf:[47] Kann das Konzept des *situated learnings* tatsächlich die erhoffte Einwurzelung in die christlich-religiösen Grundanschauungen der *community of practice* Diakonie bringen? Verhindert dies die kurze Dauer der Praktika, oder kann die *community of practice* diese Leistung gar nicht erbringen? Oder spiegelt dieses Ergebnis vor allem den Mangel einer solchen gemeinsamen Basis in der diakonischen *community of practice* überhaupt? Umgekehrt zeigen sich die Ergebnisse der Untersuchung immerhin als von den Modellen situierten Lernens her interpretierbar.[48]

---

[44] Gramzow 2010, S. 587.

[45] Gramzow empfiehlt eine ausführliche und individuell mentorierte Vorbereitung, Begleitung und Nachbereitung. Gramzow 2010, S. 530 ff.

[46] Vgl. Gramzow 2010, S. 514–516.

[47] Ähnlich urteilt Heinz Schmidt, der ansonsten zu Recht die »beispielhafte Evaluation« der Studie hervorhebt. Vgl. Schmidt, Heinz: Christoph Gramzow, Diakonie in der Schule. Theoretische Einordnung und praktische Konsequenzen auf der Grundlage einer Evaluationsstudie, EVA, Leipzig 2010, in: Zeitschrift für Pädagogische Theologie. Der Evangelische Erzieher (ZPT) 62. Jg., 4/2010, S. 293–295.

[48] Zwei Beispiele für die Interpretationsoffenheit der Ergebnisse möchte ich nennen: Gramzow schreibt: »Hier konnte unsere Untersuchung zeigen, dass eine harmonische Zusammenarbeit von entscheidender Bedeutung für das Wohlbefinden des Praktikanten am Arbeitsort und für seine Motivation ist.« Gramzow 2010, S. 558. Solch eine Beobachtung ist tatsächlich offen für eine Interpretation vom Modell der *legitmate peripheral participation* her, wie Gramzow sie vorschlägt. Sie ist aber genauso offen für andere Interpretationen, unterstützt also nicht zwingend den Ansatz des *situated learnings*. Nun das zweite Beispiel: Gramzow kann keinen positiven Effekt der im Praktikum gewonnenen Kompetenzen bzw. Identitäten auf die Schulidentitäten feststellen. Dies könnte nun so interpretiert werden, dass die grundlegende Annahme beim *world travelling*, dass sich Identitäten aus verschiedenen Kontexten gegenseitig befruchten würden, angezweifelt werden müsste. Die Beobachtung lässt sich allerdings auch so auslegen, wie Gramzow es vornimmt, dass hier ein Bedarf an pädagogischer Förderung der Identitätenvernetzung im Michelbacher Modell konstatiert wird. Vgl. Gramzow 2010, S. 561.

Kritische Würdigung

Hanisch und Kollegen haben mit ihren Befragungen, mit ihrer Wahrnehmung von Forschungsergebnissen aus dem sozial-psychologischen Bereich, aber insbesondere auch durch ihre Anwendung verschiedener Modelle situierten Lernens auf den Bereich diakonischen Lernens einen wertvollen Beitrag zur Erforschung diakonischen Lernens geleistet. Sie haben in ihren Untersuchungen noch einmal deutlicher und differenzierter herausgearbeitet, dass und weshalb theoretischer und praktischer Unterricht aufeinander bezogen sein müssen. Dabei dürfen »reale« Praktika nicht fehlen – ein wie auch immer gearteter praktischer Unterricht, der im Raum der Schule verbleibt, gerät defizitär. Genauso wenig darf auf den theoretischen (und theologischen) Unterricht verzichtet werden. Die positiven Bewertungen der Schüler zeigen, dass das Konzept eines kontinuierlichen Diakonie-Unterrichts keine negativen Auswirkungen auf die Schülerwahrnehmung des Fachs hat und damit als chancenreich einzuschätzen ist. Für das Lernen in der Praxis machen sie drei Modelle situierten Lernens fruchtbar, die u. a. zeigen, warum das Lernen in Praktika empirisch so gut funktioniert, und die darüber hinaus Bedingungen formulieren, wie solches Lernen nur funktionieren kann.

Die Modelle, die Toaspern zur *legitimate peripheral participation* hinzufügt, bieten zusätzlich Beschreibungsmöglichkeiten für den Zusammenhang von Theorie und Praxis (*knowing what we know*). Allen Modellen gemeinsam ist die Forderung nach partizipierendem Lernen, die Forderung nach und das Einüben einer – wie ich sie bezeichnen möchte – »*Kultur der Partizipation*«. Die Notwendigkeit einer Kultur der Partizipation ist vielleicht die wesentlichste Erkenntnis für diakonisches Lernen, die Hanisch, Toaspern und Kollegen mit ihren Untersuchungen implementieren, ohne sie schon so zu nennen.[49]

Dass Toaspern das diakonische Lernen streng an die Entwicklung der Schüler rückbindet, ist ebenfalls hervorzuheben. Schüler lernen kategorial verschieden in verschiedenen Altersstufen. Für weiterführend halte ich dabei die Anwendung des Ansatzes von Erikson. Sinnvoll ist ebenfalls der Einbezug des Modells von Kohlberg. In seiner Anwendung greift Toaspern dabei aber zu kurz. Insbesondere scheint mir der Gebrauch zu schematisch. Außerdem vermisse ich eine kritische Betrachtung des Stufenmodells von Kohlberg und dessen, was es leisten kann.[50]

Hanisch und Kollegen sprechen fast durchweg von diakonischem Lernen. In der Konzentration auf diesen Begriff liegt jedoch auch die Schwäche ihres Ansatzes. Lernen unterscheidet sich eben von Bilden. Lernen kann ich Fähigkeiten, Fertigkeiten, Haltungen. Bilden ist weiter. Und gerade die Erkenntnis

---

[49] Von der unten erst zu entfaltenden Bildungspolarität aus Individualisation und Partizipation her betrachtet wird die Leistung dieses Entwurfes noch einmal deutlicher: Die Konzentration schulischer Bildung auf die Bildung des in der Schulsituation aus der Gesellschaft herausgelösten Individuums wird durch solch eine Kultur der Partizipation heilsam aufgebrochen.

[50] Vgl. unten, Kaptitel 7.3.2.4 und 7.3.2.5.

von Hanisch et al., dass die Entwicklung der Persönlichkeit ein Ziel diakonischen Lernens sein solle, macht ein Aufbrechen des enggeführten Begriffs des diakonischen Lernens notwendig.[51]

Wenn ich von Persönlichkeitsentwicklung spreche, dann muss ich von Bildung sprechen, um der Freiheit der sich bildenden Person gerecht zu werden.[52] Wenn ich von Persönlichkeitsentwicklung spreche, dann kann ich nicht nur von einer Entwicklung der Identität nach Erikson, sondern muss grundlegender von einer Entwicklung des Selbst- und Weltbildes, des Selbst- und Weltverhältnisses sprechen.[53] Ein solches grundsätzliches bildungstheoretisches bzw. theologisches Nachdenken ist also vonnöten.[54]

2.3 Diakonische Bildung – diakonische Kultur (Heinz Schmidt)

Anders als Kuld, Hanisch oder Toaspern hat sich Heinz Schmidt nicht in einer Monografie zu diakonischer Bildung geäußert, sondern das Thema durch verschiedene Vorträge und Aufsätze vorangebracht.[55] Während Hanisch et al.

---

51 Auch die Mitherausgabe des Bandes »Diakonische Bildung. Theorie und Empirie« kann nicht darüber hinwegtäuschen, dass sich Hanischs Forschung streng im Bereich des Lernens bewegt. Die Beziehungen zum weiteren Begriff der Bildung bleiben dabei unreflektiert.

52 Die Engführung auf den Begriff »diakonisches Lernen« hat natürlich ihren Grund und ihre Notwendigkeit im empirischen Ansatz von Hanisch et al. Für eine empirische Untersuchung bedarf es einer engen Fokussierung. Lernziele müssen klar formuliert sein, damit ich sie überprüfen kann. Stärke (Überprüfbarkeit) und Schwäche (Engführung) des empirischen Ansatzes liegen auf der Hand und sind auf das Engste miteinander verbunden.

53 Hanisch et al. übernehmen diese Definition von Damon, William; Hart, Daniel: Self-understanding in childhood and adolescence, New York 1988. Vgl. Hanisch, Gramzow, Hoppe-Graff 2004, S. 130.

54 S. u. S. 69 f., wo ich das Verhältnis von Selbst und Welt mit Paul Tillich als grundlegendes anthropologisches und Bildung begründendes Spannungsverhältnis beschreibe.

55 Vgl. Schmidt, Heinz: Diakonisches Lernen – diakonische Bildung, in: Ruddat, Günter; Schäfer, Gerhard K. (Hg.): Diakonisches Kompendium, Göttingen 2005, S. 421–438 (Schmidt 2005a); Schmidt, Heinz: Diakonisches Lernen: Grundlagen, Kontexte und Formen, in: Rupp, Hartmut; Scheilke, Christoph Th.; Schmidt, Heinz: Zukunftsfähige Bildung und Protestantismus, Stuttgart 2002, S. 155–168 (Schmidt 2002); Schmidt, Heinz: Diakonisches Lernen: Grundlagen, Kontexte, Motive und Formen, in: Hanisch, Helmut; Schmidt, Heinz (Hg.): Diakonische Bildung. Theorie und Empirie, Heidelberg 2004, S. 9–28 (Schmidt 2004); Schmidt, Heinz; Zitt, Renate: Fürs Leben lernen: Diakonisches Lernen – diakonische Bildung, in: Hanisch, Helmut; Schmidt, Heinz (Hg.): Diakonische Bildung. Theorie und Empirie, Heidelberg 2004, S. 56–75. (Schmidt, Zitt 2004); Schmidt, Heinz; Zitt, Renate: »Fürs Leben lernen« – Diakonisch-soziale Lernprozesse und die Frage nach einem diakonischen Bildungsbegriff, in: Herrmann, Volker (Hg.): Diakonische Aussichten. Festschrift für Heinz Schmidt, DWI-Info 35, Heidelberg

an den Lernprozessen des diakonischen Lernens interessiert sind, also untersuchen, wie diakonisches Lernen funktioniert, welche Voraussetzungen dafür nötig sind, welche conditiones sine qua non und welche Ziele und Leitlinien wesentlich sind, beschäftigt sich Schmidt vor allem mit der bildungstheoretischen Verortung des diakonischen Lernens. Lernen bezeichnet nach Schmidt den Vorgang des Erwerbes von Kenntnissen, von Fertigkeiten und von Fähigkeiten.[56] Lernen ist somit ein wesentlicher Bildungsvorgang. Aber nicht jeder Lernvorgang bildet im guten Sinne. Nicht alles, was wir lernen, dient einer guten Bildung. Daher ist jede Form von Lernen auf ihre Bedeutung für die (allgemeine) Bildung zu untersuchen – oder umgekehrt: Jede Lernform ist daraufhin zu untersuchen, welchem Bildungsbegriff sie dient. Insbesondere die von Hanisch vorgeschlagene Anwendung von Methoden des situierten Lernens auf das diakonische Lernen läuft Gefahr, einem funktionalen Bildungsverständnis zu frönen, nach dem Lernen für gesellschaftliche Zwecke (Berufsvorbereitung etc.) funktionalisiert wird. Auch die Addition der Methode des *world travellings* bei Toaspern, in der die Freiheit der Lernenden großgeschrieben wird, kann diese Sorge nicht gänzlich zerstreuen. Anders als Hanisch und Toaspern verankert Schmidt das diakonische Lernen bildungstheoretisch. Damit entgeht er nicht nur der Gefahr der Funktionalisierung, sondern ist in der Lage, mit seinem Bildungsverständnis geradezu einen Gegenentwurf gegen den herrschenden funktionalisierten Bildungsmissbrauch zu machen.[57] »Der deutsche Bildungsbegriff, der an der Schwelle des 19. Jahrhunderts seine Konturen gewann, steht in einem kritischen Verhältnis zu gesellschaftskonformem funktionalen Lernen.«[58] Insbesondere das diakonische Lernen geht in seinen Zielen und Ansprüchen »erheblich über (diakonie-)funktionale Lernziele hinaus. Es geht um soziales Bewusstsein und Wissen, um Nächstenliebe, persönliche Sinnorientierung, Erfahrungen

---

2003, S. 220–236 (Schmidt, Zitt 2003); Schmidt, Heinz: Gerechtigkeit und diakonisches Lernen, in: Dabrock, Peter; Jähnichen, Traugott; Klinnert, Lars; Maaser, Wolfgang (Hg.): Kriterien der Gerechtigkeit. Begründungen – Anwendungen – Vermittlungen. Festschrift für Christofer Frey zum 65. Geburtstag, Gütersloh 2003, S. 413–428; Schmidt, Heinz: Gerechtigkeit und Liebe im Dienst der Versöhnung. Zum Ethos diakonischen Handelns und Lernens, in: Collmar, Norbert; Rose Christian (Hg.): das soziale lernen – das soziale tun. Spurensuche zwischen Diakonie, Religionspädagogik und sozialer Arbeit, Neukirchen-Vluyn 2003, S. 27–38 (Schmidt 2003); Schmidt, Heinz: Mit anderen Augen sehen – Impulse für ein diakonisches Bildungsverständnis, in: Dungs, Susanne; Ludwig, Heiner (Hg.): profan-sinnlich-religiös. Theologische Lektüren der Postmoderne, Frankfurt a.M. u.a. 2005, S. 343–348 (Schmidt 2005); Schmidt, Heinz: Zukunftsperspektiven von Schule und Diakonie, in: Kaiser, Christel Ruth (Hg.): Diakonie und Schule. Die Hallenser Barbara-Schadeberg-Vorlesungen, Münster 2006, S. 52–64 (Schmidt 2006).

56 Vgl. Schmidt, Zitt 2004, S. 65.

57 Vgl. Schmidt 2006a, S. 231, Schmidt 2006, S. 57, Schmidt, Zitt 2004, S. 66.

58 Schmidt, Zitt 2004, S. 66.

des Gebrauchtwerdens, Empathie, Toleranz, Dialogfähigkeit u. a. Damit sind Erwartungen formuliert, die in der deutschen pädagogischen Diskussion der Leitvorstellung *Bildung* zugeordnet sind, durch die das Lernen in den Horizont einer sinn- und wertorientierten und damit humanen Lebensgestaltung gestellt ist.«[59] Diakonisches Lernen ist nach Schmidt also nicht ein Lernfeld unter vielen, sondern trägt Wesentliches für einen solchen nichtfunktionalen Bildungsbegriff bei.[60]

Wie bestimmt nun Schmidt Bildung näher? Bildung hat nach Schmidt die Aufgabe, in einer pluralisierten und funktionalisierten Welt Orientierung und Kritikfähigkeit zu schaffen. Dafür gehört – wie auch schon bei Kuld und Hanisch – sowohl Praxis (Erfahrung) als auch Reflexion der Praxiserfahrung wesentlich zu einem (diakonischen) Bildungsbegriff: »Bildung vollzieht sich heute als eine reflexive Vermittlung subjektiver Erfahrung in einzelnen Lebensbereichen mit den pluralen gesellschaftlich-kulturellen Kommunikationen, nicht mehr als bloß subjektive Aneignung gesellschaftlich anerkannter Kulturbestände. *Diakonische Bildung besteht demnach in einer sinn- und wertorientierten reflexiven Durchdringung diakonisch-sozialer Handlungsfelder und Herausforderungen unter Beachtung ihrer Vermittelbarkeit in gesellschaftlichen Diskursen.*«[61]

Bildung muss als solche nach Schmidt *erfahrungsbezogen* und damit *subjektorientiert* sein. Ausgehend von der Erfahrung der Schüler ist es die Aufgabe von Bildung, den Schülern durch den Bezug auf die erfahrene Welt (durch den Bezug auf Gesellschaft und Politik, in Rückbindung an die Geschichte, im Vorausblick auf die Zukunft, durch Einbindung in die Sprachgemeinschaft)[62] eine selbstverantwortete Konstruktion[63] ihrer Lebenswelt zu ermöglichen, die ihnen kritische Orientierung gibt und ein Leben mit eigenem Sinn- und Wertkonzept erlaubt. Diakonisches Lernen mit seinen »didaktischen Grundprinzipien«[64], der Trias Erfahrung, Verstehen, verantwortliches Handeln, wird für einen solchen Bildungsanspruch unersetzlich. In dieser Trias geht Schmidt also über die Dyade Theorie – Praxis von Kuld und Hanisch hinaus, wodurch erstmals in der Literatur über diakonisches Lernen der von mir vorausgesetzte und unter-

---

59 Schmidt, Zitt 2004, S. 65.

60 Schmidt geht zu Recht sogar so weit, den allgemeinen Bildungsbegriff von dem diakonischen her zu entwickeln: »Lassen Sie uns Bildung in der spätmodernen ökonomisierten Welt unter diakonischer Perspektive neu konzipieren.« Schmidt 2006, S. 57.

61 Schmidt, Zitt 2004, S. 70.

62 Schmidt bezieht sich hier auf Nipkows Grundmerkmale von Bildung. Vgl. Nipkow, Karl-Ernst: Bildung als Lebensbegleitung und Erneuerung: kirchliche Bildungsverantwortung in Gemeinde, Schule und Gesellschaft, Gütersloh 1990, S. 32–36.

63 Schmidt, Zitt 2004, S. 67.

64 Schmidt, Zitt 2003, S. 226.

suchte Dreischritt von Ansehen (Erfahren), Deuten (Verstehen) und Handeln (verantwortliches Handeln) konturiert wird.[65]

In seinem 2005 veröffentlichten Aufsatz »Mit anderen Augen sehen - Impulse für ein diakonisches Bildungsverständnis«[66] macht Schmidt das erste Grundprinzip diakonischer Bildung stark: die *Wahrnehmung*. Mit Uwe Gerber legt er vor allem Wert auf Wahrnehmungsstörungen, die ganz im Sinne der unstetigen Formen Otto Friedrich Bollnows (Begegnung, Krise, Erweckung, Beratung, Wagnis und Scheitern) in besonderer Weise bilden.[67] »Bildung durch Widerfahrnisse« lautet das Stichwort. Durch (nicht planbare) Widerfahrnisse kann es zu dem kommen, was Schmidt im Anschluss an Bollnow *Begegnung* nennt. Mit Begegnung ist nicht einfach ein Zusammentreffen von Personen oder Dingen gemeint. Begegnung ist eine existenziale Kategorie. Wo Begegnung geschieht, da werde ich in meinem Wesen angesprochen oder getroffen.[68] Dieser unstetigen Bildungsform stellt Schmidt dialektisch bzw. komplementär drei stetige Formen gegenüber: Formung, Entfaltung und Selbstbildung. Bildung vollzieht sich dialektisch-dynamisch zwischen den unstetigen und stetigen Formen, wobei die stetigen Formen das Gerüst bzw. den Halt bieten, um an den unstetigen zu wachsen und nicht zu scheitern. Die *Liebe* (Agape im Unterschied zum Eros) ist das, was Unstetiges und Stetiges zusammenhält. Die Liebe formt stetig, lässt stetig wachsen, gibt stetig Freiheit zur Selbstbildung. Die Liebe ist aber auch diejenige Kraft, die unstetige Widerfahrnisse integriert und deren zerstörerische Momente in Momente von Wachstum, Formung und freier Selbstbildung wandeln kann.

---

65 Schmidt, Zitt 2003, S. 226.

66 Schmidt, Heinz: Mit anderen Augen sehen – Impulse für ein diakonisches Bildungsverständnis, in: Dungs, Susanne; Ludwig, Heiner (Hg.): profan-sinnlich-religiös. Theologische Lektüren der Postmoderne, Frankfurt a. M. u. a. 2005, S. 343–348.

67 Vgl. Bollnow, Otto Friedrich: Existenzphilosophie und Pädagogik. Versuch über unstetige Formen der Erziehung, Stuttgart ^{2}1962. Schmidt lässt in seiner Aufzählung der unstetigen Formen Bollnows die Ermahnung bezeichnender Weise aus.

An dieser Stelle ist auf einen wichtigen terminologischen Unterschied zwischen Schmidt und Bollnow hinzuweisen. Für Bollnow ist Bildung der stetige Bereich der Erziehung – bildlich gesprochen der Bereich des stetigen Formens (Handwerk) und des stetigen Entfaltens, Wachsens bzw. Wachsenlassens (Organik). Dieser Bildung setzt er seine unstetigen Formen der Erziehung komplementär entgegen. Schmidts Bildungsbegriff hingegen umfasst nicht nur stetige Formen, sondern beide, stetige und unstetige. Schmidts Bildungsbegriff ist damit bereits komplementär bzw. dialektisch. Damit schließt Schmidt der Sache nach an Bollnow an, entwickelt zugleich aber einen tragfähigen Bildungsbegriff, der mehr leistet als Bollnows Erziehungsbegriff.

68 Vgl. zur Anwendung weiterer Schriften Bollnows auf den Bereich diakonischer Bildung auch Klappenecker, Gabriele: Religiöse Wahrnehmung und Deutung als Voraussetzung diakonisch-sozialer Bildung. Das »Michelbacher Modell« als didaktische Herausforderung, in: Eurich, Johannes; Oelschlägel, Christian (Hg.): Diakonie und Bildung. Heinz Schmidt zum 65. Geburtstag, Stuttgart 2008, S. 389–402.

Diakonische Bildung geschieht wie wohl kein anderer Bildungsbereich genau in dieser Dialektik und Dynamik.

In seinem bereits 2003 erschienenen Aufsatz »Gerechtigkeit und Liebe im Dienst der Versöhnung. Zum Ethos diakonischen Handelns und Lernens«[69] entfaltet Schmidt sein Verständnis von Liebe und arbeitet heraus, wie die Liebe im sozialen und im Bildungskontext Gestalt gewinnt. Hierfür zeigt er den Zusammenhang zwischen Liebe und Gerechtigkeit in den alttestamentlichen wie den neutestamentlichen Überlieferungen auf. Schmidt setzt in Aufnahme von Paul Ricœur Gerechtigkeit und Liebe wiederum in ein dialektisches Verhältnis. Liebe hat eine eigene Logik, die *Logik der Gabe und Überfülle* – ablesbar etwa am Gebot der Feindesliebe. Liebe widerspricht damit jeglicher Alltagsethik, die nach der Gerechtigkeitslogik funktioniert, der *Logik von Entsprechung und Verteilung* – ablesbar an der sog. goldenen Regel. Liebe geht über die *Entsprechung* und gerechte Verteilung hinaus und fordert aus ihrer Logik der Überfülle heraus *Nicht-Entsprechung.* »Wäre das Liebesgebot bzw. die Logik der Nichtentsprechung Handlungsgrundlage, schlösse das jede gerechte Verteilung aus.«[70] Und umgekehrt: »Ohne das Korrektiv des ›Liebesgebots‹ würde die Goldene Regel in der Tat ständig im utilitaristischen Sinn gedeutet, dessen Kurzform ›do ut des‹ hieße, ich gebe, *damit* du gibst.«[71] Liebe und Gerechtigkeit, Liebesgebot und Goldene Regel stehen in einem dialektischen Verhältnis. Keine kann ohne die andere sein. »Diakonie wäre demzufolge der Versuch, die ethische Dialektik zwischen der Logik der Überfülle und der Logik der Entsprechung, zwischen Liebe und Gerechtigkeit in den sozialen Systemen zur Geltung zu bringen und so die soziale Relevanz des Versöhnungshandelns Gottes zu erweisen.«[72] Diakonische Bildung vollzieht sich also – schaue ich die beiden vorgestellten Aufsätze zusammen – im Spannungsfeld unstetiger (Widerfahrnisse) und stetiger (Formung, Wachstum, Selbstbildung) Bildungsformen, die durch ein wiederum dialektisches Spannungsfeld zusammengehalten bzw. interpretiert werden wollen: durch die Dialektik von Liebe und Gerechtigkeit.[73] Leitmotive einer diakonischen Ethik, die aus diesem dialektischen Spannungsverhältnis von Liebe und Gerechtigkeit hervorgehen, sind das im NT beschriebene »universale Hilfsethos« (Mt 25,31-46,

---

[69] Schmidt, Heinz: Gerechtigkeit und Liebe im Dienst der Versöhnung. Zum Ethos diakonischen Handelns und Lernens, in: Collmar, Norbert; Rose Christian (Hg.): das soziale lernen – das soziale tun. Spurensuche zwischen Diakonie, Religionspädagogik und sozialer Arbeit, Neukirchen-Vluyn 2003, S. 27–38.

[70] Schmidt 2003, S. 33.

[71] Schmidt 2003, S. 33, der hier aus Oswald Bayer (Hg.): Liebe und Gerechtigkeit/ Amour et Justice von/par Paul Ricœur, Tübingen 1990, S. 59 zitiert.

[72] Schmidt 2003, S. 34.

[73] Im Zusammenhang mit der Bildung ermöglichenden Liebe thematisiert Schmidt an anderer Stelle ein anderes dialektisches Komplement der Liebe: die Freiheit.

Lk 10,25-37)[74], das für das AT konstitutive »konnektive Gerechtigkeitsdenken« und schließlich die mit dem konziliaren Prozess neben Gerechtigkeit und Frieden geforderte Bewahrung der Schöpfung.[75]

In dem 2004 herausgegebenen Aufsatz »Diakonisches Lernen: Grundlagen, Kontexte, Motive und Formen«, einem um ein wesentliches Kapitel erweiterten Aufsatz aus dem Jahr 2003, führt Schmidt einen Begriff in die Diskussion um diakonische Bildung ein, der meines Erachtens aus dem dargestellten Kontext seines Agape-Verständnisses und dem Kontext seines stetig-unstetigen Bildungsbegriffs verstanden sein will: die *Intimität.* Intimität ist eine existentielle Grunderfahrung diakonischen Lernens. In der Pflege von alten Menschen, in der Betreuung in (integrativen) Kindergärten, in der Beratung ist Intimität ein Kernbestandteil. »In der Begegnung mit anderen als fühlende Wesen [vgl. Bollnows Widerfahrnis, W. B.], im Empfinden des kreatürlichen Empfindens (Empathie) kann eine Liebe entstehen, die sich nicht das Schöne anzueignen, einzuverleiben oder gefügig zu machen trachtet, wie die gegenwärtig sex- und machtdominierte Erotik, sondern eine Erotik des kreatürlichen Mitempfindens – ich nenne sie hier Sympathie im ursprünglichen Wortsinn –, die auch das Bedürftige, Empfindliche und Leidende, ja sogar das Vergehende und Hässliche ›poetisch‹, in all seinen Möglichkeiten, als lebendiges Liebenswertes wahrnimmt, seine Entwicklung erwartet und daher lernbereit und motiviert ist.«[76] Diese Intimität hat, anders als die Dichotomie Helfer - Hilfsbedürftiger, kein Gefälle und keine Hierarchie mehr. Es begegnen sich zwei Menschen existentiell. »Weil sich in diakonisch-sozialer Praxis zwei Menschen intim begegnen, d. h. zulassen, an ihren Empfindlichkeiten berührt zu werden, steigert sich das Empfinden, und zwar auf beiden Seiten, auf Seiten der Helfenden wie der Hilfsbedürftigen, der Lernenden wie der Lehrenden, auch auf Seiten der Praktikanten und ihrer Praxisanleiter. Es lässt sich keineswegs immer voraussagen, wer nun wen zuerst oder intensiver berührt. Es kann durchaus sein, dass die Bedürftige ihre Helferin empfindlicher trifft als umgekehrt.«[77]

Eine so verstandene (diakonische) Bildung lässt sich nicht funktionalisieren, streng genommen auch nicht evaluieren. Damit unterscheidet sich Schmidts Ansatz deutlich von den empirischen Zugängen von Kuld, Hanisch und Toaspern.[78] Eine so verstandene Bildung will innerhalb der vielen Kulturen der Postmoderne eine *diakonische Kultur* anbieten und ggf. einüben: eine

---

74 Vgl. zum universalen Hilfsethos: Theißen, Gerd: Universales Hilfsethos im Neuen Testament. Mt 25,31–46 und Lk 10,25–37 und das christliche Verständnis des Helfens, in: Glaube und Lernen 15/1, 4/2000, Göttingen 2000, S. 22–37.

75 Schmidt, Zitt 2004, S. 68 f. und Schmidt 2003, S. 36.

76 Schmidt 2004, S. 22.

77 Schmidt 2004, S. 22.

78 Schmidt 2006, S. 53 und S. 61.

Kultur des Helfens. »Kultur des Helfens meint eine produktive Qualität des Zusammenlebens, bei der sich Stärkere und Schwächere gegenseitig helfen, indem sie die individuellen Stärken jeder Person fördern und Schwächen soweit ausgleichen, dass eine selbstbestimmte gesellschaftliche Teilhabe möglich wird. Unter dieser Perspektive vollzieht sich diakonisch-soziales Lernen.«[79]

Schmidt nennt in seinem mit Renate Zitt veröffentlichten Aufsatz »Fürs Leben lernen: Diakonisches Lernen – diakonische Bildung« acht Strukturelemente diakonisch-sozialer Bildungsprozesse. Alle acht Strukturelemente fußen auf dem oben beschriebenen nicht funktionalisierbaren Bildungsbegriff zwischen *subjektiver Erfahrung* und *Begegnung*. Die acht Strukturelemente oszillieren somit zwischen Subjekt (z. B. »Verarbeitung in subjektiver Perspektive«) und erfahrener Welt (z. B. »Auseinandersetzung mit Traditionen humaner Sinn- und Werteorientierung«), zwischen Schülern und deren Welt, zwischen Schülern und den begegnenden Menschen in den diakonischen Arbeitsfeldern, zwischen Schülern und Lehrern, zwischen Schülern und gesellschaftlichen Strukturen. In diesem Oszillieren finden die stetigen Formen von Bildung genauso ihren Ort wie das Schaffen von Raum für Begegnung im oben genannten Sinn. Die Übersichtsgrafik (Abb. 2) fasst die acht Strukturelemente von Schmidt und Zitt zusammen.

Zusammenfassend kann festgestellt werden, dass Schmidts diakonisches Bildungsverständnis in seinen acht Strukturelementen den Bildungsprozess sehr treffend zwischen Subjekt und dessen Erfahrung von und Begegnung mit der Welt, der Gesellschaft mit ihren Werten und Traditionen ansiedelt. Inhaltlich richtet sich dieser Prozess an Liebe und Gerechtigkeit als diakonischen Leitprinzipien aus. Damit bietet diakonische Bildung »der Schule die Chance einer nicht-funktionalisierten Bildung, die dennoch den Bedürfnissen der Gesellschaft entspricht, d. h. hinreichend funktionale Elemente enthält. Denn auch um Menschen zu helfen – sei es in direkter Begegnung, sei es durch die Gestaltung von sozialen und rechtlichen Strukturen – braucht man eine Grundkompetenz in den Kultur- und Naturwissenschaften, man braucht ökonomisches, politisches und sozio-strukturelles Wissen, man muss mit Computern umgehen und gut rechnen können, was der Alltag in diakonischen Einrichtungen zugenüge bestätigt.«[80]

---

[79] Schmidt, Heinz: Einführung, in: Adam, Gottfried; Hanisch, Helmut; Schmidt, Heinz; Zitt, Renate (Hg.): Unterwegs zu einer Kultur des Helfens. Handbuch des diakonisch-sozialen Lernens, Stuttgart 2006, S. 7–11, S. 7.

[80] Schmidt 2006a, S. 230. An anderer Stelle begründet Schmidt diesen doppelten (kritischen und hinreichend funktionalen) Bedarf an diakonischer Bildung wie folgt: »Beim Lernfeld Diakonie ist außerdem zu beachten, dass es strukturell in eine gesamtgesellschaftliche Praxis des Helfens eingeordnet ist, an dem auch nichtchristliche Kräfte mit ihren sehr unterschiedlichen Wirklichkeitsverständnissen beteiligt sind. Aus diesem pluralen Zusammenwirken ergibt sich ein gesamtgesellschaftliches Bildungsinteresse, das der schul- und bildungstheoretischen Plausibilität des diakonisch-

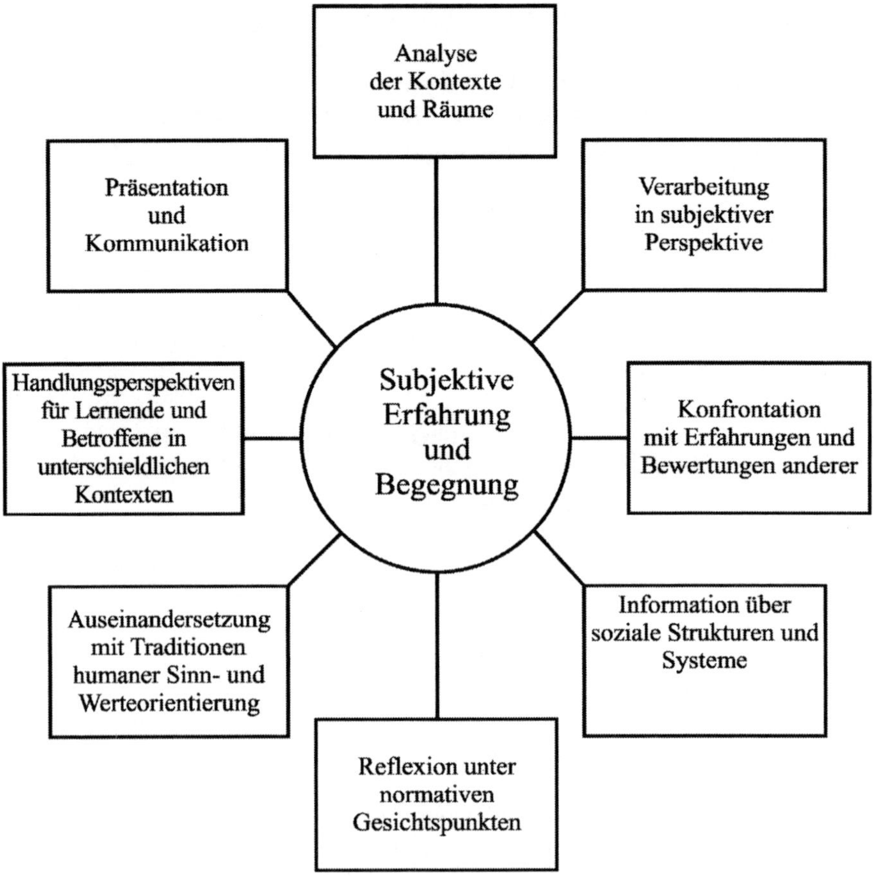

Abb. 2: Strukturelemente diakonischer Bildung nach Heinz Schmidt und Renate Zitt

Kritische Würdigung

Heinz Schmidt hat sich in zahlreichen Aufsätzen zum Thema diakonischen Lernens geäußert. Dabei ließ sich – wie ich zeigen konnte – hinter den verschiedenen Aufsätzen eine konsistente Systematik erkennen. Die erste und wichtigste Leistung Schmidts ist es, dass er die Diskussion um das diakonische Lernen aus seiner enggeführten Konzentration allein auf die Lernprozesse in eine weitere bildungstheoretische Diskussion überführt hat. Schmidts von der Diakonie her entwickeltes Bildungsverständnis setzt Maßstäbe in folgenden Punkten:

sozialen Lernens zugute kommt.« Schmidt, Heinz: Diakonisches Lernen und Mission, in: Heinemann, Stefan; Kalbhenn, Julia (Hg.): Being in Ecumenical Discourse on Concepts of Diakonia, DWI-Info Sonderausgabe 4, Heidelberg 2004, S. 97.

1. Bildung darf nicht funktionalisiert werden, hat aber dennoch funktionalen Anforderungen zu genügen.
2. Bildung muss erfahrungsbegründet sein und bewegt sich als solche im Spannungsfeld zwischen Subjekt und Welt bzw. Gesellschaft. Bildung dient dem Einzelnen und schafft Kultur.
3. Bildung lebt von ihren stetigen Formen, bedarf aber auch notwendig unstetiger Formen, Widerfahrnisse und Begegnungen.
4. Die Agape verbindet stetige und unstetige Formen von Bildung und versöhnt und verständigt Subjekt mit Gesellschaft, hilft somit zu einer diakonischen Kultur des Helfens, an dem das Subjekt wie die Gesellschaft partizipiert.
5. Diakonische Bildung gehört daher notwendig und im Kern zu so verstandener allgemeiner Bildung dazu.
6. Bildung und Emotion gehören zusammen. Von der Agape geleitete Intimität schafft geradezu die Möglichkeit und Gelegenheit für Begegnung und damit unstetige Bildungsprozesse.
7. Diakonisches Lernen folgt einem Dreischritt: Wahrnehmung, Reflexion und Handeln. Insbesondere dem ersten Schritt, der Wahrnehmung, ist besonderes Gewicht beizumessen.

Hinter diese Erkenntnisse und Forderungen darf nicht zurückgegangen werden. Diakonisches Lernen muss bildungstheoretisch begründet werden. Dazu soll insbesondere Schmidts dialektisches Bildungsverständnis (Bildung zwischen Subjekt und Welt) aufgenommen und weiter differenziert werden. Auch der von Schmidt eingeführte Dreischritt aus Wahrnehmung, Reflexion und Handeln soll in dieser Arbeit weiter untersucht und präzisiert werden. Dass Schmidt die Bedeutung der Wahrnehmung für diakonische Bildung hervorhebt, ist meines Erachtens besonders wichtig. Die Bedeutung der Wahrnehmung für die Diakonie und für diakonische Bildung werde ich im Folgenden biblisch begründen und genauer untersuchen. Insgesamt wird es eine Aufgabe dieser Arbeit sein, den Bildungsbegriff grundlegend diakonisch zu reflektieren. Schmidt verzichtet in seinem Zusammenhang darauf, Erkenntnisse aus der Ästhetik zur Explikation seines Wahrnehmungsbegriffs heranzuziehen, die in der Religionspädagogik derzeit diskutiert werden. Dies wird eine Aufgabe und Fragestellung dieser Arbeit sein. Auch die von Schmidt durchaus provokant hervorgehobene Bedeutung von Emotionen für das diakonische Lernen sollen aufgenommen werden – und noch einmal von neurobiologischer Seite aus unterstützend beleuchtet werden.

3. Fragestellung und Methode

Die Betrachtung des Forschungsstandes ergab, dass der Zusammenhang von Theorie und Praxis für diakonisches Lernen und diakonische Bildung grundlegend ist. Erste didaktische bzw. methodische Anregungen (Einführung von Praktika, fächerübergreifende Vor- und Nachbereitung, Methoden des situierten Lernens) für ein diakonisches Lernen an Schulen sind bereits vorhanden. Was bislang jedoch fehlt, ist eine fundierte bildungstheoretische Grundlegung, von der ausgehend sich eine Didaktik diakonischen Lernens grundlegend strukturieren lässt. Vom beschriebenen Forschungsstand ausgehend ergeben sich damit folgende Fragestellungen für meine Arbeit:

1. Wie kann eine Didaktik diakonischen Lernens an der Schule begründet werden?

Es geht darum, diakonische Bildung in zweifacher Hinsicht zu begründen, nämlich zum einen allgemeinpädagogisch, aus ihrem Zusammenhang mit der allgemeinen Bildung, und zum anderen theologisch, aus ihren biblischen und systematischen bzw. religionspädagogischen Bezügen. Dafür gehe ich methodisch folgendermaßen vor: In einem ersten Schritt suche ich nach einer biblischen Orientierung und Grundlegung dessen, was Diakonie meint und welche Konsequenzen sich von daher für das diakonische Lernen und für diakonische Bildung ergeben. Im Zentrum dieser Untersuchung stehen eine Begriffsanalyse des Wortes διακονέω κτλ., die Exegese von Mt 25,31-46 (Gleichnis vom Weltgericht), von Lk 10,25-37 (Barmherziger Samariter) und eine Untersuchung des »Ansehens Christi« in den Evangelien. Wichtigstes Ergebnis aus dieser exegetischen Untersuchung ist der für alle Diakonie und diakonisches Lernen grundlegende Dreischritt aus Ansehen – Deuten – Handeln.

Vom exegetischen Befund ausgehend zielen die nächsten beiden Kapitel 5 und 6 auf eine bildungstheoretische Herleitung und Einordnung diakonischer Bildung. Dazu bediene ich mich der Korrelationsmethode Paul Tillichs. In einem ersten Schritt beschreibe ich Bildung phänomenologisch nach ihren grundlegenden Polaritäten und Spannungsfeldern, die ich als horizontale Polaritäten bezeichne. Nach der Korrelationsmethode Paul Tillichs liegt in dieser Spannung zugleich die (existentielle) Frage an die Theologie nach Überwindung der Polarität beschlossen. In diesem Punkt weiche ich von der Korrelationsmethode Tillichs ab. Bildung bleibt in Spannung. Der Beitrag der

Theologie, nämlich der Einbezug der Gottesbeziehung in die Betrachtung des Bildungsbegriffs, löst die horizontalen Spannungsfelder nicht auf, sondern erweitert sie um eine von mir so bezeichnete vertikale Polarität, die ich im zweiten Schritt entfalte. Beide Polaritätsdimensionen sind nur eschatologisch einzuholen bzw. aufzulösen. Gleichwohl verändert die vertikale Polarität den Umgang mit der horizontalen – stellt sie in ein neues Licht, in die Perspektive des Ansehens Gottes.[81] Diese Methode führt zum Ergebnis eines, wie ich meine, tragfähigen allgemeinen und theologischen Bildungsbegriffs, der viele bekannte Beobachtungen hinsichtlich der Dialektik im Bildungsbegriff systematisiert und zusammenführt und zugleich hervorragende Anknüpfungspunkte für die Diskussion nicht nur um die diakonische, sondern auch um die christliche Bildung überhaupt bietet.

Nachdem diakonische Bildung so verortet und dargestellt ist, rückt wieder der diakonische Dreischritt in den Blick. Sein erster Schritt, das Ansehen bzw. die besondere diakonische Wahrnehmung, legt es nahe, zwei religionspädagogische Entwürfe zu befragen, die einen Zugang über die Ästhetik, die Wahrnehmungslehre, zur Thematik wählen, um von dort aus Erkenntnisse auch für diakonische Bildung zu gewinnen. Ein Nebeneffekt dieser Religionspädagogik und Diakoniepädagogik verschränkenden Betrachtung liegt darin, dass die so von der Ästhetik herkommende Religionspädagogik umgekehrt Impulse von der diakonischen erhält und sich mithin wieder auf ihren existentiellen Ernst hin befragen lassen muss.

Bildung ist bezogen auf die Kultur, die sie und in der sie bildet. Diakonische Bildung wird Kultur diakonisch verwandeln. Den Beitrag diakonischer Bildung zur Kultur bzw. zu einer diakonischen Kultur zu beschreiben wird im folgenden Kapitel 6 unternommen. Dazu wird wiederum die Korrelationsmethode angewandt, die Kultur von ihren horizontalen Polaritäten zur vertikalen hin beschreibt. Auf bildungstheoretischer Ebene vollziehe ich mit dem Schritt von der Ästhetik zur Kultur letztlich den diakonischen Dreischritt vom Ansehen über das Deuten zum Handeln nach. Wie der mittlere Schritt, das *Deuten* nahelegt, werden hier semiotische Überlegungen eine Rolle spielen.

2. Welchen Beitrag leistet eine diakonische Bildung zur allgemeinen Bildung und zur Kultur?

In den Kapiteln 6.4 und 6.5 werden die bis dahin erarbeiteten Ergebnisse unter der Fragestellung gebündelt, welchen Beitrag diakonische Bildung zur allgemeinen Bildung und Kultur leisten kann. Ohne solch einen sowohl theologisch als auch allgemein-pädagogisch nachvollziehbaren Beitrag müsste diakonische Bildung an allgemeinbildenden Schulen in Frage gestellt werden. Mit dem Erweis eines solchen Beitrages kann ich mich der nächsten Fragestellung zuwenden:

---

[81] Eine eingehende Darstellung und Begründung dieser angepassten Korrelationsmethode findet sich ebenfalls in Kapitel 5.1.

3. Wie sieht – ausgehend von den dargestellten exegetischen und bildungstheoretischen Voraussetzungen – eine Didaktik diakonischen Lernens an der Schule in ihren Grundvollzügen aus?

Methodisch wähle ich zur Klärung dieser Frage den Weg, dass ich einerseits die in den vorangegangenen Kapiteln angelegten Linien ausziehe und dass ich andererseits Erkenntnisse aus »benachbarten« bzw. »verwandten« Wissenschaften auf ihre Konsequenzen für eine Didaktik diakonischen Lernens hin prüfe. Die (methodische) Möglichkeit solch einer Anwendung der Nachbarwissenschaften ist mit dem zuvor erarbeiteten Kulturbegriff (Kap. 6) gegeben. Kultur und damit auch die Wissenschaften werden als Netzwerk von Bedeutungen begriffen. Solche kulturellen Netzwerkbereiche – das haben u.a. die Pluralismus- und die Globalisierungsdiskurse ergeben – sind niemals klar abgrenzbar. Selbst die Mathematik ist kein vollkommen in sich geschlossenes System – nicht erst in ihrer Anwendung vernetzt sie sich in andere Wissenschaftsbereiche hinein.

Von daher werden in einem ersten Schritt Verhältnisbestimmungen zu den übrigen Fächern vorgenommen (Kap. 7.1). Dabei wird u.a. gleichsam als erste Linie, die ausgezogen wird, das in 6.4 und 6.5 erarbeitete Verhältnis von diakonischer und allgemeiner Bildung konkretisiert und auf den Lernort Schule übertragen. Die nächste von den Vorarbeiten auszuziehende Linie ist die des diakonischen Dreischritts oder besser Zirkels *Ansehen – Deuten – Handeln*, den ich zunächst in seinem inneren Zusammenhang (7.2) darstelle. Bevor ich die einzelnen Schritte detailliert entfalte, werte ich Erkenntnisse aus der Entwicklungspsychologie (7.3), aus der Neurobiologie (7.4) und aus der systemisch-konstruktivistischen Pädagogik (7.5) für die diakonische Didaktik aus. Die dritte Linie ziehe ich von der Auslegung des Ansehens Christi hin zum ersten Schritt des diakonischen Zirkels, dem *Ansehen* (7.6). Im nächsten Kapitel über das *Deuten* (7.7) verknüpfe ich mit einer vierten Linie die Erkenntnisse aus den Kapiteln zur Bildung und Kultur mit dem diakonischen Zirkel, indem ich die horizontalen und vertikalen Strukturpolaritäten im Bildungs- und Kulturbegriff für das Deuten fruchtbar mache. Die fünfte Linie vernetzt im selben Kapitel das Deuten mit den Erkenntnissen aus der konstruktivistischen Pädagogik. Im Anschluss daran wird schließlich der dritte Schritt des diakonischen Zirkels entfaltet, das *Handeln* (7.8). Die Arbeit findet ihren Abschluss, indem ich vom solchermaßen begründeten und entfalteten diakonischen Dreischritt ein Kompetenzmodell für die Schule (7.9) entwerfe.

4. Diakonische Bildung: Biblische Zugänge

Bevor über das Verhältnis von diakonischer und allgemeiner Bildung nachgedacht werden kann, ist es wichtig zu klären, was gemeint ist, wenn von Diakonie und von diakonischer Bildung gesprochen wird. Hierfür wähle ich nicht einen empirischen Weg, der seinen Begriff aus der Analyse vorfindlicher Einrichtungen, Institutionen, Selbst- und Fremdbilder gewinnt. Vielmehr gewinne ich mein Verständnis von Diakonie und diakonischer Bildung aus den biblischen Texten.

Dafür liegt es nahe, in einem ersten Schritt der Bedeutung des griechischen Wortes διακονέω κτλ nachzugehen, dem die Diakonie ihren Namen verdankt. Diese Analyse allein allerdings reicht nicht aus, das zu beschreiben, was mit Diakonie gemeint ist, vielmehr ist es darüber hinaus nötig, auch solche Texte hinzuzuziehen, in denen διακονέω κτλ. nicht vorkommt, die aber gleichwohl zum Verständnis von Diakonie und diakonischer Bildung beitragen. Daher werde ich nach dem Einstieg durch die Analyse von διακονέω κτλ. exemplarisch an verschiedenen Texten des Neuen Testaments, die zentralen Bedeutungsgehalte dessen, was Diakonie meint, herausarbeiten. Ich beginne damit, die christologische Begründung von Diakonie vor allem mit Hilfe von Mk 10,35-45, Mt 25,31-46 zu beschreiben. Daraufhin soll der grundsätzliche Zusammenhang von Wort und Tat, Verkündigung und Dienst herausgearbeitet werden, der in Lk 10 besonders deutlich wird. In einem dritten Abschnitt soll die Bedeutung der Person, des Gegenübers herausgestellt werden. Im vierten Teil sollen noch einmal ausführlich an Mt 25,31-46 die existentielle Dimension von Diakonie und ihre universale Ausrichtung erarbeitet werden. Aus der Analyse der Beispielerzählung vom barmherzigen Samariter wird sich das die ganze Arbeit bestimmende Grundmuster diakonischer Tat und diakonischen Lernens ergeben: Ansehen – Deuten – Handeln. Abschließend werde ich das allem vorangehende und daher alles bestimmende Sehen aus biblischer Perspektive untersuchen.

Für diakonische Bildung und diakonisches Lernen gilt, dass es keine biblischen Texte gibt, in denen unmittelbar davon gesprochen wäre. Mittelbar aber sind viele der Texte transparent daraufhin, wie sich diakonische Bildung, wie sich diakonisches Lernen vollzieht. Somit werde ich am Ende jeden Abschnittes reflektieren, was die untersuchten Texte zu lernen geben[82] und diese Beobachtungen in einem letzten Abschnitt noch einmal zusammenfassen.

---

[82] Vgl. dazu Ingo Baldermann, der in seiner Einführung in die Biblische Didaktik ebenso mittelbar aus dem Umgang mit biblischen Texten beispielsweise seine Didaktik der Hoffnung erschließt. Ders.: Einführung in die Biblische Didaktik, Darmstadt 1996, S. 15 ff.

4.1 διακονέω κτλ: Dienst oder Vermittlung?

In seinem 1935 im Theologischen Wörterbuch zum Neuen Testament erschienenen Artikel διακονέω κτλ stellt Hermann W. Beyer aufgrund seiner Analyse des Wortfeldes im griechischsprachigen Umfeld des NT die These auf, die Grundbedeutung von διακονέω κτλ laute »bei Tisch dienen«. Der neutestamentliche Gebrauch leite sich, wo er nicht selbst diese Bedeutung annimmt, von dieser Grundbedeutung ab. Der Großteil der exegetischen Literatur, die sich mit diesem Thema befasste, folgte dieser These.

Neuerdings bestritt John W. Collins erstmals in seiner Dissertation »Diakonia. Re-Interpreting the Ancient Sources«, erschienen 1990, und daraufhin noch einmal in der 2002 erschienenen Monografie »Deacons and the Church. Making connections between old and new«, diese These Beyers.[83] Zugleich wendet er sich gegen die Untersuchung von Wilhelm Brandt, der zwar methodisch auf anderem Wege, doch genauso wie Beyer das Fehlverständnis von Diakonie fördern würde, Diakonie sei Dienst, verbunden mit Selbsthingabe und Opfer. Collins sieht die Grundbedeutung von διακονέω nicht im Status des Dienens, sondern in der Aktion des *go-between*. Diese These leitet er aus einer breit angelegten linguistischen Untersuchung von Texten aus der griechischen Umwelt ab. Der Befund ergebe, dass also mit διακονέω nicht der mit dem Dienst verbundene Status der Niedrigkeit und der Subordination, sondern die Aktion des Vermittelns zwischen zwei Personen oder Parteien angesprochen sei. Diese Vermittlungstätigkeit könne im Einzelnen dann sehr unterschiedlich gefüllt sein: z. B. als Botendienste, als Verkündigungsdienste oder als Handel. Auch der Dienst bei Tisch sei daher keineswegs Grundbedeutung, sondern leite sich ebenfalls vom »go-between« ab.[84]

Dagegen hat Ismo Dunderberg in seinem Aufsatz »Vermittlung statt karitativer Tätigkeit? Überlegungen zu John Collins' Interpretation von *diakonia«* meines Erachtens überzeugend gezeigt, dass die von Collins erarbeiteten Ergebnisse nur zum Teil gelten können:[85] Die untersuchten Belege aus Platons Politeia unterstützen Collins These, die Grundbedeutung von διακονέω vermitteln, oder *go-between* nicht. Für die als διακονοι bezeichneten Händler ist aus dem Kontext eher die – im übrigen nicht wertende – Bedeutung »Dienstleister« anzunehmen.[86] Collins ist also nur insofern Recht zu geben, als der

---

[83] Vgl. Collins, John N.: Deacons and the Church. Making connections between old and new, Leomister - Harrisburg 2002 und ders.: Diakonia. Re-Interpreting the Ancient Sources, New York – Oxford 1990.

[84] Collins 1990, S. 194.

[85] Die Diskussion um die Thesen Collins ist zusammengefasst in dem Band: Herrmann, Volker; Merz, Rainer; Schmidt, Heinz: Diakonische Konturen. Theologie im Kontext sozialer Arbeit. VDWI 18, Heidelberg 2003. In diesem Band findet sich auf den Seiten 171–183 besagter Aufsatz von Dunderberg.

[86] Dunderberg 2003, S. 179.

Tischdienst nicht die Grundbedeutung für διακονέω abgeben kann. Genauso wenig – das zeigt Dunderbergs Untersuchung – wird das vom *go-between* geleistet. Vielmehr ist die Grundbedeutung mit *dienen* bzw. *Dienst leisten* treffender erfasst. *Vermittlung* bzw. *go-between* können nur als Sonderfall der grundlegenden Bedeutung *Dienstleistung* ausgelegt werden.
Die im Werk Gorgias verwendete Bezeichnung der Mitglieder des Stadtrates als »διακονοι der Stadt« legt gegen Collins, der die negative Wertung von διακονέω ablehnt, in ihrem Kontext eindeutig negative Konnotation nahe: Plato vergleicht »die Stadtleitung mit *Dienern*, die ihren Herren schmeicheln, um daraus einen Vorteil zu schöpfen«.[87] Wie das deutsche Dienen kann also auch das griechische διακονέω unterschiedliche Wertungen konnotieren. Als Beispiel für eine negative Konnotation mag Gorgias gelten. Als Beispiel für eine positive Konnotation die Tatsache, dass Tischdienst durchaus ein Ehrendienst sein konnte.

Dieser Dienst *kann*, wie Dunderberg überzeugend zeigt, auch karitative Züge tragen.[88] Dennoch *muss* dieser Dienst nicht Selbstlosigkeit implizieren, wie die Bezeichnung der Händler als διακονοι zeigt, die ja durchaus an ihrem Dienst verdienen.

Es bleibt also an der Grundbedeutung von διακονέω »Dienen« festzuhalten. Die spezifisch christliche Bedeutung und Füllung muss an den Texten des Neuen Testaments erarbeitet werden. Dazu bleibt es notwendig, auch Texte heranzuziehen, die sich des διακον-Stammes nicht bedienen.

4.2 Die christologische Begründung und Herkunft von διακονέω κτλ

Im Neuen Testament ist an zahlreichen Stellen, an denen διακονέω κτλ vorkommt, ein christologischer Bezug impliziert. Den gilt es im Folgenden bei den Synoptikern, bei Paulus und schließlich auch, zumindest dem Vorstellungsgehalt nach, bei Johannes nachzuweisen.[89]

---

87 Dunderberg 2003, S. 179.

88 Vgl. Dunderberg 2003, S. 181, der die karitative Dimension auch bei Paulus nachweist. Anders Dietzel, der für das Corpus Paulinum an der von Collins vorgeschlagenen Grundbedeutung »Vermittler« für διάκονος festhält. Vgl. Dietzel, Stefan: Zur Entstehung des Diakonats im Urchristentum. Eine Auseinandersetzung mit den Positionen von Wilhelm Brandt, Hermann Wolfgang Beyer und John N. Collins, in: Herrmann, Volker; Merz, Rainer; Schmidt, Heinz: Diakonische Konturen. Theologie im Kontext sozialer Arbeit, VDWI 18, Heidelberg 2003, S. 126–170.

89 Aufgrund der nachzuweisenden christologischen Begründung der Diakonie beschränke ich meine Darstellung auf neutestamentliche Zeugnisse. Dies bedeutet nicht, dass im Alten Testament bez. der Diakonie nicht vieles schon angelegt wäre, freilich ohne die spezifisch christologische Auslegung. Vgl. dazu den Begriff der צְדָקָה oder das Gebot der Nächstenliebe in Lev 19,18 sowie den Aufsatz von Frank Crüsemann: Das

Exemplarisch soll zunächst Mk 10,35-45 betrachtet werden.[90] Nach dieser Perikope bitten die Zebedaiden Jesus erfolglos darum, ihnen zu versprechen, dass sie zu seiner Rechten und seiner Linken sitzen dürfen. Die übrigen 10 Jünger werden »unwillig«, als sie von ihrer Bitte hören, worauf Jesus in Vers 43 antwortet: »wer groß sein will unter euch, der soll eurer Diener (διάκονος) sein; und wer unter euch der Erste sein will, der soll aller Knecht sein.«

Diese Szene ist bei Mk (parallel auch bei Mt) direkt an die dritte Leidensankündigung angeschlossen. Durch das Menschensohnwort in Vers 45 wird die Zusammengehörigkeit der Leidensankündigung mit unserer Perikope noch verstärkt: Mk 10,35-44 wird gleichsam hineingestellt in den Zusammenhang von Jesu Leiden und seiner Auferstehung. Durch dieses Nacheinander bzw. Ineinander dieser zwei Perikopen geschieht zweierlei: Zum einen wird Jesu Leiden und Sterben als stellvertretendes qualifiziert (λύτρον V. 45). Mk geht hier also noch einen Schritt über die sehr ähnliche Stelle in 9,30-35 hinaus, in der der Aspekt der Stellvertretung fehlt. Zum anderen wird das Dienen der Jünger durch Jesu stellvertretendes Leiden und Sterben begründet.[91]

Alte Testament als Grundlage der Diakonie, in: Schäfer, Gerhard K.; Strohm, Theodor (Hg.): Diakonie – biblische Grundlagen und Orientierungen. Ein Arbeitsbuch zur theologischen Verständigung über den diakonischen Auftrag, VDWI 2, Heidelberg ³1998, S. 67–93.

[90] Wie bei allen Jesusworten, die ich in diesem Kapitel untersuchen werde, kann ich nicht auf die Frage eingehen, ob es sich um ein Wort des »historischen Jesus« handelt. Selbst wenn Exegeten einem Wort oder Teilen eines Wortes mit guten Argumenten und nach sinnvollen Kriterien Echtheit attestieren, bleiben bei der Echtheitsfrage Unsicherheiten. So auch im Fall der Logien in Mk 10,35-45: F.W. Horn bescheinigt Mk 10,43 Echtheit (Horn, Friedrich Wilhelm: Diakonische Leitlinien Jesu, in: Schäfer, Gerhard K.; Strohm, Theodor (Hg.): Diakonie - biblische Grundlagen und Orientierungen. Ein Arbeitsbuch zur theologischen Verständigung über den diakonischen Auftrag, VDWI 2, Heidelberg ³1998, S. 109–127, besonders S. 111.123); unsicher hingegen ist Lührmann, der in der Verbindung mit dem Menschensohnmotiv markinische Redaktion sieht (Lührmann, Dieter: Das Markusevangelium, HNT 3, Tübingen 1987, S. 181); gegensätzlich urteilt Gnilka bez. V. 38 (Gnilka, Joachim: Das Evangelium nach Markus, Bd. 2, EKK II/2, Zürich u.a. ²1986, S. 99 gegen Bultmann, Rudolf: Die Geschichte der Synoptischen Tradition, FRLANT 29, Göttingen ¹⁰1995, S. 23). Ob echt oder nicht, in jedem Fall handelt es sich um Zeugnisse der frühen Gemeinden, die sich selbst in Kontinuität zu Jesu Lehre glaubten. Falls es sich also nicht um originale Jesusworte handelt, so handelt es sich zumindest um wesentliche Äußerungen der beginnenden Kirche. Vgl. in diesem Zusammenhang auch Weiser, Alfons: διακονέω, EWNT I, Stuttgart ²1992, Sp. 726–732, der die »Wurzel der ntl. Sinngehalte von διακονέω, -ία, -ος [...] im Wort und Verhalten Jesus selbst« (Sp. 728) findet. Er schreibt a.a.O.: »Das Wort von der Größe des Dienens Mk 10,43 f. par. Mt; Mk 9,35; Mt 23,11 geht in seiner Grundgestalt auf Jesus zurück. [...] Die Interpretation, sein gesamtes Wirken und seine Hingabe in den Tod als Dienen zu verstehen, hat ihren ›Sitz im Leben‹ wahrscheinlich in der Eucharistiefeier palästinischer Gemeinden.«

[91] Vgl. zum soteriologischen Verständnis von Diakonie auch Dietzel 2003, S. 169 und Jonas, Dirk: Diakonein – Diakonia – Diakonos. Studien zum Verständnis des Dienstes

In Mt 25,31-46[92] wird das Dienen ebenfalls christologisch verankert. Wenn der richtende König sagt »Was ihr getan habt einem von diesen meinen geringsten Brüdern, das habt ihr mir getan« (V. 40), dann wird deutlich, dass Christus am Leid der Geringsten partizipiert. Anders als an den bisher genannten Stellen ist hier jedoch nicht an eine Stellvertretung Christi, nicht an eine juridisch-rechtfertigungstheologische Kategorie gedacht. Vielmehr geht es hier um die Gegenwart Gottes in den Geringsten, um sein Mitsein[93], um sein Mitleiden und um die grundlegende Bedeutung des Leidens des Einzelnen und Geringsten für das Reich Gottes, für den »Leib Christi«.[94]

Auch Paulus begründet das Dienen in der Gemeinde christologisch: So sieht er in 2Kor 5,18 ff. die Wurzel des Versöhnungsdienstes (τὴν διακονίαν τῆς καταλλαγῆς) darin, dass Gott die Welt durch Christus mit sich versöhnte.[95] Auch nach 1Kor 12,5 gründen die verschiedenen Dienste in dem einen Herrn.[96] Und wenn er sie hier wie in Röm 12 in den Kontext des Bildes vom Leib Christi stellt, dann wird die grundlegende ekklesiologische Dimension der Diakonie deutlich: Diakonie gehört nach Paulus zum Wesen der Kirche.

Eine gebräuchliche Bedeutung von διακονέω gehört wie oben erwähnt in den Kontext der Tischgemeinschaft und lautet »bei Tisch dienen«.[97] Die Vermutung liegt nahe, dass die Bedeutungsentwicklung der Diakonie als aus Christi Stellvertretung und Vorbild resultierender Dienst ihren Ausgang beim Abendmahl nahm. In der johanneischen Abendmahlsschilderung (Joh 13,1-20) taucht der Begriff διακονέω κτλ zwar nicht auf, dem Bedeutungsgehalt nach aber entspricht die Fußwaschung genau der Schnittstelle, an der die Bedeutung »bei Tisch aufwarten« mit der übertragenen Bedeutung »dienen, wie

(»Diakonie«) bei Markus und Lukas, in: Herrmann, Volker; Merz, Rainer; Schmidt, Heinz: Diakonische Konturen. Theologie im Kontext sozialer Arbeit, VDWI 18, Heidelberg 2003, S. 90,125, wobei Jonas den soteriologischen Gebrauch von διακονέω bei Lk in seiner Bedeutung insofern verschoben sieht, als nun nicht mehr wie bei Mk Tod und Auferstehung, sondern das Leben Jesu und sein »Dienst am Verlorenen« (S. 125) im Mittelpunkt stehen.

92 Vgl. ausführlich zu Mt 25,31-46 unten, S. 55f.

93 Vgl. dazu das Immanuelmotiv bei Mt, das das gesamte Evangelium gleichsam rahmend einschließt (Mt 1,23 und 28,20).

94 Vgl. ähnlich Röm 12.

95 Die Früchte einer Diakonie, die in der Versöhnung durch Christus gründet, beschreibt Schmidt 2003, S. 326 ff. Er verweist zu Recht darauf, dass das Bewusstsein, dass der eigene Dienst in der Versöhnung gründet, Auswirkungen auf die Gestaltung und die Themen der Diakonie haben muss.

96 Hier allerdings ist die Christologie noch einmal trinitarisch rückgebunden an den einen »Gott, der da alles wirkt« (V.6) und an den einen Geist, der sich in den Gaben offenbart (V. 4.7).

97 Διακονέω in der Bedeutung »bei Tisch dienen« findet sich z.B. in Mt 22,13, Mk 1,31 parr; Lk 10,40 u.a.

Christus stellvertretend gedient hat,« verbunden ist.[98] Die Bedeutungswandlung des Wortes διακονέω nahm also im Abendmahl ihren Anfang.[99] Es dürfte darum in diesem Zusammenhang nicht zufällig sein, dass sich das Jesuswort Lk 22,27 im Kontext des Herrenmahles befindet: »Wer ist größer: der zu Tisch sitzt oder der dient? Ist‹s nicht der, der zu Tisch sitzt? Ich aber bin unter euch wie ein Diener (διακονῶν).«[100] Somit kennt auch das Lukasevangelium offensichtlich die enge Verbindung zwischen Jesu Dienst und dem Abendmahl.

Was nun gibt die Beobachtung, dass die Diakonie ihren Grund in der Christologie hat, zu lernen? Was folgt daraus für eine diakonische Bildung? Zum einen: Die biblischen Erzählungen von Jesu Leben und Sterben sind diakonisch zu lesen und geben als solche Diakonie zu lernen. Das erste Vorbild[101] diakonischen Handelns ist Jesus selbst. Jesu diakonisches Handeln trägt hierbei jedoch nicht nur einen ethisch-vorbildhaften Zug, sondern hat – das zeigt das Abendmahl – auch soteriologisch-heilsame Bedeutung und ist als solche der Ermöglichungs- und Verheißungsgrund diakonischen Handelns. Zum andern und daraus abgeleitet: Von Christus aus gehört die Diakonie wesensmäßig zum Christsein, sowohl ethisch als Nachfolge als auch soteriologisch als Verheißung und Vorverwirklichung des Reiches Gottes. Zum diakonischen Lernen gehört das Lernen aus biblischen Texten, die vom Diakon Christus erzählen. Die bekannten Methoden biblischen Lernens und Erzählens sind somit für die diakonische Bildung fruchtbar zu machen.[102]

4.3 Diakonie – Wort und Tat vom Reich Gottes

Es ist nun an der Zeit zu fragen, wie denn Diakonie nach dem Neuen Testament inhaltlich über die Bedeutung des Dienens hinaus zu füllen ist. Wenn die Diakonie, wie ich gezeigt habe, in der Christologie wurzelt, lohnt also ein Blick darauf, wie Jesus seinen Dienst ausfüllte.

Von Beginn seiner Wirksamkeit an wird Jesus bei den Synoptikern (z. B. Mk 1,21-34 parr.; insbes. Mt 4,23; 9,35; Mk 1,39; et al.) als Lehrender *und* Hei-

---

[98] Vgl. Roloff, Jürgen: Zur diakonischen Dimension und Bedeutung von Gottesdienst und Herrenmahl, in: Schäfer, Gerhard K.; Strohm, Theodor (Hg.): Diakonie - biblische Grundlagen und Orientierungen. Ein Arbeitsbuch zur theologischen Verständigung über den diakonischen Auftrag, VDWI 2, Heidelberg ^{3}1998, S. 186–202, S. 191.

[99] Vgl. Weiser 1992, S. 728 und Roloff 1998, S. 189. Ebenso Dietzel 2003, S. 154. Vgl. auch Lk 22,27.

[100] So auch Roloff 1998, S. 189 f.

[101] Vgl. Thierfelder, Jörg: Diakonisches Lernen und Lebensbilder, in Glaube und Lernen 15. Jg., 1/2000, S. 4–10, der für eine kritische Verwendung von Lebensbildern zur Vermittlung von Diakonie plädiert.

[102] Z. B. Baldermann 1996, und ders.: Ich werde nicht sterben, sondern leben. Psalmen als Gebrauchstexte, WdL 7, Neukirchen-Vluyn ^{2}1994.

lender beschrieben. Beide, Wort *und* Tat Jesu, künden den Menschen, denen Jesus begegnet, vom Beginn der Gottesherrschaft, vom Kommen des Reiches Gottes (Lk 4,18 ff.). An Lk 4,31-44 lässt sich die Verschränkung von Wort und Tat bei Jesus besonders gut feststellen, weil hier die Heilungstaten Jesu zwischen die Notizen darüber, dass Jesus das Evangelium lehrte, eingearbeitet sind.

Überhaupt wird im Lukasevangelium die Verknüpfung von Wort und Tat immer wieder betont. Als weiterführende Auslegung des Doppelgebotes der Liebe in Lk 10,27 illustrieren die folgenden Beispielerzählungen vom »barmherzigen Samariter« (Lk 10,30 ff.) und von Maria und Marta (Lk 10,38 ff.), dass sowohl das helfende und heilsame Tun des Samariters als auch das Hören Marias (und damit Jesu heilsames Wort) als Praxis des Liebesgebotes verstanden werden; Erstere als Erfüllung des Gebotes der Nächstenliebe, Letztere als Beispiel für die Gottesliebe.[103] Zu beachten ist, dass in Lk 10,38 ff. keinesfalls daran gedacht ist, Marta und Maria einander so entgegenzusetzen, dass das Dienen Martas von Jesus verurteilt und abgelehnt würde. Vielmehr sorgt sich Jesus um Marta, die ihren Dienst ohne das Hören auf sein Wort traurig verrichtet. Jesus verurteilt also nicht Martas Dienst, sondern zeigt, wie wichtig es ist, dass sie ihren Dienst nicht ohne das Hören auf sein tröstendes und ermutigendes Wort verrichtet. Somit sind in der Perikope von Maria und Marta der Dienst der Tat und der Dienst durch das Wort (den hier übrigens Jesus selbst verrichtet) zusammengebunden. Denn ohne das aufrichtende Wort, ohne die Liebe zu Gott ist die Tat, die Liebe zum Menschen wohl insbesondere für den Diener selbst defizitär, auslaugend und auf Dauer nicht heilsam.[104]

In Apg 6 wird interessanterweise der Dienst des Wortes (τῇ διακονίᾳ τοῦ λόγου) dem Dienst (τῆς χρείας) der Armenpfleger entgegengesetzt. So wird auch an der Apg deutlich, dass das Bedeutungsspektrum des Wortfeldes um διακονέω nicht auf die Tat festgelegt ist, worauf es immer wieder eingeengt wird.[105]

Auch Paulus kann Diakonie auf Wort und Tat beziehen, wobei die Verknüpfung nicht so eng ist wie bei den Synoptikern. An den Stellen, an denen Paulus von der Kollekte für die Jerusalemer Gemeinde als Dienst, als διακονία spricht, wird deutlich, dass an einen materiellen »Ausgleich« gedacht ist, dass eher die Tat als das Wort im Blick ist (Röm 15,25.36; 2Kor 8,4.19 f., 9.1.12.12);

---

[103] Vgl. Bovon, François: Das Evangelium nach Lukas, Bd. 2, EKK III/2, Neukirchen-Vluyn 1996, S. 82.

[104] Vgl. ähnlich Bovon in seiner Auslegung von Lk 10,38 ff. in: Bovon 1996, S. 99 ff.

[105] Holtz, Traugott: Christus Diakonos. Zur christologischen Begründung der Diakonie in der nachösterlichen Gemeinde, in: Schäfer, Gerhard K.; Strohm, Theodor (Hg.): Diakonie - biblische Grundlagen und Orientierungen. Ein Arbeitsbuch zur theologischen Verständigung über den diakonischen Auftrag, VDWI 2, Heidelberg [3]1998, S. 127-143, besonders S. 137.139, der feststellt: »Andererseits wird in der nachpaulinischen Zeit eine Tendenz sichtbar zur Eingrenzung der Begrifflichkeit auf den Bereich helfenden Tuns« (S. 139).

in 2Kor 5,18 ff. hingegen scheint eher das Wort im Blick zu sein, wenn im Kontext der διακονίαν τῆς καταλλαγῆς vom »*Wort* der Versöhnung« die Rede ist. Gleichwohl schillert hier wie da die jeweils komplementäre Bedeutung hindurch, wenn in 2Kor 8 auch vom Reichtum im Glauben, im Wort und in der Erkenntnis die Rede ist (V. 7), bzw. wenn im Kontext von 2Kor 5,18 von der Versöhnung nicht nur als Wort, sondern als Tat, als Liebe, Leiden und Sterben Christi berichtet wird (V. 14).[106]

Zusammenfassend kann also gesagt werden, dass das Wort διακονέω bzw. διακονία sowohl bei Paulus als auch in den Evangelien nicht auf entweder den Tat- oder Wortaspekt festgelegt war. Vielmehr waren Wort und Tat insbesondere in den Evangelien im Dienst Jesu zusammengebunden. Er kündete vom Reich Gottes durch Wort und Tat. Wo in der Folgezeit nur durch das Wort gedient wurde, wurde dem Wort wie in Apg 6 der Dienst der Tat hinzugesellt. Zum Wesen der Kirche gehört daher schon von ihrer Begründung in Jesus Christus her nicht nur der Dienst im Wort, sondern auch der Dienst der Tat. Umgekehrt kann gefordert werden, dass zum tätigen Dienst wesensmäßig der Dienst der Verkündigung gehört.

Auch diese Beobachtung gibt Wesentliches zu lernen: Ein Religionsunterricht, der sich lediglich auf das Wort, lediglich auf kognitive Prozesse konzentriert, wird immer defizitär bleiben. Wort und Tat, Kognition und Handlung gehörten für den Lehrer Jesus und gehören auch und gerade im Religionsunterricht zusammen.[107] Umgekehrt: Ein »Diakonie«-Unterricht, der sich nur auf ein Handeln beschränkt, ohne die enge Verbindung zum Evangelium herzustellen, läuft Gefahr, zu blindem, heillosen Aktionismus zu geraten.

4.4 διακονέω – Dienst an Personen

Beyer stellt in seinem vielzitierten Artikel im ThWNT im Vergleich mit anderen griechischen Vokabeln für Dienst fest: »διακονεω hat allen diesen bedeutungsverwandten Worten gegenüber den besonderen Klang, daß es die ganz persönlich einem anderen erwiesene Dienstleistung bezeichnet.«[108] Und er zitiert später Brandt: »Hier wird deutlich: ›Διακονεῖν ist eins jener Worte, die ein Du voraussetzen, nun nicht ein Du, zu dem ich mein Verhältnis beliebig bestimmen könnte, sondern ein Du, unter das ich mich gestellt habe als ein διακονῶν.‹«[109]

---

[106] Vgl. Holtz 1998, S.137 ff.; Hanisch 2003, S. 80.

[107] Auch der sog. Taufbefehl aus Mt. 28 legt diese Verschränkung von Wort und Tat nahe, wenn Christus darin fordert: »Lehret sie halten alles, was ich euch befohlen habe.«

[108] Beyer, Hermann W.: διακονέω κτλ, ThWNT II, Stuttgart 1935, S. 81.

[109] Brandt, Wilhelm: Dienst und Dienen im Neuen Testament, Gütersloh 1931, S. 71, zitiert nach Beyer 1935, S. 85. Auch wenn Beyer noch von der Grundbedeutung »bei

Es ist also für das διακονεῖν konstitutiv, ein persönliches Gegenüber zu haben, ein vollwertiges Du, an das ich meinen Dienst richte. So hilfsbedürftig und eingeschränkt ein Mensch auch immer sein mag, so bedeutet das biblische Dienen immer, dass einer den anderen höher achten soll als sich selbst (Phil 2,3), dass der andere niemals durch Verobjektivierung als Person und Gegenüber aus dem Blick verlorengehen darf.

Unter Einbezug der Christologie bedeutet das: So wie alle Christen mit ihren Einschränkungen und Begrenzungen, sei es materieller oder spiritueller Art, Einschränkungen durch Krankheit, Sünde, Tod, Zeit und Raum, zum eucharistischen Mahl geladen sind, so wie Christus im Abendmahl all diesen Menschen dient, um die jeweilige Person zurechtzubringen, so ist die Diakonie darauf ausgerichtet, niemals das Wohl des Gegenübers und damit niemals das Gegenüber als Person aus dem Auge zu verlieren. Diese christologisch begründete Bedeutung der Person für die Diakonie verdient in Zeiten einer stark institutionellen und marktorientierten Diakonie besondere Beachtung.

Ich möchte anhand von Lk 10,25-37 die angesprochene Beziehung zu einem Du noch genauer untersuchen. Es ist nicht zufällig, dass Lukas bzw. die Tradition, auf die Lukas zurückgreift, seine pointierte Beispielgeschichte vom helfenden Samariter in unmittelbaren Zusammenhang mit dem Doppelgebot[110] der Liebe stellt. Anders als bei den Parallelüberlieferungen[111], nach denen ein Schriftgelehrter Jesus nach dem höchsten Gebot fragt, leitet Lukas das Streitgespräch mit dem Schriftgelehrten dadurch ein, dass dieser fragt: »Was muss ich tun, dass ich das ewige Leben ererbe?« Wenn Jesus in Vers 28 und Vers 37 dem Schriftgelehrten sinngemäß antwortet: »Tu das Doppelgebot der Liebe, wie es der Samariter getan hat, dann wirst du das ewige Leben haben«, dann wird hier einmal mehr sehr pointiert der Zusammenhang zwischen Nächstenliebe (Diakonie) und Reich Gottes, das Christus zu verkündigen gekommen ist, (Lk 4,18) betont.

Auf die Frage des Schriftgelehrten: »Wer ist denn mein Nächster?« (V. 29), gibt die Beispielerzählung nun eine überraschende Antwort: Nicht das Opfer, sondern der Helfer (der Samariter) ist der Nächste. Diese überraschende Antwort impliziert zwei Momente: Zum einen vermag sie es, die Perspektive zu ändern: Der Schriftgelehrte (und mit ihm der Leser) sucht, wenn er nach dem Nächsten fragt, eher nach einem Objekt, einem »Opfer« seiner Liebe,

---

Tisch dienen« ausgeht, so sind seine Beobachtungen gleichwohl tragfähig – gerade weil sie vom synoptischen Befund ausgehend diesen Gebrauch besonders treffend herausarbeiten. Anders Collins 1990.

[110] Vgl. Lk 10,25-27 mit Mt 22,35-40 und Mk 12,28-32.

[111] Die Herkunft der lukanischen Version ist umstritten. Einerseits bestehen große Abweichungen gegenüber Mk und zugleich Übereinstimmungen zu Mt, was nahelegt, das Mt und Lk ihre Version aus Q entnommen haben. Andererseits finden sich in der lukanischen Perikope auch signifikante Unterschiede zu Mt, so dass entweder auf lukanisches Sondergut oder aber auf starke lukanische Redaktion geschlossen werden muss.

nach einem offensichtlich Hilfsbedürftigen. Dadurch, dass aber Jesu Frage in Vers 36 auf den Nächsten aus der Sicht des Opfers zielt, wird überraschend die Perspektive gewechselt: Der Schriftgelehrte als nach dem Nächsten Fragender wird sich nun mit dem Opfer, dem Hilfsbedürftigen, identifizieren müssen. Diese Erzählung warnt also davor, durch Hilfe und Dienst falsche (Macht-)Gefälle aufzubauen. Hilfespender und -empfänger sind auf einer Stufe und vertauschen je nach Perspektive die Rollen.[112] Zum anderen bleibt in der Samaritererzählung deutlich: Dem Samariter ist der Fremde am Wegrand der Nächste. Indem er dem Notleidenden hilft, macht er ihn zu seinem Nächsten und wird er selbst ihm zum Nächsten. Damit ist ein wechselseitiges Geschehen gegeben, ein Beziehungsgeschehen, das wiederum beide Personen, Helfer und Hilfsbedürftigen, ernst nimmt, bei dem sich Helfer und Hilfsbedürftiger nahekommen. Bovon beschreibt dies in seinem Kommentar zum Lukasevangelium so:

> »Es ist mir wichtig zu präzisieren, daß es einen Nächsten an beiden Enden der Kommunikation der Liebe gibt: im Gebot (10,27) ist es der Empfänger, das Objekt des Erbarmens, in der Parabel (10,36) der Sender, das Subjekt des Mitleids. Diese Feststellung ist nicht widersprüchlich: Sie erinnert einerseits daran, daß die christliche Ethik beziehungshaft ist und daß ich, wenn ich mich anderer Menschen annehme, mich an sie binde, und sie sich umgekehrt an mich binden. Andererseits legt sie nahe, daß der Begriff des Nächsten in der Figur eines solcherart Notleidenden keine Objektivität haben kann. Der neutestamentliche Kommentar des alttestamentlichen Gebotes verpflichtet uns nicht darauf, Nächste zu haben, sondern andern zu Nächsten zu werden.«[113]

Die Beispielerzählung vom Samariter zeigt also in ihrem Zusammenhang mit dem Doppelgebot der Liebe, dass Diakonie ein Geschehen ist, in dem sich Helfer und Hilfsbedürftiger nahekommen, sich *gegenseitig* zum Nächsten werden und damit beide Subjekt bleiben. Dabei hilft der Helfer immer im Bewusstsein, dass er selbst aus anderer Perspektive Hilfsbedürftiger ist.

Wiederum stellt sich die Frage, was diese Beobachtung und vor allem der untersuchte Bibeltext zu lernen gibt. Lk 10,25-37 zeigt: Diakonische Bildung geschieht am besten, wo sich Menschen begegnen, wo hilfsbedürftige und (potentiell) helfende Menschen einander gegenüber sind. Dabei lernen Hilfsbedürftige und Helfende voneinander. Solche Lernsettings gehören daher notwendig zu diakonischer Bildung dazu. Aber auch für das Verhältnis zwischen Lehrenden und Lernenden kann das nicht folgenlos bleiben. Verstehe ich – gut diakonisch – den Lernenden als Hilfsbedürftigen, impliziert dies die Gefahr eines solchen Machtgefälles, das aus den Lernenden, aus meinem Gegenüber, ein Objekt macht. Nach Lk 10 kann nur gut unterrichtet werden, wenn sich die Lehrenden als ebenso hilfsbedürftig wahrnehmen wie die Lernenden, wenn

---

112 Vgl. dazu auch Mk 10,35-45.

113 Bovon 1996, S. 99.

Lehrende es sich zur Grundhaltung machen, jederzeit in ihren Schülern ein vollwertiges Gegenüber zu sehen – und von ihnen Wesentliches zu erwarten!

4.5 Mt 25,31-46 – existentielle, universale Hilfe

Welcher Art nun soll diese Zuwendung zur Person nach neutestamentlicher Aussage sein? Dazu lohnt sich ein Blick auf Mt 25,31-46.

Dort enthalten die Verse 35–36 einen in seiner Zeit typischen Katalog für die vorderorientalische Welt. Ursprünglich hatten solche Kataloge ihren Sitz im Leben in der antiken Königsideologie. Bei ihrer Inthronisation demonstrierten die Herrscher mit solchen Katalogen die Durchsetzung des wahren, göttlichen Rechtes und damit das Anbrechen einer Friedenszeit ohne existentielle Not.[114] In Mt 25 ist dies heruntergebrochen auf den Einzelnen. Es geht nun um die Durchsetzung göttlichen (d. h. von Gott und Christus kommenden) Rechts durch die Menschen.[115] Wieder wird der oben bereits dargestellte Zusammenhang zwischen Diakonie und Reich Gottes deutlich. Wie nun ist das Dienen in Mt 25 inhaltlich gefüllt?

> »Ich bin hungrig gewesen, und ihr habt mir zu essen gegeben. Ich bin durstig gewesen und ihr habt mir zu trinken gegeben. Ich bin ein Fremder gewesen, und ihr habt mich aufgenommen. Ich bin nackt gewesen, und ihr habt mich gekleidet. Ich bin krank gewesen, und ihr habt mich besucht. Ich bin im Gefängnis gewesen, und ihr seid zu mir gekommen« (Mt 25,35-36).

Alle Dienste, die der Katalog aufzählt, betreffen den existentiellen Bereich: Zu essen und zu trinken geben, Fremde aufnehmen, Kleidung geben[116], Kranke versorgen – jeweils handelt es sich um existentielle Grundvoraussetzungen, um zu überleben. Auch die Tatsache, im Gefängnis zu sein, dürfte in diesem Kontext ganz existentiell zu verstehen sein. Denn wer in Haft saß, konnte in dieser Zeit weder für sich noch für seine Angehörigen sorgen. Zur Haft gehörte es damals übrigens nicht, dass der Häftling auch ausreichend verpflegt wurde. Dies war Aufgabe seiner Angehörigen.[117]

---

[114] Vgl. die sehr aufschlussreiche Textzusammenstellung bei Brandenburger, Egon: Taten der Barmherzigkeit als Dienst gegenüber dem königlichen Herrn (Mt 25,31-46), in: Schäfer, Gerhard K.; Strohm, Theodor (Hg.): Diakonie – biblische Grundlagen und Orientierungen. Ein Arbeitsbuch zur theologischen Verständigung über den diakonischen Auftrag, VDWI 2, Heidelberg ^{3}1998, S. 309 ff.

[115] Brandenburger 1998, S. 320.

[116] Vgl. die Bedeutung des Mantels, der ggf. zugleich als Zudecke diente, für das Überleben im antiken Israel (Ex 22,25 f.).

[117] Vgl. Luz, Ulrich: Das Evangelium nach Matthäus, Bd. 3, EKK I/3, Neukirchen-Vluyn 1997, S. 535.

Zum Dienst an einer Person im Angesicht des anbrechenden Reiches Gottes gehörte es nach Mt 25 also zunächst, die existentielle materielle Not eines Menschen zu beseitigen, den materiellen Einschränkungen einer Person entgegenzuwirken. Hierbei ist wichtig hervorzuheben, dass es in Mt 25 keineswegs um eine Motivation zum Dienen durch Lohn oder Strafe geht. Gerade der Gedanke des Dienstes in »Unwissenheit« macht ja diese Perikope aus: Es geht darum, den Bedürftigen um ihrer Person willen zu helfen, eben nicht extrinsisch motiviert durch Lohn oder Strafe.

Ein vieldiskutiertes exegetisches Problem sind die Differenzen in den Versen 40 und 45, wo zunächst von den »geringsten Brüdern« (V. 40), dann nur noch von den »Geringsten« (V. 45) die Rede ist. Sollte der Hinweis auf die Brüder (V. 40) bedeuten, der Text impliziere nur ein innerchristliches Hilfsethos, einen Diakoniebegriff, der sich rein innerchristlich verstehe? Oder lese ich Mt 25 von Vers 45 und finde ein universales Hilfsethos, ein Diakonieverständnis, das die Hilfe an allen Menschen beinhaltet? Sehr einleuchtend und aufgrund der Integration dieser zwei Sichtweisen weiterführend ist in diesem Zusammenhang die These von G. Theißen, der traditionsgeschichtlich argumentiert und in Mt 25 »zwei Traditionsstufen«[118] annimmt, wobei das partikularistische Verständnis der geringsten Brüder einer älteren, vormatthäischen Tradition entstamme, das Mt universalistisch überarbeitet habe. Theißen folgert: »Unser Fazit wäre somit: Mt formuliert in der Tat ein universales Hilfsethos. [...] Das Hilfsethos von Mt 25,31 ff. ist also tendenziell universal.«[119] Mit Theißen sehe ich darum in Mt 25,31 ff. ein universales Diakonieverständnis: Christliche Diakonie richtet sich an alle Menschen, gleich welcher Herkunft, gleich welchen Geschlechts, gleich welcher Religion. Sie richtet sich an diese Menschen als Personen und dient ihnen, weil sie Personen sind, (mindestens) mit dem existentiell Notwendigen.

Zu einer Didaktik der Diakonie gehört es, diese Weite und das damit verbundene Menschenbild zu bearbeiten. Ein spannendes Unterrichtsfeld erbringt auch die Fragestellung, die sich aus dem oben erarbeiteten Zusammenhang von Wort und Tat ergibt. Darf existentielle Hilfe mit Mission verknüpft werden? Bleibt mir der »Fremde« ein freies Gegenüber, wenn ich meine Tat ans Wort knüpfe? Oder anders gefragt: Wie muss die Ver-

---

118 Theißen, Gerd: Die Rede vom großen Weltgericht (Mt 25,31-46). Universales Hilfsethos gegenüber allen Menschen?, in: Götzelmann, Arnd; Herrmann, Volker u.a. (Hg.): Diakonie der Versöhnung. Ethische Reflexion und soziale Arbeit in ökumenischer Verantwortung. Festschrift für Theodor Strohm, Stuttgart 1998, S. 68 (Theißen 1998b).

119 Theißen 1998b, S. 68. Anders z.B. Brandenburger 1998, S. 297 ff. oder Luz, der in seinem Kommentar zum Matthäusevangelium zu dieser universalen Deutung der geringsten Brüder schreibt, sie sei ein »typisch neuzeitlicher Zweig« der Auslegungsgeschichte. Luz 1997, S. 526.

knüpfung von Wort und Tat aussehen, damit die Freiheit des Gegenübers gewahrt bleibt?[120]

4.6 Das Grundmuster diakonischen Handelns in Lk 10,25-37: Ansehen – Deuten – Handeln

Um Diakonie zu vermitteln, um Diakonie lernbar zu machen, ist es nötig, die elementaren Grundschritte diakonischen Handelns herauszuarbeiten, die auf alle diakonischen Situationen angewandt werden können. Die Erzählung vom Samariter enthält meines Erachtens geradezu klassisch einen »diakonischen Dreischritt«, wie er jedem diakonischen Handeln und Lernen zugrunde liegen sollte.

Ansehen

Bevor der Samariter erscheint, nennt die Erzählung zwei Personen, die an dem Verletzten vorübergehen. Von beiden wird ausdrücklich vermerkt, dass sie den Halbtoten sahen (V. 31 καὶ ἰδὼν αὐτὸυ; V. 32 absolut καὶ ἰδὼν). Sie sahen ihn, aber ohne wirklich zu sehen. Beiden fehlte etwas, von dem beim Samariter berichtet wird: κἐσπλαγχνίσθη. Der Samariter hatte Mitleid, ließ sich im Innersten berühren[121]. Rechtes Sehen setzt die Fähigkeit voraus, sich einzufühlen, mitzufühlen, Empathie zu empfinden. Hier lohnt sich einmal mehr der Verweis auf das Doppelgebot der Liebe, das bei Lukas der Beispielgeschichte vom barmherzigen Samariter vorangestellt ist: Um recht zu sehen, bedarf es der Liebe. Sehen übersteigt somit bloße Rezeption und ist daher durchaus auch eine emotionale Fähigkeit.

Deuten

Auf den zweiten Schritt, das Deuten, kann aus der Samaritererzählung nur indirekt geschlossen werden. Denn es wird nicht etwa erzählt, dass der Samariter überlegen würde. Aber an den Maßnahmen, die er ergreift, lässt sich ablesen, dass er diesen Schritt vollzogen haben muss. Der Samariter *ging* zum Verletzten, anstatt kopflos zu rennen. Genauso wenig wirken die weiteren Maßnahmen unüberlegt. Im Gegenteil, es wird ausführlich erzählt, dass er die Wunden mit Öl, Wein und Verband versorgte, den Verletzten dann auf sein Tier legte und zur Herberge brachte, um ihn zu pflegen. Selbst die Tage seiner Abwesenheit organisierte er mit Bedacht. Deuten meint demnach, eine Situation richtig einzuschätzen, recht zu kontextualisieren und dann das Angemessene für eine Situation zu entwerfen bzw. über das angemessene Tun zu entscheiden. Unangemessen wäre es etwa gewesen, Begleitschutz gegen

[120] Hierbei kann die Einsicht hilfreich sein, dass jede Tat auch Wort, und jedes Wort auch Tat sein kann. Insbesondere vom Gleichnis vom Samariter kann für diese Fragen gelernt werden.

[121] So übersetzt Bovon 1996, S. 90.

die Räuber zu organisieren, da der Verletzte bis dahin wohl längst verblutet wäre. Ebenso unnötig wäre es gewesen, nach der ersten Versorgung noch weitere Tage in der Herberge zu bleiben und auf diesem Wege den eigentlichen Zweck der Reise zu versäumen. Die Delegation der Dienste war ausreichend.[122] Mehr wäre unvernünftig und hätte zwei Gefahren mit sich gebracht: zum einen die Gefahr, dass eine Abhängigkeit des Hilfsbedürftigen von einer Person entsteht, zum andern, dass sich der Helfer verausgabt.[123]

Handeln

Die Erwähnung des letzten Schrittes, des rechten Handelns, könnte überflüssig erscheinen. Gleichwohl meine ich, dass er nicht fehlen darf. Wie oft wird Not erkannt, ihre Gründe und die Möglichkeit, Abhilfe zu schaffen, sogar richtig analysiert, und doch tut keiner etwas.[124] Recht handeln heißt, aus Liebe bedacht das Richtige tun. Recht ansehen, deuten und handeln sind somit die drei grundlegenden Schritte gelingender Diakonie, die in Lk 10,25-37 vorgestellt sind. Auf ihnen muss auch eine Didaktik der Diakonie aufbauen.

4.7 Zur Wahrnehmung: das Ansehen Christi

Das Ansehen, das im Gleichnis des barmherzigen Samariters beschrieben wird, ist gleichsam der Beginn allen diakonischen Lernens und Handelns. Fragen wir nun nach biblischen Hinweisen, wie sich solch ein rechtes Sehen gestalten könne und wie es gelernt werden könne, dann legt es sich nahe, das Sehen Christi zu untersuchen; zumal dann, wenn – wie gezeigt werden konnte – die Christologie für die Diakonie so bedeutsam ist. Wenn ich von der Wahrnehmung Christi ausgehe, dann ergeben sich zwei Fragerichtungen: Zum einen ist zu fragen: Wie nimmt Christus seine Welt wahr (Genitivus subjectivus)? Wie erzählen Schrift und Tradition, Verkündigung und Kultur davon, wie Christus Welt und Mensch wahrnimmt? Zum anderen: Wie lässt sich Christus wahrnehmen (Genitivus objectivus)? Wie erzählen Schrift und Tradition davon, wie Christus von den ihm begegnenden Menschen wahrgenommen wird? Und wie lässt Christus sich wahrnehmen, wenn er in Schrift und Tradition, in Verkündigung und Kultur begegnet?[125]

---

[122] Hier findet sich also indirekt schon ein frühes Beispiel delegierter Diakonie.

[123] Vgl. Theißen 1998, S. 384, der den Vorwurf, Hilfe sei psychische Selbstausbeutung, ebenfalls mit der Samaritererzählung widerlegt.

[124] Besonders erschreckend sind in diesem Zusammenhang die Fälle unterlassener Hilfeleistung, bei denen ganze Gruppen von Personen tatenlos Gewaltakten gegen Schutzlose zusahen.

[125] Vgl. ausführlicher zu diesem Kapitel: Boës, Walter: Das Ansehen Christi. Zugänge zum Christos Diakonos, in: Schoberth, Ingrid; Kowaltschuk, Ina (Hg.): »Was sind das

Das Ansehen Christi und die Frage, wie Christus uns ansieht

Wenden wir uns zunächst der ersten Frage zu, wie Christus die Welt ansieht. In den Evangelien wird mehrfach und jeweils an pointierten Orten vom Ansehen Christi gesprochen. Die verschiedenen Stellen ergeben zusammen ein charakteristisches Bild.

An einigen Stellen, die vom Ansehen Christi erzählen, wird eine seltene Vokabel gebraucht: ἐμβλέπω Das Wort kommt im Neuen Testament insgesamt nur zwölf Mal vor, und es betont an allen zwölf Fundorten besondere Aspekte des Wahrnehmens.[126] Geht man die Stellen, an denen ἐμβλέπω vorkommt, im Einzelnen durch, so werden drei Bedeutungsschwerpunkte sichtbar:

1. Das Moment des Sichzuwendens beim Ansehen[127]

Sehr deutlich wird dieses Moment des Sichzuwendens in Lk 22,61. Nachdem Petrus im hohepriesterlichen Hof drei Mal geleugnet hatte, wandte sich Jesus, der κύριος, nach Petrus um (στραφεὶς ὁ κύριος) und sah ihn an (ἐνέβλεψεν). In der markinischen Parallele werden für das unterschiedliche Sehen sogar zwei verschiedene Vokabeln gebraucht (Mk 14,67): Eine Magd sieht (ἰδοῦσα) Petrus, dann wendet sie sich ihm zu (ἐμβλέψασα).

2. Tiefenscharfe Wahrnehmung

Ziehen wir noch einmal Lk 22,61 heran. Jesu Ansehen dringt ins Innerste Petri vor, und die ganze Vorgeschichte Petri mit Jesus wird in seinem Blick, in seinem »Augenblick« offenbar. Jesu Blick reicht tief. Legt man der Exegese die Zwei-Quellen-Theorie zugrunde, dann fällt auf, dass die markinische Vorlage bearbeitet ist: Lukas nimmt der Magd das ἐμβλέψασα, um das »tiefenscharfe« Sehen allein Jesus zu überlassen. Die Magd sieht bloß einen verängstigten,

---

für Dinge, die ihr miteinander verhandelt unterwegs?« (Lk 24) – Christologie im Religionsunterricht, Berlin 2010, S. 43–55.

[126] Die Besonderheit dieses Verbs ist meines Wissens bisher kaum wahrgenommen worden. Beispielsweise unterscheidet Michaelis in seinem Artikel im ThWNT zu den Verben, die das Sehen bezeichnen, nicht noch einmal zwischen den unterschiedlichen Komposita mit βλέπω. Michaelis, Wilhelm: Art. ὁράω, εἶδον, βλέπω, † ὀπτάνομαι, † θεάομαι, † θεορέω in: Friedrich, Gerhard (Hg.): Theologisches Wörterbuch zum Neuen Testament, Bd. 5, (ThWNT 5), Stuttgart 1954, S. 316–368. Immerhin aber geben Aland/Bauer als übertragene Bedeutung u. a. an: »mit d. Augen des Geistes schauen«. Aland, Kurt; Aland, Barbara (Hg.): Griechisch-deutsches Wörterbuch zu den Schriften des Neuen Testaments und der frühchristlichen Literatur von Walter Bauer, Berlin - New York [6]1988, Sp. 513. Auch die übertragene Angabe (ποῖ ἐμβλέψασα worauf vertrauend) im Wörterbuch von Gemoll weist auf den besonderen Gebrauch des Wortes hin. Gemoll, Wilhelm: Griechisch-Deutsches Schul- und Handwörterbuch, München - Wien [9]1988, S. 267.

[127] Aus Gründen der Übersichtlichkeit nenne ich nur wenige beispielhafte Stellen für die jeweiligen Bedeutungsaspekte von ἐμβλέπω. Belegstellen und damit weitere Beispiele sind dargestellt bei Boës 2010, S. 45 ff.

»straffälligen« Jesus-Anhänger. Jesus aber sieht Petrus ganz – in seiner Angst, in seiner Gottesbeziehung[128], in seiner Vergangenheit und auch in seiner Zukunft.

Mk 10,27 erzählt folgende Reaktion Jesu auf die Frage seiner Jünger, wer denn in den Himmel kommen könne, wenn eher ein Kamel durch ein Nadelöhr komme, als ein Reicher ins Himmelreich: »Jesus aber sah sie an (ἐμβλέψας) und sprach: Bei den Menschen ist's unmöglich, aber nicht bei Gott; denn alle Dinge sind möglich bei Gott.« Wieder fällt das Moment der Zuwendung auf. Aber noch ein weiterer Aspekt tritt hinzu: Jesus sieht die Jünger nicht nur in ihrer irdisch-menschlichen Beschränkung, sondern in ihren von Gott gegebenen Möglichkeiten. Jesu Ansehen eröffnet Zukunft, »konstruiert«, schafft Menschen neu.

3. Liebendes Ansehen

Der Jüngerbelehrung mit dem bereits aufgeführten Logion vom Kamel und dem Nadelöhr geht die aufrichtige Anfrage eines reichen Mannes voraus (Mk 10,17-27). Dieser kniete vor Jesus nieder und fragte ihn: »Guter Meister, was soll ich tun, damit ich das ewige Leben ererbe?« Jesus antwortete mit einem Hinweis auf die Gebote. Als der reiche Mann Jesus bestätigte, die Gebote gehalten zu haben, sah Jesus ihn an (ἐμβλέψας) und gewann ihn lieb (ἠγάπησεν). Wieder schwingen – wie in den anderen Stellen – die Momente der unbedingten Zuwendung und des tiefenscharfen In-die-Seele-Sehens mit. Um aber so hinsehen zu können, bedarf es der Liebe. Und umgekehrt gilt: Wer so hinsieht, wird sein Gegenüber liebgewinnen.[129] Diese Wahrnehmungsdimensionen sind wohl auch gemeint, wenn Gott nach 1Sam 16,7 das Herz ansieht. Sein liebendes Ansehen lässt Christus den Menschen coram Deo sehen.

σπλαγχνίζω – Ansehen und Erbarmen

Ein weiteres, ebenso seltenes Verb kennzeichnet das Ansehen Christi. In der Auslegung der Erzählung vom barmherzigen Samariter tauchte es schon einmal auf: σπλαγχνίζω. In Mk 6,34 wird es nun direkt für Jesu Ansehen gebraucht: »Jesus [...] sah (εἶδεν) die große Menge; und sie jammerten (ἐσπλαγχνίσθη) ihn, denn sie waren wie Schafe, die keinen Hirten haben.« Sein Ansehen zieht nach sich, dass Jesus sich affizieren lässt. Das Substantiv desselben Wortfeldes (σπλάγχνον) bezeichnet ursprünglich die Eingeweide. Erst im übertragenen Sinne sind die in den Eingeweiden lokalisierten Gefühle, wie vor allem Zuneigung, Liebe und Mitleid angesprochen.[130] Damit ist die

---

[128] Vgl. zum Sehen der Gottesbeziehung Mk 2, hier jedoch ohne die Vokabel ἐμβλέπω.

[129] Vgl. auch 1Kor 13,12.

[130] Aland, Kurt; Aland, Barbara (Hg.): Griechisch-deutsches Wörterbuch zu den Schriften des Neuen Testaments und der frühchristlichen Literatur von Walter Bauer, Berlin - New York [6]1988, Sp. 1523.

Leiblichkeit solchen Anteil nehmenden Ansehens betont. Christus leidet körperlich mit, wo er Menschen in ihrer Not sieht.[131]

Das Ansehen Christi (Genitivus subjectivus) hat also vier wesentliche Momente: Zuwendung, tiefenscharfe Wahrnehmung, Liebe und damit verbunden das durchaus leibliche Sich-berühren-Lassen.

Das Ansehen Christi und die Frage, wie Christus von uns angesehen ist oder werden will

Wie sehen die Menschen, wie sehen wir nun Christus an (Genitivus objectivus)? Unser menschliches Sehen wird im Neuen Testament deutlich von Jesu Sehen abgesetzt. »Habt ihr noch ein verhärtetes Herz in euch? Habt Augen und seht nicht, und habt Ohren und hört nicht?«, fragt Jesus nach Mk 8,18 seine Jünger. Er vermisst bei seinen Jüngern die Zuwendung, Tiefenschärfe, Liebe und die Fähigkeit, sich durch das Wahrgenommene berühren zu lassen.[132] Sowohl das Markusevangelium als auch das Johannesevangelium arbeiten mit dem Stilmittel des Un- bzw. Missverständnisses, das zu einem tieferen Verstehen führen soll: Das eigentlich richtige, tiefe Verstehen des Petrusbekenntnisses bei Mk beispielsweise wird erst in der Passionsgeschichte eingeholt. Und für das Johannesevangelium wäre als Beispiel die Erzählung von der Samaritanerin am Brunnen anzuführen. Jeweils wird eine oberflächliche und dadurch defizitäre Wahrnehmung durch den Fortgang der Geschichte bzw. des Evangeliums vertieft und verfeinert. Den Evangelien eignet also ein immanent pädagogischer Zug. Insbesondere das Sehen auf Christus selbst und auf seine Art zu sehen hat das Potential, unser Sehen zu verändern. Hier kommen im Ansehen Christi die subjektive und die objektive Seite des Genitivs geradezu notwendig zusammen.

Wie sieht die Wahrnehmungsschulung in den Evangelien genauer aus? Wie funktioniert sie? Zuerst wird jeweils an Bekanntem angeknüpft: an den Traditionen und Verheißungen des Alten Testaments[133], an geläufigen Vor- bzw. Gegenbildern aus der antiken Umwelt[134], an Alltagswissen[135] oder an den

---

131 Vgl. dazu die Ausführungen oben zu Mt 25. Vgl. zur Kombination aus ὁράω und σπλαγχνίζομαι auch Mt 9,36, Lk 7,13 und Lk 15,20.

132 Viele der markinischen Unverständnismotive weisen ebenfalls auf diese Wahrnehmungsdifferenz hin, beispielsweise die Parabeltheorie in Mk 4 oder das Petrusbekenntnis in Mk 8,27. Auch der bereits aufgeführte redaktionelle Eingriff im Lukasevangelium, der der Magd das ἐμβλέπειν nimmt, weist in diese Richtung.

133 Vgl. die Erfüllungszitate bei Mt, aber auch die sog. Streitgespräche in den Evangelien überhaupt.

134 Vgl. dazu Theißens These, das Markusevangelium sei als Gegenevangelium gegen die εὐαγέλια von Vespasian verfasst. Theißen, Gerd: Lokalkolorit und Zeitgeschichte in den Evangelien. Ein Beitrag zur Geschichte der synoptischen Tradition, NTOA 8, Freiburg Schweiz - Göttingen ^{2}1992, S. 284.

135 Vgl. dazu vor allem die Gleichnisse, die ihre Bilder in der Regel der Alltagswelt entnehmen.

vernünftigen Menschenverstand[136]. Die bewusst angestoßenen, gewohnten Bilder und die damit verbundenen Sinnkonstruktionen werden dann durch den weiteren Verlauf der Erzählung, durch weitere Auslegung, neu kontextualisiert. Dadurch werden sie in Frage gestellt, aus dem Gleichgewicht gebracht, so dass neue Sinnkonstruktion nötig wird: Nach Lk 2 kommt der verheißene Messias im Stall zur Welt; nach Mt 21 führt der königliche Einzug Jesu ans Kreuz mit der bekannten Aufschrift (Mt 27,20); in den Gleichnissen öffnen Alltagsbilder die Wahrnehmung für eine ganz andere Welt; nach Paulus wird Torheit vor der Welt zur Weisheit für den, der glaubt.

Einer der radikalsten Texte ist die bereits angesprochene Gerichtsszene in Mt 25,31-46. Derselbe, der als erhabener, herrschaftlicher Richter begegnet, begegnet im Hungrigen, im Durstigen, im Fremden, kurz, im Notleidenden. Derselbe, dessen Angesicht jetzt in Herrlichkeit leuchtet, lässt sich ansehen als Hunger, Krankheit und Not Leidender. Christus ansehen kann ich nur dann, wenn ich – wie er – liebend wahrnehme, mich zuwende, genauer hinsehe und mich berühren lasse. Auf die Frage: »Wann haben wir Dich [...] gesehen«, antwortet der Menschensohn: »Was ihr getan habt einem von diesen meinen geringsten Brüdern, das habt ihr mir getan.« Wahrnehmen und Handeln werden also fest aneinander geknüpft. Christus lässt sich im Tun wahrnehmen, konkret im sozialen, im diakonischen Handeln. Christus lässt sich im diakonischen Tun ansehen, kommt im diakonischen Handeln zur Erscheinung.[137]

Zusammengefasst heißt Wahrnehmenlernen im Bezug auf diakonische Bildung erstens zu lernen, mit den Augen Jesu zu sehen. Das impliziert das Lernen von zuwendendem, tiefenscharfem und liebendem Sehen – ein Sehen, das den, der sieht, für eine Begegnung öffnet, die ihn anrührt. Zweitens heißt solches Wahrnehmenlernen, Christus sehen zu lernen. Christus sehen zu lernen erfordert immer ein Lernen durch und am Tun, denn er erscheint in den Hilfsbedürftigen. Die Schrift bzw. die Zwei-Stufen-Hermeneutik der Schrift ist unverzichtbar für dieses Lernen und verweist zurück auf den zweiten Schritt des diakonischen Dreischrittes: Die ständige, mit der eigenen Fehlbarkeit rechnende Reflexion zielt je neu auf tiefenschärfere und angemessenere Wahrnehmung und damit angemesseneres Handeln.

4.8 Zusammenfassung

Diakonie ist christologisch begründet. Sie kommt her vom Reich Gottes und zielt darauf hin. In den Evangelien ist die enge Verknüpfung von der Verkündigung mit dem Tun des Evangeliums vom nahen Reich Gottes im Wirken Jesu bezeugt. Somit will die Diakonie als notwendige Wesensäußerung der Kirche verstanden werden. Dem anderen zu seinem Wohl zu dienen zielt auf

[136] Vgl. Pauli Rede von Weisheit und Torheit im Korintherbrief.

[137] Vgl. auch die Emmauserzählung, wo sich im Teilen von Unterkunft und Brot das Angesicht Christi erschließt.

das existentielle Heil eines persönlichen Gegenübers. Diakonisches Handeln beschränkt sich nicht auf einen Personenkreis innerhalb der Kirche, sondern ist allen Menschen geschuldet. Nach Lk 10,25-37 impliziert diakonisches Handeln drei Momente: Ansehen, Deuten, Handeln. Das Ansehen Christi ist wegweisend für solches Ansehen nach Lk 10. Dazu gehören Zuwendung, Tiefenschärfe, Liebe und Erbarmen.

4.9 Konsequenzen für diakonische Bildung und für eine diakonische Didaktik

An dieser Stelle kann ich holzschnittartig erste Folgerungen für eine Didaktik diakonischer Bildung ziehen:

Diakonische Bildung vollzieht sich in Wort *und* Tat. Diakonische Bildung braucht daher diakonische Praxis. Das Verhältnis zwischen Religionsunterricht und diakonischem Unterricht ist so zu gestalten, dass Wort-Unterricht und Tat-Unterricht nicht auseinanderfallen.

Diakonische Bildung wird sich nach Lk 10 am »diakonischen Dreischritt« Ansehen – Deuten – Handeln orientieren. Diakonisches Lernen heißt immer »ansehen lernen – deuten lernen – handeln lernen«, beinhaltet immer »Sehschule – Reflexionsschule – Verhaltensschule«. Mittels dieser Methode bleibt Diakonie anpassungsfähig, situativ handlungsfähig, wie sie es beispielsweise nach Apg 6 immer schon sein musste.

Diakonisches Lernen ist damit immer handlungsorientiertes Lernen: Es zielt auf ein Handeln und es geschieht durch Handeln. Diakonisches Lernen ist *learning by and for doing*. Dem ersten Schritt, der Wahrnehmung, ist von ihren oben gezeigten biblischen Anforderungen, vor allem vom Ansehen Christi her, besondere Aufmerksamkeit zu schenken.

Diakonische Bildung hat ihren Grund in der Christologie. Das Verhältnis zwischen Religionsunterricht und diakonischem Unterricht ist deshalb darüber hinaus so zu gestalten, dass der innere Zusammenhang von Diakonie und Christologie, von Diakonie und Kirche, deutlich wird.

Diakonisches Lernen ist biblisches Lernen: Wie nach den Evangelien Jesus selbst Diakonie anhand seiner Gleichnisse (vom Samariter bzw. vom Weltgericht) vermittelt, so ist es sicher sinnvoll, eben diese Praxis im Religionsunterricht fortzusetzen. Auch die biblische Hermeneutik selbst gibt diakonisch zu lernen. Diakonische Didaktik muss daher auf Erkenntnisse der biblischen Didaktik zurückgreifen.

Diakonische Bildung ist Bildung der eigenen Person. Denn wer hilft, muss wissen, dass er selbst letztlich hilfsbedürftig ist. Nur so kann die Person des Hilfsbedürftigen Subjekt bleiben und vor objektivierendem Machtgefälle geschützt werden. Solches Lernen, das Lernen und Einüben des so wesentlichen Perspektivwechsels, wird erleichtert, wenn ich selbst, wie in der johanneischen Fußwaschung, Hilfe und Dienst (am eigenen Leib) erfahren kann. Diakonisches Lernen erfordert daher Hilfserfahrungen am eigenen Leib.

5. Bildung und diakonische Bildung

Nachdem nun Diakonie biblisch bestimmt wurde und erste Konsequenzen für die diakonische Bildung und für das diakonische Lernen gezogen werden konnten, folgt nun eine Annäherung aus anderer Richtung. Diakonische Bildung soll in Beziehung gesetzt werden zur allgemeinen Bildung.

Die Wurzeln des Bildungsbegriffs reichen über Meister Eckhart bis in die biblische Tradition.[138] Schule (im doppelten Wortsinn: schulbildend und Schule bildend) machte der Bildungsbegriff aber erst seit den klassischen Bildungsdenkern der Aufklärung bzw. des Idealismus. Der Bildungsbegriff, wie er heute verwendet wird, ist somit ein Kind der Aufklärung, dem Beginn des »Siegeszuges der Vernunft«, und damit aufs engste mit dem Postulat der Freiheit des Individuums verbunden.[139] Nach Kunstmann entstand der »klassische« Bildungsbegriff als Antwort auf die durch die Aufklärung entstandene Frage, wie der Mensch befähigt werden könne, mit der geforderten Freiheit vernünftig umzugehen, wenn ihm mit der Ablösung traditioneller Werte und Orientierungen durch die Vernunft die bislang selbstverständliche Orientierung an Tradition und Obrigkeit genommen worden war.[140] So schreibt Wilhelm von Humboldt: »Der wahre Zwek des Menschen – nicht der, welchen die wechselnde Neigung, sondern welchen die ewig unveränderliche Vernunft ihm vorschreibt – ist die höchste und proportionirlichste Bildung seiner Kräfte zu einem Ganzen. Zu dieser Bildung ist Freiheit die erste und unerlassliche

---

[138] In meiner Herleitung des Bildungsbegriffes von der Position Humboldts stütze ich mich auf die Interpretation Kunstmanns, der die Spannung im Bildungsbegriff in besonderer Klarheit herausarbeitet. Vgl. Kunstmann, Joachim: Religion und Bildung. Zur ästhetischen Signatur religiöser Bildungsprozesse, Gütersloh – Freiburg 2002, S. 146–167.

[139] Kant beschreibt dies in seiner bekannten Definition von Aufklärung so: »Aufklärung ist der Ausgang des Menschen aus seiner selbstverschuldeten Unmündigkeit. Unmündigkeit ist das Unvermögen, sich seines Verstandes ohne Leitung eines andern zu bedienen. Selbstverschuldet ist diese Unmündigkeit, wenn die Ursache derselben nicht aus Mangel des Verstandes, sondern der Entschließung und des Mutes liegt, sich seiner ohne Leitung eines andern zu bedienen. ›Sapere aude! Habe Mut, dich deines eigenen Verstandes zu bedienen!‹ ist also der Wahlspruch der Aufklärung.« Kant, Immanuel: Schriften zur Anthropologie, Geschichtsphilosophie, Politik und Pädagogik 1. Werkausgabe Bd. XI, hg. von Wilhelm Weischedel, Frankfurt a. M. 1977, S. 53.

[140] Vgl. Kunstmann 2002, S. 147.

Bedingung.«[141] Bildung hat demnach das zum Ziel, was ihre Voraussetzung ist: die Freiheit des Menschen. »Damit hat Humboldt in einer Weise die Konsequenz aus der Aufklärung gezogen wie sonst kein anderer. Die Freiheit des Menschen ist Sinn und Aufgabe seines Lebens zugleich.«[142] Bildung schafft dafür die nötigen Voraussetzungen, indem sie das Individuum in die Lage versetzt, sich und seine Fähigkeiten zu diesem Ziel hin zu entfalten. Diese Beschreibung des humboldtschen Bildungsansatzes bliebe einseitig, wenn zu seiner Bezogenheit auf das Individuum und seine Freiheit nicht noch ein Zweites hinzukäme: die Welt. Das Individuum mit seinem Bildungs- und Freiheitsstreben ist nur in seiner Beziehung zur Welt denkbar. Bildung bezeichnet also »die Menschwerdung in einem Spannungsverhältnis zwischen Mensch und Welt, das zureichend nur noch als Relation und Prozess ausgesagt werden kann«.[143] Bereits Humboldt hat Bildung damit zugleich polar und relational verstanden: Bildung bewegt sich für ihn immer zwischen Individuum und Welt[144], darüber hinaus auch in der Polarität von Prozess und Ziel.[145] In seiner weiteren Geschichte ist das Bewusstsein für diese Spannung häufig verlorengegangen, wodurch sich das Gleichgewicht bedenklich zu je einem der Pole verlagerte. Mal wurde Bildung einseitig als Mittel zur Eingliederung in Gesellschaft und Staat verstanden – bis dahin, dass der Begriff Bildung

---

[141] Humboldt, Wilhelm von: Ideen zu einem Versuch die Grenzen der Wirksamkeit des Staats zu bestimmen, Gesammelte Schriften Bd. I: 1785–1795, hg. von Albert Leitzmann, Berlin 1904, S. 106. Zitiert nach Kunstmann 2002, S. 148.

[142] Kunstmann 2002, S. 149.

[143] Kunstmann 2002, S. 153.

[144] Welt ist bei Humboldt weit gefasst und meint die belebte Welt genauso wie die nicht belebte Welt. Darüber hinaus umfasst sie natürlich auch die menschliche Welt, also Kultur, Gesellschaft und Sprache. Somit entstehen bereits bei Humboldt verschiedene Spannungsdimensionen, etwa zwischen Subjekt und Gesellschaft oder zwischen Mensch und Natur.

[145] So liest auch Klafki Humboldt: »›Einsamkeit in Freiheit‹ bezeichnet nur den einen methodischen Pol eines bildenden Studiums, nämlich die Möglichkeit für den Studierenden und den Anspruch an ihn, sich phasenweise immer wieder auf sich gestellt, individuell mit den Inhalten und Erkenntnissen seiner Disziplin auseinanderzusetzen und sie auf ihre Bedeutung für eine humane Existenz des Menschen zu reflektieren. Den anderen Pol bezeichnet die Forderung, ›dass man in enger Gemeinschaft mit Gleichgestimmten und Gleichaltrigen und dem Bewusstsein, dass es am gleichen Ort eine Zahl schon vollendet Gebildeter (diese Formulierung ist sicherlich nicht wortwörtlich gemeint; W. Kl) gäbe, die sich ... der Erhöhung und Verbreitung der Wissenschaft widmen‹.« Klafki, Wolfgang: Neue Studien zur Bildungstheorie und Didaktik. Zeitgemäße Allgemeinbildung und kritisch-konstruktive Didaktik, Weinheim – Basel [4]1994, S. 27. Vgl. zur »Mehrdeutigkeit«, Polarität bzw. Dialektik des Bildungsbegriffs in seiner Geschichte auch Zenkert, Georg: Art. Bildung, in: RGG[4], Tübingen 1998, Sp. 1577–1579.

dem Begriff der Erziehung weichen musste.[146] Mal wurde über die Überbewertung des Bildungsergebnisses der Prozess der Bildung vernachlässigt – der »Nürnberger Trichter« und das sogenannte »klassische« bzw. »kanonische« Bildungswissen stehen dafür. Hinter diese, von Humboldt ursprünglich immer mitbedachte, wenn auch nicht als solche benannte Polarität darf jedoch nicht zurückgegangen werden, wenn Bildung nicht entweder seine Bedeutung für den einzelnen Menschen verlieren soll oder aber den Einzelnen in seiner Bezogenheit auf die Welt und die Gesellschaft allein lassen soll oder wenn Bildung sich nicht entweder in Bildungsprozesse auflösen oder als Bildungsergebnis festgeschrieben erstarren soll. Darum soll in diesem Kapitel Bildung als *Bildung in Spannung* aufgefasst und beschrieben werden, als Bildung, die sich immer zwischen verschiedenen Polen in dialektischer Spannung befindet. Dabei ist hier ausdrücklich nicht an eine Dialektik im hegelschen Sinn gedacht, schon gar nicht an eine Dialektik im historisierenden Sinn, wie Marx sie vertrat. Vielmehr bleiben die Pole grundsätzlich bestehen, Selbst und Welt bleiben einander gegenüber, Prozess und Ergebnis bleiben in Spannung zueinander.[147] Die Dialektik beschreibt dabei die Beziehung, genauer das je neue In-Beziehung-Setzen der Pole, das diese nicht überwindet, aber gleichwohl verändert. In diesem Sinne werde ich also – durchaus in der Tradition des klassischen Bildungsbegriffs – mein Bildungsverständnis phänomenologisch in seinen verschiedenen Polaritäten entfalten.

5.1 Zur Methode

Dass ich in diesem Kapitel mit dem klassischen, also nicht theologischen Bildungsbegriff einsetze, hat seinen Grund gerade nicht in einer Nachordnung der Theologie hinter den humanwissenschaftlichen Zugang im Sinne einer

[146] Es ist kein Zufall, dass die Verschiebung zugunsten des Gesellschafts- bzw. Partizipationspols in der deutschen Geschichte leichter zu finden ist, ist doch Bildung zunehmend vom Staat finanziert worden. Die Angst des Staates vor zu viel Individualität lässt sich bereits in der Antike an den Reaktionen der Polis auf die mäeutische Erziehungspraxis des Sokrates ablesen, die nur zu leicht als individualistische Praxis missverstanden werden konnte.

[147] So auch Kunstmann 2002, S. 221: »Die Entdeckung der Individualität ist aber nur dann realistisch eingeschätzt, wenn sie sich als den einen Pol begreift, dem als der andere die wie immer verstandene Welt gegenübersteht – und die nicht wieder in irgendeine allgemeine Verbindlichkeit hinein einseitig aufgelöst werden kann, es sei denn um den Preis, dass sie sich selbst als ›das Ganze‹ setzte. Von Eckhart bis Lacan kommt kein Bildungsdenken ohne dialektische Grundlegung aus. Und infolge des vorausgegangenen Gedankens könnte man pointiert sagen: je profilierter die unauflösbare Dialektik, desto überzeugender die Bildungstheorie. Bildung ist nur als Bestimmung von Relationen zu denken.«

sekundären Vermittlungs-Religions-Pädagogik[148], ähnlich einer Theologie, die sich im Gespräch mit den Naturwissenschaften, sich im Rückzug befindend, immer wieder neu und immer wieder vergeblich auf eine nicht erklärte Lücke im System stürzt, um ihre Bedeutung für die Welt zu retten. Im Gegenteil, der Zugang über die Klassik beschreibt Bildung phänomenologisch in ihrer polaren Spannung. Die biblische Anthropologie bzw. die Theologie (und damit die Religionspädagogik) aber ist in der Lage, diese Spannung in einen ganz anderen Horizont zu stellen, ohne dabei hinter die Errungenschaften der Aufklärung zurückzufallen, aber auch ohne bei der Einseitigkeit der Aufklärung stehenzubleiben. Theologie, bzw. religionspädagogisch antwortende Theologie kann durch ihren Horizont die Spannung im Bildungsbegriff zwar nicht auflösen, aber sie kann sie anders begründen, anders einordnen und ausrichten.

Was ist dann der Grund für diese Reihenfolge, für den Beginn bei der Phänomenologie des Bildungsbegriffs, für die Nachordnung des eigentlich Grundlegenderen? Der Grund für diese Reihenfolge liegt darin, dass ich in dieser Arbeit eine Didaktik für diakonisches Lernen an der Schule entwerfe. Der Lernort Schule ist jedoch in der Regel nicht mehr kirchlich verantwortet. Will man eine Didaktik für die Schule entwerfen, muss im Sinne einer Situationsanalyse auf diesen Ort eingegangen werden. Der grundlegende Diskurs für die so verortete Schule ist der allgemeine Bildungsdiskurs. Dieses Kapitel versucht also, diesen Diskurs insofern aufzunehmen, als es ihn, freilich nicht von einer unparteiischen, sondern von einer dezidiert theologischen Warte aus begreift und systematisierend darstellt, um von da aus weiterzuführen und zu zeigen, welchen (unverzichtbaren) Beitrag diakonischer Unterricht an der Schule zur Bildung leisten bzw. welche Funktion und Bedeutung er haben kann.

Damit steht meine methodische Annäherung an den Bildungsbegriff der Methode der Korrelation sehr nahe, die Paul Tillich für die systematische Theologie entwickelt hat und die ich hier auf die praktische Theologie übertrage. Die Methode der Korrelation besagt, dass die Theologie auf die Fragen, die in der menschlichen Existenz beschlossen sind, zu antworten hat. »Das folgende System ist ein Versuch, mit Hilfe der ›Methode der Korrelation‹ Botschaft und Situation zu vereinigen. Es sucht die Fragen, die in der Situation enthalten sind, mit den Antworten, die in der Botschaft enthalten sind, in Korrelation zu bringen. Es leitet die Antworten nicht aus den Fragen ab, noch gibt es Antworten, die nichts mit der Frage zu tun haben. Es setzt Fragen und Antworten, Situation und Botschaft, menschliche Existenz und göttliche Selbstoffenbarung in Korrelation.«[149]

Man mag dieser Methode anlasten, dass die nichttheologischen Wissenschaften, insbesondere die Humanwissenschaften, aufgrund ihres Verhaftet-

---

[148] Vgl. zum Begriff »sekundäre Vermittlung« Weyer-Menkhoff, Stephan: Wozu wird christliche Religion unterrichtet? Ein Diskurs zur Notwendigkeit ästhetischer Vermittlung, Münster 1999, S. 333 und unten, S. 96 f.

[149] Tillich, Paul: Systematische Theologie I/II, Berlin – New York [8]1987, S. 15.

seins an die Welt gar nicht in der Lage seien, die richtigen Fragen zu stellen. Dies ist insofern, aber nur insofern zutreffend, als die Antworten tatsächlich die Fragen transzendieren. Theologie und insbesondere praktische Theologie aber sind die Wissenschaften, die auf die Fragen und Nöte der Welt vor dem Hintergrund des christlichen Glaubens zu antworten haben.[150] Dass auch diese Antworten immer nur unter den Bedingungen der Welt und damit des eschatologischen Vorbehaltes formuliert werden können, darum niemals einfache, im negativen Sinne dogmatische Wahrheiten sein können, versteht sich von selbst.[151]

Die Polaritäten und Spannungsfelder im Bildungsbegriff sind vielfältig. Häufig werden diese Polaritäten nicht in ihrer Fülle wahrgenommen, oftmals sogar reduziert auf eine einzige. Wenn sie in ihrer Fülle wahrgenommen werden, wie beispielsweise bei Karl Ernst Nipkow[152], fehlt in der Darstellung die Systematik. Meine Systematik gewinne ich ebenfalls von Paul Tillich, indem ich seine grundlegenden ontologischen Polaritäten anwende, die er selbst »ontologische Elemente« nennt: »Individualisation und Partizipation«, »Dynamik und Form«, »Freiheit und Schicksal«. Diese ontologischen Elemente haben ihre Ursache im Verhältnis zwischen Selbst (dem Träger von Subjektivität) und Welt (Gesellschaft, aber auch geschöpfliche Welt). Das Selbst partizipiert an der Welt, ist ihr aber auch gegenüber (Individualisation und Partizipation), das Selbst braucht Form, damit es Selbst sein kann, wird sich aber immer im

---

[150] Vgl. zur Aufnahme der Methode der Korrelation in die Praktische Theologie Lienhard, Fritz: Corrélation et théologie pratique. Paul Tillich, théologien pratique, in: Dumas, Marc; Hébert, Mireille; Nelson, Douglas (Hg.): Paul Tillich, prédicateur et théologien pratique. Actes du XVIe Colloque International Paul Tillich, Montpellier 2005, S. 95–104. Lienhard sieht in der Methode der Korrelation einen Ansatzpunkt zwischen bzw. jenseits der beiden forschungsgeschichtlich vorherrschenden, aber einseitigen Methoden, die entweder deduktiv (klassische Methode vor den 60er Jahren) oder aber induktiv (Empirische Wende) arbeiten. Kritisch setzt sich Lienhard von Tillichs substanz-ontologischer Prämisse ab, nach der der Zusammenhang zwischen Welt und Gott derjenige zwischen Seiendem und »Sein selbst« sei. Diese ontologische Prämisse begründet bei Tillich letztlich die Möglichkeit der Korrelationsmethode. Diese ontologische Prämisse aber beinhaltet die Gefahr des Pantheismus und damit den Verlust der Gottheit Gottes. Lienhard ersetzt daher die ontologische Verbindung zwischen Gott und Mensch durch eine christologisch begründete kommunikativ-interpersonelle. Durch den Begriff der Communicatio kann sowohl die Andersheit, die Gottheit Gottes als auch die Verbindung zwischen Gott und Mensch ausgesagt werden. Auf diesem Wege begründet Lienhard die Korrelations-Methode Tillichs neu.

[151] »Apologetische Theologie heißt: antwortende Theologie. Sie antwortet auf Fragen, die die Situation stellt, und sie antwortet in der Macht der ewigen Botschaft und mit den begrifflichen Mitteln, die die Situation liefert, um deren Fragen es sich handelt.« Tillich 1987, S. 12. Vgl. zu Tillichs Methode der Korrelation Tillich 1987, S. 73–83.

[152] Nipkow, Karl Ernst: Bildungsverständnis im Umbruch. Religionspädagogik im Lebenslauf. Elementarisierung, Pädagogik und Religionspädagogik zum neuen Jahrhundert, Bd. 1, Gütersloh 2005, S. 87. Siehe auch Fußnote 197.

Gegenüber zur Welt auch verändern müssen (Dynamik und Form), das Selbst ist frei, aber immer auch gebunden durch seinen Kontext, die Welt (Freiheit und Schicksal).[153] Die Welt in ihren polaren Spannungsfeldern ist erlösungsbedürftig und sie ist damit zugleich Frage für die Theologie, deren Antwort nicht aus der Existenz ableitbar ist, sondern nur vom Externum, von außerhalb menschlicher Existenz her gewonnen werden kann.[154] Anders als Tillich, der die Aufhebung solcher Polaritäten kairotisch annimmt, meine ich, dass die Antwort zwar über die bisherige Polarität hinausführen kann, aber ebenfalls nur unter der Bedingung der Existenz, also als Spannungsfeld zu haben ist.

Nach der korrelativen Entfaltung des Bildungsbegriffs werde ich in einem weiteren Schritt die These aufstellen, dass diakonische Bildung – von der Theologie herkommend – als eine notwendige Dimension allgemeiner Bildung begriffen werden muss. Auf die Frage hin, wie nun Bildung aussehen könne, die den horizontalen wie den vertikalen Polen, den allgemeinen wie den theologischen und diakonischen Dimensionen gerecht wird, werde ich mit Weyer-Menkhoffs »Wozu wird christliche Religion unterrichtet?« und Kunstmanns »Bildung und Religion« zwei neuere Entwürfe untersuchen, die einen Zugang über die Ästhetik zum Religionsunterricht bzw. zur Bildung nehmen. Dieser Zugang über die Ästhetik legt sich wegen des diakonischen Dreischritts nahe, der beim Ansehen, also bei der Wahrnehmung, der Aisthesis beginnt. Zunächst sei nun aber mit der korrelativen Entfaltung des Bildungsbegriffs begonnen.

5.2 Bildung in Spannungsfeldern

Bildung besteht in Spannungen – das wird schon aus dem kurzen Rückblick von Humboldt bis heute deutlich. Aber nicht nur die erwähnten beiden Polaritäten »Individuum und Welt« und »Prozess und Ergebnis« – heute im Rahmen der Bildungsstandards diskutiert als »Input- und Outputorientierung« – , sondern darüber hinaus auch die Polaritäten »Sach- und Schülerorientierung«, »Bildung und Ausbildung«, »Prägung und Entfaltung« bzw. »Erziehung und Lernen« spannen das Feld der Bildung mit auf. Diese Spannungsfelder erheben keinen Anspruch auf Vollständigkeit, wie überhaupt Bildung durch ihren polaren Charakter nie in Gänze dargestellt oder begriffen werden könnte. Meine Darstellung des Bildungsbegriffs muss daher notwendig offen sein, muss Bildung »offen lassen«.[155] Gleichwohl systematisiere ich die Spannungsfelder

[153] Vgl. Tillich 1987, S. 199 ff. und S. 206 ff.

[154] Im Fall der Polarität in der Vernunft, die Paul Tillich als »Autonomie und Heteronomie« bezeichnet, bedarf es beispielsweise der Offenbarung, die zur Theonomie führt und damit die existentielle Polarität überschreitet. Vgl. Tillich 1987, S. I, 101 und S. I, 175.

[155] Auch Hartmut von Hentig beweist sein Gespür für die Offenheit des Bildungsbegriffs, indem er in seinem Essay »Bildung« versucht, durch verschiedene Abgrenzungen (S. 34 ff.), Maßstäbe (S. 69 ff.) und Anlässe (S. 99 ff.) Bildung zu bestimmen,

wie bereits erwähnt, indem ich sie auf die drei ontologischen Elemente Paul Tillichs zurückführe.

5.2.1 Individualisation und Partizipation: Bildung zwischen Subjekt und Gesellschaft, zwischen Mensch und Mitwelt

Die erste, grundlegende Bildungspolarität beruht auf der Spannung von Individualisation und Partizipation. Wie einleitend bereits erwähnt, findet sie sich fokussiert auf die Spannung zwischen Subjekt und Gesellschaft bzw. zwischen Selbst und Welt bereits bei Humboldt und zieht sich durch große Teile der Bildungsliteratur bis in unsere Zeit.[156]

Man könnte einwenden, diese Polarität Individualisation und Partizipation, Selbst und Gesellschaft, Mensch und Mitwelt sei dem Bildungsbegriff nicht inhärent, denn gebildet würde doch immer nur das Individuum selbst. Welt und Gesellschaft seien höchstens Medien der Bildung[157] oder aber lieferten lediglich den Sinnhorizont für Bildung, der über die Bildung des Individuums hinausgehe und das Funktionieren der Gesellschaft in den Blick nehme, dem Bildungsbegriff also äußerlich bleibe. Dieser Gedanke jedoch greift zu kurz. Denn weil der Einzelne Teil seiner Welt und damit seiner Gesellschaft (Partizipation) ist, bedeutet Bildung des Individuums immer auch die Bildung des Gesamten.

Subjekt und Gesellschaft

Damals wie heute ist die Diskussion um die Verortung von Bildung zwischen Subjekt und Gesellschaft grundlegend und bestimmend. Und auch wenn sie nicht immer als solche bezeichnet bzw. benannt ist, lässt sich diese Polarität in nahezu allen Bildungsentwürfen auch der Gegenwart finden.[158] Viele

---

ohne sie ihrer Weite zu berauben. Vgl. Hentig, Hartmut von: Bildung. Ein Essay, Weinheim - Basel 2004.

[156] So zum Beispiel auch bei Rousseau, der in seinem späteren Werk »Du contrat social ou principes du droit politique« scheinbar völlig gegenläufige Thesen formuliert, als er sie in seinem Bildungsroman »Émile« vertritt. Rousseau spannt mit diesen beiden Werken jedoch lediglich den Bogen dieser Polarität. Vgl. Nipkow 2005, S. 29. Vgl. auch das Positionspapier: Freiheit, Gerechtigkeit und Verantwortung. Perspektiven der Evangelischen Landeskirchen für die aktuelle Bildungs- und Schulpolitik in Baden-Württemberg, Karlsruhe - Stuttgart 2008, S. 2.

[157] Vgl. Bollnow 1962, S. 120.

[158] Als Beispiel mag hier Wolfgang Klafki gelten, der in seiner Studie »Kategoriale Bildung« Bildung wie folgt beschreibt: »Bildung nennen wir jenes Phänomen, an dem wir – im eigenen Erleben oder im Verstehen anderer Menschen – unmittelbarer der Einheit eines objektiven (materialen) und eines subjektiven (formalen) Momentes innewerden. Der Versuch, die *erlebte* Einheit der Bildung sprachlich auszudrücken, kann nur mit Hilfe dialektisch verschränkter Formulierungen gelingen: Bildung ist Erschlossensein einer dinglichen und geistigen Wirklichkeit für einen Menschen – das ist der objektive oder materiale Aspekt; aber das heißt zugleich: Erschlossensein die-

Diskussionen, insbesondere auch die unterschiedlichen Bewertungen der Vergleichsstudien PISA[159], TIMSS[160] und IGLU[161] lassen sich auf unterschiedliche – und häufig nicht bewusste – Standpunkte innerhalb dieser Polarität zurück-

ses Menschen für diese seine Wirklichkeit – das ist der subjektive oder formale Aspekt zugleich im ›funktionalen‹ wie im ›methodischen‹ Sinn.« Klafki, Wolfgang: Studien zur Bildungstheorie und Didaktik, Weinheim - Basel 1975, S. 43.

Auch Hartmut von Hentig setzt diese Polarität grundlegend voraus: Er spricht in »Die Schule neu denken« zwar von drei Bestimmungen. Dabei fokussiert aber die erste Bestimmung (»das, was ›der sich bildende Mensch‹ aus sich zu machen sucht«) ganz auf den individuellen Pol. Die dritte Bestimmung (»das, was der Gemeinschaft erlaubt, gesittet und friedlich, in Freiheit und mit einem Anspruch auf Glück zu bestehen«) bezieht sich ganz auf den Pol der Gemeinschaft. Die zweite Bestimmung schließlich (»das, was dem Menschen ermöglicht, in seiner geschichtlichen Welt, im état civil (J. J. Rousseau) zu überleben«) beschreibt die Vermittlungsaufgabe von Bildung, sucht also nach einem Ausgleich der Pole. Hentig, Hartmut von: Die Schule neu Denken. Eine Übung in pädagogischer Vernunft, Weinheim - Basel, 2003, S. V27 (sic!). Auch in seinem Bildungsessay kennt v. Hentig diese Polarität, wenn er als Maßstab für Bildung fordert: »Sechstens: Die Bereitschaft zur Selbstverantwortung und Verantwortung in der res publica. Ich hatte dies ein doppeltes Kriterium genannt - doppelt, weil Selbst-Verantwortung und Verantwortung in der res publica zwei verschiedene Dinge sind.« Von Hentig 2004, S. 94.

Im Bereich der Religionspädagogik zeichnet sich Joachim Kunstmanns Habilitationsschrift »Religion und Bildung« beispielhaft aus, der Bildung als ein notwendig dialektisches Verhältnis begreift: »Die Entdeckung der Individualität ist aber nur dann realistisch eingeschätzt, wenn sie sich als den einen Pol begreift, dem als der andere die wie immer verstandene Welt gegenübersteht – und die nicht wieder in irgendeine allgemeine Verbindlichkeit hinein einseitig aufgelöst werden kann, es sei denn um den Preis, dass sie sich selbst als ›das Ganze‹ setzte. Von Eckhart bis Lacan kommt kein Bildungsdenken ohne dialektische Grundlegung aus. Und infolge des vorausgegangenen Gedankens könnte man pointiert sagen: je profilierter die unauflösbare Dialektik, desto überzeugender die Bildungstheorie. Bildung ist nur als Bestimmung von Relationen zu denken.« Kunstmann 2002, S. 221. Vgl. aber auch Nipkow 2005, S. 17–49, der im Begriff der Entfremdung die Pole Selbst und Welt zu fassen unternimmt.

[159] Die Abkürzung PISA bedeutet »Programme for International Student Assessment«, und steht für eine internationale vergleichende Schulleistungsstudie, die von der Organisation für wirtschaftliche Zusammenarbeit und Entwicklung (OECD) durchgeführt wird.

[160] Die Abkürzung TIMSS stand ursprünglich für Third International Mathematics and Science Study. Seit 2003 steht TIMSS für Trends in Mathematics and Science Study. In Deutschland wurden zuletzt 2007 länderübergreifend an ca. 275 Grund- und Förderschulen Stichproben zur Qualitätssicherung der Schulen (nicht der Schüler) durchgeführt.

[161] IGLU ist die deutsche Abkürzung für Internationale Grundschul-Lese-Untersuchung. Die internationale Abkürzung, die im deutschsprachigen Kontext weniger bekannt ist, lautet PIRLS (Progress in International Reading Literacy Study).

führen.[162] Wie äußert sich diese Polarität in der aktuellen Bildungsdiskussion, bzw. wie lässt sich diese noch relativ abstrakte Polarität in unserer schulischen Realität wiederfinden?

Zunächst kann festgestellt werden, dass sich diese Polarität durch sämtliche Bildungsgegenstände hindurchzieht. Hier sei aufgrund seiner Bedeutung für den diakonischen Unterricht das Beispiel der *Werteerziehung* genannt: Die Grundfrage der Werteerziehung, die aus unserer Polarität hervorgeht, lautet: Wem soll die Werteerziehung dienen. Dient sie dem einzelnen Schüler, also dem Individuum, damit dieses sich in einer pluralistischen und globalisierten Welt, in der verschiedenste Wertvorstellungen aufeinandertreffen, orientieren und behaupten kann? Oder dient die Werteerziehung der von fremden Wertvorstellungen bedrohten Gesellschaft, die ihre Mitglieder nach innen gemeinschaftsfähig und nach außen widerstandsfähig macht? (Hier verrät bereits der Begriff der Werte-»Erziehung« das Hauptaugenmerk.) Oder dient sie gar der globalen Gemeinschaft, indem sie ihre Individuen so bildet, dass ein Zusammenleben und gewaltfreies Kommunizieren in der Weltgemeinschaft möglich wird?[163]

Auch bei der Diskussion über PISA und die sich daran anknüpfende Diskussion um die *Bildungsstandards* resultiert aus dieser Polarität die notwendige Kontrollfrage, wem die Vergleichstests und Standards vor allem dienen sollen: dem Staat oder dem Einzelnen? In allen Fällen gilt es, beide Pole zu bedenken – und dadurch beide Pole zu bilden.

Diakonische Bildung muss das rechte Verhältnis beider Pole schon von ihrem Gegenstand her besonders berücksichtigen. Das zeigte bereits die exegetische Beobachtung, derzufolge im Doppelgebot der Liebe die Gottesbeziehung nicht als selbstbezogene Beziehung definiert wird, sondern die Selbstliebe mit der Liebe zu anderen Menschen ausbalanciert wird.

Bildung und Ausbildung

Eine andere Diskussion, die auf diese Polarität zurückzuführen ist, dreht sich um die in unseren Schulen oftmals konkurrierenden Ziele der *Bildung* und Weiterbildung zum Wohl des Einzelnen auf der einen Seite und der *Ausbildung* auf einen Beruf hin auf der anderen Seite.[164] Bildung und Ausbildung aber gehören als zwei Perspektiven insofern notwendig zusammen, als sich beide

---

[162] Welche Gefahr darin liegt, diese Spannung zugunsten eines Pols aufzulösen, wird an Nietzsches Vorträgen »Über die Zukunft unserer Bildungsanstalten« deutlich, in denen er die individualistische Ausrichtung aufs äußerste zuspitzt. Vgl. dazu auch Zenkert 1998, Sp. 1582.

[163] So beispielsweise Baumert, Jürgen: Deutschland im internationalen Bildungsvergleich, in: Killius, Nelson; Kluge, Jürgen; Reisch, Linda (Hg.): Die Zukunft der Bildung, Frankfurt a. M. 2002, S. 106.

[164] Hartmut von Hentig analysiert unsere Schulbildung folgendermaßen: »Aus Bildung ist ein Instrument der gesellschaftlichen Konditionierung geworden.« Von Hentig 2004, S. 49.

Seiten befruchten werden. Ein Mensch, der viel für sich selbst gelernt hat, der sich vielseitig bildet und vielseitig gebildet ist, dessen Ausbildung wird davon bereichert werden, genauso wie umgekehrt eine gute Ausbildung natürlich auch das Individuum bereichern wird.

Bevor sich diakonische Bildung auch an allgemeinbildenden Schulen etabliert hatte, wurde sie zunehmend unter dem Aspekt der Ausbildung, der beruflichen Qualifikation betrieben,[165] musste also den Kriterien einer diakonischen Professionalität genügen. Die Einführung diakonischer Bildung an allgemeinbildenden Schulen und der dadurch wieder neu entstandene Fokus auf den den einzelnen Menschen bildenden Wert diakonischen Lernens stellt eine notwendige und begrüßenswerte Korrektur einer professionalisierenden Engführung dar.

Prägung und Entfaltung oder Erziehung und Lernen

Auch die von Nipkow treffend beschriebene Unterscheidung von *Prägung und Entfaltung* gehört in das Spannungsfeld dieser Polarität: Ist Bildung des Menschen zu beschreiben als seine für ihn bestmögliche Entfaltung (Individualisation) oder ist sie zu beschreiben als Prägung von außen, gleich einer Kerze, die in Form gegossen wird, oder einem Rohling, der zur Münze geprägt wird?[166] Bildung umfasst immer beides: Prägung und Entfaltung, oder anders gesagt: Erziehung und Lernen. Erziehen impliziert vom Wortsinn her das Ziehen hin in eine Richtung, kommt also von außen und meint daher den prägenden Pol, der ein (gesellschaftliches) Ziel vor Augen hat. Erziehen ist vom Subjekt aus gesehen die eher passive Seite von Bildung. Lernen hingegen hat nicht ein gesellschaftliches Ziel vor Augen, sondern setzt beim Individuum und dessen Entfaltung an.[167] Lernen ist also vom Subjekt aus gesehen die aktive Seite von Bildung. Beide Pole gehören zusammen und dürfen nicht voneinander isoliert oder gegeneinander ausgespielt werden. Erziehung ohne Lernen bliebe ohne aktive, subjektive Aneignung. Lernen ohne Erziehung bliebe einerseits über das dienliche Maß hinaus umwegig, weil die Ausrichtung fehlt, und liefe andererseits Gefahr, an den gesellschaftlichen Anforderungen, Bedürfnissen und Realitäten vorbeizuwachsen.[168]

---

[165] Demgegenüber zielten die Anfänge diakonischer Bildung beispielsweise bei Wichern oder Löhe – freilich in ihrer je eigenen, nicht immer unproblematischen inhaltlichen Ausrichtung – auf ein Ineinander von Bildung und Ausbildung.

[166] Vgl. Nipkow 2005, S. 69 ff. Eng damit verbunden ist auch die Frage des Subjekts der Bildung: »Der Mensch bildet sich«, formuliert von Hentig – und das »Leben bildet«. Bildung ist also nicht (jedenfalls nicht allein) die Formung des Lernenden durch seinen Bildner, den Lehrenden, sondern befindet sich immer in der Spannung zwischen gebildet werden und sich bilden.

[167] Vgl. ähnlich Toaspern 2007, S. 22, der sich in seiner Arbeit auf die Lernprozesse innerhalb diakonischer Bildung konzentriert.

[168] Das Spannungsfeld Erziehung und Lernen hat noch eine weitere polare Facette. Daher werde ich sie im Bereich der Polarität von Freiheit und Bedingtheit noch einmal ansprechen. S. u. Kapitel 5.2.3, S. 83 ff.

Diakonische Bildung umfasst ebenso beides, diakonische Erziehung und diakonisches Lernen. Streng genommen haben wir in der Pädagogik in diesem Bereich eine große – durch ihre Entstehungsgeschichte bewirkte – Begriffsverwirrung. Pädagogik heißt dem Wortsinn nach Erziehung bzw. meint die Erziehungs*wissenschaft*. Faktisch impliziert sie aber auch den anderen Pol, das Lernen bzw. die Wissenschaft vom Lernen und Lehren, die Didaktik. Mit der Hinwendung zur psychologischen und neurobiologischen Lernforschung kann seit den 90er Jahren gar eine Schwerpunktverschiebung ausgemacht werden – weg vom gesellschaftlich-partizipatorischen Pol der eigentlichen Erziehungswissenschaft, hin zum individuell-subjektiven Pol des Lernens bzw. der Didaktik. Damit befinden wir uns gleichsam in einer emanzipatorischen Gegenbewegung zu einer Pädagogik, die zu sehr auf Prägung und Erziehung gesetzt hatte.

Auch im Bereich diakonischer Bildung ist die Bezeichnung »Diakonisches Lernen« üblich, gar zum Terminus technicus geworden. Damit wird die eigenaktive Seite der Lernenden bei der Bildung betont. Der prägende, erzieherische Pol diakonischer Bildung darf jedoch mit der Konzentration auf den Lernprozess nicht aus dem Blick geraten. Ein Praktikum in einem Altenheim beispielsweise prägt anders, fordert anderes, führt den Lernenden zu anderen Lernaufgaben als eines im Kindergarten. Verliere ich diese prägenden Faktoren aus dem Blick, führt das zu blinden Flecken in meiner Pädagogik und damit zu pädagogisch unreflektierten und damit unverantwortbaren Prägewirkungen. Wenn ich im Folgenden der Einfachheit halber von diakonischem Lernen spreche, bewege ich mich im traditionellen Rahmen der Pädagogik, die mit derselben Begriffsunschärfe operiert, und trage damit dem historischen Wachstum des Begriffs »diakonisches Lernen« Rechnung. Der erzieherische Pol bleibt mit zu bedenken.

Sachorientierung – Schülerorientierung

Auch die Diskussion um *Sachorientierung* (samt vorausgesetztem Bildungskanon) oder *Schülerorientierung* gehört in diese Polarität. Wolfgang Klafki prägte hierfür in seinen zu Klassikern gewordenen Studien die Begrifflichkeit der *materialen* (Sache, objektive Seite) und *formalen* (Aneignung, subjektive Seite) Bildung.[169] Er sucht die Vermittlung dieser Pole dialektisch im wechselseitigen Bilden von Kategorien und führt damit das Stichwort der »kategorialen Bildung« ein: »Bildung ist *kategoriale Bildung* in dem Doppelsinn, daß sich dem Menschen eine Wirklichkeit ›kategorial‹ erschlossen hat und daß eben damit er selbst – dank der selbstvollzogenen ›kategorialen‹ Einsichten, Erfahrungen, Erlebnisse – für diese Wirklichkeit erschlossen worden ist.«[170]

Der »problemorientierte Unterricht« – Klafki leitet diesen direkt aus der kategorialen Bildung ab – weist auf einen Vermittlungsversuch zwischen Welt

---

[169] Vgl. Klafki 1975, S. 43.

[170] Klafki 1975, S. 44.

und Selbst, zwischen Sache und Subjekt hin. Anhand von »epochaltypischen Schlüsselproblemen«[171] formuliert Klafki die zentralen Anliegen der »Welt«, die dann anhand *exemplarischer* Problemstellungen von den Schülern angeeignet werden. »Bildendes Lernen, das die Selbständigkeit des Lernenden fördert, also zu weiterwirkenden Erkenntnissen, Fähigkeiten, Einstellungen führt [...], wird nicht durch reproduktive Übernahme möglichst vieler Einzelkenntnisse, -fähigkeiten und -fertigkeiten gewonnen, sondern dadurch, daß sich der Lernende an einer begrenzten Zahl von ausgewählten Beispielen [Exempeln] aktiv allgemeine, genauer: mehr oder minder weitreichend verallgemeinerbare Kenntnisse, Fähigkeiten, Einstellungen erarbeitet, m.a.W.: Wesentliches, Strukturelles, Prinzipielles, Typisches, Gesetzmäßigkeiten, übergreifende Zusammenhänge. [...] Man kann die Wirkungsweise der jeweils an einem Beispiel oder einer kleinen Zahl ausgewählter Beispiele gewonnenen allgemeinen Erkenntnisse ›*kategorial*‹ nennen.«[172]

Klafki kommt bei dieser Definition der Schlüsselprobleme von der Vorstellung einer »Allgemeinen Bildung« her.[173] Auch wenn es Klafki um eine kritisch-konstruktive Bildung geht, also eine Bildung, die den Einzelnen befähigt, konstruktiv und kritisch mit dem Gelernten (kategoriale Bildung) und damit mit der Welt umzugehen, sind seine Lösungsansätze deutlich vom Pol der Welt her gedacht, die den Einzelnen anhand der von Lehrenden gewählten Schlüsselprobleme und Grundkategorien welttauglich bzw. partizipationsfähig macht. Auch hier gilt es deshalb für die allgemeine wie die diakonische Bildung, gegen Klafki die Spannung nicht zu früh durch didaktische Vermittlungs-Konzepte aufzulösen, da diese allzu leicht eine verborgene Präferenz für einen der Pole in sich tragen.

Mensch und Mitwelt

Das Individuum partizipiert nicht nur an seiner Gesellschaft, sondern ist darüber hinaus auch Teil seiner gesamten menschlichen und nichtmenschlichen, seiner belebten wie unbelebten Mitwelt. Das Individuum ist zugleich Teil und Gegenüber seiner Mitwelt. Aus diesem Spannungsfeld resultiert für die Bildung notwendig das je neue Ausloten von Weltgestaltung und Weltverantwortung, von Angewiesensein und Anweisen, von Brauchen und Gebrauchen der Mitwelt. Bildungsprozesse können und dürfen an dieser Polarität nicht unreflektiert vorübergehen.

Für diakonische Bildung ergibt sich aus dieser Spannung die Notwendigkeit der Beschäftigung mit Fragen der Ökologie und Nachhaltigkeit im Bereich der Diakonie.

---

[171] Klafki 1994, S. 56.

[172] Klafki 1994, S. 144.

[173] Vgl. Klafki 1994, S. 52 f.

5.2.2 Dynamik und Form: Bildung zwischen Prozess und Ergebnis

Eine weitere grundlegende Polarität überschreibe ich mit Dynamik und Form[174]. Sie gründet ebenfalls im Spannungsverhältnis von Selbst und Welt, und verläuft darum nicht gänzlich unabhängig von der ersten Polarität, ist aber dennoch von ihr zu unterscheiden. Das »klassische« Bildungsdenken geriet in seine erste große Krise, als sich der Kanon der Allgemeinbildung zu verfestigen begann und schließlich in der geronnenen Form überalterte, weshalb er zunehmend als fremd und unzeitgemäß empfunden wurde – und sich im Übrigen damit auch dem ursprünglichen Bildungsanliegen der Klassiker entfremdete. Bildung war in ihrer Form, einem festgelegten Bildungsergebnis, erstarrt und hatte damit ihre schöpferische Dynamik verloren. Heute ist häufig eine, wie ich meine, überzogene Gegenbewegung weg von der Form hin zur Dynamik im Schulunterricht zu finden: Hier werden scheinbar kreative Methoden rein um des abwechslungsreichen Prozesses willen angewandt. Ihr wesensmäßiger Bezug zum Bildungsergebnis fehlt leider allzu häufig, weshalb der Prozess seine Richtung und seinen Sinn verliert und sich damit verselbständigt.[175]

Prozess und Ergebnis: Bildungsstandards und Kompetenzorientierung

Sehr anschaulich lässt sich diese Spannung von Dynamik und Form bzw. von Prozess und Ergebnis an der Diskussion um die Bildungsstandards[176] auf-

---

[174] Tillich 1987, S. 210 ff.

[175] Beim Unterrichten in der Grundschule beobachtete ich beispielsweise in der abschließenden Sicherungsphase den häufigen Einsatz von anschaulichen Grafiken, Bildern oder Symbolen, die per Kopie an die Schüler verteilt wurden. Sichern fordert jedoch mehr als anschauliche Bilder. Sichern erfordert noch einmal eine intensive Beschäftigung mit dem Gegenstand – auf möglichst vielen Handlungsebenen. Schreiben oder selbst zeichnen wäre in diesem Fall einem ausgewogenen Verhältnis von Ergebnis und Prozess angemessener.

[176] Bildungsstandards werden in der sog. Klieme-Expertise wie folgt definiert: »Bildungsstandards formulieren Anforderungen an das Lehren und Lernen in der Schule. Sie benennen Ziele für die pädagogische Arbeit, ausgedrückt als erwünschte Lernergebnisse der Schülerinnen und Schüler. [...] Bildungsstandards, wie sie in dieser Expertise konzipiert werden, greifen allgemeine Bildungsziele auf. Sie benennen die Kompetenzen, welche die Schule ihren Schülerinnen und Schülern vermitteln muss, damit bestimmte zentrale Bildungsziele erreicht werden.« Bundesministerium für Bildung und Forschung (Hg.): Zur Entwicklung nationaler Bildungsstandards. Eine Expertise, ^{2}2003 (BMBF 2003), S. 21.

Die Entscheidung der Kultusministerkonferenz für die Einführung von Regelstandards statt den von der Expertise vorgeschlagenen Mindeststandards kann hier aus Raumgründen nicht ausführlich diskutiert werden. Von einem diakonischen Bildungsdenken her wäre jedoch die Einführung von Mindeststandards wünschenswert gewesen, ermöglichen diese doch eine bessere Integration gerade schwächerer Schüler.

zeigen. »Von der Input- zur Output-Orientierung« [177] beschreibt Lothar Kuld das, was von der Kultusministerkonferenz als »Paradigmenwechsel in der Bildungspolitik«[178] bezeichnet wird. Seien die bisherigen Bildungs- und Lehrpläne vornehmlich an der Organisation, der Auswahl und der Festlegung der zu vermittelnden Inhalte, also am *input* orientiert gewesen, werde nun mit den Bildungsstandards der *output* festgelegt, also das zu erreichende Ziel festgeschrieben – wohingegen der Weg dorthin nun weit flexibler gehalten sei.

Diese Verlagerung des Schwerpunktes auf den Output, also den Bildungspol des Ergebnisses, ist nicht neu. Die Geschichte der Didaktik ließe sich als Geschichte des Pendelns zwischen diesen beiden Polen beschreiben. Schon die seit Mitte der 60er Jahre beginnende Curriculumforschung, deren Wirkung sich bis in die letzte Bildungsplanrevision hinein entfaltete, forderte als ein wesentliches Element die Orientierung an Lernzielen.[179] Solche Lernziele waren zunächst – nicht anders als die Bildungsstandards – am *output* orientiert. Denn sie legten fest, was ein Schüler zu einem bestimmten Zeitpunkt wissen oder können musste. Diese Ziele schrieben zu erreichende, messbare Fähigkeiten und Qualifikationen fest, anhand derer – analog zu den Kompetenzen der Bildungsstandards – die Ziele überprüft werden konnten.

Den Lernzielen korrespondierten dabei immer auch Inhalte.[180] Nicht nur die Ziele und Zwischenziele, sondern auch der Weg dahin, der Bildungsprozess, wurde in weiten Teilen verbindlich festgelegt.[181] *Output* und *input*, Ergeb-

[177] Kuld, Lothar: Bildungsstandards für das Fach Religion: Hintergründe und Anfragen, in: Theo-Web. Zeitschrift für Relgionspädagogik, 3. Jg (2004), Heft 2, http://www.theo-web.de, 2004, S. 66.

[178] Sekretariat der Ständigen Konferenz der Kultusminister der Länder in der Bundesrepublik Deutschland (Hg.): Bildungsstandards der Kultusministerkonferenz. Erläuterungen zur Konzeption und Entwicklung, München - Neuwied 2005, S. 6.

[179] Vgl. Robinsohn, Saul B.: Bildungsreform als Revision des Curriculum und ein Strukturkonzept für Curriculumentwicklung, Neuwied 51975; Gudjons, Herbert: Pädagogisches Grundwissen. Überblick – Kompendium – Studienbuch, Bad Heilbrunn 102008, S. 244.

[180] Robinsohn, der die Curriculumdiskussion maßgeblich anstieß, versteht das Curriculum in dieser polaren Struktur »als Gefüge der Bildungsinhalte ... wobei Gegenstände jeweils auf Bildungsintentionen bezogen sind. Ich übersehe nicht, daß ›Inhalt‹ - als Substanz der Lernsituation – immer nur einen, wenn auch einen sehr wesentlichen Aspekt der bildenden Einwirkung darstellt, und daß überdies zur Curriculumentwicklung neben der Identifizierung von Bildungszielen und -inhalten auch deren Organisation im Lehrplan und Anweisungen zur Durchführung und zur Erfolgskontrolle gehören.« Robinsohn 1975, S. 11, zitiert nach Kron, Friedrich W.: Grundwissen Pädagogik, München 52008, S. 205. Vgl. auch Gudjons 2008, S. 244.

[181] Vgl. Englert, Rudolf: Bildungsstandards für ›Religion‹: Was eigentlich alles wissen sollte, wer solche formulieren wollte. Zeitschrift für Religionspädagogik, 3. Jg. (2004) Heft 2, http://www.theo-web.de, 2004, S. 3; Kuld 2004, S. 66.

nis und Prozess, beide Seiten dieser Polarität waren somit bei den Curricula im Blick, wobei die Gefahr bestand, dass die verbindlichen Inhaltsvorgaben die Ergebnisorientierung in den Hintergrund treten ließen.

Mit der Einführung der Bildungsstandards wurden nun, um dieser Gefahr zu begegnen, die inhaltlichen Vorgaben auf ein Kerncurriculum reduziert. So ergibt sich eine deutliche Akzentverschiebung innerhalb der Polarität vom Prozess zum Ergebnis.[182] Gleichwohl dürfen die Bildungsstandards nicht als rein *output*orientiert missverstanden werden. Allzu leicht wird geurteilt, die Standards seien ein Rückschritt in die Richtung der alten Fehlentwicklung der Bildung hin zu einem in seiner Festlegung irgendwann überkommenen Kanon von Allgemeinwissen. Dagegen muss eingewendet werden, dass die Bildungsstandards mit dem Festhalten an den Kerncurricula die Prozesssteuerung ja nicht völlig verlassen. Die Bildungsstandards etablieren vielmehr lediglich ein neues Gleichgewicht zwischen Prozess und Ergebnis. Die Prozesssteuerung wurde also – schon zur Entlastung der Lehrkräfte – nicht völlig aufgegeben, sondern zugunsten einer freieren Unterrichtsgestaltung auf einen »Kern« reduziert. Gute Lehrkräfte vorausgesetzt, können die Freiräume im Inhaltsbereich sogar Prozesse verbessern, da sie flexibler auf die Schüler, auf deren je besonderen, von Schule zu Schule und von Mensch zu Mensch unterschiedlichen Lebenskontext angepasst werden können. Außerdem wird das Erreichen der Standards durch die Überprüfung von Kompetenzen evaluiert – nicht durch das Abfragen von Inhalten.

Der Kompetenzbegriff bedarf einer ausführlicheren Betrachtung, da diese Arbeit auf die Formulierung diakonischer Kompetenzen zielt. Dafür überschreite ich den Fokus dieses Kapitels, der auf der Bildungspolarität von Dynamik und Form bzw. Prozess und Ergebnis liegt, zugunsten der im vorigen Kapitel bereits entfalteten Polarität von Individualisation und Partizipation, die dem Zusammenhang von Bildungsstandard und Kompetenzbegriff zu Grunde liegt. Wurden im Rahmen der Curriculumdiskussion die Ziele anhand von Qualifikationen formuliert und überprüfbar gemacht, so geschieht dies bei den Bildungsstandards anhand von Kompetenzen. Während sich der Qualifikationsbegriff am Bedarf der Gesellschaft orientiert, also von den Anforderungen der Gesellschaft aus nach den nötigen Qualifikationen der nachwachsen-

[182] Auch Kersten Reich beschreibt Bildung als spannungsvoll – in seinen Worten als ambivalent, ja widersprüchlich und paradox. Er weist darauf hin, dass Bildung immer schon die Möglichkeit zu ihrer Entwertung in sich trägt. Auch diese Ambivalenz ist in die Polarität von Prozess und Ergebnis, und damit Dynamik und Form einzutragen. Auch wenn Reich der Sache nach die Polarität von Prozess und Ergebnis, von Bildungsprozess und Bildungsstoff kennt und einfordert, bleibt er in seinem sonstigen Sprachgebrauch von Bildung leider stark an den Bildungsinhalten ausgerichtet, was ihm den Blick für die Prozesshaftigkeit von Bildung und damit für die Möglichkeit eines engen Begründungszusammenhanges von Bildung und konstruktivistischer Didaktik verstellt. Stattdessen setzt er Bildung und konstruktivistische Pädagogik einander entgegen. Reich, Kersten: Konstruktivistische Didaktik. Lehr- und Studienbuch mit Methodenpool, Weinheim - Basel [4]2008, S. 99 ff.

den Generation fragt, zielt der Kompetenzbegriff auf das Lern-Subjekt.[183] Die Kompetenzorientierung bedeutet also im Vergleich zur Ausrichtung an Qualifikationen eine Akzentverschiebung vom Pol der Partizipation zum Pol der Individualisation. Aufgrund seines Zusammenhanges mit den Bildungsstandards, die vielfach gerade nicht von dieser subjektiven Seite her, sondern als Instrument gesellschaftlicher Qualitätssicherung verstanden wurden, wurde der Kompetenzbegriff in der Religionspädagogik zunächst häufig abgelehnt.[184] Kompetenzen werden nach Weinert[185] verstanden als »die bei Individuen verfügbaren oder durch sie erlernbaren kognitiven Fähigkeiten und Fertigkeiten, um bestimmte Probleme zu lösen, sowie die damit verbundenen motivationalen, volitionalen und sozialen Bereitschaften und Fähigkeiten, um die Problemlösungen in variablen Situationen erfolgreich und verantwortungsvoll nutzen zu können«.[186] Der Schwerpunkt dieser Definition liegt nun gerade nicht bei der Gesellschaft und dem gesellschaftlichen Nutzen, sondern beim Individuum, beim Subjekt. Erst in der Formulierung der »verantwortungsvollen Nutzung« kommt das Subjekt als Teil der Gesellschaft in den Blick. So ist bei der Einführung der Bildungsstandards in ihrem Zusammenhang mit dem Kompetenzbegriff ein ausgewogenes Verhältnis von Individualisation und Partizipation bedacht.

Über die Subjektorientierung hinaus ist an Weinerts Definition des Kompetenzbegriffs außerdem positiv zu beurteilen, dass neben den kognitiven

---

[183] Diese unterschiedliche Ausrichtung sieht auch Dressler: »Der Kompetenzbegriff lässt sich, wenn er auf fachlichen Gegenstandslogiken aufruht, von jenem Qualifikationsbegriff unterscheiden, der der Curriculumdiskussion der 1970er Jahre zugrunde lag. Qualifikationen werden von zukünftigen Verwertungsbedarfen her definiert. Ihre Anwendung ist relativ unabhängig von subjektiven Motivationen, ihr Dispositionsspielraum ist vergleichsweise eng. Kompetenzen sind demgegenüber Handlungsdispositionen, die hinsichtlich ihrer Aktualisierung – ihrer Performanz – deutlicher an motivationale und volitionale Bereitschaften rückgekoppelt sind, also stärker der Handlungssouveränität der Subjekte unterliegen.« Dressler, Bernhard: Performanz und Kompetenz. Thesen zu einer Didaktik des Perspektivenwechsels, in: Theo-Web. Zeitschrift für Religionspädagogik, 6. Jg. (2007), Heft 2, http://www.theo-web.de 2007, S. 28.

[184] Vgl. Dressler, Bernhard: Religiöse Bildung zwischen Standardisierung und Entstandardisierung – Zur bildungstheoretischen Rahmung religiösen Kompetenzerwerbs, in: Theo-Web. Zeitschrift für Religionspädagogik, 4. Jg. (2005), Heft 2, http://www.theo-web.de 2005, S. 50. Vgl. auch den systematischen Überblick über die Gegenargumente bei Gabriele Obst, die die Kompetenzorientierung selbst befürwortet: Obst, Gabriele: Kompetenzorientiertes Lehren und Lernen im Religionsunterricht, Göttingen 2009, S. 41–57.

[185] Auf Weinerts Kompetenzdefinition bezieht sich die Klieme-Expertise.

[186] Weinert, Franz E.: Vergleichende Leistungsmessung in Schulen – eine umstrittene Selbstverständlichkeit, in: Weinert, Franz E. (Hg.): Leistungsmessungen in Schulen. Weinheim - Basel 2001, S. 27. Die Schwierigkeit des Bezuges der Kompetenzen auf »Problemlösungen« sei hier dahingestellt.

Fähigkeiten und Fertigkeiten auch motivationale, volitionale und soziale hinzutreten. Damit stellt sich Weinert immerhin teilweise in die Tradition Humboldts, der bei aller Hochschätzung der Vernunft die »höchste und proportionirlichste Bildung seiner Kräfte zu einem Ganzen«[187] fordert. Gleichwohl fehlen bei Weinert nichtkognitive Fähigkeiten und Fertigkeiten im Bereich der Motorik, also Handwerk und Sport, genauso wie emotionale Fähigkeiten außerhalb von Motivation und Willen, wobei zugestanden werden muss, dass diese wohl nur schwer messbar sind und vielleicht auch bleiben sollten. Mindestens aber als Bildungsziele müssten diese emotionalen Fähigkeiten und nichtkognitiv-körperbezogenen Fertigkeiten formuliert werden, sofern wir nicht hinter Pestalozzis bekannte Forderung nach einer Bildung von »Kopf, Herz und Hand« zurückfallen wollen.[188] Aber selbst wenn die Fähigkeiten und Fertigkeiten so ganzheitlich in den Blick genommen werden, bleibt eine Gefahr – und hier kehren wir zur Ausgangspolarität zurück: Werden die emotionalen und motorischen Fähigkeiten nur vom Ergebniswert her betrachtet, geht das Augenmerk für ihre lebendige und dynamische Rolle im Prozess verloren. Durch diese Vernachlässigung einer ergebnisoffenen Beteiligung von Herz und Hand im Bildungsprozess wird auch das Bildungsergebnis negativ beeinflusst. Ganzheitliche Bildung muss also gefordert werden und muss zugleich in ihrer Unabschließbarkeit und Prozesshaftigkeit wahrgenommen werden.[189] Diakonische Bildung ist wie die allgemeine Bildung auf die Beachtung beider Pole angewiesen. Es kann – das ist mit dem Zugang über die Praxis schnell deutlich – nicht um bloße Wissensaneignung gehen. Der je individuelle Bildungsprozess selbst ist einmalig und wertvoll, trägt in sich einmalige und reiche Begegnungen (Bollnow) und Verwandlungen. Es ist darum wichtig, auf einen beweglichen Bildungsprozess zu achten. Die Reduktion des Curriculums auf ein Kerncurriculum weist in die richtige Richtung. Gleichwohl geht es nicht nur um den Bildungsprozess, sondern auch um Bildungsergebnisse. Diese über Kompetenzen zu beschreiben, scheint mir ein sinnvoller Weg zu sein. Denn Kompetenzen lassen sich als Brücke zwischen Ergebnis und Prozess beschreiben. Kompetenz ist eine feststellbare Fähigkeit, die je nach Anforderungssituation je unterschiedlich aktualisiert wird. Noam Chomsky, auf den sich auch Weinert beruft, spricht im Bereich der Sprachwissenschaft von der der Kompetenz korrespondierenden Performanz.[190] Dem Kompetenzbegriff eignet die Ausrichtung auf Performanz. Kompetenzen sind Formen, die nach Aktualisierung suchen, die sich im Aktualisieren verwirklichen. Daher

---

187 Von Humboldt 1904, S. 106.

188 Nicht zuletzt die neuere Lernforschung liefert beeindruckende Ergebnisse bezüglich der Rolle der Emotionen für das Lernen. Vgl. Spitzer 2002, S. 157 ff. und Bauer, Joachim: Warum ich fühle, was du fühlst. Intuitive Kommunikation und das Geheimnis der Spiegelneurone, Hamburg [6]2005.

189 S. o. S. 77 ff.

190 Vgl. Chomsky, Noam: Rules and representations, New York 1980.

eignen sich Kompetenzen besonders, um Bildung als Ergebnis mit seiner Offenheit hin zum Prozess zu erfassen und zu evaluieren. Umgekehrt entwikkeln sich Kompetenzen auch an möglichst vielen unterschiedlichen konkreten Aufgaben. Damit ist den Verfassern der Klieme-Expertise zuzustimmen, die sich abgrenzen »von einem unspezifischen weiten Kompetenzbegriff [...], der auf den Erwerb überfachlicher Fähigkeiten und Fertigkeiten abhebt und alle Bereiche schulischer Lernprozesse mit Hilfe des Kompetenzbegriffs erfassen will«.[191] Damit wird der bei Schmidt bereits anklingenden und unten noch darzustellenden Erkenntnis konstruktivistischer Pädagogik Rechnung getragen, dass Schüler am besten an konkreten und komplexen Aufgaben lernen. Die Klieme-Expertise lehnt daher eine Konzentration auf überfachliche Grund- oder Schlüsselkompetenzen wie Methoden-, Sozial- und Personalkompetenz ab. »Vielmehr stellen fachbezogene Kompetenzen eine notwendige Grundlage für fächerübergreifende Kompetenzen dar.«[192] Umgekehrt können aber auch die allgemeinen Kompetenzen vernetzend wirken, wenn die konkreten Kompetenzen der verschiedenen Fächer darauf hin ausgerichtet werden. Leicht wird in diesem Zusammenhang ersichtlich, welch wichtige Bedeutung diakonische Bildung für die allgemeine Bildung hat, wenn ihr Einfluss auf die so schwer zu erlangenden sozialen Kompetenzen betrachtet wird. Fachliche Kompetenz und allgemeine Kompetenzen bilden also wiederum ein polares Spannungsverhältnis, deren beide Seiten wichtig sind. Dies ist bei der Formulierung diakonischer Kompetenzen zu bedenken.

Solche Kompetenzen müssen folgenden Kriterien genügen: Zum Ersten versteht es sich von den praxisorientierten Zugängen diakonischer Bildung her von selbst, dass Kompetenzen einer Ganzheitlichkeit im obigen Sinne Rechnung tragen sollen und nicht auf ihre kognitiven Aspekte reduziert werden dürfen. Zum Zweiten müssen sich Kompetenzen am Subjekt orientieren, damit aus der Kompetenzorientierung keine Renaissance eines funktionalisierten[193] (und überdies kognitiv reduzierten) Bildungskanons wird.[194] Zum Dritten müssen Kompetenzen auf ihre Performanz hin formuliert werden. D. h. bei Kompetenzen handelt es sich um Formen, die eine Dynamik zur Aktualisierung in sich bergen. Zum Vierten müssen Kompetenzen von ihrer Fachlichkeit, d. h. aus der konkreten Anforderungssituation heraus auf potentielle Anforderungssituationen hin entwickelt werden.

---

[191] Obst, Gabriele: Kompetenzorientiertes Lehren und Lernen im Religionsunterricht, Göttingen ^{2}2009, S. 26.

[192] BMBF 2003, S. 75.

[193] S. o. S. 33 f. Und vgl. Schmidt, Zitt 2004, S. 65.

[194] Dieses Kriterium speist seine Begründung aus der Polarität von Individualisation und Partizipation.

5.2.3 Freiheit und Bedingtheit: Bildung in und zur Freiheit in und zum Leben in Abhängigkeit

Auch diese dritte Polarität[195] klang bereits in den einleitenden Abschnitten dieses Kapitels an, in denen ich nachzeichnete, dass für Humboldt Freiheit zugleich Voraussetzung als auch Ziel von Bildung sei. Dass Freiheit zur Bildung gehört, ist seit Humboldt selbstverständlich. Es wäre jedoch zu kurz gedacht, bliebe es dabei. Wiederum befindet sich Bildung in einer Spannung. Denn Bildung geschieht nicht nur in Freiheit. »Das Leben bildet«[196] schreibt von Hentig. Und das Leben ist nicht nur Freiheit, sondern schafft auch Abhängigkeiten, Bedingtheiten und Bedingungen. Das Leben bringt Erfahrungen, die nicht gewählt sind, sondern die widerfahren – die als schicksalhaft erlebt werden.[197] »Das Leben bildet«, und zugleich bildet sich der Mensch selbst.[198] Bedingtheit und Freiheit bilden also ein notwendiges Spannungsfeld, in dem sich Bildung vollzieht.[199]

Prägung und Entfaltung oder Erziehung und Lernen (2)

Auch die bereits angesprochenen zwei Seiten des Bildungsprozesses, Prägung und Entfaltung bzw. Erziehung und Lernen, erschließen sich aus der Polarität von Bedingtheit und Freiheit. So implizieren Prägung und Erziehung das

---

[195] Auch diese Polarität ist nicht unverbunden zu den übrigen. Insbesondere zur ersten, zu Individualisation und Partizipation, finden sich gegenseitige Einflüsse. Auch hier ist noch einmal auf die gemeinsame Wurzel der drei Polaritäten in der ihnen zugrundeliegenden Polarität von Selbst und Welt hinzuweisen.

[196] Von Hentig 2004, S. 9.

[197] Vgl. Bollnow 1962, vgl. auch Nipkow 2005, S. 78: Bildung als Veränderung durch Widerfahrnisse. Nipkow entfaltet in seinem Buch »Bildungsverständnis im Umbruch. Religionspädagogik im Lebenslauf. Elementarisierung« vier Grundmuster der Bildung, die gleichsam ihre Tiefengrammatik darstellen. Vgl. Nipkow 2005, S. 69 ff. Alle vier Grundmuster gehören notwendig zum Bildungsprozess. Dazu zählen die oben bereits erwähnten Muster Bildung als Formung (1) und Bildung als Entfaltung (2), aber auch Bildung als Selbstbildung (3) und schließlich Bildung als Veränderung durch Widerfahrnisse (4). Was bei Nipkow als vierfache Komplementarität auftaucht, lässt sich in seiner inneren Zusammengehörigkeit besser innerhalb der genannten Spannungsfelder bzw. Polaritäten verstehen: So lassen sich beispielsweise Bildung als Selbstbildung und Bildung als Veränderung durch Widerfahrnisse sehr gut in den Polaritäten Freiheit und Bedingtheit bzw. Individualisation und Partizipation begreifen. Darüber hinaus verwischt Nipkows Vierteilung leider die später noch zu treffende Unterscheidung zwischen horizontaler und vertikaler Polarität. Ein Widerfahrnis wird dann interessant, wenn es als in Spannung stehend zwischen göttlicher Anrede und weltlichem Zustoßen, zwischen theologisch-transzendenter und weltlich-immanenter Deutung (etsi Deus non daretur) verstanden wird.

[198] Von Hentig 2004, S. 9.

[199] Innerhalb dieser Polarität sind auch die Chancen und Grenzen von Freiarbeit zu beurteilen.

Setzen von Grenzen, das Vorgeben von Richtung. Prägung und Erziehung beschneiden damit die Freiheit des lernenden Subjektes, sich nach den eigenen Vorstellungen zu entfalten und zu entwerfen. Umgekehrt bleibt jede Erziehung auf die subjektive und freie Aneignung angewiesen. Erziehung könnte zwar durch Maßnahmen wie Bestrafung, Schmerz, psychologischen Druck, Drohung und Angst die freie Aneignung umgehen. Eine auf solcher Erziehung basierende Bildung aber wird kaum erbauend wirken und die Menschen bestimmt nicht zu reicher Kreativität erziehen. Angst und Schmerz haben ihre Funktion – diese Funktion dient ihrer Herkunft nach aber der Lebens*erhaltung* und nicht der Lebens-*Bildung*. Einseitig missbraucht aber wird solch eine Erziehung Bildung wenn nicht verhindern, so doch grotesk verzerren und entstellen.[200]

Diakonische Bildung kennt Freiheit und Bedingtheit. So wird die Teilnahme an einem diakonischen Praktikum wohl vorzuschreiben sein. Bei der Wahl des Praktikumsortes aber ist auf größtmögliche Freiheit der Schüler zu achten.

5.2.4 Zusammenfassung

Bildung ist und geschieht in Spannung und ist darum immer nur in Spannungsfeldern, in Polaritäten darzustellen. Es bleibt nun von der Theologie her zu überlegen, wie diese Polarität zu beurteilen und einzuordnen ist und wie mit ihr umzugehen ist. Zudem muss erwiesen werden, welchen Beitrag diakonische Bildung zu einer so verstandenen Bildung leisten kann. Es wird zu zeigen sein, dass der von mir vorgeschlagene, grundlegende didaktische Dreischritt *Ansehen – Deuten – Handeln* in seiner Bezogenheit auf Selbst und Welt in jedem seiner Schritte diese Spannung in besonderem Maße bildend nutzen kann.

5.3 Die theologische Dimension des Bildungsbegriffs

Obschon im allgemeinen Bildungsdiskurs die Wurzeln des Bildungsbegriffs gewöhnlich bei den deutschen Bildungsklassikern wie Humboldt oder Herder gesucht werden, bleibt diese Herkunftsbestimmung vorläufig. Die Wurzeln des Bildungsbegriffs reichen wesentlich tiefer. Sie reichen bis in biblischen Grund und speisen den Bildungsgedanken schöpfungstheologisch mit dem Gedanken der Gottebenbildlichkeit (Gen 1,27 ff.).

5.3.1 Die schöpfungstheologisch-anthropologische Dimension des Bildungsbegriffs

Die biblische Entfaltung der Vorstellung von Gottebenbildlichkeit beschreibt trefflich die oben phänomenologisch festgestellten Spannun-

---

[200] Vgl. zum Zusammenhang von Lernen und Angst Spitzer 2002, S. 161.

gen bzw. Polaritäten im Bildungsbegriff. Denn nach den Schöpfungserzählungen ist der Mensch als Ebenbild Gottes in zweifacher Hinsicht zu seiner (Um-)Welt ins Verhältnis gesetzt: Zum einen schafft Gott den Menschen als Männliches und Weibliches (Gen 1,27 f.) einander zum Gegenüber [hebr.: כְּנֶגְדּוֹ], wie es in Gen 2,18 ausgeführt wird. Zum anderen legt Gott mit Gen 1,28 das Verhältnis der Menschen zu seiner belebten und unbelebten Schöpfung fest, was noch einmal in Gen 2,19 ff. mit der Namensgebung ausgeführt wird. Der Mensch ist also von seinen anthropologischen Voraussetzungen her zu seiner (Um- und Mit-)Welt in Beziehung gesetzt (bzw. geschaffen). Gottebenbildlichkeit schließt damit diese Verhältnissetzung zwischen Selbst und Welt ein. Bildung bewegt sich nach den biblischen Traditionen notwendig im Spannungsfeld von Individualisation und Partizipation, von Subjekt und Gesellschaft, von Mensch und Mitwelt und den oben dargestellten, damit zusammenhängenden Spannungsfeldern in der Diskussion von Bildungsstandards, von Ausbildung und Bildung, von Prägung und Entfaltung, von Sachorientierung und Schülerorientierung, Freiheit und Abhängigkeit.[201] Auch die Bildungspolarität von Prozess und Ergebnis, oder allgemeiner von Dynamik und Form, findet ihre Begründung in der Gottebenbildlichkeit: Der Mensch *ist* einerseits zum Bild Gottes geschaffen – daher rührt die unantastbare Würde jedes einzelnen Menschen (Ergebnis). Andererseits ist dem Menschen seine Ebenbildlichkeit zugleich auch aufgetragen, und sie steht (spätestens nach Gen 3 und 2Kor 3,18) noch aus.

Somit sind die bisher beschriebenen Bildungspolaritäten biblisch-anthropologisch durch den Gedanken der Gottebenbildlichkeit grundlegend bestimmt. Zugleich aber geht die biblische Anthropologie insbesondere in Gen 1–3 weit darüber hinaus. Mit dem Gedanken der Gottebenbildlichkeit kommt zur bislang phänomenologisch festgestellten Polarität etwas hinzu, und zwar eine Ausrichtung, eine Zielhaftigkeit – jedoch eine Ausrichtung und Zielhaftigkeit, die sich grundlegend von der aufklärerisch-humanistischen unterscheidet bzw. über diese hinausgeht: Diese Zielhaftigkeit ist nicht ableitbar aus Mensch und Welt. Ihr Ziel ist dem Menschen nicht inhärent, ist nicht aus dem Menschen selbst herausgesetzt. Die Ausrichtung, die aus Gen 1,27 folgt, ist keine, die wir uns selbst geben könnten, sie ist gegeben, sie ist von außen gesetzt und auch nach außen gerichtet, gleichsam vertikal ausgerichtet – de externo und ad externum.

Man könnte freilich argumentieren, die Gottebenbildlichkeit sei mit der Schöpfung gegeben, insofern nicht mehr extern, sondern intern. Der Mensch als Gott ebenbildliches Geschöpf habe die Gabe bekommen – und in diesem Perfekt drücke sich der Wandel vom Externum zum Internum aus –, zum Bilde Gottes zu leben, sich zum Bilde Gottes zu entwickeln, sich selbst zum Bilde

---

[201] Hier kann noch eine weitere Polarität hinzugefügt werden, die sich insbesondere auf den Religionsunterricht bezieht: »Religions-Bildung« meint nach Kunstmann »beides: die individuelle *religiöse Bildung*, aber auch: Die Bildung *der Religion selbst*, die sich gemeinsam mit der und durch die religiöse Bildung vollzieht.« Kunstmann 2002, S. 50.

Gottes zu bilden. Insbesondere das Neue Testament, und in ihm vor allem Paulus, zeigt uns aber die Angewiesenheit des Menschen auf Gott, auf Gottes externes Heil für ihn, auf Gottes Gnade, seine Rechtfertigung, sein Zurechtbringen und sein Einbilden des Menschen in sein Bild und betont damit die letztliche Unverfügbarkeit der Ebenbildlichkeit.[202] Bereits das Alte Testament kennt diese Angewiesenheit des Menschen auf Gottes Gnade und Hilfe. Die gesamte Urgeschichte könnte gleichsam als Urbild des fröhlichen Wechsels des Menschen aufgefasst werden, indem ihm aus Gnade, de externo, Gottes Gegenwart neu möglich wird, Heil und Heilung zum eigentlichen Bilde hin geschehen. Mit Gen 3, dem sog. Sündenfall und der nachfolgenden Scham und Hilflosigkeit (Gen 3,8 ff.), wird diese Angewiesenheit des Menschen auf Gott besonders deutlich. Das Essen vom Baum der Erkenntnis als eigenmächtiger Schritt hat den Menschen nur scheinbar Gott nähergebracht. Die neue Erkenntnis aber überfordert den Menschen. Er kann mit den neuen Erkenntnissen eben nicht heilsam umgehen, sondern sie verstören ihn (der Mensch versteckt sich gar vor Gott) und entfernen ihn somit von dem Ziel der Gottebenbildlichkeit. Von sich aus bewegt sich der Mensch damit gleichsam in der Horizontalen: Nach dem Essen vom Baum der Erkenntnis schwankt er (besser: wird er gebeutelt) zwischen Polaritäten, Extremen, die für ihn auseinanderfallen, die er nun nicht mehr zusammendenken kann.

Somit stellen wir fest, dass die Gottebenbildlichkeit selbst ein Begriff in Spannung ist. Der Mensch ist einerseits zum Bild Gottes geschaffen, *ist* Bild Gottes, ist bildungsfähig, sein Leben ist Bildung, zugleich und andererseits bleibt ihm dieses Ziel aus eigener Kraft unerreichbar, ist er grundlegend angewiesen auf Gottes gnädige Bildung, auf seine (Neu-)Ausrichtung und Bildung hin auf das Bild, das Gott allein nur zu geben vermag.[203]

Gottebenbildlichkeit als vertikaler Spannungsbegriff unterscheidet sich jedoch grundlegend von der polar angelegten horizontalen Spannung im Bildungsbegriff, die wir oben herausgearbeitet haben. Die vertikale Spannungsdimension der Gottebenbildlichkeit entfaltet sich in der Spannung von *schon*

[202] Vgl. Röm 7,19; Röm 8,26-39 in Zusammenhang mit Röm 3,24; 1Kor 13,12; 1Kor 15,35-58, besonders 49 und 57.

[203] So auch Kunstmann 2002, S. 322: »Im Gottesebenbild als dem genuinen christlich-religiösen Bildgedanken liegen Selbst-Bildung und Gebildet-Werden des Menschen gleichursprünglich beisammen. Das Bild ist ästhetische Urkategorie; in seinem Verweis auf den entgegenkommenden Blick, auf die Erfahrung des ›Anderen‹, Erfassenden, Bannenden ist seine religiöse Bedeutung deutlich gemacht.« Gerd Theißen formuliert denselben Sachverhalt ebenso prägnant und weist damit schon auf die christologisch-soteriologische Polarität voraus: Die »Ebenbildlichkeit des Menschen war durch den Sündenfall verlorengegangen und sollte durch Verwandlung des Menschen in das Bild Christi wieder hergestellt werden. [...] Der Mensch ist geworden, um anders zu werden. Er wird geboren, um wieder geboren zu werden.« Theißen, Gerd: Zur Bibel motivieren. Aufgaben, Inhalte und Methoden einer offenen Bibeldidaktik, Gütersloh 2003, S. 29.

und *noch nicht*, von präsentischer und futurischer Eschatologie, und zwar im Modus von Luthers *simul*.[204]

Wenn die Gottebenbildlichkeit die Externalität ihrer Zueignung impliziert, bleibt die Frage, ob diese überhaupt im Sinne eines Bildungsprozesses vermittelbar ist. Das biblische Zeugnis im Alten und Neuen Testament legt es allerdings nahe, an der Vermittelbarkeit festzuhalten: Gott vermittelt sich den Menschen. Er vermittelt sich den Menschen durch sein Wort, durch sein Wirklichkeit schaffendes, sein schöpferisches, bildendes Wort. Und um sein Wort mitzuteilen, bedient er sich der menschlichen Bildungsvorgänge (Dtn 6,1; Dtn 6,20; Ps 78; Spr 1). Durch menschliche Bildungsvorgänge macht er sein Heilswirken erfahrbar, macht er das Weltgeschehen auf sein Heilsgeschehen für die Menschen transparent. Durch menschliche Bildungsvorgänge eignet er sein Heil zu. Zugleich aber muss bei aller Vermittelbarkeit die gleichzeitige Unverfügbarkeit von Bildung in diesem umfassenden und eigentlichen, von der Gottebenbildlichkeit her gedachten Sinne festgehalten werden.

5.3.2 Die christologisch-soteriologische Dimension des Bildungsbegriffs

Dies wird im Neuen Testament noch einmal christologisch-soteriologisch zugespitzt: Im sog. Taufbefehl (Mt 28,19 f.) weist der Auferstandene seine Jünger an: »Mir [Unverfügbarkeit W. B.] ist gegeben alle Gewalt im Himmel und auf Erden. Darum gehet hin und machet zu Jüngern alle Völker: Taufet sie auf den Namen des Vaters und des Sohnes und des heiligen Geistes und lehret [Vermittelbarkeit W.B.] sie halten alles, was ich euch befohlen habe. Und siehe, ich bin bei euch alle Tage bis an der Welt Ende.« Lehre und Gegenwart Christi sind hier aufs engste miteinander verbunden. Katechetik und Soteriologie und damit Vermittelbarkeit und Unverfügbarkeit gehören, wenn auch nicht einlinig, so doch gleichsam wie zwei Pole in einer Ellipse zusammen.[205]

Dass ich den Bildungsgedanken in seiner Spannung von Verfügbarkeit und Unverfügbarkeit aus dem Gedanken der Gottebenbildlichkeit in ihrem Zusammenhang mit ihrer besonderen Zueignung über die Christologie herleite, ist nicht neu. So hat der Begriff der Bildung erstmals – soweit man dies nachverfolgen kann – über Meister Eckhart in die deutsche Sprache Eingang gefunden.[206] Meister Eckhart verwendete den althochdeutschen Begriff »bildunga«,

[204] Mit Paul Tillich werden durch diese neue, vertikale Dimension auch die horizontalen Pole, wenn auch kairotisch, im Sinne des »schon und noch nicht«, erlöst.

[205] Für die diakonische Bildung und diakonisches Lernen ist an dieser zentralen Stelle von Bedeutung, dass hier Lehren und Handeln zusammengebunden sind: »*Lehret* Sie *halten* alles, was ich euch befohlen habe.« Hier ist also nicht nur die Wortverkündigung, sondern auch eine »Tatverkündigung« impliziert. Bildung heißt nicht nur, von extern zu hören, sondern das Gehörte zu verinnerlichen (zu internalisieren, einzubilden) und erneut durch Wort und Tat zu externalisieren, somit zu halten. Der Zusammenhang von Lehre und Handeln entspricht geradezu notwendig der in Kapitel 1.3 nachgewiesenen Zusammengehörigkeit von Wort und Tat in Jesu Leben und Botschaft.

[206] Vgl. Zenkert 1998, Sp. 1577 f.

der in etwa Bildnis, Gestalt, Schöpfung bedeuten kann.[207] Er denkt Gottebenbildlichkeit zusammen mit 2Kor 3,18[208]: Durch »Entbilden«, »Einbilden« und »Überbilden«, so die zentralen Termini seines mystischen Denkens, werden die Gläubigen in Christi Bild verwandelt.[209] »Swenne ich predige, sô pflige ich ze sprechenne von abegescheidenheit und daz der mensche ledic werde sîn selbes und aller dinge. Ze dem andern mâle, daz man wider îngebildet werde in daz einvaltige gout, daz got ist. Ze dem dritten mâle, daz man gedenke der grôzen edelkeit, die got an die sêle hât geleget, daz der mensche dâ mite kome in ein wunder ze gote.«[210] Dabei gilt: »Der eigene Bildungsgang ruht zuletzt auf einem Grunde, der eigenem Bilden entzogen ist, und der sich dem Gebildetwerden nach Gottes Bild verdankt. Der große Mystiker hat damit darauf verwiesen, daß Selbst-Bildung ein Vorgang ist, der sich aus anderen Bildungsvollzügen nicht herleiten läßt.«[211] Somit ist der Begriff der Bildung material und formal biblischen bzw. christlichen Ursprunges.

Bildung wird also über die Christologie bestimmt und damit einerseits an die Soteriologie, an Christi (externales) heilendes Bilden des Menschen zu seinem Bilde gebunden, andererseits an die menschliche Lehre und menschliche Bildungsversuche, zu der Christus beauftragt. Auch in der Vertikalen bleibt Bildung somit in Spannung zwischen Katechetik und Soteriologie, zwischen Vermittelbarkeit und Unvermitteltem, da externalem Heilshandeln Christi. Bildung kann niemals festgeschrieben werden. Zwar ist das Ziel bekannt (Ebenbildlichkeit), sowohl die genaue Gestalt (wer mag Gottebenbildlichkeit ermessen) als auch das Erreichen aber stehen nicht zu unserer Verfügung.

5.3.3 Die pneumatologisch-ekklesiologische Dimension des Bildungsbegriffs

Der Ebenbildlichkeits-Gedanke, der von der Schöpfung her aufgegeben und durch Christi »vor-bild-liches« Leben, Leiden, Sterben und Auferstehen zugeeignet ist, findet nach 1Kor 12 seine Fortsetzung in der Kirche als Bild bzw. als Leib Christi. »Denn wir sind durch einen Geist alle zu einem Leib getauft«

[207] Kunstmann weist daraufhin, dass die Wurzel *bil* auf ein »magisches Bildzeichen« deutet. Kunstmann 2002, S. 135.

[208] »Nun aber schauen wir alle mit aufgedecktem Angesicht die Herrlichkeit des Herrn wie in einem Spiegel, und wir werden verklärt in sein Bild von einer Herrlichkeit zur andern von dem Herrn, der der Geist ist.« 2Kor 3,18.

[209] Vgl. Tödt, Heinz Eduard: Säkularisierung und das Problem einer »christlichen Kulturpolitik«, Heidelberg 1980, S. 59, und Kunstmann 2002, S. 138.

[210] Meister Eckhart, Werke in zwei Bänden. Sämtliche deutsche Predigten und Traktate sowie eine Auswahl aus den lateinischen Werken (zweisprachige Ausgabe, Übersetzungen von J. Quint u. a.), hg. von Niklaus Largier, Frankfurt a. M. 1993 (Predigt 53), den Kunstmann 2002, S. 135 in seinem Kapitel über Meister Eckharts Vorstellungen des Einbildens und Überbildetwerdens zitiert.

[211] Korsch 1994, S. 140, zitiert nach Kunstmann 2002, S. 145.

(1Kor 12,13). Einbildung in Christus geschieht nicht (nur) unmittelbar-mystisch, wie Meister Eckhart 2Kor 3,17 f. deutet, sondern ekklesiologisch, durch den Geist, der den einzelnen Gliedern, die den Leib Christi bilden, je ihre besonderen Gaben zueignet. Hier leuchtet wiederum ein diakonischer Aspekt solcher Bildung hindurch insofern, als Paulus besonders Bezug nimmt auf die Bedeutung und den Schutz der schwächsten Glieder am Leib. »Vielmehr sind die Glieder des Leibes, die uns die schwächsten zu sein scheinen, die nötigsten [...]. Wenn ein Glied leidet, so leiden alle Glieder mit« (1Kor 12,22.26).[212] Vermittelnd durch das Einbilden in den Leib Christi bildet der Geist Gotteserkenntnis[213] und ermöglicht damit in der Gemeinschaft Christi Gottebenbildlichkeit. Auch diese Gottebenbildlichkeit durch Gemeinschaft und Communicatio bleibt aufgetragen und damit angewiesen auf den Geist und bleibt schließlich damit auch notwendig in eschatologischer Spannung.

Das von mir dargelegte theologische Verständnis von Bildung ist also trinitarisch gegliedert. Ihm liegt Luthers Gliederung des Glaubensbekenntnisses in seinem kleinen Katechismus zugrunde. Er überschreibt die drei Artikel mit »Der erste Artikel von der Schöpfung«, welchem ich mit meiner Betrachtung von Gen 1–3 folge, sodann mit »Der zweite Artikel von der Erlösung«, welchem ich durch den Einbezug von Christologie und Soteriologie entspreche, und schließlich »Der dritte Artikel von der Heiligung«, den ich durch den Hinweis auf das Wirken des Geistes in seiner Kirche aufnehme.[214] Damit wird deutlich: Die Bedingung der Möglichkeit für Bildung trotz und in aller Spannung ist der Heilige Geist. Er allein kann die Bildungsanstrengungen des Menschen heiligen und in Bildung im Sinne von Einbildung in den Leib Christi bzw. in Christus und damit in eine Gottebenbildlichkeit verwandeln.[215]

---

[212] Auch das Johannesevangelium betont den Zusammenhang zwischen Erkennen und Tun im Geist, vgl. Joh 3,20 f.: »Wer Böses tut, der hasst das Licht und kommt nicht zu dem Licht, damit seine Werke nicht aufgedeckt werden. Wer aber die Wahrheit tut, der kommt zu dem Licht, damit offenbar wird, dass seine Werke in Gott getan sind.«

[213] Vgl. 1Kor 2,10-11: »Uns aber hat es Gott offenbart durch seinen Geist; denn der Geist erforscht alle Dinge, auch die Tiefen der Gottheit. Denn welcher Mensch weiß, was im Menschen ist, als allein der Geist des Menschen, der in ihm ist? So weiß auch niemand, was in Gott ist, als allein der Geist Gottes. Wir aber haben nicht empfangen den Geist der Welt, sondern den Geist aus Gott, dass wir wissen können, was uns von Gott geschenkt ist.«

[214] WA 30.1, S. 247 ff. Die Titel lauten im Original: »De erst artickel von der schoepffung«, »Der ander artickel von den erloesug« und »Der dritt artickel von der heyligug«.

[215] Man möchte fragen, ob dieser letztlich soteriologische Anspruch für Bildung nicht zu hoch und damit niemals leistbar ist. Die Frage wäre berechtigt, bliebe – wie leider so oft – das Wirken des Heiligen Geistes außer Betracht. Zwar ist sein Wirken unverfügbar und bleibt uns nur zu hoffen. Es aber nicht zu erwarten, widerspräche nicht zuletzt dem Bekenntnis des christlichen Glaubens, das Martin Luther auslegt. Vgl. dazu analog Mühlings Erörterung des Vernunftsbegriffs in Mühling, Markus: Mut zur Weite der Vernunft. Thesen zum Verhältnis von Vernunft, Glaube, der universitas scientiarum und zum Dialog der Kulturen aus reformatorischer Sicht, in: Dohmen, Christoph: Die

Luther selbst stellte diesen Zusammenhang zwischen »Bildung« und den drei Glaubensartikeln nicht explizit her. Überhaupt ist auffällig, dass im Diskurs über Bildung und in der Herleitung des Bildungsbegriffs nur selten und marginal auf die Reformation rekurriert wird. Dies mag verwundern, zumal doch die Reformation geradezu »schulbildend« im eigentlichen Sinne wirkte. Martin Luther, der sich in seinen Schulschriften vehement für die Erziehung und Lehre der Jugend einsetzte, ja sogar eine allgemeine Schulpflicht forderte,[216] verwendete jedoch den Begriff Bildung nicht. Der Begriff Bildung wurde erst mit dem Neuhumanismus im heutigen, pädagogischen Sinne gebraucht. Der Sache nach aber entwarf Luther ein »Bildungsprogramm«, das sich in den beiden Spannungsachsen bewegt, wie ich sie bislang entfaltet habe. Zum einen sieht er die Spannung von Selbst und Welt: »Bildung« dient dem Einzelnen (zur Erkenntnis seiner Angewiesenheit auf Gottes Gnade) genauso wie der Gemeinschaft (zur Aufrechterhaltung der Ordnung). Zum anderen sieht er die Spannung zwischen Verfügbarkeit und Unverfügbarkeit von Bildung: Das Predigtamt leistet die Vermittlung des Evangeliums – der Glaube jedoch ist Gottesgeschenk. Luther führte in seinen sog. »Schulschriften« diese doppelte Spannung somit in einer völlig anderen, nämlich der forensischen Terminologie durch. Und zwar verknüpfte Luther hierfür seine Rechtfertigungslehre samt der zugehörigen Lehre vom Gebrauch des Gesetzes mit der Zwei-Regimenter-Lehre.

Für das geistliche Regiment gilt, dass der Mensch Bildung für sein geistliches Wohl benötigt. (Im Folgenden spreche ich der Einfachheit halber von Bildung. Martin Luther hat diesen Begriff, wie gesagt, nicht gebraucht, sondern spricht von Erziehung, Lehre, Gelehrtheit etc.) Dass der Mensch Bildung braucht, heißt nicht, dass Bildung die Rechtfertigung erkaufen könnte. Bildung (vor allem der Umgang mit Sprache und Sprachen) ermöglicht biblische Bildung, das Lesen der Schrift. Und der Schrift bedarf es im Sinne des usus legis theologicus, um die eigene Heilsbedürftigkeit zu erkennen.[217] Hier argumentiert Luther also innerhalb des geistlichen Regiments mit dem Heil für den Einzelnen (vgl. Pol: *Selbst*); es geht ihm darum, »der kinder heyl und seligkeyt zu suchen«[218]. Dieser Aufgabe widmet sich Luther vor allem in den beiden Katechismen, die allerdings eher für Erwachsene gedacht sind.

»Regensburger Vorlesung« Papst Benedicts XVI. im Dialog der Wissenschaften, Regensburg 2007, S. 106 f.

[216] WA 30.2, S. 588.

[217] Vgl. WA 15, S. 37.

[218] WA 15, S. 29.

Abb. 3: Bildung in Spannung bei Martin Luther

Darüber hinaus bedarf es solcher Bildung, um den geistlichen Stand, also das Heil vermittelnde Predigtamt zu sichern, das sonst von der Gefahr der Unordnung bedroht wäre. Hier argumentiert Luther also innerhalb des geistlichen Regiments mit dem Heil für die *Welt*. »Nu das sey gesagt von nutz und not der sprachen und Christlichen schulen fur das geystlich wesen und zur seelen heyl.«[219]

Im Bereich des weltlichen Regiments bedarf es der Bildung möglichst vieler Menschen, damit in möglichst vielen Bereichen ein Gott wohlgefälliges weltliches Regiment geführt werden kann. Bildung ist somit bei Luther nicht mehr Voraussetzung zur Rechtfertigung im Sinne des primus usus legis wie im Bereich des geistlichen Regiments, sondern vor allem ihre Folge, gleichsam im Sinne eines von Luther selbst nicht so benannten tertius usus legis, der in diesem Fall mit dem usus politicus zusammenfällt. Luther schreibt 1524 in seiner Schrift »An die Ratsherrn aller Städte deutschen Landes, dass sie christliche Schulen aufrichten und halten sollen«: »Nu last uns auch den leyb fur nehmen und setzen, ob schon keyn seel noch hymel odder hell were, und

[219] WA 15, S. 44, vgl. auch WA 15, S. 42.

sollten alleyne das zeyttlich regiment ansehen nach der wellt, ob das selb nicht duerffe viel mehr gutter schulen und gelerter leutte denn das geystliche?«[220] Und weiter: »Wenn nu gleich [...] keyn seele were und man der schulen und sprachen gar nichts duerffte umb der schrifft und Gottis willen, So were doch alleyn dise ursach gnugsam, die aller besten schulen beyde fur knaben und meydlin an allen ortten auff zu richten, das die wellt, auch yhren welltlichen stand eusserlich zu halten, doch bedarff seiner geschickter menner und frawen, Das die menner wol regirn kuenden land und leutt, Die frawen wol zihen und hallten künden haus, kinder und gesinde.«[221]

In seinem Sermon, »dass man Kinder zur Schule halten solle«, setzt Luther das weltliche Regiment noch einmal deutlich vom geistlichen Regiment ab: »Und darff wol ynn diesem Stande geschickter leute, denn ym predigampt, das hie not sein will, die besten knaben her zu halten, Denn ym predig ampt, thuts Christus fast gar, durch seinen geist, Aber ynn weltlichem reich, müs man aus der vernufft (daher die rechte auch komen sind) handeln. Denn Gott hat der vernunfft unterworffen solch zeitlich regiment und leiblich wesen Gen 2. Und nicht den heiligen geist vom himel dazu gesand.«[222] Hier bezieht sich Luther also innerhalb des weltlichen Regiments auf das leibliche Heil der *Welt*. Das leibliche Wohl des Einzelnen kommt hier weniger, wenn überhaupt nur mittelbar, in den Blick, spiegelt sich in seinem »Bildungsverständnis« doch inhaltlich klar seine Freiheitsschrift, die für das weltliche Regiment den Christen jedermann untertan weiß.

Interessant in unserem Kontext ist, dass Luther mit seiner Anwendung der Zwei-Regimenter-Lehre auf den Bildungskontext eine diakonische Bildung grundlegend impliziert. Durch die Einrichtung von Schulen wird die Funktion des weltlichen Regimentes – und damit auch das Wohlergehen der Menschen in diesem Gemeinwesen verbessert. Jedermann untertan zu sein, wie es die Freiheitsschrift lehrt, ist – bei aller Gefahr, die die Zwei-Regimenter-Lehre birgt – bereits diakonische Grundhaltung. Was den tatsächlichen Inhalt der Lehre an den Schulen angeht, bleibt Luther allerdings bei einer eher humanistischen Fächerauswahl mit besonderem Schwerpunkt auf den Sprachen – die er jedoch erstaunlich kindgemäß zu halten vorschlägt: »Weyl denn das junge volck mus lecken und springen odder yhe was zu schaffen haben, da es lust ynnen hat, und yhm darynn nicht zu weren ist, auch nicht gut were, das mans alles weret: warumb sollt man denn yhm nicht solche schulen zurichten und solche kunst furlegen? Syntemal es itzt von Gottes gnaden alles also zugericht ist, das die kinder mit Lust und spiel leren kunden, es seyen sprachen odder ander kuenst odder historien. Und ist itzt nicht mehr die helle und das fegfewr unser schulen, da wir ynnen gemartert sind uber den Kasualibus und tem-

[220] WA 15, S. 44.

[221] WA 15, S. 44.

[222] WA 30,2, S. 562.

poralibus, da wir doch nichts denn eyttel nichts gelernt haben durch so viel steupen, zittern, angst und jamer.«[223]

So kann zusammenfassend gesagt werden, dass sich bereits in der Geburtsstunde des Protestantismus, das protestantische Bildungsverständnis seiner dialektischen Tiefe bewusst war und die Gefahr vermied, nur einen der Spannungspole zu bedienen, und zwar sowohl in horizontaler als auch in vertikaler Hinsicht. Hinter diese Position sollten wir nicht mehr zurückfallen. In seinem »dialektischen«, von der Rechtfertigungslehre herkommenden Bildungsverständnis hat Luther die Bedeutung von Bildung für diakonisches Handeln innerhalb der Zwei-Regimenter-Lehre bereits impliziert, insofern als Bildung dem weltlichen Regiment und damit dem leiblichen Wohl der Gemeinschaft dient. In den wenigen konkreten Angaben, die er zu den Unterrichtsgegenständen macht, bleibt Diakonie und diakonisches Lernen allerdings unterbestimmt.

5.3.4 Die diakonische Dimension des Bildungsbegriffs

Alle drei theologischen Dimensionen des Bildungsbegriffs haben jeweils diakonische Implikationen. Bereits die *schöpfungstheologisch* begründete Spannung, die im Zuspruch und Anspruch der Gottebenbildlichkeit liegt, setzt den diakonischen Anspruch, die Gottebenbildlichkeit jedes Menschen ernst zu nehmen, zu suchen und zu fördern. Die aus der Gottebenbildlichkeit notwendig folgende Würde jedes Menschen gilt es zu wahren.[224]

Aus der Analyse von Lk 10,25-37 wird ersichtlich, dass das Ernstnehmen der Menschenwürde und der Gottebenbildlichkeit auch und besonders für den Umgang mit Hilfsbedürftigen ins Zentrum der Botschaft Christi gerückt wird.

---

[223] WA 15, S. 46.

[224] An dieser Stelle ist es wichtig, darauf hinzuweisen, dass der Begriff der Menschenwürde der Aufklärungsphilosophie entstammt und daher nicht einfach aus der Gottebenbildlichkeit abgeleitet werden darf. Nach Immanuel Kant ist er an die Vernunftbegabung des Menschen geknüpft. Jedes vernünftige Wesen trägt seinen Zweck in sich selbst – ist somit autonom, frei und mit einer besonderen Würde ausgestattet. Vgl. Kant, Immanuel: Grundlegung zur Metaphysik der Sitten, in: ders.: Kants Werke, Akademie-Textausgabe. Unveränderter photomechanischer Abdruck des Textes der von der preußischen Akademie der Wissenschaften 1902 begonnenen Ausgabe von Kants gesammelten Schriften, Bd. 4, Berlin 1986, S. 428. Dieser so begründete und gefüllte Menschenwürdebegriff hat den Vorzug eines Geltungsanspruches über die Grenzen von Religionen hinweg. Er hat aber auch den nicht hinnehmbaren Nachteil, dass die Menschenwürde auf den Kreis vernunftbegabter Personen eingeschränkt wird. Demente Menschen oder Menschen mit geistiger Behinderung werden von diesem Würdebegriff ausgeschlossen. Die Menschenwürde bedarf daher neuer Begründung und Füllung. Vgl. Eurich, Johannes: Zum Personbegriff in der Pflegeethik, in: Herrmann, Volker: Soziales Leben gestalten. Beispiele und Herausforderungen, DWI-Jahrbuch Bd. 40, S. 88. Auch Eurich kritisiert die Knüpfung der Personwürde an die Vernunft und verweist statt dessen auf ihre transzendente Verankerung in der Gott-Mensch-Relation. So ist die Menschenwürde aus theologischer Perspektive, wenn nicht angewiesen auf, so doch zumindest offen für eine theologische Qualifizierung durch die Gottebenbildlichkeit.

Wie in den synoptischen Evangelien Wort und Tat Christi eine unaufgebbare Einheit bilden,[225] so gehört zur Bildung nicht nur die Verkündigung, sondern auch die Tat, nicht nur das Wort, sondern auch der Dienst, die Diakonia. Gehört zum Ganzwerden des einzelnen Menschen das Heilwerden aller Menschen, auch der Ärmsten notwendig dazu,[226] so muss Bildung notwendig diakonisch dimensioniert sein. Im Taufbefehl, den ich in seiner Bedeutung für den *christologisch-soteriologischen* Aspekt der Bildung bereits oben entfaltet habe, sind Lehren und Handeln zusammengebunden: »*Lehret* Sie *halten* alles, was ich euch befohlen habe.« Lehre allein bliebe leer. Zur Lehre gehört notwendig das Handeln. Bildung heißt nicht nur, von extern zu hören, sondern das Gehörte zu verinnerlichen, zu internalisieren, einzubilden, zur Herzens- und Glaubenssache zu machen und erneut durch Wort *und* Tat zu externalisieren, somit zu »halten«. Bildung hat insofern etwas zu tun mit Haltung, mit diakonischer Haltung. Hier sei darauf hingewiesen, dass bereits nach dem Taufbefehl diese diakonische Haltung ihren Geltungs- bzw. Wirkungsbereich nicht bloß innerchristlich, also innerhalb christlicher Zirkel, Gemeinschaften oder Kirchen entfalten soll, sondern als ein »universales Hilfsethos«[227] gedacht ist. Somit ist im Taufbefehl - christologisch begründet – noch einmal der notwendige Zusammenhang zwischen Selbst und ganzer Welt gesetzt.

Darüber hinaus braucht Bildung in ihrer pneumatologisch-eschatologischen Dimension den Geist, der die Liebe ausgießt (Röm 5,11) und dadurch Gemeinschaft ermöglicht. Wie oben bereits in anderem Zusammenhang gezeigt,[228] gehört somit zu dieser Gemeinschaft, gehört zur Kirche diakonisches Liebeshandeln notwendig dazu. Gleichzeitig wird umgekehrt diakonisches Handeln grundsätzlich in einen allerdings weiten ekklesiologischen Horizont gestellt: Diakonisches Handeln bildet als Arbeit am Leib Christi Kirche – »ubi et quando visum est Deo«[229]. Communicatio in Wort und Tat, in der Predigt, im Abendmahl, aber auch im diakonischen Handeln bildet Kirche, bildet den Einzelnen ein in den Leib Christi. Dabei gilt, dass solche (diakonische) Gemeinschaft nicht ohne die Lehre zu denken ist. Katechetik und Ekklesiologie gehören zueinander.[230] Bildung umfasst wiederum notwendig noetische wie poietische Aspekte.

---

225 Vgl. oben, Kap. 4.3, S. 50.

226 S. o. Kap. 4.5, S. 55.

227 Theißen 1998b, S. 68. Vgl. auch oben, S. 55 ff., wo ich mit Theißen »alle Völker« universalistisch deute.

228 S. o. S. 52.

229 CA V.

230 »Sie blieben aber beständig in der Lehre der Apostel und in der Gemeinschaft und im Brotbrechen und im Gebet« (Apg 2,42). Dass nach Lukas zur Gemeinschaft selbstverständlich die diakonische Tat hinzugehört zeigt die an dieses Zitat anschließende

5.3.5 Zusammenfassung

Bildung ist ein Begriff, der phänomenologisch betrachtet in den beschriebenen horizontalen Spannungsfeldern Selbst und Welt, Dynamik und Form, Freiheit und Schicksal zu fassen ist. Die theologische Grundlegung bestätigt diese Wahrnehmung, fügt aber noch eine weitere, eine vertikale Spannungsdimension hinzu und transzendiert die erste grundlegend. Die vertikale Dimension liegt gegründet in der schöpfungstheologisch-anthropologischen Vorstellung der Gottebenbildlichkeit, die zugleich Gabe und Aufgabe Gottes an den Menschen ist, die nur im Spannungsfeld von Internalität und Externalität, von *schon* und *noch nicht* und damit nur im *simul* von Vermittelbarkeit und Unvermittelbarkeit gegeben ist. Die christologisch-soteriologische Dimension des Bildungsbegriffs weist vom Taufbefehl ausgehend über das Einbilden in Christus aus 2Kor 3,18 auf den ebenso unauflöslichen wie spannungsvollen Zusammenhang von Lehre und Gegenwart Christi, Katechetik und Soteriologie und einmal mehr von Vermittelbarkeit und Unverfügbarkeit hin. Die pneumatologisch-ekklesiologische Dimension erweitert den Einbildungsgedanken auf die Gemeinschaft im Leib Christi.

Alle drei theologischen Dimensionen des Bildungsbegriffs machen die diakonische Bildungsdimension notwendig: Dabei legt die schöpfungstheologisch-anthropologische Dimension ihren Grund in der unhintergehbaren Würde des Menschen als Ebenbild Gottes; die christologisch-soteriologische Dimension impliziert für ihr heilsames Einbilden in Christus nicht nur sein Wort, sondern auch seine Tat, nicht nur seine Lehre, sondern auch sein Handeln. In beidem, mit seinem heilsamen Wort und seiner heilsamen Tat, sind wir in alle Welt gesandt; die pneumatologisch-ekklesiologische Dimension wiederum beinhaltet von 1Kor 12 her notwendig die Gemeinschaft mit den Schwächsten im Leib Christi. Auch die diakonischen Bildungsanliegen befinden sich in allen drei vertikalen Dimensionen in der Spannung zwischen Aufgegebenheit und Geschenk, zwischen Internalität und Externalität, zwischen *schon* und *noch nicht*.[231]

Beschreibung der idealen bzw. idealisierten Liebesgemeinschaft der ersten Christen (Apg 2,44-47): »Alle aber, die gläubig geworden waren, waren beieinander und hatten alle Dinge gemeinsam. Sie verkauften Güter und Habe und teilten sie aus unter alle, je nachdem es einer nötig hatte. Und sie waren täglich einmütig beieinander im Tempel und brachen das Brot hier und dort in den Häusern, hielten die Mahlzeiten mit Freude und lauterem Herzen und lobten Gott und fanden Wohlwollen beim ganzen Volk. Der Herr aber fügte täglich zur Gemeinde hinzu, die gerettet wurden.«

[231] Vgl. Schoberth, Ingrid: »Wie man in der Welt menschlich sein und bleiben kann«. Der Beitrag religiöser Bildung in der Postmoderne, in: Kempter, Klaus; Meusburger, Peter (Hg.): Bildung und Wissenschaft, Heidelberger Jahrbücher 49 (2005), Heidelberg 2005, S. 122 f., die aus der Perspektive religiöser Bildung den gleichen Zusammenhang zwischen religiöser und diakonischer Bildung sieht. Auch der Zusammenhang von Glauben-lernen und Lebensform, den Ingrid Schoberth in ihrer Habilitationsschrift entfaltet, weist in diese Richtung. Vgl. Schoberth, Ingrid: Glauben-lernen. Grundlegung einer katechetischen Theologie, Stuttgart 1998, S. 191f.

Den Beitrag diakonischer Bildung innerhalb der horizontalen Spannungsfelder werde ich unten in Kapitel 6.4 entfalten.

5.4 Bildung in Spannung und der Zugang über die Ästhetik

Wie kann nun Bildung aussehen, die den horizontalen wie vertikalen Polen ihres Spannungsfeldes gerecht wird? Und gibt es Entwürfe, die darüber hinaus etwas zu unserem diakonischen Bildungsanliegen, zu einer diakonischen Didaktik beitragen? In jüngerer Zeit versprechen zwei Arbeiten, die sich der Sprache und »Logik« der Ästhetik bedienen, neue Wege, die über die bekannten Alternativen insbesondere innerhalb der vertikalen Polarität hinausführen. Sie vermeiden einerseits die Betonung der Unverfügbarkeit des vertikalen Geschehens zuungunsten von Methode und Didaktik, wie sie die Vertreter der religiösen Unterweisung pflegten. Andererseits überschreiten sie die einseitige Konzentration auf den Menschen, den Lernenden und seine Welt, wie sie bei Vertretern des problemorientierten Unterrichts und seinen Nachfolgern zu finden ist, wo die Vertikale – bildlich gesprochen – Gefahr läuft, auf die Horizontale gespiegelt zu werden.

Dass sie bei der Ästhetik – dem griechischen Wortsinn nach bedeutet aisthesis zunächst nichts anderes als Wahrnehmung – ansetzen, lässt von diesen Entwürfen weiterführende Einsichten für eine diakonische Didaktik erhoffen, die ebenfalls bei der Wahrnehmung, beim Ansehen ansetzt. Der Entwurf von Stephan Weyer-Menkhoff interessiert u. a. deshalb, weil er mit der Anwendung von Immanuel Kants ästhetischer Urteilsstruktur auf die Religionspädagogik ebenfalls einen Dreischritt einführt, der auf seine Kompatibilität zum von mir vorgeschlagenen diakonischen Dreischritt aus Ansehen, Deuten und Handeln untersucht werden soll. Der Entwurf Joachim Kunstmanns bietet sich wegen seines weiten Ästhetikbegriffs an, der die Aisthesis, die Wahrnehmung über den Bereich der Kunst hinaus, öffnet.

5.4.1 Bildung als Vermittlung im Gegenüber – Stephan Weyer-Menkhoff: Wozu wird christliche Religion unterrichtet?

In seiner Habilitationsschrift geht Stephan Weyer-Menkhoff der Frage nach, wozu christliche Religion unterrichtet wird.[232] Und auch wenn Weyer-Menkhoff den Begriff Bildung genauso wenig wie den Begriff der Spannung gebraucht, lässt sich sein Anliegen der Sache nach genau dort finden, nämlich christlichen Religionsunterricht in den benannten Spannungsfeldern zu lokalisieren, ohne die Spannung zuungunsten einer Seite oder gar beider Seiten aufzuheben. Im Gespräch mit Vertretern der Religionspädagogik vom 19. bis ins 20. Jahrhundert, von Friedrich Heinrich Christian Schwarz bis Karl Ernst

[232] Weyer-Menkhoff, Stephan: Wozu wird christliche Religion unterrichtet? Ein Diskurs zur Notwendigkeit ästhetischer Vermittlung, Münster 1999.

Nipkow fragt er, wie christliche Religion unterrichtet werden kann, ohne dass einerseits das Christliche im Sinne einer allgemeinen Pädagogik oder gar im Sinne wie auch immer gearteter staatlicher Interessen instrumentalisiert wird und ohne dass andererseits die Pädagogik der Dogmatik bzw. der Katechetik untergeordnet wird. Er fragt, wie christliche Religion im Spannungsfeld zwischen Kirche und Subjekt unterrichtet werden kann.[233]

Im Diskurs mit den Vertretern der Religionspädagogik der letzten zwei Jahrhunderte hatte Weyer-Menkhoff die Notwendigkeit einer Vermittlung herausgearbeitet, die keine der Wirklichkeiten zugunsten der anderen aufhebt, die nicht durch eine offene oder verdeckte Identifikation der einen Wirklichkeit mit der anderen die Bildungsspannung in Totalität auflöst – weder die Identifikation der Wirklichkeit des Schülers auf die Kirche hin, wie beispielsweise bei Carl Adolph Gerhard von Zezschwitz[234], noch die Identifikation des Reiches Gottes mit dem Ziel und Zweck der Welt, wie bei Albrecht Ritschl[235]. »Vermittlung darf nicht sekundär als Vermittlung von Identität bestimmt werden.«[236] Auf der Suche nach einer Vermittlung zwischen diesen spannungsvollen Wirklichkeiten (der Wirklichkeit der Schule und der Kirche, der Pädagogik und der Katechetik, des Individuums und der Kirche, des Individuums und der Welt) nimmt Weyer-Menkhoff einen doppelten Ausgang:

1. Ausgang von der Christologie

Zum einen beginnt Weyer-Menkhoff bei der christlichen Religion selbst. Dabei unterscheidet er zwischen der christlichen Religion und ihrem Grund, um den Fehler und die Folgen einer Identifikation zu vermeiden. Er beginnt beim Grund der christlichen Religion, dem Bekenntnis zu Jesus Christus: Jesus Kyrios, Röm 10,9. »Soll der Unterricht christliche Religion unterrichten, so ist um

---

233 Vgl. beispielsweise für die Unterordnung der Pädagogik unter die Dogmatik Weyer-Menkhoffs Darstellung von Christian David Friedrich Palmer, der als Ziel der Katechetik »nicht eine allgemeine religiöse Bildung, nicht die religiöse Selbstentfaltung der Katechumenen« bestimme, sondern »vielmehr die ›christliche Bildung‹ zum Bekenntnis«, Weyer-Menkhoff 1999, S. 41. Die Erziehung zum vollkommenen Menschen ziele auf dessen Mündigkeit, die darin bestehe, sich »frei« in die Form der Kirche ein- bzw. unterzuordnen, vgl. Weyer-Menkhoff 1999, S. 61. Darüber hinaus setzt er sich beispielsweise mit Zezschwitz' erziehendem Unterricht und Ritschls »Unterricht in der Religion« auseinander, die er jeweils als erziehende Vereinnahmung des Subjektes entlarvt, und damit letztlich als Erfüller einer religiös verbrämten bürgerlichen Sittlichkeit, vgl. Weyer-Menkhoff 1999, S. 134.

234 »Sind Ziel und Mittel der Katechese derart vorgegeben, bleibt kein Raum für die freie Rezeption der Katechumenen. Ihre Subjektivität ist im Unterricht nicht gefordert, sich zu dem in der Heiligen Schrift vorgestellten Grund der Kirche zu verhalten, sondern sich dem Unternehmen der Verwirklichung wahrer Kirche wirksam und vollständig einzugliedern.« Weyer-Menkhoff 1999, S. 114.

235 Weyer-Menkhoff 1999, S. 140 ff.

236 Weyer-Menkhoff 1999, S. 333.

eine dezidiert theologische Bedingung seiner Grundlage nicht herumzukommen. Seine Voraussetzungen und sein Rahmen sind nicht anders als theologisch zu bestimmen.«[237] In der Dogmatik, genauer in der Christologie, nimmt christlicher Religionsunterricht seinen Ausgang. Zu diesem Grund muss er immer in Beziehung stehen, um einerseits davor geschützt zu bleiben, von einem allgemeinen Bildungsbegriff überformt zu werden, andererseits sich selbst davor zu bewahren, eine wie auch immer geartete christliche Idee ohne externen Bezug gleichsam schwärmerisch zu verabsolutieren. Christlicher Religionsunterricht hat seinen Grund im Bekenntnis zu Jesus Christus und hat von da auszugehen.[238] Dieser Grund in der Christologie bestimmt sich weiter durch das Trinitätsdogma, das »Gott als Raum oder Beziehung und nicht als Identität«[239] denkt. »Der Satz ›Jesus Kyrios‹ ist demnach in seiner Nominalstruktur auf Kommunikation und nicht auf Identität ausgerichtet.«[240] Luthers Lehre von der communicatio idiomatum, von der Mitteilung der Eigenschaften, führt den Gedanken der Kommunikation für das Verhältnis von Gottheit und Menschheit in der Christologie fort. Auch hier gibt es keine Identität in der Form, dass die Gottheit von der Menschheit oder die Menschheit von der Gottheit überformt werde, sondern lebendigen Austausch, Kommunikation und damit relationale Kommunion. Somit geht es nicht um Information, also einlinige Offenbarung Gottes zu den Menschen, womit wiederum autoritative Identität angestrebt wäre, sondern um Kommunikation, Teilhabe und Teilgabe in beide Richtungen. »Gott offenbart sich nicht im inkarnierten Christus, sondern geht in ihm unbedingte Gemeinschaft mit der Menschheit ein. Gott teilt in Christus nicht etwas über sich mit, sondern er gibt sich in Christus der Menschheit hin, wie er in Christus deren Hingabe aufnimmt. Damit verändert Gott durch wechselseitige Hingabe sein Wesen.«[241] Damit kann die Christologie weder instrumentalisiert werden noch instrumentalisieren. »Christus ist nicht Offenbarung Gottes, sondern Jesus ist Kyrios.«[242] Diese »Vermittlung« innerhalb der Christologie ist Voraussetzung und Grund für die Vermittlung christlicher Religion. »Christliche Religion wird unterrichtet, so müsste es heißen, damit Gemeinschaft zwischen Gott und Mensch christologisch vermittelt und unterrichtlich reflektiert werde.«[243] Noch einmal will

---

237 Weyer-Menkhoff 1999, S. 344.

238 Aus seiner Beschäftigung mit Christian David Friedrich Palmer lehnt es Weyer-Menkhoff umgekehrt dezidiert ab, das Bekenntnis als Ziel christlichen Religionsunterrichts zu haben, da sonst das Individuum von vornherein zweckbestimmt, in seiner Freiheit nicht ernst genommen würde. Vgl. Weyer-Menkhoff 1999, S. 40.

239 Weyer-Menkhoff 1999, S. 345.

240 Weyer-Menkhoff 1999, S. 345.

241 Weyer-Menkhoff 1999, S. 349 f.

242 Weyer-Menkhoff 1999, S. 351.

243 Weyer-Menkhoff 1999, S. 351.

ich Weyer-Menkhoff zu Wort kommen lassen, um sein Anliegen deutlich zu machen, Religionsunterricht als je aktuelles Vermittlungsgeschehen zu begreifen, das nicht in eines der beiden Extreme verfällt, Religionsunterricht entweder durch die Vorgaben der Pädagogik oder durch bereits geschehene, aber bereits festgelegte, gleichsam tiefgefrorene Vermittlungsergebnisse zu instrumentalisieren.

»Der Unterricht in christlicher Religion kann nicht mehr leisten, als die Kommunion sich vollziehen zu lassen, die die christliche Religion selbst darstellt.«[244] »Die vorausgesetzte christologische Vermittlung von Gott und Mensch ist unterrichtlich unübersteigbar. Sie ist nicht als Element eines größeren Vermittlungsprozesses operationalisierbar. Würde christliche Religion als Integral von Bildung oder als Vorgabe von Erziehung unterrichtet, so höbe der Unterricht die spezifisch christologische Vermittlung auf, indem er sie zur Bedingung der Möglichkeit eines christlichen Weltverständnisses oder eines frommen Lebens machte. Die christliche Vermittlung wäre pädagogisiert, didaktisch instrumentalisiert und methodisch operationalisiert. Um solche Vermittlung zu leisten, müsste der Unterricht die christologische Vermittlung in ihrem Resultat vorauswissen, er müsste sie übersehen. Genau dies geschieht bei der sekundären Vermittlung: die [primäre W. B.] christologische Vermittlung wird übersehen, das Begehen christlicher Religion wird zur nachgeordneten Exemplifizierung des zuvor bestimmten Ergebnisses, zur entwicklungsbedingten Illustration ohne weitere Bedeutung. Die Bedeutung stünde vielmehr didaktisch zu Beginn mit dem sekundären Vermittlungskonzept fest. Christus befreit zur Zukunftsverantwortung oder zur stufenweisen Entwicklung der Persönlichkeit, Christus gliedert in die kirchliche oder in die gesellschaftliche Lebenswelt ein, Christus gibt Mut zum kritischen Umgang mit der Tradition oder zur Entscheidung eines Lebensentwurfs etc.«[245]

Damit ist der Unterricht nicht Vorbereitung auf etwas, Einübung oder Erziehung zu einem späteren Ergebnis, auch nicht Bewusstmachen von bereits Vorhandenem, sondern ist »selbst Form des Vollzuges«[246], der zugleich reflektiert wird. Die vorgegebenen Formen sind Heilige Schrift und Heiliges Mahl.

Somit ist das Moment der Vermittlung der Christologie – und damit auch der Dogmatik inhärent. Wenn Christologie sich nicht vermittelte, wenn Dogmatik sich nicht vermittelte, entsprächen sie nicht ihrem Grund, dem Christusgeschehen selbst. Das Dogma würde erstarren. »Christliche Dogmatik kann also nur sie selbst bleiben, wenn sie sich katechetisch vermittelt.«[247]

---

[244] Weyer-Menkhoff 1999, S. 352.

[245] Weyer-Menkhoff 1999, S. 352.

[246] Weyer-Menkhoff 1999, S. 354.

[247] Weyer-Menkhoff 1999, S. 355.

2. Ausgang von der lebensweltlichen Vorgegebenheit: Die Ästhetik

Zum anderen geht Weyer-Menkhoff – unabhängig von der Theologie – von der nichtkirchlich bestimmten Wirklichkeit aus, von der Seite der Pädagogik, der Seite der Schule, der Seite des Individuums, deren Bezugswissenschaft die Philosophie ist. Denn der »christologische Text trifft auf andere Kontexte«[248], trifft nicht voraussetzungslos auf eine Tabula rasa, sondern findet immer schon eine Wirklichkeit vor. Dieser Kontext, die Lebenswirklichkeit der Schüler und der Schule, ist ernst zu nehmen, gleichsam als Gegenüber zum dogmatischen Grund, der gelehrt werden soll. Die Vermittlung muss beiden Polen Rechnung tragen: dem Grund genauso wie seinem Gegenüber. Der christliche Unterricht als Vermittlungsgeschehen unterscheidet also zwischen »christologischen und lebensweltlichen Gottesprädikationen«[249] und schafft ein »spannungsvolles Feld, auf welchem die Texte sich zu neuen Texten begegnen, überschneiden, widersprechen oder erweitern. Erst mit der Bildung dieser neuen Texte wird sich die als Gegebenheit christlicher Religion vorausgesetzte Kommunikation Gottes und des Menschen in Christus erlernen, vernehmen und ausdrücken lassen. Nur im vielstimmigen Chor dissonanter, lebensbezüglicher Worte von Gott wird die Stimme des Wortes von Gott in Christus überhaupt vernehmbar und ausdrückbar.«[250] Die Theorie, die dieses Unterrichtsgeschehen, dieses Vermittlungsgeschehen am besten beschreiben kann, ist für Weyer-Menkhoff die Ästhetik, und zwar die Ästhetik Immanuel Kants.

Kant definiert Ästhetik als die »Lehre von der Beurteilung des Schönen und des Erhabenen«[251]. Dieses Urteil ist weder ein objektives Erkenntnis- noch Moralurteil, also weder ein Urteil der kritischen noch der praktischen Vernunft, sondern ein durchaus subjektives Urteil, das allerdings zur Objektivität drängt. Dieses Urteil vollzieht sich in drei Momenten: der Aisthesis, der Poiesis und der Katharsis. Das Moment der *Aisthesis* bedeutet, dass das Subjekt nicht auf die objektive Erkenntnis eines Gegenstandes zielt, sondern das Wahrgenommene durch die Einbildungskraft vorstellt und zu sich selbst in Beziehung setzt. Damit ist das ästhetische Urteil »weder eine objektive Erkenntnis noch eine subjektive Setzung, sondern die reflexive Aussage eines Verhältnisses von Vorstellung und Gefühl«.[252] Dabei ist das ästhetische Urteil an der Existenz des Gegenstandes »notwendig uninteressiert«[253], damit das ästhetische Urteil nicht gleich wieder zu einem moralischen Urteil, zu einer Handlungsaufforderung verkommt, die eben das als schön Erkannte zur Existenz bringen möchte. »Die Ästhetik muß also das Handeln aufheben, um zum Wahrnehmen

---

248 Weyer-Menkhoff 1999, S. 356.

249 Weyer-Menkhoff 1999, S. 358.

250 Weyer-Menkhoff 1999, S. 358 f.

251 Weyer-Menkhoff 1999, S. 362.

252 Weyer-Menkhoff 1999, S. 363.

253 Weyer-Menkhoff 1999, S. 364.

des Schönen oder Erhabenen Platz zu bekommen. Die Ästhetik bildet so [...] den Raum der Kontemplation.«[254] Nur im Raum der Kontemplation kann der Prozess des ästhetischen Urteils jenseits von Erkennen und Handeln stattfinden. Nur in der Kontemplation entsteht der Raum für das zweite Moment des ästhetischen Urteils, die *Poiesis*. Die Poiesis ist der reflexive Prozess, das freie Spiel zwischen »Reproduktion der Vorstellung, also einer Funktion des objektiven Verstandes, mit der Produktion der Einbildungskraft, einer Funktion des Subjektes«.[255] Die kreative, freie, subjektive Einbildungskraft spielt also mit der an bisherige Vorstellungen rückgebundenen Beobachtung des Objektes. Aktive Formgebung spielt mit rezeptiver Vorstellung. Dieses Spiel bliebe unkommunizierbar und ohne Relevanz, bliebe es im privaten Raum des Subjektes. Da das ästhetische Urteil aber allgemeine Gültigkeit beansprucht, muss noch das »normative« dritte Moment hinzukommen, die *Katharsis*. Während das logische Urteil das Besondere unter das Allgemeine subsumiert, also vom Allgemeinen auf das Besondere schließt, nimmt das ästhetische Urteil die umgekehrte Richtung und bewegt sich vom Besonderen zum Allgemeinen. Das Allgemeine, das Schöne oder Erhabene, ist jedoch anders als beim logischen Urteil nicht vorhanden, sondern aufgegeben und steht immer noch aus. Wie kann nun das Subjektive allgemein werden? Nicht anders als durch den Rückweg zum Besonderen. Ästhetische Urteile wollen ausgedrückt, wollen kommuniziert werden – aber eben nicht als allgemeine Aussagen, sondern wiederum nur je neu in einzelnen Darstellungen. »Schönes gibt es nicht an sich, sondern nur in einzelnen, exemplarischen Darstellungen als Ideal des Schönen.«[256] Auch das Erhabene ist nur im – allerdings unangemessenen – Einzelnen darstellbar. »Erst die Kommunikation bringt die ›exemplarische Gültigkeit‹ eines ästhetischen Urteils hervor und gibt somit ein Beispiel, was Norm von Schönheit und Erhabenheit sei.«[257]

Bei allen drei Momenten, der Aisthesis, der Poiesis und der Katharsis, betont Weyer-Menkhoff über Kant hinaus das Element des Sinnlichen. Ohne das Sinnliche fehlte dem Subjekt das Externum. Bei der Aisthesis ist das externe Sinnliche gleichsam das auslösende Moment, dasjenige Moment, das die reflexiv-produktiv schaffende Bewegung initiiert. Bei der Poiesis bewirkt das Externum des Sinnlichen, das sich dem poietischen Spiel entzieht, die Unverfügbarkeit des Externums; bei der Katharsis zwingt das Sinnliche zur ebenfalls sinnlichen Darstellung des eigenen ästhetischen Urteils.

Wie sieht nun Weyer-Menkhoffs unterrichtliche Vermittlung durch die so bestimmte Ästhetik aus? Sie gliedert sich nach den drei beschriebenen Momenten des ästhetischen Urteils in drei Dimensionen: die aisthetische, die poietische und die kathartische Dimension.

254 Weyer-Menkhoff 1999, S. 364.

255 Weyer-Menkhoff 1999, S. 365.

256 Weyer-Menkhoff 1999, S. 370.

257 Weyer-Menkhoff 1999, S. 371.

Die aisthetische Dimension

»Die Dimension ästhetischer Wahrnehmung stellt dem Unterricht einerseits die Bedingung *sinnlicher Präsenz* und andererseits die der *ästhetischen Distanz*.«[258] Unterricht in christlicher Religion braucht zuerst eine sinnliche Präsentation, Ausdruck der christlichen Religion selbst. Es soll nicht über Schrift, Mahl, Gebet gesprochen werden, ohne dass Schrift, Mahl und Gebet im Unterricht präsent sind, da sonst der Religionsunterricht einem Musikunterricht gliche, der eine Partitur nur bearbeitet, statt sie zu musizieren; Schrift, Mahl, Gebet sollen im Unterricht »inszeniert«[259] werden. Christliche Religion ist damit anwesend und konkret, sinnlich erfahrbar. Diese »Inszenierung« aber darf den Schülern nicht zu dicht auf den Leib rücken. Es bedarf der ästhetischen Distanz, damit die Freiheit »symmetrischer Kommunikation«[260] gewahrt bleibt. Damit werden weder die wahrnehmenden Subjekte instrumentalisiert, noch jemals eines der dargestellten Momente verabsolutiert und damit ein für alle Mal abgehandelt bzw. abhandelbar. Das Christliche, das zur Darstellung kommt, ist niemals objektiv und absolut. Es lebt von seiner je neuen Inszenierung und Darstellung und löst damit auch ein je neues, ästhetisches Geschehen aus. Dabei muss den Subjekten »klar sein, dass sie sich in diesem Raum frei, vorbehaltlos und ohne projektierte Folge auf christliche Religion einlassen können«.[261] Der Raum des Religionsunterrichts bleibt Freiraum, Spielraum. »Je klarer die Vorgabe des Unterrichts ist, nicht mittels Religion irgendeine Überzeugung oder Lebensgestaltung der Subjekte realisieren zu wollen, sondern umgekehrt Religion durch unterrichtliche Praxis der Subjekte zu präsentieren, desto engagierter kann sich im Unterricht auf religiöse Formen eingelassen werden.«[262]

Zugespitzt auf die Kernformen bzw. die Kernvollzüge christlichen Glaubens kann Weyer-Menkhoff formulieren: »Im ästhetischen Unterricht christlicher Religion wird das Abendmahl nicht als Bekenntnis des Gehorsams gefeiert; werden Verheißungen nicht als Ausdruck des Glaubens ausgesprochen; Gesten nicht als Darstellung von Innerlichkeit ausgeführt; Gebete nicht als meditative Selbstvergewisserung gehalten; Texte der Bibel nicht als Möglichkeit menschlichen Lebens rezitiert.«[263]

---

258 Weyer-Menkhoff 1999, S. 374; Hervorhebung W. B.

259 Weyer-Menkhoff 1999, S. 375.

260 Weyer-Menkhoff 1999, S. 376.

261 Weyer-Menkhoff 1999, S. 380.

262 Weyer-Menkhoff 1999, S. 380.

263 Weyer-Menkhoff 1999, S. 380 f.

Die poietische Dimension

Ästhetische Wahrnehmung ist »nicht empirisch-objektiv, sondern reflexiv-subjektiv«[264], ist nicht nur passive Rezeption, sondern aktive, subjektive Imagination. Damit ist ästhetische Wahrnehmung immer sowohl Fremd- als auch Selbsterfahrung, rezeptiv und produktiv. Ästhetischer Unterricht christlicher Religion unterrichtet daher nicht objektive Wahrheiten, objektive Glaubenssätze, sondern initiiert einen kreativen Umgang mit christlichen Vollzügen und Darstellungen. Um nun zu verhindern, dass der ästhetische Vorgang im Subjekt, in der Vorstellung des Subjektes verhaftet bleibt und somit Gefahr läuft, in reine Subjektivität abzugleiten, muss das Wahrgenommene und subjektiv-reflexiv Imaginierte wieder zur Darstellung kommen. »Das Poietische der Wahrnehmung muß selbst wieder zu wahrnehmbarer Darstellung gelangen: Gesehenes ist zu zeichnen, Gehörtes ist zu sagen, Gefühltes ist fühlbar hervorzubringen. Texte sind zu rezitieren, Geschichten nachzuerzählen, Visionsberichte zu malen, performative Texte wie zum Beispiel Segensworte auszusprechen, Gebete zu sprechen, beschriebene Riten nachzuvollziehen. [...] Impression ist nicht ästhetisch, wenn sie nicht expressiv wird.«[265] Unterricht in christlicher Religion schafft den Raum, der dieses »expressive Spiel«[266] möglich macht, der dieses je einmalige, unwiederholbare Geschehen von Darstellung, Imagination und erneuter Darstellung eröffnet. Wie sich diese ästhetischen Räume dann im Unterricht erschließen, aufschließen, verändern, oder wieder verschließen, bleibt gänzlich offen, hängt am Zusammenspiel der Subjekte. Höchst kreative Formen und Gestalten von christlicher Religion, von christlichen Vollzügen und Gottesbildern werden sich hier einstellen – und müssen im Raum ästhetischen Unterrichts zugelassen werden. Genauso vielfältig wie die Räume, die entstehen können, ist der Umgang mit der Zeit. »Zeit wird ästhetisch unterschiedlich in Länge und in ihrer Richtung; sie kann ästhetisch angehalten werden; es kann in ihr vor- und zurückgegangen werden.«[267] Wobei sie gleichsam räumlich festgelegt wird auf einen Anfangs- und Endpunkt, zwischen denen das ästhetische Spiel seine Freiheit genießt. Dieser Zeit-Raum des ästhetischen Unterrichts kann in seinen Formen und in seiner Gestalt »weder als Text göttlicher Offenbarung noch als Text menschlicher Gläubigkeit identifiziert werden«.[268] Die jeweilige Gestalt des je neuen Zeit-Raumes bleibt unverfügbar. Allerdings bezieht sie sich in ihrer Darstellung auf die zuvor präsentierte Darstellung ursprünglicher Formen christlicher Religion. Zugespitzt auf die notae ecclesiae kann Weyer-Menkhoff formulieren: »Christliche Religion wird ästhetisch unterrichtet, indem Heilige

[264] Weyer-Menkhoff 1999, S. 382.

[265] Weyer-Menkhoff 1999, S. 384.

[266] Weyer-Menkhoff 1999, S. 386.

[267] Weyer-Menkhoff 1999, S. 387.

[268] Weyer-Menkhoff 1999, S. 388.

Schrift und Heiliges Mahl durch das Zusammenspiel gemeinsamer Darstellung zum heiligen Zeit-Raum werden.«[269]

Die kathartische Dimension

Ohne die kathartische Dimension bliebe der Unterricht in christlicher Religion Spiel und damit ohne Anspruch auf Wahrheit. Das bislang subjektive ästhetisch-poietische Spiel mündet im Raum des ästhetischen Unterrichts christlicher Religion mit der kathartischen Dimension in einen Prozess des Bewusstmachens und des Austausches über das eigene Urteil. Inmitten alltagsweltlicher Lebenswirklichkeit von Schule und Schülern entsteht somit ein kathartisch-kommunikatives Geschehen, in dem Wirklichkeit christlicher Religion und Lebenswirklichkeit der Schüler sich begegnen, in dem sich »die Wahrheit christlicher Religion durch überraschende Wandlungen im Zugleich von Geltungen« erweist.[270]

Weyer-Menkhoff entfaltete seinen ästhetischen Zugang zum Unterricht christlicher Religion mit dem Anliegen, nach einer Vermittlung zu suchen, die nicht »aufgrund von anderem, durch anderes oder auf anderes hin vermittelt«[271], die also nicht sekundäre Vermittlung von Religion ist und somit in der einen oder anderen Richtung eine Verzweckung bedeutet, sondern auf primäre Vermittlung zielt. In dem von ihm vorgestellten Unterricht wird »christliche Religion ästhetisch strukturell dazu unterrichtet, dass sie sich durch und mit sich selbst vermittelt. Christliche Religion wird ästhetisch aufgrund ihrer religiösen Gegebenheit in ihren spezifischen Formen auf ihre Wahrheit hin unterrichtet. Die ästhetische Unterrichtung christlicher Religion vollzieht deren katechetische Selbstvermittlung.«[272] Ausgehend vom Bekenntnis ihres Grundes »Jesus Kyrios« werden Heilige Schrift und Heiliges Mahl in den Unterricht darstellend und gestaltend (Aisthesis ermöglichend) eingebracht. Dem Prozess des spielerisch gestaltenden Umgangs der Schüler (Aisthesis – Poiesis) gibt der Unterricht insofern Raum, als diese ihre Imagination wiederum zur Darstellung bringen. So wird durch den Unterricht christlicher Religion ein heilsamer Communicatio-Prozess ermöglicht, der je neue Räume erschließt, und zwar Räume, in denen die heilsame Kommunikation Gottes mit dem Menschen in Christus sich als Wahrheit erweist.

Kritische Würdigung aus der Perspektive diakonischer Bildung

Stephan Weyer-Menkhoff hat in seiner Habilitationsschrift einen äußerst präzis gefassten Entwurf eines ästhetischen Unterrichts in christlicher Religion skizziert, der zugleich durch seine Bestimmtheit und seine Offenheit besticht. Seine Bestimmtheit liegt in der dogmatischen Verankerung im Bekenntnis

---

269 Weyer-Menkhoff 1999, S. 388.

270 Weyer-Menkhoff 1999, S. 393.

271 Weyer-Menkhoff 1999, S. 394.

272 Weyer-Menkhoff 1999, S. 394.

zu Jesus als dem Kyrios, also in der Christologie und dem damit umrissenen Geschehen zwischen Gott und Mensch. Seine Offenheit liegt in der klaren Abgrenzung jeglicher Verzweckung – der Verzweckung der Schüler oder der Schule für die Kirche, der Verzweckung der Kirche oder des »Inhalts« des Unterrichts für staatliche Ziele, auch der Verzweckung des Lehrers für staatliche oder kirchliche Zielsetzungen. Weyer-Menkhoff sichert beides, Bestimmtheit und Offenheit, durch die Verschränkung des Grundes christlichen Glaubens, des Bekenntnisses zu Jesus als dem Kyrios mit dem ästhetischen Prozess aus Aisthesis, Poiesis und Katharsis.

Stephan Weyer-Menkhoff selbst vermeidet es von Bildung zu sprechen, wohl um zu verhindern, dass sein Entwurf in einen Diskurs eingeordnet wird, den er nicht führt. Ihm geht es um die Vermittlung christlicher Religion. Dass dies an der allgemeinbildenden Schule seinen Ort haben kann und soll, ergibt sich allererst aus der Vorfindlichkeit des Christlichen in der Religion auf der einen Seite und des Vermittlungsanliegens christlicher Religion aus ihrer dogmatischen, christologischen Bestimmung heraus auf der anderen Seite. Es geht Weyer-Menkhoff also um die christliche Religion, nicht um einen allgemeinen Bildungsbegriff. Gleichwohl hat der so bestimmte Unterricht Weyer-Menkhoffs seinen Ort an der Schule und muss darum zum Bildungsdiskurs ins Verhältnis gesetzt werden – freilich ohne damit die von ihm vermiedene Verzweckung des Unterrichts durch die Hintertür wieder hereinzuholen.

Im Rahmen dieser Arbeit soll Weyer-Menkhoffs Entwurf darum daraufhin befragt werden, ob er den bislang aufgestellten Kennzeichen und Kriterien einer von mir doppelt bestimmten Bildung[273] standhält und ob sein Entwurf gar ein Schlüssel zur vom Bildungsbegriff her bestimmten, diakonischen Didaktik sein kann. Aus dieser so bestimmten Bildungsperspektive scheint Weyer-Menkhoff in geradezu idealer Weise die spannungsvollen Polaritäten im Bildungsbegriff ernst zu nehmen, sie zugleich offenzuhalten und wie die Brennpunkte einer Ellipse miteinander zu verbinden. So wird die vertikale Spannung, die Spannung Gott-Mensch, *schon* und *noch nicht* der Gottebenbildlichkeit, durch Weyer-Menkhoffs Verschränkung des christologischen Communicatio-Gedankens mit der ästhetisch-kathartischen Kommunikation zur Suche nach und Partizipation an Schönheit und Erhabenheit nicht nur treffend beschrieben, sondern zugleich didaktisch formuliert und fruchtbar gemacht.

Auch die Spannung zwischen Individualisation und Partizipation vermag der ästhetische Zugang offenzuhalten. Das Subjekt des Schülers wird in seinen eigenen Imaginationen ernst genommen. Der Schüler wird ermuntert, sich auszuprobieren und nach seinen eigenen Wegen zu suchen. Gleichwohl wird der Pol der Welt nicht vernachlässigt, indem durch den Prozess der kathartischen Kommunikation das zunächst rein subjektive Spiel von Aisthesis und Poiesis zur Welt in Beziehung gesetzt wird.

---

[273] Bildung wurde von mir oben, S. 70 ff. sowohl phänomenologisch als auch theologisch in seiner vieldimensionalen Polarität bestimmt.

Die Polarität von Dynamik und Form, Bildungsprozess und Bildungsergebnis lässt sich in beeindruckender Weise durch Weyer-Menkhoffs ästhetischen Zugang beschreiben, ist doch keine Gestalt endgültig, jeder Raum, der erschlossen wird, vorläufig, um zur nächsten Gestalt, in den nächsten Raum zu führen. Der Prozess ist ebenso wichtig und wertzuschätzen wie die je neuen »Ergebnisse«, Ereignisse, Räume und Gestalten, die Ausdrucksformen und Inszenierungen christlicher Religion, die in der kathartischen Kommunikation heilsam, aber immer auch unabgeschlossen und vorläufig geteilt werden.

Schließlich, und dies kann geradezu als Grundanliegen Weyer-Menkhoffs verstanden werden, wird die Polarität von Freiheit und Bedingtheit, von schöpferischer Freiheit der Subjekte und christologisch-dogmatischer Vorgegebenheit, von freiem Spiel auf dogmatischem Grund durch den ästhetischen Unterricht christlicher Religion grundlegend aufgespannt.

Gleichwohl bleiben einige schwerwiegende Anfragen, die sich insbesondere dann aufdrängen, wenn aus diakonischer Perspektive auf Weyer-Menkhoffs ästhetischen Unterricht gesehen wird. Wie oben[274] dargestellt – und das Ernstnehmen der Christologie ist ja gerade auch Weyer-Menkhoffs Anliegen – impliziert der biblische Befund der Christologie geradezu notwendig das Diakonische. Wer von der Christologie her argumentiert, kann von der Diakonie nicht absehen. Das christologisch begründete Vermittlungsgeschehen vermittelt sich immer auch diakonisch! Ein allgemeiner Religionsunterricht ohne diakonisches Lernen ist mithin also defizitär, jedenfalls als christlicher, als christologisch verantworteter Religionsunterricht. Wie aber wäre Weyer-Menkhoffs Unterricht in christlicher Religion diakonisch zu denken?

Insbesondere drängt sich die Frage auf, ob die Kategorien des Erhabenen und des Schönen, so offen Weyer-Menkhoff diese auch definiert, geeignet sind, den »Grund« der christlichen Religion zu fassen. Ist Christus nach Mt 25 nicht gerade in den Schwachen, in den Unansehnlichen, in den Armen gegenwärtig?[275] Hier von einer wie auch immer offenen Ästhetik aus zu argumentieren wäre doch zynisch. Auch reicht der Hinweis auf das Tremendum im Erhabenen[276] nicht aus, den Grund der christlichen Religion zu fassen. Weder die theologia crucis noch die diakonische Seite der Christologie wären dadurch ausgedrückt. Die kantsche Festlegung des ästhetischen Urteils auf das Schöne und Erhabene kann und darf nicht aufrechterhalten werden – auch dann nicht, wenn damit der mitgelieferte Wahrheitsaspekt in der kantschen Ästhetik neu begründet werden müsste.

---

274 S. o. Kapitel 4.

275 Vgl. zu meiner Kritik an der Orientierung am Schönen auch Schmidt, Heinz: Mit anderen Augen sehen – Impulse für ein diakonisches Bildungsverständnis, in: Dungs, Susanne; Ludwig, Heiner (Hg.): profan – sinnlich – religiös. Theologische Lektüren der Postmoderne. Festschrift für Uwe Gerber, Frankfurt a. M. u. a. 2005, S. 346, der die Ausrichtung am Schönen durch die Gegenüberstellung der »Bildungsmotoren« Eros (Plato) und Liebe (NT) hinterfragt.

276 Vgl. Weyer-Menkhoff 1999, S. 368.

Auch die Beschreibung des ästhetischen Urteils und damit des christlichen Unterrichts als Spiel muss aus diakonischer Perspektive geprüft werden. Dies freilich ist eine grundsätzliche, über Weyer-Menkhoffs Entwurf hinausgehende Anfrage an alle ästhetischen Zugänge zum Religionsunterricht. Solange der diakonische Unterricht sich im Raum der Schule bewegt, scheint der Zugang im Spiel denkbar und gut: Im freien Spiel können Schüler Szenarien, Konzepte, Programme entwerfen und ihre subjektive Sicht darauf kommunizieren und für sich und andere prüfen und ausgestalten. Aber ist dies noch möglich, wenn der Schulraum verlassen wird und die Schüler mittels diakonischer Praktika unterrichtet werden? Kann im Gegenüber hilfsbedürftiger Menschen gespielt werden? Auch wenn der Ernst solch einer Situation dies nicht zuzulassen scheint, bin ich doch der Meinung, dass gerade das freie Spiel hier sogar nötig und hilfreich ist, geht es hier doch darum, scheinbare lebensweltliche Grenzen zu überwinden, Lebensräume neu zu imaginieren – und diese subjektiven Einstellungen wiederum kathartisch zu kommunizieren. Dass diesem Spiel ein letzter Ernst zugrunde liegt, unterscheidet einen ästhetisch-diakonischen Unterricht nicht von einem ästhetisch-christlichen, der doch ebenso seinem letzten Grund verpflichtet ist.

Vielmehr wohnt dem zweckfreien Spiel eine Dimension inne, die auch für das diakonische Lernen grundlegend ist: Das nicht verpflichtende Ausprobieren einer Rolle, das Leihen der eigenen Stimme und Hände für einen »diakonischen Entwurf« schafft die nötige Distanz, die vor Überforderung der Schüler und vor unkritischem Aufgehen in der Rolle schützt.[277] Das »Als-ob« des Spieles ist sogar heilsam im Sinne der oben untersuchten Erzählung vom barmherzigen Samariter, der für eine abgegrenzte Zeit in einer bestimmten Situation, in einem bestimmten Raum eine Rolle entwirft und ausfüllt – diese aber auch wieder verlassen kann. Auch beim zweiten Schritt des diakonischen Dreischrittes, dem Deuten, schafft der spielerische Gedanke im wahrsten Sinne des Wortes kreative »Spielräume«, die sich als durchaus produktiv erweisen können.

Gleichwohl sind dem Spiel auch Grenzen gesetzt. Der letzte Ernst einer Begegnung beispielsweise im Krankenhaus oder im Altenheim wird den spielerischen Charakter praktischer Erfahrung schnell in Frage stellen. Das »Spiel« wird also recht schnell an seinen existentiellen Grund rückgebunden werden. In solch einem diakonischen »Spiel« werden Erfahrungen gemacht, die ein »Als-ob« ins »Tatsächliche« und »Faktische« verwandeln werden. Solche Erfahrungen und Wahrnehmungen lassen sich nicht mehr ohne weiteres auf eine ästhetische Urteilsebene im kantischen Sinne zurückführen.

So grundlegend wie Kant das Urteil der praktischen Vernunft vom ästhetischen Urteil unterscheidet, muss gefragt werden, ob es nicht bei der diakonischen Bildung vielmehr um den Bereich der praktischen als der ästhetischen Vernunft gehen müsste, mithin also ganz andere Wege des Lernens eingeschlagen werden müssten als die von Weyer-Menkhoff beschriebenen. Es

[277] Vgl. Weyer-Menkhoff 1999, S. 379 f.

muss gefragt werden, ob diakonische Bildung, wie ich sie verstehe, und Weyer-Menkhoffs Entwurf zwar mit der Herleitung aus der Christologie einen gemeinsamen dogmatischen Anweg teilen, nicht aber den »weltlichen« Partner. Weyer-Menkhoff fordert das geradezu in seinen Vorüberlegungen zu Kant: »Die Ästhetik muss also das Handeln aufheben, um zum Wahrnehmen des Schönen oder Erhabenen Platz zu bekommen.«[278] Diakonische Bildung aber will ganz im Gegenteil nicht Räume für Urteile über das Schöne und Erhabene aufschließen, sondern Spielräume zum Handeln eröffnen. Hier zeigt sich noch einmal die Begrenzung eines Ansatzes, der sich auf die Ästhetik Kants beruft, die so klar vom Schönen und Erhabenen bestimmt ist, ethisches Handeln aber nicht in den Bereich des Ästhetischen übernimmt.

Somit kann zusammenfassend festgehalten werden, dass Weyer-Menkhoffs doppelter Ansatz bei der Christologie einerseits und der Ästhetik andererseits weit herausführt aus der Enge einseitig ausgerichteter Bildungsansätze, die die spannungsvolle Polarität im Bildungsbegriff zugunsten eines der Pole auflösen. Am christologisch begründeten Prüfstein der Diakonie jedoch wird deutlich, dass der Ansatz bei Kants ästhetischem Urteil zu eng geführt ist und christliche Religion auf das Erhabene und Schöne, auf Räume, die der Darstellung und Inszenierung verpflichtet sind, beschränkt. Hier ist gerade die Christologie, von der Weyer-Menkhoff eigentlich doch herkommt, nachhaltig unterbestimmt. Eine einfache Übertragung oder Anwendung des Dreischrittes des ästhetischen Urteils auf den diakonischen Dreischritt ist nicht geraten.

Es ist also für den diakonischen Unterricht nach einem offeneren Begriff von Ästhetik zu suchen. Hierfür möchte ich mich dem Entwurf von Joachim Kunstmann zuwenden, der sein Programm als Bildungsprogramm entfaltet. Der Zugang zur religiösen Bildung über die Ästhetik legt sich gleich in mehrfacher Hinsicht nahe. Zum Ersten lässt sich direkt an den *Bild*ungsbegriff anschließen, der per se ästhetische Konnotationen trägt. Zum Zweiten lässt sich an den Topos der Gotteben*bild*lichkeit anknüpfen. Und zum Dritten lässt sich über die Ästhetik auch an mittlerweile neurobiologisch untermauerte systemisch-konstruktivistische Lerntheorien anschließen.

5.4.2 Joachim Kunstmann: Bildung und Religion. Zur ästhetischen Signatur religiöser Bildungsprozesse

Joachim Kunstmann legt in seiner Habilitationsschrift »Religion und Bildung. Zur ästhetischen Signatur religiöser Bildungsprozesse« einen sehr grundlegenden Entwurf vor, der Bildung und Religion über den Begriff der Ästhetik vermittelt. Nach Kunstmann »muss [...] ein überzeugendes Verständnis *allgemeiner* Bildung so gefasst sein, dass Religion als eine ihrer Dimensionen in ihm Platz findet«.[279] Als Begründung dafür reichten die »Argumente der abend-

---

[278] Weyer-Menkhoff 1999, S. 364.

[279] Kunstmann 2002, S. 52.

ländischen kulturellen Überlieferungskenntnis und der Werteerziehung«[280] nicht aus. Eine zureichende Begründung liege »allein in der Einschätzung der Religion als eines Existenzials, dessen Fragestellungen allein um den Preis des Verzichts auf grundlegende menschliche Lebensfragen ausgeblendet werden können«.[281] Bildung also brauche Religion, genauso wie Religion Bildung. Und so zielt Kunstmann auf die These, »dass Bildung und Religion in einer grundlegend wechselseitigen Verbindung stehen, die eine gegenseitige Befruchtung und Erhellung bedeutet«.[282] Kunstmann macht sich für den Erweis seiner These die strukturelle Entsprechung von Bildung und Religion zunutze. Beide, Religion wie Bildung, zielen auf die Vermittlung von selbsttätigem Subjekt und unverfügbar Vorgegebenem und befinden sich somit – wie von mir oben dargestellt – in polarer Spannung, die Kunstmann durch die Religions- und Bildungsgeschichte hindurch von Meister Eckhart über Humboldt, Schiller, Schleiermacher bis hin zu Hegel und Nietzsche rekonstruiert. Beiden sei darüber hinaus dieselbe fundamentale Struktur gemeinsam, die Kunstmann als »ästhetische Signatur« bezeichnet. Ästhetik meint nach Kunstmann nicht den üblichen Gebrauch im Sinne einer Bezeichnung des Schönen oder eines kunsttheoretischen Urteilsvermögens. Kunstmann führt vielmehr Ästhetik auf seine ursprüngliche Wortbedeutung zurück: *Aisthesis* meint im Griechischen nichts anderes als Wahrnehmung.

In einem *ersten Schritt* erarbeitet Kunstmann nun die *ästhetische Signatur des Bildungsprozesses*. Dabei hält er zunächst fest, dass Wahrnehmen, *Gewahrwerden*, als ästhetischer Prozess kein unvernünftiger Prozess sein kann. Um dies zu belegen, zieht er Erkenntnisse aus der neurobiologischen Forschung heran, die belegen, dass Sinnesempfindungen nicht losgelöst von neuronalen Konstruktionsprozessen verstanden werden können. Sinnesempfindung ist immer Konstruktion, bei der wahrgenommene Muster mit vorhandenen Mustern abgeglichen werden, wodurch sich alte Muster korrigieren bzw. sich neue bilden.[283] Kunstmann zitiert Gerd E. Schäfer, wenn er resümiert: »Sinnliche Erfahrung ist selbst bereits ein Denk- und Verarbeitungsprozess.«[284] Damit ist Wahrnehmung nur als »*reflektierte* Wahrnehmung«[285] zu begreifen, die wohl daran tut, das ästhetische Erleben und Tun der Lernenden, ihre Phantasie, ihr Gefühl miteinzubeziehen. Diese Überlegungen bringen Kunstmann dazu, den Begriff der Atmosphäre einzuführen. »Das primäre Thema von Sinnlichkeit

---

[280] Kunstmann 2002, S. 52.

[281] Kunstmann 2002, S. 52.

[282] Kunstmann 2002, S. 53.

[283] Von dieser Warte her wird der Sinn der »Lernspirale« deutlich, die es ermöglicht, Neues in vorhandene Muster und Repräsentationen zu integrieren und dies bei jedem erneuten Vorbeigehen zu differenzieren und zu vertiefen. Vgl. auch Kunstmann, S. 257.

[284] Kunstmann 2002, S. 241.

[285] Kunstmann 2002, S. 238.

sind nicht die Dinge, die man wahrnimmt, sondern das, was man empfindet: die Atmosphären. Wenn ich in einen Raum hineintrete, dann werde ich in irgendeiner Weise durch diesen Raum gestimmt. Seine Atmosphäre ist für mein Befinden entscheidend. Erst wenn ich sozusagen in der Atmosphäre bin, werde ich auch diesen oder jenen Gegenstand identifizieren und wahrnehmen.«[286] Solche Atmosphäre – und hier bedient sich Kunstmann der Sprache der Musik – ermöglicht ein Nachtönen des Wahrnehmenden, Widerhall, Nachklang, ein Nachtönen im Subjekt; bildlich gesprochen: Einbildung. Diese Einbildung bzw. diese Resonanzen des Subjekts sind wiederum nur als subjektive Konstruktionsprozesse zu verstehen.[287] Gewahrwerden ist somit niemals ein rein passiver Prozess. *Anverwandlung* nennt Kunstmann diesen passiv-aktiven Prozess. Etwas dem Subjekt ohne sein Zutun Vorgegebenes (Passivität) wird in einem Konstruktions- und Gestaltungsprozess (Aktivität) angeeignet – und dadurch immer auch in eigene Bilder, Resonanzen, Muster und Konstruktionen umgesetzt und verwandelt. Solche Anverwandlung vollzieht sich am leichtesten sichtbar im Spiel und im darstellenden Ausdruck. Beim Spiel spiegelt sich »nicht nur die dialektische Vermittlung der beiden Pole von Selbst und Welt in einem einzigen, komplexen Bezugsfeld, es zeigt darin auch das Ineinanderliegen von aktiver Gestaltung und passivem Sich-Ergreifenlassen«.[288] Dem Spiel ganz nah ist das Theater-Spiel. Beim Darstellen geschieht genau dies, dass Vorgegebenes aufgenommen und zu je neuer Darstellung verwandelt wird. Ähnliches gilt für die Bereiche der bildenden Kunst und der Musik. Spiel und gestalterischer Ausdruck sind zentrale Momente von Bildung.[289]

---

[286] Schmitz, Hermann: System der Philosophie 3/IV: Das Göttliche und der Raum, Bonn 1977, S. 15 f., zitiert nach Kunstmann 2002, S. 244. Den Begriff der Atmosphäre übernimmt Kunstmann von Böhme, Gernot: Atmosphäre. Essays zur neuen Ästhetik, Frankfurt a.M. 1995. Dass Atmosphäre immer auch mit Gefühl zu tun hat, wie Kunstmann selbst ausführt, wird neuerdings durch die Neurobiologie auch in seiner Bedeutung für das Lernen erwiesen. Vgl. unten, Kapitel 7.4.

[287] In diesem Zusammenhang wird noch einmal Kunstmanns Konstruktivismusverständnis deutlich: Kunstmann vertritt nicht einen radikalen Konstruktivismus, der aufgrund der postulierten Nichthintergehbarkeit der Konstruktionsprozesse von einer nichtkonstruierten ontischen Realität absieht. Vielmehr nimmt er – und hiermit befindet er sich in Nachfolge der konstruktivistischen Psychologen wie Piaget – eine ontische Realität an, der das Subjekt durch seine Konstruktionsprozesse versucht zu entsprechen. Dies wird insbesondere deutlich, wenn er mit Hans Jonas die thomistische Adaequatio-Lehre seinem ästhetischen Ansatz anverwandelt: »Die *adaequatio imaginis ad rem*, die *der adaequatio intellectus ad rem* vorangeht, ist die erste Form theoretischer Wahrheit.« Jonas, Hans: Homo Pictor. Von der Freiheit des Bildens, in: Boehm, Gottfried (Hg.): Was ist ein Bild?, München ²1995, S. 120 f., zitiert nach Kunstmann 2002, S. 249.

[288] Kunstmann 2002, S. 260. Dieser passiv-aktive Prozess der Anverwandlung nimmt sehr produktiv die oben entfaltete Spannung zwischen Verfügbarkeit und Unverfügbarkeit auf. Vgl. oben S. 85 f.

[289] Kunstmann 2002, S. 266.

Kunstmann entfaltet damit einen ästhetischen Bildungs-Dreischritt, der von der *Wahrnehmung* über die *Resonanz* zum *spielerischen Umgang* (also zum Gestalten) fortschreitet.[290] Dieser Bildungsdreischritt soll später zum diakonischen Dreischritt *Ansehen - Deuten - Handeln* in Beziehung gesetzt werden. Kunstmann bemüht sich sogleich zu betonen, dass diese Form von Wahrnehmung und Aufmerksamkeit, ihre Nähe zu den Emotionen und ihre spielerische Anverwandlung keinesfalls unvernünftig seien. Vielmehr wird der seit der Aufklärung verengte Blick auf die Vernunft wieder auf ihren Kontext geweitet, der den sinnlichen Anteil der Wahrnehmung, der Emotion (und damit Bedeutsamkeit für das Subjekt) mit einschließt. Bildung heißt »für etwas Sinn haben«.[291]

Bildung bedeutet somit »weder Wissensbesitz, noch rationale Denkfähigkeit, noch feste Standpunkthaftigkeit, sondern Aufnahmebereitschaft, darum Wandlungsbereitschaft und Fähigkeit zur situationsangemessenen Neuorientierung«.[292] Der Bildungsbegriff ist somit bestimmt als »Sinn, als waches Aufgeschlossensein, als Staunenkönnen, als Sehenkönnen mit den Augen des anderen, als das Selbst stärkendes und entfaltendes Bewusstseinsmoment«.[293] Eben diese Bestimmungen finden sich nach Kunstmann auch in der Religion und bilden die ästhetische Brücke, die ästhetische Verwandtschaft zwischen Bildung und Religion.

In einem *zweiten Schritt* erarbeitet Kunstmann die *ästhetische Signatur der Religion.* Er setzt an bei der Erkenntnis, dass das Bild fundamentale Grundkategorie von Religion ist. Dabei ist nicht an ein Bild im Sinne einer Abbildung gedacht, das sein Urbild einfach eindimensional abbilden würde. Ein echtes Bild, wie es für die Kunst und die Religion konstitutiv ist, »bildet nicht ab, sondern macht sichtbar«[294]. Das Bild hat die Macht, auch das Unsagbare, das Heilige sichtbar zu machen.[295] Da sich das Heilige niemals präzis z.B. durch

---

[290] Kunstmann 2002, S. 290.

[291] Kunstmann 2002, S. 279.

[292] Kunstmann 2002, S. 285; so formuliert Kunstmann prägnant: »Der Zusammenhang der Sinne mit dem Sinn ist mehr als nur ein Wortspiel.« Kunstmann 2002, S. 279.

[293] Kunstmann 2002, S. 289.

[294] Kunstmann 2002, S. 292. Hierbei rechnet Kunstmann mit einem gewissen auratischen Eigenleben des Bildes, das den Betrachter durchaus selbst anschauen, ihn anziehen, ihn in seinen Bann ziehen kann.

[295] Im Zusammenhang mit dem Bilderverbot wird der Unterschied zwischen Sichtbarmachen und Abbilden besonders deutlich: Das Heilige lässt sich nicht abbilden, jedes Abbild wäre irreführend. Aber das Heilige lässt sich durch Bilder sichtbar machen, es erscheint durch Bilder, bleibt dadurch in seiner Unverfügbarkeit unberührt. Die Ambivalenz eines Bildes liegt nun darin, dass es als Abbild missverstanden wird, dass die Macht des Heiligen, das durch das Bild hindurchleuchtet, mit dem bloßen Abbild, dem Bild selbst, materialiter in eins gesetzt wird.

eine sprachliche Definition »abbilden«, sondern eben nur in diesem Prozess des im Betrachten sichtbar Werdens sichtbar machen lässt, kann von der ästhetischen Signatur der Religion gesprochen werden.

Um diese Signatur angemessen beschreiben zu können, verwendet Kunstmann den Begriff *Inbild*. Mit dem Begriff Inbild möchte er zwei Dinge zum Ausdruck bringen: Zum Ersten die beschriebene »Verweiskraft des Bildes«[296]: »Das Inbild ist die pointierte Medialisierung dessen, was als weit außerhalb der bildlichen Materialität erfahren wird, was sich zugleich aber allein aus der bildlichen Darstellung zu verstehen gibt.«[297] Damit ist eine doppelte Verweisrichtung angesprochen: Einerseits macht sich das heilige Urbild selbst durch ein Bild sichtbar, wirkt durch es hindurch, andererseits aber lässt es sich auch durch das Bild bestimmen. Das Bild hat Teil an der Macht des Urbildes.[298] Zum Zweiten weist der Begriff Inbild auf einen Einbildungs-Prozess hin, was besagt, dass im Menschen innere Bilder, innere Resonanzen von den ihm von außen begegnenden Bildern entstehen. Inbild, also »Im Bilde sein«, sich innere Bilder zu machen, das ist grundlegend für die religiöse Erfahrung. Folgerichtig eignen sich religiöse Bilder und Metaphern, Gleichnisse, Poesie und Liturgie im Besonderen zur Vermittlung religiöser Erfahrung. Als Scharnierstelle zwischen christlicher Religion und Bildung fungiert der anthropologisch wie soteriologisch grundlegende Gedanke einer doppelten Ebenbildlichkeit in Jesus Christus: Im Kapitel »Der Mensch als Bild Gottes – Christus als Bild des Menschen« wendet Kunstmann nun den Inbild-Gedanken auf den Gedanken der Gottebenbildlichkeit an. Die wechselseitige Beziehung zwischen Urbild (Gott) und Ebenbild (Mensch) wird im Bogen von Gen 1 über 2Kor 3,18 her besonders deutlich. Das Urbild ist nach Gen 1 im Abbild gegenwärtig, zugleich macht das Ebenbild »für das Urbild eine unvertretbare Aussage«.[299] In Christus führen nun beide Wege der Einflussnahme in vollkommener Weise zusammen: Gott zeigt sich vollkommen in Christus und Gott lässt sich damit in vollkommener Weise durch Christus bestimmen. Christus als vere Deus und vere homo ist nun zugleich auch vollkommenes Bild des Menschen. Christus gilt demnach »als das urbildliche Bild des Menschen, in dem der Mensch nicht nur Gott, sondern auch sich selbst erblickt«.[300] Mit Christus ist also die Bildungsaufgabe und das Bildungsziel vorgegeben. »Im Gottesebenbild als dem genuinen christlich-religiösen Bildgedanken liegen Selbst-Bildung und Gebildet-Werden des Menschen gleichursprünglich beisammen.«[301] Somit gehören

---

[296] Kunstmann 2002, S. 303.

[297] Kunstmann 2002, S. 303.

[298] Auch hier wird noch einmal der Grund für das Bilderverbot sichtbar, das vor einlinigen Bilderverehrungen warnt.

[299] Kunstmann 2002, S. 319.

[300] Kunstmann 2002, S. 321.

[301] Kunstmann 2002, S. 322.

Bildung und Religion in fundamentaler Weise zusammen und bedingen sich wechselseitig. »Religion und Bildung verweisen aufeinander.«[302]

Dieser ästhetische Fundamentalzusammenhang zwischen Religion und Bildung hat für Kunstmann Konsequenzen für die Religionspädagogik: Zunächst betont Kunstmann noch einmal, dass es in der Religionspädagogik, von der Ästhetik her gesehen, fundamental um eine Wahrnehmungslehre bzw. besser Wahrnehmungsschulung gehen muss. Solch eine Wahrnehmungsschulung darf nicht als Aneignungs-Kultur verstanden werden, sondern ist »eher als Sich-Aussetzen zu begreifen und zu methodisieren«.[303] Wenn es für den Lernenden um ein Sich-Aussetzen geht, dann geht es für den Lehrenden darum, entsprechende Lernarrangements zu treffen, in denen dieses Sich-Aussetzen möglich wird. Aus der Perspektive des Lehrenden wird darum »zeigen, einführen und beteiligen«[304] zu den grundlegenden didaktischen bzw. methodischen Vollzügen gehören. Damit ergibt sich für die Religionsdidaktik, dass sie zu bedenken hat, wie sie Lernarrangements setzen bzw. inszenieren kann, in denen zeigen, einführen und beteiligen und damit schließlich ein wahrnehmendes Sich-Aussetzen des Lernenden möglich wird.[305] Anhand von vier Momenten, nämlich Begehung, Begebenheit, Beteiligung und Inszenierung konkretisiert Kunstmann seinen Ansatz für die Praxis.

Das erste Moment für ein Lernarrangement zur Wahrnehmungsschulung von Religion, das Kunstmann ausführt, ist die *Begehung*, die er von Christoph Bizer übernimmt. Um Religion wahrzunehmen, muss sie aufgesucht werden.[306] Nur vor Ort, im Vollzug kann Religion mit allen Sinnen wahrgenommen werden. Religion kann nur durch Religion gelernt werden. Inbilder von Religion können nur entstehen, wenn Religion in ihren Bildvollzügen wahrgenommen werden kann.[307]

Das zweite Moment zur Wahrnehmungsschulung von Religion nennt Kunstmann *Begebenheit*. Mit dem Moment der Begebenheit baut Kunstmann

---

302 Kunstmann 2002, S. 344.

303 Kunstmann 2002, S. 356.

304 Kunstmann 2002, S. 371.

305 Kunstmann 2002, S. 366.

306 Kunstmann bezieht sich ausdrücklich auf Bizer, der in seiner Aufsatzsammlung »Kirchgänge im Unterricht und anderswo« schreibt: »Die Religionspädagogik ist darauf angewiesen, die christliche Religion da aufzusuchen, wo sie anschaulich und konkret ausgeübt wird.« Bizer, Christoph: Kirchgänge im Unterricht und anderswo. Zur Gestaltwerdung von Religion, Göttingen 1995, S. 7.

307 An den von Kunstmann angeführten Beispielen für Begehungen, die alle aus dem Bereich des liturgisch-gottesdienstlichen Vollzuges von christlicher Religion stammen, wird eine unausgesprochene, aber gefährliche Engführung von Religion deutlich. Die diakonischen Aspekte der christlichen Religion geraten hier aus dem Blick. Diese Engführung der Begehungsmöglichkeiten kann von meinen diakonischen Anliegen her heilsam aufgebrochen werden.

auf Bizers grundlegendem Vorschlag der Begehung auf, setzt sich aber insofern davon ab, als er damit stärker die Vorgegebenheit begegnender, beispielsweise liturgischer Formen für die Wahrnehmung betont, während Bizer stärker den Charakter der Selbstgestaltung unterstreicht. Liturgie ist gleichwohl »Begebenheit, die aus dem Ineinander von Mitvollzug und selbsttätigem Beitrag erwächst, wie sie aus der Bereitschaft des Sich-Begebens erwächst«.[308] Bei der Inszenierung solcher Begebenheiten wird es wichtig, die Bedeutung der anfangs erwähnten Atmosphären für die Wahrnehmung zu beachten.

Das dritte Moment nennt Kunstmann *Beteiligung*. Hier holt Kunstmann Bizers Selbstgestaltung der Lernenden wieder ein. Wenn Liturgie als Inszenierung verstanden wird, dann wohnt ihr immer auch ein Spielcharakter inne. Dieses Spiel will mitvollzogen, aber auch mitgestaltet werden. Im Spiel werden biblische Geschichten noch einmal erlebt – noch einmal gelebte Geschichte. Im Spiel werden existentielle Grundthemen und -emotionen ausgedrückt und bildhaft eingeprägt (Inbild).

Das vierte Moment, das Moment der *Inszenierung*, betont zweierlei: Zum Ersten betont es die Bedeutung prozesshaften Lernens. Durch den (passiven oder aktiven) Mitvollzug einer Inszenierung lasse ich mich hineinnehmen in einen Wahrnehmungs- und Verstehensprozess, der – und das ist das Zweite – dazu dient, religiöse Geschichten, Texte, Bilder oder Räume zu vergegenwärtigen und in das Leben des Wahrnehmenden zu holen. Solche Szenen »lassen sich als atmosphärisch gestimmte Räume begreifen, die Vorstellungs-Räume öffnen«[309], und damit zu einem Leben in der Religion führen statt zu einem Wissen darüber.

Didaktisches Ziel bei all diesen Momenten ist es nicht, die Lernenden in eine konfessionelle Tradition einzugliedern, sondern den Lernenden zu einer eigenen religiösen Kompetenz zu verhelfen. Diese Kompetenz beschreibt Kunstmann näher als »Gewahren der Unverfügbarkeit des Lebens, die Einsicht in die Erfahrungsdimension religiöser Gehalte und deren Gebrauch (Ausdruckskompetenz, Anmerkung des Verf.), schließlich die eigene religiöse Identität und Lebensorientierung«.[310]

Kritik und Weiterführung

Kunstmann schafft es mit seinem Ansatz der Begründung einer Religionsdidaktik in einem ästhetischen Bildungsbegriff die beschriebene polare Spannung im Bildungsbegriff aufzunehmen und fruchtbar zu machen. Dabei lässt er Bildung nicht zu einem statischen Gut verkommen, sondern verwandelt sie in ein lebendiges Geschehen, das geradezu von der Spannung im Bildungsbegriff lebt. Kunstmanns Zuspitzung seiner Bildungsanthropologie vom Gedan-

---

308 Kunstmann 2002, S. 387.

309 Kunstmann 2002, S. 410.

310 Kunstmann 2002, S. 413.

ken der Gottebenbildlichkeit hin zur Christologie vermag es, den Bildungsbegriff – die Spannung bewahrend – theologisch zu begründen.

Gerade die christologische Zuspitzung des Bildungsbegriffs lädt dazu ein, Kunstmanns Entwurf weiter auf eine diakonische Didaktik hin auszuziehen. Zum Christusbild gehört nun eben nicht nur die Bildvorstellung eines vere homo im Sinne eines heilen Menschseins. Zum Christusbild gehören, wie oben gezeigt, auch all die Menschenbilder aus Mt 25.[311] Christus begegnet eben auch als Hungriger, als Dürstender, als Fremder, als Benachteiligter und Mittelloser. Von dieser christologisch-diakonischen Perspektive her offenbart sich nun aber auch die wesentliche Schwäche des Entwurfes von Kunstmann: Es bleibt zu fragen, ob die Momente Begehung, Begebenheit, Beteiligung und Inszenierung in ihrem vor allem spielerisch ausgeführten Charakter hinreichend sind oder ob sie nicht auch auf ihren existentiellen Ernst hin didaktisch fruchtbar gemacht werden müssten. Hierfür eignen sich die Momente der Begehung, der Begebenheit und der Beteiligung am besten. Bildung, auch Religionsbildung bedarf natürlich des Spieles. Hierin ist Kunstmann zuzustimmen. Religionsunterricht aber und Bildung, die im Spiel verblieben, nähmen weder die Religion noch den zu bildenden Menschen ernst.[312] Christlicher Glaube betrifft existentiell. Er kann sich per se nicht im Spiel erschöpfen. Die biblischen Traditionen, die zum Glück spielerische Momente kennen, benennen und leben, bewegen sich in ihrem Kern, im Christusgeschehen, jedoch nicht im Spiel, sondern mit existentiellem Ernst. Christliche Religion und damit Menschsein im christlichen Sinne – und von daher bestimmt Kunstmann treffend den Bildungsbegriff – kann daher nicht allein im Spiel erlernt werden. Menschenbildung im biblisch-christlichen Sinne kann in ihrem letzten Ernst auch in der Schule nur wirklich erlernt werden, wo die täglichen Inszenierungen der Schule, aber auch die besonderen Inszenierungen von Kirche und Religion verlassen werden. Begehungen, Begebenheit und Beteiligung in diakonischen Kontexten[313] würden diesen Schritt über das Spiel Schule und über das Spiel Religion hinaus leisten und zugleich die Engführung des Religionsbegriffs auf Liturgie und Gottesdienst aufbrechen. Hier muss nicht inszeniert werden, denn hier inszeniert das Leben.[314]

Kunstmann folgend ist der erste Schritt bei solchen Begehungen in diakonischem Kontext die Wahrnehmung (aisthesis). Die Begehung ermöglicht

---

[311] S. o. S. 49.

[312] Zwar ist Kunstmanns Spiel-Begriff durchaus auch existentiell verstanden und hergeleitet. In seiner didaktisch-methodischen Durchführung jedoch zeigt sich, dass der Zugang zur Religion allein über das Spiel defizitär bleiben muss und letztlich doch am existentiellen Ernst vorbeigeht.

[313] Begehungen in diakonischem Kontext könnten sein: der Besuch von Menschen in einem Altenheim, das Mitgehen mit Helfern bei der Nachbarschaftshilfe, etc. Zur Begebenheit wird die Begehung erst dann, wenn Resonanz ermöglicht wird.

[314] »Das Leben bildet«, formuliert Hartmut von Hentig, in: von Hentig 2004, S. 8.

Wahrnehmung. Diakonische Begehung ermöglicht diakonisches Wahrnehmen und damit eine Form der Wahrnehmung, die für das Christsein – und letztlich für das Menschsein wesentlich ist. Bezogen auf den diakonischen Dreischritt ist die Begehung eine notwendige Form des Handelns, die eine angemessene Wahrnehmung ermöglicht, ein Ansehen im von mir entwickelten Sinn. Das zeigt die Zirkularität des diakonischen Dreischrittes: Das Ansehen erfolgt aus dem Handeln. Ohne Handeln bleibt das Ansehen defizitär.

Zur Begebenheit wird eine Begehung erst dann, wenn eine Atmosphäre geschaffen wird, die ein »Sich-Aussetzen« an die Situation, an das Begegnende ermöglicht. Erst wenn ich mich dem aussetze, was ich wahrnehme, wird nachhaltige Resonanz, und damit der zweite didaktische Schritt Kunstmanns, möglich. Zur Atmosphäre wird nicht nur die Atmosphäre vor Ort zu rechnen sein. Zur Atmosphäre gehört auch die Hinführung an den Ort, die Vorbereitung der Schüler im Unterricht auf diese Begehung, gleichsam der Anweg. Zur Atmosphäre gehört auch die Nachbereitung, die Aufnahme der Resonanzen im Unterricht. Das Resonanzphänomen ist ein weiterer Grund, weshalb ich von der befreiungstheologischen Terminologie des Dreischrittes abweiche und statt vom Urteilen lieber vom Deuten spreche. Vor dem Hintergrund der von Kunstmann für die Bildung wiederentdeckten und stark gemachten Resonanz wäre das Festhalten am Begriff des Urteilens eine kognitive Engführung. Die Leistung des vor- und nachbereitenden Unterrichts ist es, sich in die Resonanzen einzufühlen, einzuschwingen und sie als Resonanzen erkennbar werden zu lassen. Erst jetzt, nach diesem durchaus auch emotionalen Mitschwingen, kann ich mir über diese Resonanzen Gedanken machen, sie erkennen, sie nutzen und bewerten lernen. Das Deuten umfasst eben beides, das Kognitive genauso wie das Emotionale. Solches Deuten kann von daher also nicht nur analytisch reflektierend, somit rückwärtsgewandt und auflösend bleiben, sondern muss immer auch konstruktiv entwerfend, gestaltend und schöpferisch tätig werden. Es genügt neurobiologisch-konstruktivistisch gesprochen nicht, Erlebtes in vorhandene bzw. vorgegebene kognitive Muster einzusortieren. Es geht darüber hinaus um das Gestalten neuer Konstruktionen, um das Entwerfen neuer Denkstrukturen und damit Handlungsvorschläge und -impulse. Auch Weyer-Menkhoff legt Wert auf die konstruktiven Momente im ästhetischen Prozess, wenn er die kreative Einbildungskraft im Zusammenhang mit der Poiesis unterstreicht. Schließlich belegen jüngste neurobiologische Untersuchungen die Bedeutung solcher unbewusster – und damit nicht weniger vernünftiger – konstruktiver Prozesse für unser Leben und Handeln.

»Beteiligung« ist Kunstmanns drittes didaktisches Moment. Durch das Moment der Beteiligung wird dem dritten didaktischen Schritt Kunstmanns Raum gegeben: dem Gestalten. Kunstmann hebt hier, wie bereits bemerkt, besonders auf die spielerische Beteiligung beispielsweise in inszenierten biblischen Geschichten o. Ä. ab. Eine Beteiligung im diakonischen Sinne wird aber über bloß spielerisches Gestalten hinausgehen. Eine Beteiligung im diakonischen Sinne wird die Resonanzen nicht nur im Spiel Gestalt werden lassen, sondern am diakonischen Ort – freilich vorbereitet im Unterricht, ggf. im Spiel[315]. Diakonisches Lernen ohne Beteiligung, ohne »Handeln«, um in meiner Terminologie zu bleiben, bliebe leer. Resonanzen würden verkümmern oder sich gar in verkehrte Inbilder verwandeln: in ein schlechtes Gewissen oder eine allgemeine Hilflosigkeit angesichts diakonischer Herausforderungen! Auch diakonisches Lernen, das allein im Spiel verbliebe, bliebe defizitär und liefe Gefahr, das Diakonische in einen Nebenraum, gleichsam in einen Spielsalon zu verlegen und abzuschieben, anstatt es auch in das eigene Handeln zu integrieren.

Kunstmanns Ansatz bei der Wahrnehmung erscheint in seiner Weite zunächst vielversprechend. Aber wie auch bei Weyer-Menkhoff birgt die Konzentration auf die Wahrnehmung die Gefahr, christliche Bildung auf im herkömmlichen Sinn ästhetische Prozesse zu reduzieren. Die Betonung der spielerischen Seite solcher Bildung erhärtet diesen Verdacht. Christlicher Bildung droht damit ein Realitätsverlust, weil sie im Modus des Spieles und im Raum der Wahrnehmung verbleibt. Christliche Bildung nach solchem Verständnis bleibt innerlich. Christliche Bildung im Sinne diakonischer Bildung aber kann nicht im Modus der Innerlichkeit und des religiösen Spiels bleiben. Christliche Bildung im Sinne diakonischer Bildung geschieht im Leben und zielt auf das Leben.

5.4.3 Zusammenfassung

Die beiden dargestellten Ansätze aus der Religionspädagogik bieten einen je unterschiedlichen Weg an, wie Religionsbildung bzw. Religionsunterricht innerhalb der von mir entfalteten Spannungsfelder im Bildungsbegriff gedacht werden könne. Beide Ansätze bedienen sich der Ästhetik für die Beschreibung ihrer Lern- bzw. Bildungsprozesse. Beide Ansätze leben daher grundlegend aus der durch die Ästhetik gegebenen Offenheit sämtlicher Wahrnehmungs- und Gestaltungsprozesse. Beide Ansätze setzen darüber hinaus dort an, wo nach dem oben erarbeiteten neutestamentlichen Verständnis Diakonie ansetzt: bei der Wahrnehmung.

Der kantsche Dreischritt des ästhetischen Urteils, den Weyer-Menkhoff für den Unterricht in christlicher Religion fruchtbar macht, entspricht zwar in seinem strengen Bezug zur Christologie einerseits und in seiner Freiräume eröffnenden ästhetischen Pädagogik andererseits dem von mir entwickelten spannungsvollen Bildungsbegriff. Auch wenn der zweite Schritt kantscher Ästhetik, die Poiesis, ein gestalterisches Moment, und der dritte Schritt, die Katharsis, ein der Welt sich mitteilendes Moment hat, so bleibt hinsichtlich diakonischen Unterrichtens unklar, wie es vom Wahrnehmen zum Handeln kommen soll und umgekehrt. Die ästhetischen Kategorien des Wahren und des Schönen lassen sich leicht beispielsweise mit liturgischen Lernarrangements, schwer aber mit diakonischen korrelieren. Insgesamt bewährt sich

---

315 Hier wäre beispielsweise an Rollenspiele zu denken, in denen diakonisches Handeln erprobt werden könnte.

Weyer-Menkhoffs Anwendung des kantschen Dreischritts des ästhetischen Urteils auf den Religionsunterricht dann nicht, wenn, wie es hier vorausgesetzt ist, solcher Unterricht auch den Anliegen diakonischer Bildung genügen will. Die Idee eines spielerischen Probehandelns jedoch, das den Schülern die Möglichkeit gibt, eine Rolle, ein Bekenntnis o. Ä. für sich auszuprobieren, eröffnet Freiräume und ist für den diakonischen Bereich zu bedenken.

Bei Weyer-Menkhoff ist die Idee des spielerischen Probehandelns vom Gedanken geleitet, dass den Schülern damit ein Freiraum eingeräumt wird, in dem sie sich noch nicht für immer auf ein Bekenntnis, ein Handeln oder eine religiöse Praxis festlegen müssen, sondern sich lediglich probehalber auf sie einlassen. In Aufnahme dieses Probegedankens ist für diakonische Lernsituationen darauf zu achten, dass das Zurücktreten aus einer diakonischen Praxis im Kontext schulisch-diakonischer Bildung jederzeit möglich bleiben muss.[316] Für problematisch halte ich dagegen die Rede vom Spiel bei Joachim Kunstmann. Das Moment der Inszenierung wird hinsichtlich der real vorhandenen existentiellen Not von Menschen fragwürdig. Weiterführend hingegen ist die größere Weite seines Ästhetik-Begriffs. Ihm geht es grundlegend um Wahrnehmung. Die Kategorien des Schönen sind für solche Wahrnehmung nicht maßgeblich. Gerade das Moment der Inszenierung verfällt allerdings unmerklich wieder einer engen Definition von Ästhetik.

Für diakonisches Lernen weiterführend sind die ersten drei Momente Kunstmanns für ein Lernarrangement: Begehung, Begebenheit und Beteiligung. Damit unterstützt Kunstmanns Entwurf meine bereits aus der biblischen Analyse gewonnenen Erkenntnisse für den Dreischritt diakonischen Lernens: Ansehen, Wahrnehmen ist nur durch Beteiligung möglich. Ansehen – Deuten – Handeln muss von daher nicht als linearer, sondern als zirkulärer Prozess begriffen werden. Aus dem Handeln, aus dem Involviertsein entsteht Wahrnehmung. Wie es umgekehrt von der Wahrnehmung aber zu diakonischem Handeln kommen soll, dafür liefert Kunstmann keine Erkenntnisse. Mit dem Begriff des Inbildes stellt Kunstmann zwar seinen Bildungsbegriff mitten in die vertikale, theologische Spannung hinein. Leider betont er aber vor allem den Prozess des Einbildens und vernachlässigt das »Herausbilden« des Inbildes. Einbilden und Herausbilden müssen aber unbedingt als zwei Seiten des Bildungsprozesses gesehen werden, sonst bleibt er unterbestimmt und innerlich.

Der Zugang über die Wahrnehmung und die diese aufnehmenden, ästhetischen Entwürfe hat nunmehr die grundlegende Erkenntnis gebracht, dass das Handeln wesentliche Voraussetzung für die Wahrnehmung ist. Offen bleibt aber, wie es vom Wahrnehmen zum Handeln kommen soll. Im folgenden Ka-

---

[316] Unterstützend mag hier die Etymologie des Wortes »Probe« hinzugezogen werden. Die Probe leitet sich vom lateinischen *probare* ab. *Probare* bedeutet untersuchen, bewähren, prüfen und zielt auf sein Adjektiv *probus*: gut, tüchtig. Es geht also nicht um ein »So-tun-als-ob«, sondern durchaus auch um ein Probieren in der diakonischen Realität.

pitel soll eine erweiterte Perspektive diese Lücke schließen, indem Bildung in ihrem Zusammenspiel mit Kultur betrachtet wird. Wie das Mittelglied des diakonischen Dreischritts, das *Deuten* schon nahelegt, werden es die (durchaus performativen) Zeichen- und Symbolfunktionen von Kultur und Kulturprozessen sein, die das Bindeglied zwischen Ansehen und Handeln bilden können.

6. Diakonische Bildung und Kultur

> »Diakonisches Lernen darf sich nicht auf Kirche, Schule und vielleicht noch diakonische Einrichtungen beschränken. Nur wenn Diakonie als kulturelle Praxis in der ganzen Gesellschaft bekannt ist und Menschen jeden Alters zum Engagement reizt, wird sie auch in Schulen und Familien hinreichende Beachtung finden.«[317]

Diakonische Bildung muss, darin ist Heinz Schmidt unbedingt beizupflichten, an ihrem Beitrag zur Kultur gemessen werden.[318] Bezöge sich diakonische Bildung nur auf die Sonderkultur der Schule und ihrer Bezüge, bliebe sie ihres ganzheitlichen Anspruchs beraubt. Insbesondere die dargestellten ästhetisch-pädagogischen Entwürfe von Kunstmann und Weyer-Menkhoff laufen Gefahr, diese Forderung an religiöse (respektive diakonische) Bildung nicht zu erfüllen. Wie gezeigt werden konnte, darf eine Religionspädagogik nicht im Modus des Spiels, des Probehandelns bleiben. Die Konzepte eines performativen Religionsunterrichts[319], die sich nur in der Sicherheit von »Proberäumen«[320] bewegen, werden dem existentiellen Ernst eines Religionsunterrichts, der seinem christlichen und damit diakonischen Anspruch genügen will, nicht gerecht. Ästhetik, eingeengt nur auf einen spielerisch-künstlerischen Teilbereich von Religion, greift spätestens im Blick auf den diakonischen Anteil christlicher

---

317 Schmidt 2004, S. 28.

318 Vgl. für religiöse Bildung insgesamt: Schoberth, Ingrid: »Wie man in der Welt menschlich sein und bleiben kann«. Der Beitrag religiöser Bildung in der Postmoderne, in: Kempter, Klaus; Meusburger, Peter (Hg.): Bildung und Wissenschaft, Heidelberger Jahrbücher 49 (2005), Heidelberg 2005, S. 101.

319 Vgl. Englert, Rudolf: Performativer Religionsunterricht – eine Zwischenbilanz, in: ZPT 3/2008, S. 8 ff. Englert unterscheidet im Anschluss an Hanna Roose zwischen einem performativen Religionsunterricht, dem es um die *performance*, also um das probeweise, spielerische und experimentelle Inszenieren und Handeln geht, und einem, dem es um die Performativität, also um die Wirklichkeit schaffende und verwandelnde Kraft eines Wortes, einer Inszenierung, eines Ritus etc. geht. Englert setzt sich damit heilsam von der ersten Bedeutung ab.

320 Zum Begriff der Proberäume vgl. Zilleßen, Dietrich: Religionspädagogik zwischen Ästhetik und Ethik. Diskussionspunkte, in: Schlag, Thomas; Klie, Thomas; Kunz, Ralph (Hg.): Ästhetik und Ethik. Die öffentliche Bedeutung der Praktischen Theologie, Zürich 2007, S. 92 ff. Zilleßen geht, den Wert der Proberäume würdigend, davon aus, dass eine »gewisse odysseische Welterfahrung« nicht in klar vordefinierten Räumen erlangt werden kann, sondern eher »unterwegs« erworben wird. Es sind also »Schwellenräume« nötig, um unterrichtlich den Anforderungen von Welt - und von Religion – gerecht zu werden.

Bildung zu kurz.[321] Und vom allgemeinen Bildungsauftrag ausgehend: Eine Ästhetik, die nicht Wahrnehmung sämtlicher kultureller Vollzüge ist, – also der künstlerischen genauso wie der sozialen, der textlichen wie der ethischen, der rechtlichen wie der religiösen usw. – »verspielt« ihren allgemeinen Bildungsanspruch! Hier ist Kunstmann in seinem ursprünglichen Ansatz, Aisthesis meine jegliche Wahrnehmung, konsequenter anzuwenden, als er das selbst tut. Ästhetik muss sich auf alle Bereiche und Vollzüge von Kultur beziehen: den künstlerischen wie den handwerklichen, den spielerischen wie den moralischen.[322]

Bevor die Auswirkungen diakonischer Bildung auf die Kultur betrachtet werden können, ist es nötig, mein zugrunde gelegtes Verständnis von Kultur zu entfalten. Unstrittig ist, dass Kultur und Bildung aufs engste zusammen-

---

[321] Anders Dressler, Bernhard: Performanz und Kompetenz. Überlegungen zu einer Didaktik des Perspektivenwechsels, ZPT 3/2008, S. 86 f.: »Die Einsicht in die Semiotizität der Unterrichtsgegenstände ist in didaktischer Hinsicht deshalb von Bedeutung, weil damit die Differenz von Authentizität und Virtualität des Symbolgebrauchs gleichsam unterlaufen wird, ohne dass sie aufgehoben wird. Der Ernst des wirklichen Lebens kann in dieser Sichtweise nicht mehr gegen die Künstlichkeit unterrichtlicher performance, gegen die probeweise Ingebrauchnahme fachlicher Symbolsprachen ausgespielt werden.« Dressler hat mit dieser Bemerkung jedoch nur insofern recht, als er damit deutlich macht, dass der sog. »Kunstraum« Schule für die Schüler wirkliches Leben ist! Auch ist ihm, neurobiologisch-konstruktivistisch gedacht, darin zuzustimmen, dass »künstlich« und »probehalber« gelernte Denkmuster tatsächlich angelegt werden und als Verhaltensoptionen für das Leben außerhalb der Schule zur Verfügung stehen. Gleichwohl fehlt gerade hinsichtlich des diakonischen Lernens die notwendige Verknüpfung der Beobachtungsmuster mit dem Handeln. Diakonisches Denken ohne Handeln ist aber kein diakonisches Denken! Dressler selbst verweist am Beispiel des Musikunterrichts auf die Notwendigkeit kultureller Praxis in der Schule: »Dieser Dreiklang kennzeichnet die Schule: Didaktische Inszenierung, kulturelle Praxis und – ihr nicht operationalisierbarer Effekt – moralische Orientierung. Die drei Lernfelder sind nicht voneinander zu trennen, aber deutlich zu unterscheiden.« Dressler 2008, S. 87. Eine diakonisch-kulturelle Praxis, die sich allein innerhalb der Schule bewegt, ist zwar sinnvoll und wichtig, aber nicht ausreichend für eine diakonische Bildung. Der Perspektivwechsel, von dem Dressler zu Recht spricht, muss auch in Begegnungen in diakonischen Kontexten außerhalb der Schule eingeübt werden. Sie bleibt innerhalb der reinen Schulkultur im defizitär.

[322] Auch Martina Kumlehn verweist darauf, dass die »Reflexionen um ästhetische und ethische Dimensionen religiöser Kommunikation [...] immer nur im kulturhermeneutischen und kulturtheoretischen Gesamtzusammenhang sinnvoll anzustellen und in ihren Bezügen und Wechselwirkungen zeitgemäss zu verstehen« sind. Kumlehn kommt dabei von Schleiermacher her, und es ist zu fragen, ob sie nicht ein zu enges Verständnis von Kultur als Bereich von Ästhetik im Sinne von Kunst ansetzt. Ästhetik gerät dann ins (dialektische) Gegenüber zur Ethik, Kultur ins Gegenüber zum Lebensvollzug. Kumlehn, Martina: Inszenierte Form und gestaltete Freiheit. Anmerkungen zur Verschränkung von ästhetischen und ethischen Dimensionen in praktisch-theologischen Vollzügen, in: Schlag, Thomas; Klie, Thomas; Kunz, Ralph (Hg.): Ästhetik und Ethik. Die öffentliche Bedeutung der Praktischen Theologie, Zürich 2007, S. 143.

hängen. Es wird sich erweisen, dass diakonische Bildung einen aus theologischer Sicht unverzichtbaren, aus der Sicht allgemeiner Pädagogik immerhin außerordentlich bereichernden Beitrag zur Kultur leistet. Die enge Verknüpfung aus Kultur und Bildung wird darüber hinaus zeigen, wie der Übergang von der Wahrnehmung zum Handeln gedacht wird, wie Ästhetik und Ethos zusammenhängen.

6.1 Kultur in Spannungsfeldern

Zu definieren, was Kultur ist, das ist schwierig, wenn nicht gar unmöglich. Dies liegt u. a. daran, dass Kultur eine dynamische, eine sich verändernde Größe bezeichnet. Auch die mit dem sog. cultural turn (neu) entdeckte Standort- bzw. Beobachterabhängigkeit erleichtert die Definition nicht.[323] Schließlich ist auf die Signatur der Postmoderne zu verweisen, die sich durch eine Vielfalt fragmentierter Kulturbereiche auszeichnet. Diese Fragmentierung meint sowohl das Zerfallen »der« Kultur in immer spezialisiertere Gegenstandsbereiche als auch die Subjektivierung der Wahrnehmung und Gestaltung von Kultur, die durch den medial-globalisierten Zugang zu kulturellen Prozessen befördert wird.

Ich werde aus diesen Gründen Kultur – analog zum Bildungsbegriff – in Spannungsfeldern beschreiben. Dies soll wiederum anhand von Paul Tillichs Korrelationsmethode geschehen. Aufgrund der – im Vergleich zur Zeit der Veröffentlichungen Paul Tillichs - veränderten Situation und Kultur, wird sich meine Beschreibung von Kultur notwendig von der Paul Tillichs unterscheiden. Ich verwende also Tillichs Methode, nicht jedoch seine Beschreibungs-Ergebnisse.[324]

---

[323] Wer sich mit Paul Tillichs Arbeiten zur Kultur auseinandersetzt, wird bald feststellen, dass er die Abhängigkeit der Kultur vom Beobachter längst kennt: In den systematischen Kulturwissenschaften »gehört der Standpunkt des Systematikers zur Sache selbst, er ist ein Moment in der Entwicklungsgeschichte der Kultur, er ist eine bestimmte, konkret-historische Verwirklichung einer Kulturidee, er ist nicht nur kulturerkennend, sondern auch kulturschöpferisch. [...] Jeder kulturwissenschaftliche Allgemeinbegriff ist entweder unbrauchbar, oder er ist ein verhüllter Normbegriff, er ist entweder Umschreibung eines Nichts, oder er ist Ausdruck eines Standpunktes; er ist eine wertlose Hülse, oder er ist eine Schöpfung.« Tillich, Paul: Über die Idee einer Theologie der Kultur, in: Tillich, Paul. Die religiöse Substanz der Kultur. Schriften zur Theologie der Kultur, Gesammelte Werke Bd. 9, hg. v. Renate Albrecht, Stuttgart 1967, S. 13. Auch die Beschreibung von Kultur anhand der Bedeutung ihrer Symbole war für Paul Tillich nicht fremd, wiewohl er in seinem Zugang letztlich doch ontologisch und nicht hermeneutisch arbeitete.

[324] Paul Tillichs Ansatz einer Theologie der Kultur, die – selbst nicht kulturschöpferisch – Kultur auf ihren religiösen Gehalt hin geschichtsphilosophisch, typologisch und aktuell-systematisch analysiert, ist ein beeindruckender Entwurf, der sowohl das Gegenüber als auch das Ineinander von Theologie und Kultur beschreibt. Solche Theo-

Um den Beschreibungsbereich dessen abzustecken, was Kultur meint, möchte ich von Paul Tillichs weit gefasster Definition von Kultur ausgehen, die ich im Verlauf der Darstellung dann aber verändern werde: »Kultur ist das, was der menschliche Geist über das Gegebene hinaus schafft – von der Technik, von dem primitivsten Werkzeug bis zu den höchsten Formen des künstlerischen und gedanklichen Lebens. Das heißt, Kultur umschließt das gesamte geistige Leben des Menschen, und nichts kann davon ausgeschlossen sein, was im geistigen Leben des Menschen geschieht, also auch nicht Religion.«[325] In dieser Definition schwingt noch der Wortsinn von Kultur mit. Kultur ist vom lateinischen »colere« abgeleitet, das ursprünglich bewohnen, kultivieren, schützen, ehren bedeutet.[326] Die cultura, die Pflege und Bearbeitung des Ackers, gewinnt daher ihre Bedeutung und steht in »semantischer Opposition«[327] zur Natur – Paul Tillich spricht statt von Natur vom »Gegebenen«. Darüber hinaus bezeichnet cultura die Verehrung im Kult. Damit ist die Dimension des Geistes betont, weshalb Tillich vom geistigen Leben spricht.

Diese Linie einer möglichst weiten Definition von Kultur verfolgen auch Vera und Ansgar Nünning. Von ihnen wird »Kultur als der von Menschen erzeugte Gesamtkomplex von Vorstellungen, Denkformen, Empfindungsweisen, Werten und Bedeutungen aufgefasst, der sich in Symbolsystemen

---

logie ist sich ihres (kulturellen) Standpunktes bewusst, kennzeichnet ihn und betreibt von diesem (innerkulturellen und durch die Perspektive zugleich transkulturellen) Standpunkt aus normative Wissenschaft. Er vermeidet durch die Bestimmung von Theologie als Teil und Gegenüber von Kultur einerseits und die damit nicht direkt kulturschöpferische Funktion von Theologie andererseits einen naiven Kulturprotestantismus. Er fällt jedoch hinter die von ihm selbst geschaffene Beschreibungsstruktur seiner ontologischen Polaritäten zurück, wenn er das Verhältnis von Kultur und Theologie (in jeweils anderen Kategorien auch von Kultur und Kirche, Kultur und Religion) reduziert auf die Polarität von Autonomie und Heteronomie, deren (wenn auch kairotische) Lösung er in der Theonomie zu finden glaubt. Kultur aber ist vielseitiger und muss vor allem heute in mehrdimensionalen Spannungsfeldern begriffen werden. Vgl. Tillich, Paul: Über die Grenzen von Religion und Kultur, in: Tillich, Paul: Die religiöse Substanz der Kultur. Schriften zur Theologie der Kultur, Gesammelte Werke Bd. 9, hg. v. Renate Albrecht, Stuttgart 1967, S. 94–99 (Tillich 1967); Tillich, Paul: Über die Idee einer Theologie der Kultur, in: Tillich, Paul: Die religiöse Substanz der Kultur. Schriften zur Theologie der Kultur, Gesammelte Werke Bd. 9, hg. v. Renate Albrecht, Stuttgart 1967, S. 13–31 (Tillich 1967a) und Tillich, Paul: Die religiöse Substanz der Kultur. Schriften zur Theologie der Kultur, Gesammelte Werke Bd. 9, hg. v. Renate Albrecht, Stuttgart 1967 (Tillich 1967b). Vgl. auch Tillich, Paul: Systematische Theologie III, Berlin - New-York [8]1987.

[325] Tillich 1967, S. 94.

[326] Knoblauch, Hubert: Kultur, in: Gräb, Wilhelm; Weyel, Birgit: Handbuch Praktische Theologie, Gütersloh 2007, S. 126.

[327] Knoblauch 2007, S. 126.

materialisiert«.[328] An dieser Definition wird noch einmal die prägende Bedeutung des von Clifford Geertz eingeleiteten cultural turn sichtbar: Nicht die Symbole der Kultur selbst, sondern die Vorstellungen, Denkformen und Bedeutungen der Symbole und Symbolsysteme werden erschlossen.[329] Bewege ich mich im Bereich der Deutungen und Bedeutungen kultureller Symbole,[330] verliert Kultur ihren statischen Charakter, und die kulturelle Interaktion, ihre Kommunikation und ihre Deutungsprozesse rücken in den Mittelpunkt. Damit wird auch klar, dass sich der Betrachter selbst als Teil des Deutungsprozesses versteht, mithin seinen eigenen – wenn auch nur deskriptiven Beitrag – als Kulturschöpfung, als Eingriff in die Deutungsgeschichte verstehen muss. Die Symbole und Deutungen genauso wie die je subjektiven Standpunkte in der Kultur sind also allesamt miteinander vernetzt, zu einer semantischen Textur verwoben. Solche Symbole und ihre Deutungen umfassen das Handeln, welches ebenfalls als ein Zeichengeben, als symbolgebende und mithin deutungsbedürftige Aktion aufzufassen ist.

> »Es handelt sich [...] um eine Form von Wissen, das Menschen nicht nur erwerben, sondern auch im eigenen Handeln umsetzen. Kultur ist damit kein eigenständiger Bereich, der dem Handeln (und damit den Institutionen und ihren Strukturen) gegenübersteht, sondern in das Handeln eingelassen ist. Sinn bzw. Zeichen als die zwei Pole des Kulturbegriffs verweisen auf zwei grundlegende theoretische Konzepte, nämlich einen interaktionistisch-handlungstheoretischen und einen semantischen Kulturbegriff. Die Verknüpfung von Handeln und Sinn im Begriff der Kultur oder dem des Wissens ist einer der Gründe für die Verlagerung von geistes- und sozialwissenschaftlichen Ansätzen zu kulturwissenschaftlichen: Geist und Gesellschaft gelten nicht mehr als zwei getrennte Bereiche, sondern sind miteinander verknüpft.«[331]

Wahrnehmung von Kultur, ihren Symbolen und Deutungsangeboten bedeutet Aneignung, Eingliederung einer begegnenden symbolischen Textur in das eigene Symbolsystem. Aneignung heißt Transformation externer Symbole und Deutungen in die je eigene Verstehensstruktur, oder bildhaft: das Einweben in

328 Nünning, Ansgar; Nünning, Vera (Hg.): Konzepte der Kulturwissenschaften. Theoretische Grundlagen – Ansätze – Perspektiven, Stuttgart 2003, S. 6.

329 Vgl. Geertz, Clifford: Dichte Beschreibung. Bemerkungen zu einer deutenden Theorie von Kultur, in: Geertz, Clifford: Dichte Beschreibung. Beiträge zum Verstehen kultureller Systeme, Frankfurt a. M. 1987, S. 7–43.

330 Schon Max Weber, an den Geertz ausdrücklich anknüpft, beschrieb Kultur als Sinn- und Bedeutungsgefüge. Weber, Max: Die ›Objektivität‹ sozialwissenschaftlicher und sozialpolitischer Erkenntnis, in: ders.: Gesammelte Aufsätze und Wissenschaftslehre, Tübingen 1968, S. 180.

331 Knoblauch 2007, S. 131.

die eigene Textur kultureller Zusammenhänge und Netzwerke.[332] Solche Aneignung ist bereits Veränderung der eigenen Textur – durchaus auch interpretative Veränderung, wobei sie zunächst unbewusst geschieht. Alle weiteren kulturellen Äußerungen werden durch diese Wahrnehmung bereits beeinflusst. Alles weitere kulturelle Schaffen und Tun wird sich bereits durch diese aneignende Wahrnehmung verändern. Wie Bildung von der Wahrnehmung zum Handeln kommen solle, war die Frage. Eine erste Antwort lautet, dass Bildung als Wahrnehmung kultureller Symbole und Symbolsysteme immer schon Veränderung von Kultur impliziert, also immer schon zu verändertem Handeln führt.

Von der bloßen Wahrnehmung und Einordnung ist aber noch ein weiterer Prozess bzw. Akt zu unterscheiden. Der Akt der deutenden Gestaltung, der Akt bewusster Neukonstruktion, bewusster »Textbearbeitung« im Unterschied zu unbewusster Einordnung.[333] Nur dieser Zwischenschritt zwischen kultureller Wahrnehmung und kulturellem Handeln verhindert eine unkritische Übernahme von »Gemeinsinn«, von hoheitlichen oder mehrheitlichen kulturellen Deutungen und Sinnangeboten.[334] Solche bewusste Neukonstruktion muss es sich zur Aufgabe machen, die eigenen wie die begegnenden Konstruktionen in einem ersten Schritt zu rekonstruieren, d. h. die Sinnzusammenhänge und Symboltexturen nachzuvollziehen und damit bewusstzumachen, in einem zweiten Schritt zu dekonstruieren, d. h. auf ihre Schwächen, ihre (ungewollten) Konsequenzen und Sinndefizite hin zu untersuchen, um sie von da aus in einem dritten Schritt neu zu konstruieren.[335] Die zweite Antwort auf die Frage, wie Bildung von der Wahrnehmung zum Handeln komme, lautet: Wahrnehmung bedarf der bewussten, kritischen Neukonstruktion, muss also vom Subjekt deutend gestaltet werden, wodurch sie zu neuen, weiterführenden Handlungsimpulsen führt.

---

332 Neurobiologisch steht hinter solchen je individuellen semantischen Texturen die »Textur« neuronaler Netzwerke.

333 Mit dieser Forderung nach einem Akt der Konstruktion, der über die Wahrnehmung hinausgeht, gehe ich über den Ansatz Bohrens, des »Ahnvaters der ästhetischen Wende« (Kumlehn 2007, S. 143), hinaus, der sich bereits mit dem Zusammenhang von Ästhetik und Ethik im Wahrnehmungsbegriff zufriedengibt. Bohren schreibt: »In der Doppeldeutigkeit Erkennen und Tun des einen Begriffs ›Wahrnehmen‹ liegt die Einheit von Theorie und Praxis. Das Wahrnehmen ist schon Aktion, leitet über zur Aktion.« Bohren, Rudolph: Daß Gott schön werde. Praktische Theologie als theologische Ästhetik, München 1975, S. 135, zitiert nach Kumlehn 2007, S. 143.

334 Vgl. zur Unterscheidung von gemeinschaftlicher und subjektiver Sinnkonstruktion die bislang unveröffentlichte Abschiedsvorlesung von Heinz Schmidt mit dem Titel: Diakonische Bildung. Abschiedsvorlesung, Heidelberg, den 3. 2. 2010.

335 Vgl. ähnlich, aber in abweichender Terminologie, Reich, Kersten: Systemisch-konstruktivistische Pädagogik. Einführung in Grundlagen einer interaktionistisch-konstruktivistischen Pädagogik, Neuwied - Kriftel [4]2002, S. XI.

Aus diesem Kulturverständnis als Zeichenkonstruktion oder Symboltextur wird deutlich, weshalb die Wahrnehmung in einem ersten Schritt und die Neukonstruktion (bzw. das *Deuten*) in einem zweiten so wichtig für ein diakonischer Kultur angemessenes Handeln ist.[336]
Damit ist der Gegenstand, die Kultur, in ihrem Geltungsbereich sehr weit und umfassend beschrieben.[337] Außerdem konnte deutlich gemacht werden, wie wichtig die Wahrnehmung und die sich daran anschließende Deutung bzw. Neukonstruktion des Wahrgenommenen für eine verantwortliche Gestaltung von Kultur, für ein verantwortliches Handeln in der Kultur sind. Der diakonisch-didaktische Dreischritt *Ansehen - Deuten - Handeln* klingt hier bereits wieder an. Um den engen Zusammenhang von Bildung und Kultur zu zeigen, muss nun aber differenzierter betrachtet werden, was Kultur denn sei. Damit kommen wir auch zu den angekündigten Änderungen gegenüber Tillich und Nünning/Nünning.

---

[336] Die Nähe von Semiose und Handeln sieht bereits Charles William Morris in seiner verhaltenstheoretischen Entfaltung seiner Semiotik. Mit der Einführung der Pragmatik in die Semiotik führt er über die Semiotik von Charles Sanders Peirce hinaus. Wenn sich Morris gegen den Begriff der Bedeutung wendet, dann kritisiert er damit eine ontologische Überladung des Zeichenbegriffs. Der Begriff des Deutens, wie ich ihn verwende, will aber gerade nicht als der ontologischer Grund eines Zeichens oder Symbols verstanden werden, sondern als der aktive Prozess der Entwicklung, Weiterentwicklung, Veränderung und Korrektur von Bedeutung. Vgl. Meyer-Blanck, Michael: Vom Symbol zum Zeichen. Symboldidaktik und Semiotik, Hannover 1995, S. 63 ff.

[337] Stephan Moebius und Dirk Quadflieg weisen zu Recht auf die Gefahr einer solch totalen Fassung des Geltungsbereiches hin, dass Kultur dadurch nicht mehr fokussiert und wissenschaftlich präzise betrachtet werden könne. So verschwömmen beispielsweise die Grenzen von Kultur und Gesellschaft. Auch sind sich Moebius und Quadflieg dessen bewusst, dass eine definitorische Reduktion des Bedeutungsbereichs zwar einen methodisch klareren Zugang ermöglicht, deswegen aber das, was Kultur meint, nicht unbedingt besser beschreibt. Schließlich ist Gesellschaft eben auch ein kulturelles Phänomen. Vgl. Moebius, Stefan; Quadflieg, Dirk (Hg.): Kultur. Theorien der Gegenwart, Wiesbaden 2006, S. 10. Auch Laubscher ist mit seiner Beurteilung der Diskussion über den Geltungsbereich von Kultur vorsichtig: »Unstrittig ist, dass die das Handeln lenkenden Wert- und Zielvorstellungen, Normen, Glaubenskonzepte, Ideale, Moral und Ästhetik zur Kultur gehören. Ob jedoch die Summe der menschlichen Werke (erga) und andererseits das menschliche Wirken (energeia), ob Handeln und Verhalten, ob schließlich die Produkte des Handelns (Artefakte) der Kultur zuzurechnen sind, darüber bestand nie Einigkeit.« Laubscher, Matthias Samuel: Art. Kultur. I. Religionswissenschaftlich, in: Betz, Hans Dieter (Hg.): Religion in Geschichte und Gegenwart (RGG^4), Tübingen ^{4}1998, Sp. 1820. Wird jedoch, wie es ein eng gefasster Kulturbegriff vorsieht, Kultur von ihren Handlungen abgetrennt, dann wird nur noch ein vergeistigter Bereich beschrieben, ohne dass etwas über seine Relevanz für die Lebenswirklichkeit ausgesagt wäre. Kultur und Kulturforschung geschähen nach der Devise: l'art pour l'art. Da es sich bei diakonischer Bildung um lebensrelevante Bildung handeln muss, muss hier folgerichtig ein weiterer, das Handeln umfassender Kulturbegriff gewählt werden.

6.1.1 Kultur zwischen Individualisation und Partizipation

Den beiden Definitionen von Tillich und Nünning/Nünning eignet eine Totalperspektive. Kultur wird als Gesamtheit ihrer Phänomene bzw. Symbole und Bedeutungen verstanden. Die Signatur der Postmoderne ist aber gerade das Zerfallen der großen Entwürfe in differenzierte, fragmentierte Einzelbereiche. Verstünde ich Kultur als Totalphänomen, müsste ich von Kultur und Subkulturen sprechen, wenn ich die Einzelphänomene in den Blick bekommen möchte. Die Gesamtkultur wäre dann ein Summenphänomen. Die Summe der Kulturen gibt es zwar, sie ist aber als solche, gleichsam mathematische Größe nicht aussagekräftig. Denn es kommt doch darauf an, wie die Kulturen untereinander vernetzt sind, welche Bedeutung sie füreinander und für eine Wahrnehmung des Gesamten haben. Daher spreche ich im Bereich von Kultur nicht von einer Summe, sondern beschreibe Kultur in ihrem ersten Spannungsfeld, der Polarität von Individualisation und Partizipation. Kultur reicht also von ihren individuellsten und subjektivsten Ausprägungen bis zu den unterschiedlichsten Partizipationsformen auf allen Ebenen, in allen Bereichen und in allen soziologischen Größenordnungen.[338]

Zwischen diesen Extremen von gesamter bzw. geteilter und individueller Kultur sind sämtliche Spielarten und Größenordnungen denkbar. Löste man das Spannungsverhältnis zugunsten eines Pols auf, verlöre Kultur im Fall der Zuspitzung auf die Summe ihre individuellen Träger, die sie aufnehmen und fortentwickeln; die Reduktion auf das Subjekt aber ist allenfalls im Modell eines radikalen Konstruktivismus denkbar, der die Welt als Konstruktion des Subjektes versteht.[339] Selbst dann jedoch bestünden Beziehungen zur »Allgemeinheit«.

Kultur gibt es nur im Spannungsfeld zwischen individueller und geteilter Kultur. In einer sich vernetzenden, globalisierten Welt kann das nirgendwo deutlicher abgelesen werden als am Internet. Um die »fluiden«, vielfach verschränkten, aneinander partizipierenden und doch jeweils eigene Wege

---

[338] Dieses Spannungsfeld findet sich in fast allen Entwürfen zur Kultur in verschiedenen Spielarten wieder. Vgl. beispielsweise Hans-Georg Soeffner, der den Kern von Kultur als »Einstellung des Menschen gegenüber sich selbst und der Welt« fasst. Soeffner, Hans-Georg: Kulturmythos und kulturelle Realität(en), in: ders.: Gesellschaft ohne Baldachin. Über die Labilität von Ordnungskonstruktionen. Weilerswist 2000, S. 174, zitiert nach: Kurt, Ronald: Hans-Georg Soeffner: Kultur als Halt und Haltung, in: Moebius, Stefan; Quadflieg, Dirk (Hg.): Kultur. Theorien der Gegenwart, Wiesbaden 2006, S.193. Oder vgl. Robertson, Roland: Glokalisierung: Homogenität und Heterogenität in Raum und Zeit, in: Beck, Ulrich (Hg.): Perspektiven der Weltgesellschaft, Frankfurt a.M. 1998, S. 192–220.

[339] Vgl. zur Kritik dieser radikal-konstruktivistischen Position Lampe, Peter: Die Wirklichkeit als Bild. Das Neue Testament als ein Grunddokument abendländischer Kultur im Lichte konstruktivistischer Epistemologie und Wissenssoziologie, Neukirchen-Vluyn 2006. Lampe unterscheidet zwischen Wirklichkeit bzw. den Wirklichkeiten, die menschliche Konstrukte sind, und Realität, die den menschlichen Konstrukten zugrunde liegt. Dieser Realitätsbegriff kann und darf meines Erachtens nicht aufgegeben werden. Vgl. ausführlicher zum Konstruktivismus unten, Kap. 7.5, S. 199 ff.

gehenden religiösen »Kulturen« im Internet darzustellen, gebraucht Gernot Meier das Modell von sich überschneidenden Clustern. Solche Cluster sind diffus, in ihren Abgrenzungen fließend, haben aber doch Kernbereiche und offenbaren Überschneidungsbereiche – ähnlich wie in der Mengenlehre, jedoch unpräziser an den Rändern. Was für solche religiösen Bewegungen und Kulturen gilt, gilt auch für andere Kulturbereiche,[340] so dass sich das Clustermodell gut zur Beschreibung dieses kulturellen Spannungsfeldes eignet.
Kultur hat zwischen Individuum und Kollektiv immer eine aktive und eine passive Dimension: Einerseits prägt sie das Subjekt, »bildet« es, insofern, als es den Lebens- und Lernkontext für das Subjekt bietet (aktive Dimension). Andererseits und immer auch zugleich wird Kultur von den Subjekten entworfen, verändert, geprägt, mithin »gebildet« (passive Dimension). Denn jeder individuelle Beitrag verändert das Clusterbild der Kultur. Damit wird die Bedeutung von jeglicher Bildung und jeglichen Bildungsprozessen für die Bildung von Kultur, für die Bildung von individueller wie gemeinschaftlicher Kultur deutlich.

Von diesem Kulturverständnis her, von dieser Kulturpolarität her wird schnell deutlich, wie ein Bildungsbegriff, der von der Wahrnehmung, von der Ästhetik herkommt, nicht bloß rezeptiv bzw. kognitiv verstanden werden darf, sondern durchaus praktische, diakonisch-praktische Implikationen hat. Denn Kultur wahrzunehmen und zunächst individuell neu zu konstruieren bedeutet bereits Veränderung von Kultur, da sich die Kultur des (gemeinsame oder andere individuelle) Kultur wahrnehmenden Subjektes allein schon durch die Wahrnehmung und Neukonstruktion verändert. Und an der Veränderung der Kultur des Subjektes partizipiert wiederum das gesamte Kulturgefüge. Individuelle Wahrnehmung von Kultur ist somit zugleich ihre Veränderung im Gesamten. Neukonstruktion von individueller Kultur ist Kulturgestaltung insgesamt.

6.1.2 Kultur zwischen Dynamik und Form

Sind die Kulturen im Spannungsfeld zwischen Individualisation und Partizipation so clusterartig miteinander verknüpft gedacht, dann ist deutlich, dass Kultur nicht als starre Größe verstanden werden kann. Kultur ist überaus dynamisch, sich ständig entwickelnd, sich ständig im Austausch der Kulturen verändernd, beeinflussend, webend, formend. Kultur impliziert darum immer beides: ihre lebendigen, gestalterischen *Prozesse* und ihre dadurch entstehenden *Formen*. Kultur besteht nicht nur aus den geschaffenen Zeichen und Symbolen, sondern immer auch aus den sich wandelnden Deutungen bzw. Deutungsprozessen, die selbst wieder zu Zeichen und Symbolen werden. Kultur ist nicht nur Gewebtes, Textur, sondern immer auch das Weben selbst. Leicht zu verdeutlichen ist das am Beispiel der Musik: Die Musikwissenschaft hat etliche Bezüge herausgearbeitet, in denen und aus denen W. A. Mozart schöpfte.

---

340 Vgl. dazu Meier, Gernot: Religion meets Internet. Plädoyer für einen differenzierten Umgang mit einem neuen Forschungsfeld, in: BThZ 23. Jg., 2/2006, Berlin 2006, S. 277–284 und ders.: Religionen im Internet – Variantenreiches Christentum!, Veröffentlichung

Mozart selbst hat einmal gesagt, dass er nie so viel Musik in sich tragen würde, wäre er nicht in einem Haus groß geworden, in dem auf allen Etagen musiziert wurde. So verändert und gestaltet sich Mozarts Musik aus unterschiedlichsten Einflüssen und natürlich dem je eigenen, was er hinzugibt bzw. dem, was er neu zusammenführt. Die Musik gerinnt nun zur fixierten Form auf Papier. Aber natürlich bleibt solch eine Partitur in aller Regel nicht reine Form. Sie wird aufgeführt, interpretiert, aktualisiert und vom Rezipienten, vom Hörer noch einmal je individuell wahrgenommen, genossen, kritisiert und in der Wahrnehmung mit anderen Hörern ausgetauscht.[341] Dies gilt ebenso für die Kunst (Entstehung eines Bildes, Fixierung, Wahrnehmung), für das Recht (Entdeckung einer Rechtslücke oder eines Defizits, Beratung aufgrund von älteren Urteilen oder Rechtssystematiken, Diskussion in der Öffentlichkeit (z. B. § 218), Fixierung als geltendes Recht, dann je neue Auslegung und Anwendung) und für sämtliche anderen Kulturbereiche. Dynamik und Form, Prozess und Ergebnis sind die spannungsvollen Kennzeichen von Kultur.

In diesen Spannungsbereich lässt sich auch die Polarität von individuellen Werten bzw. Haltungen in ihrem Gegenüber zu den daraus resultierenden oder eben gerade nicht resultierenden Handlungen einzeichnen – genauso die Polarität von gemeinsamen Werten, gemeinsamem Ethos in ihrem Gegenüber zum Handeln bzw. Gestalten. Gehen wir vom Wert als Form aus, so entfaltet er in der Handlung seine Dynamik. Die wiederum bringt neue Kulturformen hervor, welche dann dynamisch Einfluss auf bisherige Werte nehmen. Als Beispiel kann, holzschnittartig dargestellt, Wichern gelten. Seine Werte und seine Wahrnehmung der Not in Hamburg, die im Widerspruch zu seinen Werten stand, führen ihn von der bloßen Wertehaltung zum wertgeleiteten Handeln und Gestalten. Das Rauhe Haus und sein Vortrag auf dem Kirchentag sind die neu hervorgebrachten sichtbaren Formen, deren Erfolge und Misserfolge nicht

---

auf der Website der Evangelischen Landeskirche in Baden (www.ekiba.de). Damit entwirft Meier ein Modell, nach dem Clifford Geertz in seinem 1996 in Wien erschienenen Bändchen »Welt in Stücken. Kultur und Politik am Ende des 20. Jahrhunderts« sucht. Vgl. Geertz 1996, S.17 und v. a. S. 68: »Das Bild einer Welt, die gesprenkelt ist mit verschiedenen Kulturen, übersät mit unverbundenen kleinen und größeren Einheiten des Denkens und Fühlens, gleichsam eine pointillistische Sicht ihrer geistigen und seelischen Zusammensetzung, ist um nichts weniger irreführend als die Vorstellung einer säuberlichen Einteilung der Welt nach dem regelmäßigen Muster einförmiger Nationalstaaten. Und zwar aus demselben Grund: Die betreffenden Elemente – ob Farbtupfer oder Kästchen – sind in Wahrheit weder kompakt noch homogen, weder einfach noch einförmig. Sobald man sie genauer betrachtet, löst sich ihre Geschlossenheit auf. Was wir dann vor uns haben, sind aber keine wohldefinierten Einheiten [...]. Wir sind vielmehr konfrontiert mit einem nur teilweise entwirrten Knäuel von Unterschieden und Ähnlichkeiten.«

341 Damit wird auch deutlich, dass Geschichte und Geschichtsschreibung unbedingt mit in dieses Spannungsfeld gehören. Eine beschreibende Kulturwissenschaft wie manche Spielart der Ethnologie, die den Faktor Zeit und Geschichte ausblendet, wird wesentliche Bedeutungsmomente ihres Gegenstandes übersehen.

ohne Folgen auf Wicherns Wertesystem geblieben sein dürften. Sie beeinflussten darüber hinaus etliche weitere individuelle Wertehaltungen, veränderten schließlich sogar tiefgreifend das kirchliche Wertesystem und Selbstverständnis, was wiederum zu neuen Ausformungen drängte. An diesem Beispiel wird deutlich, dass allein schon das Oszillieren zwischen den Polen Individualisation und Partizipation[342] Dynamik bedeutet und Formen hervorbringt.[343]
Bildung – ebenso oszillierend zwischen Dynamik und Form, zwischen Prozess und Ergebnis – bildet also beim Einzelnen Werte und Handlungen, die – will der Einzelne seine Werte teilen – immer in sichtbare, hörbare, wahrnehmbare Formen überführt werden müssen (Kommunikation). Bildung des Einzelnen führt zur Haltung *und* zum Handeln und bildet über dieses Handeln des Einzelnen Kultur auch in ihrem gemeinschaftlichen Charakter. Bildung – obwohl Kultur erst schaffend, bildend – wird genau genommen (hier wird der hermeneutische Zirkel sichtbar) selbst zu kultureller Form und Dynamik.

6.1.3 Kultur zwischen Freiheit und Bedingtheit

Kultur ist der und gibt den Freiraum für kulturelle Entfaltung. Zugleich enthält und schafft Kultur ihre eigenen Bedingungen und damit Grenzen. Kulturelle Formen (seien es Institutionen, seien es Gesetze oder seien es Partituren) geben einen Interpretations-, einen Deutungsrahmen vor. Nur durch diesen Deutungs- und Bedeutungsrahmen gibt es eine Musik-, eine Kunst-, eine Kulturgeschichte. Zugleich aber wird durch jede kulturelle Weiterbearbeitung, Interpretation, Aufführung dieser Bedeutungsrahmen gesprengt, transzendiert.[344] Jeder Kulturschöpfung eignet ein Moment der Freiheit. Jede Kultur-

---

342 Sowohl Individualisation als auch Partizipation sind, nebenbei bemerkt, dem Wortsinn nach schon in sich Bewegung zu einem der Pole hin.

343 Hans-Georg Soeffner formuliert dieses Spannungsfeld aus Dynamik und Form in seinem Zusammenhang mit der ersten Polarität aus Individualisation und Partizipation folgendermaßen: Die Kultur »ist zwar meine Heimat, ich habe sie gemeinsam mit anderen hergestellt, aber sie ist vorläufig, ich kann sie auch wieder zerstören, und wenn sie mir fremd und bedrohlich gegenübertritt, muss ich sie sogar zerstören«. Zitiert nach Kurt, Ronald: Hans-Georg Soeffner: Kultur als Halt und Haltung, in: Moebius, Stefan; Quadflieg, Dirk (Hg.): Kultur. Theorien der Gegenwart, Wiesbaden 2006, S.189.

344 Vgl. zu der der Kultur inhärenten Disposition zur Transzendenz auch Schwöbel, Christoph: Wiederverzauberung der Welt? Die Transzendenzen der Kultur und die Transzendenz Gottes, in: Gestrich, Christof; Wabel, Thomas (Hg.): Gott in der Kultur. Moderne Transzendenzerfahrungen und die Theologie, Beiheft zur BThZ 23. Jg., Berlin 2006. Schwöbel behält anders als Wilhelm Gräb die Unterscheidung zwischen kulturell-menschlicher Transzendenz und Transzendenz Gottes glaubhaft bei. Vgl. Gräb, Wilhelm: Religion als Deutung des Lebens. Perspektiven einer Praktischen Theologie gelebter Religion, Gütersloh 2006. Gräb, zu dessen Verdiensten es gehört, die (Alltags-) Kultur für die Praktische Theologie in den Fokus zu rücken, unterscheidet nicht klar genug die Transzendenz Gottes von menschlicher Sinnkonstruktion. So erscheint bei Gräb dann auch folgerichtig der Wahrheitsbegriff als ein funktionalisierter: Sinndeutungen sind wahr, »weil sie zum Leben und zum Sterben helfen«. Gräb 2006, S. 28.

schöpfung schafft »Vorgaben«, die weiteres Kulturschaffen mehr oder weniger binden. So fällt keine Kultur vom Himmel, auch nicht eine diakonische. Wichern hatte Vorläufer, Vordenker, die sein Denken banden, durch die er aber zugleich andere Grenzen und Bindungen transzendierte. Seine kulturellen Neuschöpfungen schufen Freiräume für weiteres Schaffen. Zugleich blieben sie begrenzt, gefangen in den kulturellen Gegebenheiten seiner Zeit. Diakonische Innovationen stehen darum auch genau in dieser Spannung. Sie sind den Bedingungen ihrer Kultur unterworfen und haben doch die Möglichkeit und Freiheit, sie zu transzendieren.[345] Absolute Autonomie genauso wie absolute Heteronomie gehören zu den größten Gefährdungen von Kultur. Bei absoluter Freiheit, totaler Autonomie gibt es kein Gemeinsames mehr. Kultur zerfällt, wird atomisiert und verliert ihren partitiven Charakter. Heteronome Kultur[346]

»So stabilisiert er [Gott, W.B.] unser Selbstvertrauen [...]. Gott ist dieses tiefste Wissen, dass wir uns selber haben, ein Wissen, das die Form einer unmittelbaren Selbstgewissheit hat [...].« Gräb 2006, S. 64. Aus der richtigen Erkenntnis, dass Gott sich uns nur durch Inkulturation mitteilt, zieht Gräb anscheinend den Umkehrschluss, dass aus der Kultur vom Menschen auf Gott geschlossen werden könne. Unter der unmittelbaren Selbstgewissheit des Menschen ist nach Gräb Gottes Gegenwart verborgen. Damit schließt Gräb nahtlos an Schleiermachers Gefühl schlechthinniger Abhängigkeit an. Auch Paul Tillichs Predigt »Aus der Tiefe« oder seine Schrift »Mut zum Sein« klingt an. Gräb allerdings läuft Gefahr, aus den Augen zu verlieren, dass jegliche religiöse Erfahrung, mit Tillich gesprochen, auch dämonisch, also verzerrt sein kann. Er löst also die später von mir einzuführende vertikale Spannung einseitig zugunsten der Kultur auf und verbleibt damit in der Horizontalen, verwechselt mithin Offenbarung und menschliches Kulturschaffen. Diese Gefahr überwindet Schwöbel durch die klare Unterscheidung von Transzendenz Gottes und Transzendenzen der Kultur.

345 Der Pol der Freiheit im Kulturbegriff lässt aufmerken, wo Kulturprozesse dazu verwendet werden, eine bestimmte Kultur (z. B. eine Unternehmenskultur) zu implementieren und straff, unter der Verheißung der Qualitätssicherung, hierarchisch einzuführen und zu operationalisieren. Solche Einschränkung von Freiheit einzelner wird nicht selten dazu führen, dass die betroffenen Mitarbeiterinnen und Mitarbeiter ihrem Freiheitsbedürfnis insofern folgen, als sie sich zumindest innerlich von der eingeführten Kultur distanzieren und somit befreien. Auch im Bereich diakonischer Unternehmen droht diese Gefahr. Insbesondere das von Paul Gerhardt Hanselmann entworfene hierarchische Schalen-Modell für kulturelle Prägeprozesse verstärkt den Verdacht einer – bildungstheoretisch gesprochen – einseitigen Prägung einer Kultur, die sich vermutlich nicht ohne weiteres durchsetzen können wird. Es ist darum gut, dass er im Verlaufe seiner Untersuchung die zunächst allgemein entworfenen Schalen nun konkret mit offenen, freiheitsbetonenden Inhalten füllt. Vgl. Hanselmann, Paul Gerhardt: Qualitätsentwicklung in der Diakonie – Leitbild, System und Qualitätskultur in dynamischer Wechselwirkung, Stuttgart 2007. Vgl. dazu auch die Umsetzung des Bestrebens des Diakonischen Werkes insgesamt, »erkennbar diakonisch« zu sein. Diakonisches Werk der Evangelischen Kirche in Deutschland e.V. (Hg.): Charakteristika einer diakonischen Kultur. Diakonie Texte. Dokumentation 1/2008, Leinfelden-Echterdingen 2008.

346 Die von Pierre Bourdieu untersuchten Formen symbolischer Herrschaft sind Teil solcher heteronomer Schieflage.

hingegen verliert ihre Eigendynamik, da alle Entwicklung vorgegeben ist, verliert damit ihre Vielfalt. Partizipation ist zwar vorhanden, ist aber erzwungen und gleichgerichtet, ihres schöpferischen Potentials beraubt. Wiederum wird deutlich, wie eng die verschiedenen Polaritäten zusammenhängen. Sie bilden gleichsam ein vernetztes Spannungsgefüge.

Bildung heißt, die Fähigkeit zu fördern, diese kulturellen Grenzen und Freiräume bewusst wahrzunehmen, zu reflektieren und zu gestalten. Dies gilt für die Fähigkeit des Einzelnen - aber auch für die Fähigkeit des Kollektivs (z. B. von Rechtsgefügen und den zugehörigen Institutionen).

6.1.4 Zusammenfassung

Kultur ist ein facettenreiches Phänomen und kaum anders als in Spannungsfeldern zu fassen.

Insbesondere postmoderne Kultur und Kulturen lassen sich als clusterhaftes Oszillieren zwischen Individualisation und Partizipation beschreiben. Kultur hat dabei immer sowohl aktive, (Kultur) prägende und bildende als auch passive Momente. Bildungsprozesse gehören notwendig zur Kultur, und zwar sowohl auf die individuelle Seite der Polarität als auch auf die partitive Seite. Keine Kultur ohne Bildung. Keine Bildung ohne Kultur.

Auch das zweite Spannungsfeld von Dynamik und Form kennzeichnet Kultur wesentlich. Obwohl Formen bildend, bleibt Kultur immer im Fluss, verändert, schafft, bildet sich je neu bzw. lässt sich je neu bilden und schaffen. An dieser Polarität wird deutlich, dass Haltungen zu Handlungen drängen und dass Handlungen Haltungen verändern und evozieren. Insbesondere in dieser letzten Eigenschaft liegt eine wesentliche Bedeutung der Kultur für alle Bildungsprozesse. In dieser Eigenschaft liegt zugleich auch der Anspruch an Bildung: Bildung ermöglicht durch Schulung der Wahrnehmung (kultureller Zusammenhänge, Nöte und Notwendigkeiten) und die Bildung von Haltungen und Einstellungen sowie von Fähigkeiten und Fertigkeiten dem Individuum, in der Kultur aktiv zu werden, Kultur aktiv zu gestalten, sich am und an kulturellen Formen zu beteiligen.

Das dritte Spannungsfeld von Freiheit und Bedingtheit zeigt Kultur als gefährdet. Bildung schult die Wahrnehmung für Gleichgewicht und Ungleichgewicht zwischen Heteronomie und Autonomie, für Abhängigkeiten aber auch für Freiräume kulturellen Gestaltens.

Kultur ist und geschieht in Spannungen. Das ist ihre phänomenologische Beschreibung. Wiederum bleibt nun von der Theologie her diese Spannung zu betrachten.

6.2 Die theologische Dimension des Kulturbegriffs

In den biblischen Zeugnissen wird Kultur in ihrer gesamten spannungsreichen Bandbreite reflektiert. Kultur erscheint als zerstörerisch, wo sie sich selbst verabsolutiert,[347] sie erscheint aber auch genauso als gottgewollt und den Menschen dienend.[348] Diese biblische Wahrnehmung von Kultur gründet in einem weiteren Spannungsfeld, das ich zur Verdeutlichung als »vertikal« bezeichnen möchte. Sie liegt nicht in einem rein innerweltlichen, innerkulturellen Spannungsfeld, gleichsam auf der Horizontalen begründet, sondern in einer Spannung im Gottesverhältnis. Diese vertikale Spannung will ich im Folgenden trinitarisch entfalten:

6.2.1 Die schöpfungstheologische Dimension des Kulturbegriffs

Mit dem Auftrag zu bebauen und zu bewahren ist die Gestaltung der Welt dem Menschen anvertraut.[349] Das sog. »dominium terrae« aus Gen 1,28, das ich aufgrund seines direkten Zusammenhanges mit der Gottebenbildlichkeit als Kulturauftrag verstehe, ist der Auftrag, die Welt als Bild und nach dem (Vor-)Bild Gottes zu gestalten. Kultur lebt also in der Vertikalen einerseits von der Inkulturation Gottes durch seine Schöpfung und andererseits von der geschenkten und zugleich aufgegebenen Möglichkeit zur Transzendierung der Kultur auf das Bild Gottes hin. Kultur, vergisst sie ihren Grund in der Inkulturation Gottes, läuft dabei immer Gefahr, das aufgegebene Bild zu verfehlen und eine »inkurvierte Transzendenz« zu verfolgen, die notwendig in der Horizontalen bleibt.[350] Gottes »Transzendenz«, Gottes Überschreiten seiner Göttlichkeit im Prozess der Schöpfung ist der Ermöglichungsgrund wahrer Transzendenz in der Kultur. Wahre Transzendenz in der Kultur erscheint dabei immer als Geschenk und Auftrag zugleich, verbleibt damit in der Spannung von *schon* und *noch nicht*, ereignet sich kairotisch, bleibt vorläufig und letztlich erlösungsbedürftig.

Der Bildungsauftrag der Kirche ist es, diese Dimension von Kultur ins Bewusstsein zu rufen und damit solch ein vertikales Kulturverständnis auszu-

---

347 Vgl. dazu beispielsweise das Amosbuch.

348 Vgl. dazu beispielsweise den Bau der Stiftshütte mit dem Ziel, das Erscheinen und damit die »Inkulturation« der כבוד Gottes zu ermöglichen (Ex 25,8; Lev 9,23; 1Sam 4,21), oder aber die Ambivalenz beim Bau eines Tempels nach 2Sam 7 und 1Kön 5 f.

349 Vgl. Gen 2,15; vgl. auch Gen 1,28.

350 Vgl. dazu ähnlich Schwöbel 2006, S. 66 ff. und S. 76 f., der gegen die Gefahr der Hybris in der Selbsttranszendierung einer gottvergessenen Kultur die Besinnung auf die »*Inversion* des Transzendenzverständnisses« fordert, nämlich die Besinnung auf »die Bewegung, in der Gott die Vollkommenheit des trinitarischen Lebens transzendiert zur Gemeinschaft mit seiner Schöpfung. Erst aufgrund dieser Selbsttranszendierung Gottes kann der Sinn der Selbsttranszendenz des Menschen als responsorische Selbstüberschreitung zur Gemeinschaft mit Gott bestimmt werden.« Ebd., S. 76.

bilden. Bildung bedeutet, der Kultur (und ihren Menschen) zu einem Bewusstsein ihrer Tiefe und zugleich ihrer Begrenzung zu verhelfen.[351]

6.2.2 Die christologische Dimension des Kulturbegriffs

Das zweite Grundmoment der vertikalen Spannung im Kulturbegriff ist die Inkarnation Christi. »Inkarnation heißt auch Inhistorisation und Inkulturation Gottes: Die Lebensgeschichte eines Menschen in den Gestaltungsmitteln der menschlichen Kultur wird als Ereignis, in dem die ewige Logos-Struktur allen Daseins zur Erfahrung kommt, verstanden.«[352] Diese Erfahrung bestimmt sich über Jesu Christi Wirken, Sterben und Auferstehen soteriologisch. Gott kam zur Welt, damit die Welt heil sei. Gott inkulturierte sich selbst, auf dass der Mensch in seiner Kultur heil werde. Dieses soteriologische Verständnis, dass der Mensch in seiner Kultur heil werde, wehrt einer individualistischen Verkürzung. Der Einzelne wird nicht an und für sich gerettet, sondern der Einzelne wird zurechtgebracht und hineingestellt in geheilte Beziehungen zu Gott und auch zu den Menschen. Insofern kann davon gesprochen werden, dass durch Christus auch die Kultur zurechtgebracht und heil wird.

Christi »Inkulturation«, seine Verkündigung, sein Tod und seine Auferstehung zeigen, dass heile Kultur nicht beliebig sein kann. Eine heile Kultur ist getragen von Gerechtigkeit, von Liebe und Erbarmen. Eine heile Kultur versöhnt die Menschen und ihr Schaffen miteinander und mit Gott. Eine heile Kultur teilt ihre Räume, ihre Güter, ihre Schöpfungen und Werte mit allen Menschen, auch und gerade mit den Schwachen, denn ihr liegt die unendliche Wertschätzung jedes Menschen zugrunde – die unendliche Wertschätzung ob der mit der Ebenbildlichkeit verbundenen Würde, die jedem Menschen als Geschöpf mitgegeben ist und deren Wahrnehmung Jesus Christus in seinem Leben und Sterben deutlich gemacht hat.[353] Solch eine geheilte Kultur ist in Christo gegeben und zugleich aufgegeben. Wo Christus geglaubt wird und solcher Glaube kulturell geteilt wird, weiß sich Kultur schon geheilt und zugleich auf dem Weg zur Heilung. Sie nimmt sich und die partizipie-

---

[351] Theologie, selbst ein kultureller Prozess in dieser Spannung, ist immer Teil solcher Kultur und steht Kultur oder Kulturen nur insofern gegenüber, als sie die externale Begründung ihrer selbst gegen eine inkurvierte Kultur benennt. Eine Theologie, die die Selbsttranszendierung der Kultur in den Bereich des Göttlichen erhebt, läuft Gefahr, genau dieser horizontalen Inkurvierung zu verfallen. Vgl. Gräb 2006 und Gräb, Wilhelm: Praktische Theologie als Praxistheorie protestantischer Kultur, in: Gräb, Wilhelm; Weyel, Birgit (Hg.): Praktische Theologie und protestantische Kultur (PThK 9), Gütersloh 2002, S. 35-51. Gräb droht auf seiner Spurensuche nach protestantischer Kultur in, mit und unter der Alltagskultur genau dieser Gefahr zu erliegen.

[352] Schwöbel 2006, S. 77.

[353] In solch einer »heilen« Kultur der Wertschätzung ist aufgrund der Wertschätzung auch nicht mehr klar, wer schwach und wer stark ist. Solche Kategorien sind versöhnt und überwunden. Vgl. 2Kor 12,9 und s. o. S. 54.

renden Menschen bereits anders und neu wahr und ist zugleich (erst) auf dem Wege, solche Wahrnehmung zu lernen und je neu einzuüben. Aus dieser Haltung und Wahrnehmung leitet sich die Notwendigkeit der Gestaltung, des Handelns ab. Solche Wahrnehmung drängt zur Tat, drängt zur Umgestaltung von Kultur im Sinne der Inkulturation Christi.[354] Dabei gilt auch für solches Tun: Das Kreuz lässt Kultur in ihrer Erlösungsbedürftigkeit wahrnehmen, in ihren unheilvollen, lebenszerstörerischen Faktizitäten und Strukturen. Auch das eigene Kulturschaffen steht unter dem Kreuz.

Bildung ist vor diesem Hintergrund Ausbildung einer solchen wertschätzenden Wahrnehmung, ist das Einüben und Ausüben einer Kultur der Wertschätzung, die um die Heilungsbedürftigkeit, um die aufgegebene Ganzheit aller Menschen und ihrer Kulturen genauso weiß wie um die geschenkte.

6.2.3 Die pneumatologische Dimension des Kulturbegriffs

Die pneumatologische Dimension der vertikalen Kulturpolarität rechnet mit dem Wirken des Heiligen Geistes in der Kultur, und zwar mit der Kultur und gegen die Kultur.[355] Der Geist ist die das Geschenk von Schöpfung und Inkarnation aktualisierende Kraft und wirkt daher Kultur schaffend, heilend, aber auch kritisierend und verwerfend. Er vermag Kultur und Kulturen zu verwandeln. Der Geist inspiriert Kultur von ihrem Grund her und auf ihr Ziel hin. Von 1Kor 12 her wird deutlich, dass es sich auch beim Wirken des Geistes keineswegs um ein individualistisches Phänomen handeln kann. Der Geist wirkt, trinitarisch gesehen, von der Gemeinschaft her und, heilsökonomisch betrachtet, auf Gemeinschaft hin.

Der Geist *bildet* nicht nur das Individuum, sondern immer das Individuum in seiner Kultur. Spätestens, wenn Kulturbildung vom Wirken des Geistes aus betrachtet wird, wird deutlich, dass kulturelle Wahrnehmung immer zum Tätigwerden drängt. Der Geist sucht Verwirklichung. Als Geist der Wahrheit[356] widerspricht er aber auch menschlicher Kultur. Als Geist des Lebens[357] kritisiert er kulturelle Dynamik und Formen, die dem Leben – auch dem Leben der Schwächsten schaden.[358]

Bildung heißt immer auch, mit dem Bilden des Heiligen Geistes zu rechnen. Bilden heißt zugleich, Wege, Bahnen, Quellbette zu gestalten, aufzusuchen, wahrzunehmen, die den Zugang öffnen für das Wirken des Geistes, die den Zugang zur eigentlichen Quelle aller Kultur freilegen, um dann zu lehren, mit diesen Energien umzugehen, sie zu leben, sie in Handeln, Tun und Ge-

---

[354] S. o. Kapitel 4.6 und 4.7.

[355] Vgl. zu dieser Ambivalenz 1Kor 2,12 und Joh 14,17. Zur Ambivalenz von Geist und Geistern vgl. 1Joh 4,1.

[356] Joh 14,17.

[357] Röm 8.

[358] Vgl. Schwöbel 2006, S. 78.

stalten von Kultur umzusetzen. Der Geist freilich weht, wo er will. Das ist die Grenze von Bildung.

Die zweite Funktion von Bildung im Hinblick auf die pneumatologische Dimension des Kulturbegriffs ist es, sensibel zu machen für die kritische Funktion des Geistes, ein Sensorium zu schaffen für den Widerspruch des Geistes wider die Kultur und schließlich, ein Organ zu bilden, das die Kritik vernehmbar macht.

6.2.4 Zusammenfassung

Kultur, theologisch wahrgenommen, befindet sich über die horizontalen Polaritäten hinaus in einer vertikalen Spannung, die in der Selbsttranszendierung Gottes gründet. Die Selbsttranszendierung Gottes in der Schöpfung ist der Ermöglichungsgrund für die Gestaltung von Kultur auf das Bild Gottes hin. Kultur impliziert also immer schon einen Bildungsauftrag: Kulturbildung auf das Ebenbild Gottes hin. Solche ebenbildhafte Kulturbildung bleibt zugleich immer aufgegeben und hat zu lernen, sich als begrenzt wahrzunehmen.

Christi Inkarnation ist zugleich Inkulturation. Das Ansehen Christi[359] – sein barmherziges Ansehen der Menschen in ihrer Kultur und sein Sich-ansehen-Lassen als Opfer von Kultur (Mt 25) – wirkt heilend und zeigt zugleich die Heilungsbedürftigkeit von Kultur. Bildung vor diesem Hintergrund ist Wahrnehmungsbildung: Wertschätzung und Barmherzigkeit machen Not und Ungerechtigkeit sichtbar und gestalten Kultur nach dem Vorbild Christi.

Das Wirken des Geistes in der Kultur ist ihre Inspiration und führt das Individuum in der Kultur über sich selbst hinaus zu heiler Gemeinschaft. Der Geist sucht nach Verwirklichung, ist Dynamik, die zur Form drängt, inspiriert den Einzelnen und lässt ihn weben am Gemeinsamen der Kultur – in aller Freiheit und freiwilliger Gebundenheit. Als Geist der Wahrheit widersetzt er sich der Kultur, wo sie Gemeinschaft schädigt oder den Einzelnen benachteiligt, wo sie Leben (Dynamik) verhindert oder gerechte Formen verschleiert, wo sie Freiheit beschneidet oder heilsame Bindung kappt.

6.3 Die diakonische Dimension des Kulturbegriffs

Jeder der drei genannten theologischen Dimensionen von Kultur eignet eine diakonische Dimension. Zum Ersten ist alle Kultur, alles kulturelle Gestalten unter den Anspruch des Bebauens und Bewahrens gestellt. Kultur dient in ihrem Gestalten der Erhaltung und Ausgestaltung der Schöpfung. Diakonische Kultur impliziert eine Kultur der verantwortlichen und gestaltenden Bewahrung der Schöpfung. Sie dient in ihrem Gestalten insbesondere den Geschöpfen – vor allen Geschöpfen aber den Menschen, denen Gott mit der Gottebenbildlichkeit ihre unhinterfragbare Würde verlieh. Diakonische Kultur ist somit von ihrem Grund her eine *Kultur der Wertschätzung*. Solch eine

[359] S. o. Kapitel 4.7.

Kultur der Wertschätzung darf nicht als bloß passiv-rezeptive Kulturhaltung missverstanden werden – wobei selbst diese eher passive Haltung bereits Kultur verändern und gestalten würde. Solch eine Kultur der Wertschätzung impliziert zweierlei: zum einen die Wahrnehmung von Schöpfung und Würde als unveräußerliches Geschenk Gottes und die daraus resultierende Haltung der Wertschätzung; zum andern das Sich-in-Dienst-nehmen-Lassen sowohl für eine verantwortliche Mitgestaltung und Erhaltung der Schöpfung, wie sie in der Gottebenbildlichkeit mitgesetzt ist, als auch für die aktive Welt- und Kulturgestaltung auf eine gerechte und soziale Welt hin, die dem Anspruch der Gottebenbildlichkeit des Menschen gerecht wird.

Zum Zweiten weiß sich Kultur als »Medium« der Inkarnation Christi. Sie weiß sich als von Christus her geheilt und als auf Christus hin zu heilende. Alle Kultur steht daher unter dem Anspruch, in ihrem Gestalten der Verkündigung dieses Evangeliums zu dienen. Dieses Evangelium ist oft auch notwendig kulturkritisch, dient also zuerst und vor allem den unter einer Kultur Leidenden, denen, die von Kulturen ausgeschlossen werden, die kulturell marginalisiert, unterdrückt, eingeschränkt oder ausgenutzt werden.[360] Diakonische Kultur ist daher eine *Kultur der Wahrnehmung*, die sich vom Ansehen Christi geleitet und gebildet weiß. Diakonische Kultur weiß sich als von Christus erbarmend angesehen und sieht selbst mit Erbarmen auf die Menschen, in denen sich nach Mt 25 Christus zeigt. Christi Ansehen befähigt und ermutigt zu solch einer Kultur der Wahrnehmung. Solch eine Kultur der Wahrnehmung bleibt wiederum nicht passiv, sondern sie dringt, befähigt durch das Ansehen Christi, selbst auf eine Kultur der Befähigung, der Unterstützung, der Hilfe, der Ermutigung und der Hoffnung über die Grenzen des Lebens hinaus.

Zum Dritten ist Kultur, wenn sie sich vom Geist Gottes inspiriert weiß, auf gelingende Gemeinschaft angelegt. Dazu gehören Gerechtigkeit und Liebe,[361] die eine Gemeinschaftskultur dialektisch zwischen Regelhaftigkeit und Barmherzigkeit schaffen: Diakonische Kultur nimmt diejenigen in den Blick, die benachteiligt sind in Bezug auf eine gerechte Teilhabe und setzt sich für gerechtere Strukturen ein. Sie schafft aber auch Raum und Möglichkeit zur Versöhnung und Vergebung, was Veränderung und Heilung erst ermöglicht. Sie lebt aus und sucht nach Räumen, in denen gelingende und gelungene Gemeinschaft (zwischen Menschen und zwischen Menschen und Gott) gefeiert wird, im Loben und Danken (für Gott und Mensch) vergegenwärtigt wird. Diakonische Kultur ist somit zugleich kritisch als auch »erbaulich«.

Alle Kultur gründet in der beschriebenen theologischen Spannung und ist somit auch auf eine Bildung diakonischer Kultur angewiesen. Dazu zählt die Bildung einer *Kultur der Compassion*, wie sie Kuld im Anschluss an Metz vorschlägt. Dazu zählt auch die Bildung einer *Kultur der Partizipation*, wie sie Hanisch und Toaspern, ohne sie als solche zu bezeichnen, fördern. Dazu zählen darüber hin-

---

360 Mt 25.

361 Vgl. Schmidt 2003 und oben, Kapitel 2.3.

aus die Bildung einer *Kultur der gestaltenden Wertschätzung*; die Bildung einer *Kultur der Wahrnehmung* im beschriebenen doppelten Sinne des Ansehens Christi (hiervon scheint mir die Kultur der Compassion ein wesentlicher, aber nicht hinreichender Teil zu sein) und die Bildung einer hieraus folgenden *Kultur der Befähigung, der Unterstützung und der Hilfe*; sowie die Bildung einer *Kultur der Gemeinschaft*, der Kultur des dialektischen Ausgleiches zwischen erbarmender Liebe und partitiver Gerechtigkeit, der *Kultur des gemeinsamen Feierns, Lobens und Dankens*. Solch eine Kultur ist fähig, ihren Beitrag besonders für diejenigen zu leisten, die im Spannungsfeld der Kulturen zerrieben werden.

6.4 Die Bedeutung diakonischer Bildung für Bildung und Kultur aus theologischer Perspektive – erstes Fazit

Bildung und Kultur erwiesen sich in ihrer phänomenologischen Betrachtung wie in ihrer theologischen Wahrnehmung als strukturverwandt – mehr noch: als aufeinander bezogen. Bildung hat ihr Wirkungsfeld in der Kultur. Wenn sie es nicht hat, da ist Heinz Schmidt beizupflichten, verliert sie ihre Relevanz.[362] In, mit und unter der Kultur entfaltet Bildung ihre wirklichkeitsgestaltende Kraft. In, mit und unter der Kultur entfaltet Bildung ihr ethisches, ihr diakonisches Potential. Nur in, mit und unter der Kultur kommt eine Bildung, die von der Ästhetik ausgeht, zur Praxis. Dies galt für die »alten«, kulturell einheitlichen Deutungs- und Bedeutungssysteme und gilt gleichermaßen für die »heutigen«, zugleich in kleinste Einheiten zerteilten und doch global miteinander vernetzten Kulturen. Bildung ist also nur dann bei sich, wenn sie Kultur bildet. Eine Bildung, die sich ihrer diakonischen Dimension bewusst ist, zielt auf eine Verwandlung von Kultur.[363] Dabei geschieht sie idealerweise in einer Kultur, zu der sie selbst erst bildet.

Eine auf solcher Bildung aufbauende diakonische Didaktik wird also zum Ersten immer auch die Kultur und Kulturen *wahrnehmen*, in denen sie geschieht und auf die sie zielt. Es wird die Kultur der diakonischen und sozialen (Tätigkeits-)Felder[364] und Institutionen genauso in den Blick kommen müssen

---

[362] S. o. S. 121.

[363] Die Äquivokation von Kultur als Gesamtheit der Produkte und Einstellungen (z. B. Kultur der Inka) einerseits und als Haltung (z. B. Kultur des Helfens) andererseits ist nur eine scheinbare. Die Haltung ist aufs engste verbunden mit den Kulturprodukten.

[364] Unter einem diakonischen Feld verstehe ich die über den diakonischen Praktikumsort der Schüler hinaus relevanten Bereiche, Systeme und Kommunikationen. Im Fall eines Altenheimes wäre das beispielsweise die jeweilige Gesetzgebung, soziale Absicherungssysteme, Bezugswissenschaften wie beispielsweise die Gerontologie, aber auch die konkreten institutionellen Zusammenhänge (Zugehörigkeit zu einem Wohlfahrtsverband, der politischen Gemeinde, der Kirchengemeinde), gesellschaftliche Wahrnehmungen und Diskussionen, Altenpflegeausbildung, demografische Aspekte etc.

wie die Schulkultur auf allen Ebenen. Es müssen die Kultur und die Kulturen der Schüler möglichst genau wahrgenommen werden und darüber hinaus in Beziehung gesetzt werden zu der Kultur und den Kulturen der Lehrer, der Schule und der diakonischen Felder. Keine Kulturwahrnehmung ist dabei absolut. Vielmehr liegt das Augenmerk auf den Polaritäten, den Clusterbildungen von Kultur. Denn nicht an überkommenen Kulturformen ist eine solche Didaktik interessiert, sondern gerade an den »spannenden« Fragen von Kultur. Eine diakonische Didaktik wird zum Zweiten darüber *reflektieren*, wie und wodurch eine diakonische Kultur unmittelbar die Kultur(en) von Schule, Schülern, mittelbar die Kultur(en) der politischen Gemeinde und des Staates, die Kultur(en) der Kirchengemeinde, die Kultur(en) der Vereine, die Kultur(en) von Freizeit und Freizeitgestaltung, um nur einige Wirkbereiche zu nennen, verändert. Eine diakonische Didaktik wird zum Dritten Wege zur *Gestaltung* von Kultur aufzeigen, erproben und ggf. anleiten.

6.5 Der Beitrag diakonischer Bildung für Bildung und Kultur aus nichttheologischer Perspektive – zweites Fazit

Diakonische Bildung und diakonische Kultur leisten, das konnte gezeigt werden, einen aus theologischer Sicht unverzichtbaren Beitrag zur allgemeinen Bildung und Kultur[365]. Aus nichtkirchlicher Perspektive kann zunächst keine Notwendigkeit diakonischer Bildung und Kultur konstatiert werden. Lediglich die phänomenologische Beschreibung der jeweiligen horizontalen Spannungsfelder von Bildung und Kultur dürften konsensfähig sein. Wenn etwas nicht notwendig abzuleiten ist, muss das jedoch nicht bedeuten, dass es überflüssig oder sinnlos sei. Der Beitrag diakonischer Bildung und diakonischer Kultur kann auch aus jener Perspektive als wertvoll und bereichernd betrachtet werden, sofern er einen positiven Effekt für die Allgemeinbildung und die allgemeine Kultur hat. Dafür müsste diakonische Bildung zeigen, welchen Beitrag sie innerhalb der phänomenologischen Spannungsfelder allgemeiner Bildung und Kultur leistet.

Welche Leistung, welche Impulse sind von diakonischer Bildung im Spannungsfeld von Individualisation und Partizipation zu erwarten? Diakonische Bildung von Haltungen und Handlungen fördert zunächst den individuellen Pol, also Einzelne: Sie fördern – das ist offensichtlich – die Schüler, schulen ihre Wahrnehmungsfähigkeit, bilden über die diakonischen zugleich ihre sozialen Kompetenzen. Sie fördern darüber hinaus aber auch diejenigen Men-

[365] Dass es die »allgemeine« Kultur oder Bildung nicht geben kann, ist oben hinlänglich gezeigt worden. Gleichwohl gibt es Kultur-Cluster, die von vielen Menschen geteilt werden, bzw. von möglichst vielen Menschen im Staat geteilt werden können sollen. In diesem Sinne ist hier von Allgemeinbildung bzw. allgemeiner Kultur die Rede.

schen, denen die Schüler in ihren Praktika und in ihrem Leben begegnen,[366] und eröffnen ihnen damit neue Wege der Partizipation – womit schon die Bedeutung für den zweiten Pol angedeutet ist. Indem die Fähigkeit zu diakonischem und damit sozialem Engagement Einzelner ausgebildet wird, wird zugleich die kollektive, die allgemeine Kultur mitgebildet. Allein dadurch, dass diakonische bzw. soziale Institutionen von Einzelnen wahrgenommen werden, wird sich im Gesamten etwas verändern.

Wie viel größer wird erst der Einfluss Einzelner auf das Gesamte sein, wenn die diakonischen Einrichtungen von innen her handelnd wahrgenommen und bedacht werden?[367]

Auch innerhalb der Polarität von Freiheit und Bedingtheit hat diakonische Bildung und Kultur der allgemeinen etwas zu geben: Sie schafft ein Bewusstsein dafür, dass es Grenzen individueller Freiheit gibt, die mit Verantwortung zu tun haben.[368] Diakonische Kultur sucht ihre Freiheit darin zu verwirklichen, dass sie sie in den Dienst anderer stellt. Diakonische Freiheit bindet sich zugunsten anderer.[369] Diakonische Bildung schärft die Wahrnehmung dafür, wo Menschen benachteiligt und damit abhängig gemacht werden. Sie fördert eine Kreativität, die nach Gestaltungsspielräumen, nach Freiräumen für Menschen sucht, die durch ihre Abhängigkeit begrenzt sind. Die Schulung der Wahrnehmung der eigenen Person als bedingte und abhängige kann dazu beitragen, Menschen, die etwa durch eine Behinderung, Krankheit oder ihr Alter (Kinder wie Alte) auf andere angewiesen sind, nicht mehr im herablassenden Sinne zu bemitleiden oder zu bevormunden.

Schließlich können diakonische Bildung und Kultur auch innerhalb der dritten Polarität aus Dynamik und Form als hilfreich wahrgenommen werden.

---

[366] Diese Förderung geschieht unmittelbar durch das konkrete, praktische Handeln, aber auch mittelbar, langfristig dadurch, dass die beteiligten Schüler nach solchen Begegnungen anders auf die so erlebte Personengruppe zugehen werden und dadurch mit an einer Veränderung der Kultur des Umgangs mit ihnen arbeiten werden.

[367] An dieser Stelle muss vor der Ambivalenz dieses Effektes gewarnt werden: Die Ausbildung einer Bereitschaft zum Ehrenamt darf nicht dazu führen, dass der Staat sich aus seiner sozialen Verantwortung zurückzieht.

[368] Vgl. Strohm, Theodor: Diakonie in der Perspektive der verantwortlichen Gesellschaft. Beiträge zur sozialen Verantwortung in der Kirche II, VDWI 16, Heidelberg 2003.

[369] Vgl. dazu den zweiten Teil der Programmformulierung in Luthers Freiheitsschrift, in dem der Christ als dienstbarer Knecht aller beschrieben wird. Auch hier ist die Gefahr im Auge zu behalten, dass durch diese einseitige Betonung des Nachsatzes unter Vernachlässigung der Freiheit im Vorsatz leicht einer Instrumentalisierung Tür und Tor geöffnet werden kann. Die Kehrseiten von Löhes Diakonissen-Leitspruch »Was will ich? Dienen will ich. – Wem will ich dienen? – Dem Herrn Jesu in seinen Elenden und Armen. Und was ist mein Lohn? Ich diene weder um Lohn noch um Dank, sondern aus Dank und Liebe; mein Lohn ist, daß ich darf!« sind hinlänglich bekannt und sollten sich nicht wiederholen.

Diakonische Bildung fördert ein Verständnis dafür, dass kulturelle Formen nicht sakrosankt, nicht unhinterfragbar und vor allem nicht unveränderlich sind. Kultur will gestaltet und verändert werden und sucht nach den der Zeit und ihren (sozialen) Problem- und Fragestellungen angemessenen Formen.[370] Zugleich schafft sie auch Einsichten in grundlegende staatliche und gesellschaftliche Organisationsformen wie beispielsweise das Prinzip der Subsidiarität.

Eine diakonische Kultur der Wertschätzung von Mensch und Schöpfung, der Wahrnehmung, der Befähigung und des Helfens sowie der Gemeinschaft leistet somit einen nicht zu unterschätzenden Beitrag für eine »allgemeine« Kultur. Die hohe Wertschätzung christlicher Schulen auch in nichtchristlichen Kreisen ist das beste Beispiel dafür.

---

[370] »Bewährtes erhalten und fördern, Neues erproben und Veränderungen wagen«, formuliert die sog. Diakonie-Denkschrift von 1998. Kirchenamt der EKD (Hg.): Herz und Mund und Tat und Leben. Grundlagen, Aufgaben und Zukunftsperspektiven der Diakonie, EKD-Denkschrift Nr. 143, Gütersloh 1998, Ziffer 4.

7. Grundlinien einer diakonischen Didaktik

Nachdem gezeigt werden konnte, wie diakonische Bildung biblisch bestimmt ist, wie sie im allgemeinen Bildungsbegriff gründet und umgekehrt diesen selbst begründet und wie diakonische Bildung und diakonische Kultur zusammenhängen, sollen nun erste didaktische Konsequenzen gezogen werden. Dazu treffe ich in einem ersten Schritt einige elementare Unterscheidungen und Verhältnisbestimmungen, die noch einmal genauer den Ort diakonischer Bildung umreißen. In einem zweiten Schritt entfalte ich den für eine diakonische Didaktik grundlegenden Zirkel *Ansehen - Deuten - Handeln* in seinem Zusammenhang. Bevor dieser dann im Einzelnen ausgearbeitet wird, trage ich relevante Erkenntnisse aus der Neurobiologie, aus der systemisch-konstruktivistischen Didaktik und aus der Entwicklungspsychologie zusammen.

7.1 Abgrenzungen und Verhältnisbestimmungen

Diakonische Bildung überschneidet sich in vielem mit verwandten Bildungsbereichen, so dass verschiedene Verhältnisbestimmungen nötig werden: Wie verhalten sich ethische und diakonische Bildung zueinander? Wie verhalten sich diakonische Bildung und Ausbildung zueinander? Nach diesem sehr grundlegenden Anweg über den allgemeinen Bildungsdiskurs und dieser ersten, noch allgemeinen Verhältnisbestimmungen soll dann der Fokus auf die Schule gerichtet werden. Diese notwendige Eingrenzung auf die Schule soll aber insoweit für andere diakonische Bildungsorte durchlässig bleiben, als Schule der Ort der Bildung für die gesamte Breite unserer pluralen Gesellschaft gelten kann. Was in elementarer Weise für die Schule gilt, trägt auch als Grundlage diakonischer Bildung an anderen Institutionen. Diakonische Bildung an der Schule steht im Fokus; mit der Schule ist aber weiterhin die Breite diakonischer Bildungseinrichtungen im Blick, wenn im Folgenden gefragt wird: In welchem Verhältnis sollen Religionsunterricht und Diakonieunterricht stehen? Und wo findet diakonische Bildung ihren Platz im Fächerverbund und an der Schule insgesamt?

7.1.1 Ethische und diakonische Bildung

Ethische und diakonische Bildung haben viel gemeinsam und unterscheiden sich doch. An dieser Stelle soll eine kurze Zuordnung und Abgrenzung der beiden Bildungsfelder vorgenommen werden. Dafür wende ich mich zunächst der Klärung dessen zu, was unter ethischer Bildung zu verstehen ist.

Ausgehend von Aristoteles wird Ethik als »ἠθικὴ θεωρία«,[371] als theoretischer Zugang zur sozialen und kulturellen Lebenspraxis verstanden.[372] Ethische Bildung umfasst somit all diejenigen Bildungsprozesse und -inhalte[373], die einen Menschen zu einem wertorientierten und reflektierten Urteilen und Handeln befähigen. Ethische Bildungsprozesse beinhalten damit immer zwei Dinge: zum einen die Einführung in die Kenntnis von und den Umgang mit den moralischen Normen der betreffenden sozialen Gruppe und das Vertrautwerden damit; und zum andern die Förderung eines reflektierten Umganges mit den und innerhalb der vorhandenen moralischen und sozialen Strukturen.[374]

Wie nun sind die so bestimmte ethische Bildung und die diakonische Bildung einander zuzuordnen? Grundsätzlich sind vier Zuordnungen der beiden Bildungsfelder zueinander denkbar:

1. Das Gegenüber von ethischer und diakonischer Bildung:
Ethische Bildung und diakonische Bildung stehen nach diesem Verständnis ohne Bezüge nebeneinander, bilden separate Bereiche mit je eigenen Begründungen, mit je eigenen Gesetzlichkeiten und nicht zuletzt mit einer je eigenen Didaktik. Dafür spricht insbesondere, dass ethische Reflexion sich auf ganz andere Wertbegründungen bzw. Grundwerte bezieht als diakonisches Denken, welches sich, wie oben dargelegt, dezidiert auf eine biblisch-christliche Grundlage gestellt weiß.

---

371 Vgl. Herms, Eilert: Art.: Ethik I. Begriff und Problemfeld, in: Betz, Hans Dieter: Religion in Geschichte und Gegenwart. Handwörterbuch für Theologie und Religionswissenschaft (RGG^4), Tübingen ^{4}1999, Sp. 1598.

372 Vgl. beispielsweise die Definitionen von Ethik bei Trutz Rendtorff als »Theorie der menschlichen Lebensführung« (Rendtorff, Trutz: Ethik, Bd. 1, Stuttgart ^{2}1990, S. 13), bei Christofer Frey u. a. als »*kritische und normative reflexive Besinnung auf Maßstäbe des Verhaltens* (d. h. des Handelns und gestalteten Erleidens) *sowie der Orientierung in gesellschaftlichen Zusammenhängen*« (Frey, Christofer u. a. (Hg.): Repetitorium der Ethik für Studierende der Theologie, Waltrop ^{2}1996, S. 5) oder bei Heinz Schmidt als »methodisch kontrollierte[s] Nachdenken über das Ethos« (Schmidt, Heinz: Theologie und Ethik in Lernprozessen, Stuttgart 2003, S. 402).

373 Vgl. dazu die Polarität Dynamik und Form, S. 77. Auch die übrigen Polaritäten des oben entwickelten Bildungsbegriffs sind auf die ethische Bildung anzuwenden. Somit ist auch ethische Bildung Bildung in Spannung, darum immer beides, am Prozess wie am Ergebnis orientiert, am Input wie am Output, am Einzelnen wie an der Gesellschaft etc. Vgl. insbesondere zur Spannung von Individualisation und Partizipation bzw. Selbst und Welt die Definition des Gegenstandsbereichs des Ethikers von Eilert Herms: »Dem Ethiker ist sein Gegenstand nur gegeben auf dem Boden eigener Teilhabe an einem Ethos für deren reflexive Wahrnehmung. E. ist stets Teil ihres Ethos. Aus dieser perspektivischen Gegebenheit ihres Gegenstands folgt die Perspektivität all ihrer Aussagen - unbeschadet des Anspruchs aller in ihr als gültig vertretenen Normen, in Wahrheit für alle Menschen zu gelten.« Herms 1999, Sp. 1598.

374 Vgl. ähnlich Schmidt 2004, S. 10: »Ethische Erziehung umfasst Einführung in die moralischen Verhältnisse und Reflexion über diese Verhältnisse.«

Gegen solch ein beziehungsloses Gegeneinander sprechen die oben beschriebenen »Überlappungen« der Kulturbereiche in unserer postmodernen Gesellschaft.[375] Längst sind zwar im christlichen Europa die Kultur- und Wertebereiche von allgemeiner Ethik und diakonischer Ethik nicht mehr insgesamt deckungsgleich (falls sie es je wirklich waren), doch finden sich immer noch zahlreiche Überschneidungen. Beide Bildungsanliegen haben darüber hinaus dieselben sozialen Größen (Gesellschaft, Bildungssystem, Schule, etc.) als Referenzrahmen, innerhalb dessen sie wirken und den sie gestalten wollen. Ethische Bildung und diakonische Bildung sind somit nicht ohne Bezüge denkbar.

2. Ethische und diakonische Bildung als Synonyme:
Ethische Bildung und diakonische Bildung könnten auch als deckungsgleich vorgestellt werden. Nicht zuletzt die Tatsache, dass in diakonischen Einrichtungen häufig die Mehrheit der Mitarbeiter keine spezifisch christliche Begründung für ihre Arbeitsplatzwahl und ihre Tätigkeit haben, könnte die Identität der beiden Bildungsbereiche nahelegen.

Das Bemühen der diakonischen Einrichtungen um theologisch begründete diakonische Leitbilder widerspricht jedoch einer so einfachen Ineinssetzung. Der pluralistische Kulturbegriff der Postmoderne, der mit je unterschiedlichen und zu differenzierenden Überschneidungen und Unterscheidungen verschiedener Kulturen und Kulturbereiche rechnet, muss auch hier wiederum als Gegenargument angeführt werden. Wir leben nicht (mehr) in einer einheitlichen Kultur. Und wir leben schon gar nicht (mehr) in einer Kultur, in der die christliche zugleich die gesamtgesellschaftliche Kultur oder auch nur »Leitkultur« wäre.

3. Diakonische Bildung als Spezialfall ethischer Bildung
Da diakonische Bildung und ethische Bildung gleichermaßen auf – wenn auch unterschiedliche – Werte bezogen sind und einen nicht nur intuitiven, sondern einen reflektierten Umgang mit sozialen und moralischen Fragestellungen und Anforderungen implizieren, könnte diakonische Bildung als ein Spezialfall, also eine Unterart ethischer Bildung verstanden werden, die sich eben auf einen besonderen, nämlich den biblisch-christlichen Wertekanon bezieht. Diakonik wäre dann eine besondere Form und Zuspitzung von Ethik.[376] Diese Bestimmung ist zunächst nicht falsch. Sie ist jedoch Ausdruck einer bestimmten Perspektive, die unter ethischer Bildung das Allgemeinere und unter diakonischer das Besondere versteht.

Gegen ein solches Verständnis aber spricht, dass – nachdem durch die Aufklärung der kirchlich vorgegebene Wertekonsens hinterfragt und durch einen vernunftbegründeten ersetzt wurde – mittlerweile auch die Vernunft

---

[375] S. o. Kapitel 6.

[376] Vgl. ähnlich Schmidt 2004, S. 10: »Insofern diakonisches Lernen eine bestimmte ethisch reflektierte Grundorientierung zum Ziel hat, ist sie eine Spielart ethischer Erziehung.«

nicht mehr als einheitlich und somit zu einer allgemeinverständlichen, einsichtigen und verbindlichen Ethik führend gedacht werden kann.[377] Es gibt nicht eine Ethik höherer (vernünftigerer) Ordnung, in der sich andere Ethiken integrieren ließen. Und so kann es auch keine ethische Bildung höherer Ordnung geben. Richtig an dieser Sicht jedoch ist immerhin, dass eine allgemeine (ethische) Bildung den Raum geben kann für verschiedene konkrete Formen ethischer Bildung. Allgemeinbildende Schulen böten demnach den Raum und den Rahmen für christlich-ethische Bildung, für eine wie auch immer geartete philosophisch-ethische Bildung und wohl bald auch für eine muslimisch-ethische Bildung usw. Das ist die Perspektive der *allgemeinen* Bildung, die an *allgemeinbildenden* Schulen vorherrschende Perspektive.

Diakonische Bildung wäre demnach Bildung in und aufgrund einer christlichen Ethik, wäre die Befähigung zur kritischen Reflexion ethischer Fragestellungen auf Grundlage von christlichen Werten. Diakonischer Unterricht wäre christlicher Ethikunterricht, theoretischer christlicher Ethikunterricht. Diakonische Bildung, so verstanden, bliebe unterbestimmt. Denn diakonische Bildung ist mehr als »Theorie-Bildung«. Sie bleibt nicht bei der Theorie und Urteilsfindung über eine (christliche) Lebensführung stehen, sondern impliziert diakonisches Handeln, setzt eine diakonische Praxis als Bedingung der Möglichkeit für diakonisches Lernen und diakonische Bildung geradezu voraus. Diakonische Praxis ist genauso wie eine diakonisch-ethische Theorie das sine qua non diakonischer Bildung.[378]

Es könnte eingewendet werden, dass auch ethische Bildung als reine »Theorie-Bildung« unterbestimmt bleibt und letztlich angemessen nur geschehen kann, wo Ethik praktisch wird. Diesem Einwand ist zuzustimmen. Die Praxis ethischen Unterrichts belegt allerdings, dass von oben gegebener Definition von Ethik als Theorie und damit von ethischer Bildung als einer »Theorie-Bildung« ausgegangen wird. Ein Umdenken wäre wünschenswert. Zur Unterscheidung wäre ein solch praktischer Ethikunterricht wohl auch anders zu benennen, so dass ich einen solchen Unterricht lieber als »sozialpraktischen Unterricht« bezeichnen würde. Eine so verstandene praktisch-ethische Bildung wäre dann als »sozialpraktische Bildung« zu bezeichnen. Es wäre ein Erfolg, würde sich das herkömmliche Verständnis von ethischer Bildung und ethischem Unterricht in diesem Sinne von diakonischer Bildung verändern lassen.

4. Ethische Bildung als Teil diakonischer Bildung

Wenn nun diakonische Bildung ethische Reflexion zwar impliziert, aber diese nicht ohne eine darauf bezogene diakonische Praxis betreiben will, könnte ethische Bildung als Teil diakonischer Bildung verstanden werden. Diakoni-

[377] Vgl. Schmidt 2003, S. 104, der unserer nachaufgeklärten Zeit eine »Vielfalt von Rationalitäten (z.B. wirtschaftliche, rechtliche, politische, religiöse usw.)« bescheinigt, die eine einheitliche Begründung ethischer Reflexion unmöglich machen. Vgl. auch ebd. S. 402.

[378] Vgl. ähnlich Schmidt 2004, S. 10.

sche Bildung bedarf der ethischen aus zwei Gründen: Zum einen ist Diakonie im Kontext auch nichtchristlicher Kultur darauf angewiesen, ethische Theorien und Reflexionsmuster zu kennen, um dialog- und kommunikationsfähig zu bleiben, um die eigenen Anliegen zu verwirklichen und zu vertreten. Zum anderen gilt, dass sich diakonische Praxis, wenn sie theologisch verantwortlich geschehen soll, vernünftig verantworten muss. Dazu bedarf es ethischer Reflexion. Es ist für eine tragfähige diakonische Bildung unabdingbar, dass ethisches Denken geschult – dann aber auch in der Praxis erprobt wird. Es ist wichtig, dass die Entwicklung der Fähigkeit ethischen[379] Urteilens in Bildungszusammenhängen beachtet wird. Und es ist nötig, dass verschiedene ethische Begründungsansätze vermittelt werden, so dass Diakonie einerseits streitbar, andererseits auch dialogfähig bleibt. Letztere Forderung verrät jedoch, dass – geht es um eine gleichberechtigte Kommunikation zwischen verschiedenen ethischen Ansätzen – nicht ein Ansatz dem anderen untergeordnet sein kann. Ethische Bildung ist darum nur hinsichtlich ihres Gebrauchs innerhalb diakonischer Bildung Teil der Letzteren.

5. Fazit

Grundsätzlich ist es also eine Frage des Kontextes und der Perspektive, für welche Zuordnung ich mich entscheide. Absolute Identität oder absolutes Gegenüber wird es nur in Einzelbereichen geben. Ob ich diakonische Bildung der ethischen zuordne oder umgekehrt, hängt von der jeweiligen Perspektive ab. Es handelt sich also um ein durchaus spannungsvolles Verhältnis zwischen beiden Bildungsbereichen. Diakonische Bildung als theoretisch-praktische braucht notwendig ethische »Theorie-Bildung« und muss sich daher notwendig mit ihren Voraussetzungen und mit ihren didaktischen Zugängen und Erfordernissen beschäftigen. Ethische Bildung im Sinne allgemeiner Bildung wiederum kann von diakonischer wesentlich profitieren. Nur in diesem Spannungsfeld kann diakonische Bildung ihren Platz an allgemeinbildenden Schulen behaupten, ohne ihr theologisches Profil zu verlieren.

7.1.2 Diakonische Bildung und Ausbildung

Bildung und Ausbildung, das konnte bereits gezeigt werden, stehen in einem Spannungsverhältnis zueinander, das auf der Polarität von Individualisation und Partizipation, von Subjekt und Gesellschaft beruht.[380] Dabei neigt die Ausbildung als Spezialfall von Bildung stärker dem gesellschaftlichen Pol zu, da sie ihr Ziel vor allem in der Zurüstung für eine Aufgabe für die Gesellschaft trägt. Natürlich aber wird die Ausbildung auch das Bildungssubjekt im Blick

---

[379] S. u. S. 179 ff., wo ich die Entwicklung des moralischen Urteils darstelle. Häufig wird der Begriff der Moral oder des Moralischen so gebraucht, dass er eher die unreflektierte Anwendung von Regeln und Normen meint. Hier ist die Verwendung des Moralbegriffs von Kohlberg übernommen, der von ihm synonym zu dem hier vorgeschlagenen Ethik-Begriff verwendet wird.

[380] S. o. S. 73 f.

haben. Eine gute Ausbildung fördert immer auch die Person, die ausgebildet wird. Das von Toaspern angeführte Beispiel der US-amerikanischen Fleischerausbildung verfehlt die Bildung der Person.[381] Solch eine Ausbildung kann nicht mehr als Spezialfall von Bildung angesehen werden, vielmehr handelt es sich um die wirtschaftliche und gesellschaftliche Ausbeutung der Arbeitskraft eines Auszubildenden.

Ausbildung ist ein Spezialfall von Bildung, eine konkrete Ausformung von Bildung mit einer ganz klaren Zielsetzung, nämlich auf einen Beruf vorzubereiten, auf einen Beruf oder ein Berufsfeld hin zu bilden. Konzentrieren sich Inhalte und Formen, Didaktik und Methodik zu sehr auf dieses Ziel und verlieren dabei die Bildung im Allgemeinen aus dem Auge, wird die Einseitigkeit der Ausbildung verstärkt. Es ist darum wichtig, dass in der beruflichen Ausbildung neben den spezialisierten Ausbildungsfächern auch allgemeinbildende Fächer wie Deutsch, Religion oder Gemeinschaftskunde unterrichtet werden.[382]

Auch im Rahmen diakonischer Bildung ist zu unterscheiden zwischen Bildung und Ausbildung. Wie verhalten sich diakonische Bildung und Ausbildung zueinander? Um diese Frage beantworten zu können, muss zunächst noch einmal eine weitere Unterscheidung getroffen werden: Es gibt Bildung und Ausbildung jeweils auf zwei Ebenen, auf einer übergeordneten, äußeren Ebene, der Makroebene, und auf einer untergeordneten, inneren, der Mikroebene. Auf der Makroebene wären unter Ausbildung die verfassten Ausbildungsgänge zu verstehen, beispielsweise die Ausbildungsgänge innerhalb des dualen Systems oder die Studiengänge an Hochschulen und Fachhochschulen. Unter Bildung wäre auf der Makroebene die allgemeine Bildung insgesamt, institutionell vorangebracht in den allgemeinbildenden Schulen, zu verstehen. Auf der Mikroebene sind mit Bildung und Ausbildung Anteile innerhalb des jeweiligen Bildungssektors zur verstehen, also beispielsweise Bildungs- und Ausbildungsanteile innerhalb der Altenpflegeausbildung oder innerhalb des Diakoniegrundkurses am Gymnasium. Denn beide, verfasste Ausbildung und allgemeinbildende Schule, haben sowohl Anteile allgemeiner Bildung als auch Ausbildungsanteile. Hier soll es zunächst um die Mikroebene gehen, also um das Verhältnis von Bildungs- zu Ausbildungsanteilen innerhalb von Schule und Ausbildung, bevor in einem letzten Schritt der Zusammenhang auf der Makroebene bedacht werden kann.

Bildung und Ausbildung an allgemeinbildenden Schulen

Lothar Kuld und Stefan Gönnheimer haben an allgemeinbildenden Schulen untersucht, ob diakonische Praktika einen Effekt auf die Berufsfindung haben, ob sie also im weiteren Sinne bereits auf die Ausbildung zielen. Diesen

---

[381] S. o. S. 22, Fußnote 28.

[382] Vgl. beispielsweise Ministerium für Kultus, Jugend und Sport Baden-Württemberg: Bildungsplan für die Berufsschule, Band XIII Agrarwirtschaft, Heft 2 Forstwirt/Forstwirtin, Schuljahr 1, 2 und 3, Stuttgart 1998.

Effekt konnten sie nicht nachweisen.[383] Gramzow hingegen findet diesen Effekt in seiner Untersuchung belegt.[384] An diesen unterschiedlichen, jeweils empirisch begründeten Einschätzungen wird deutlich, dass die berufliche Orientierung nicht im Zentrum diakonischer Bildung an allgemeinbildenden Schulen steht. Selbst die erworbenen Fachkompetenzen im Bereich der Praktika, die normalerweise Gegenstand beruflicher Ausbildung wären, haben hier nicht zuerst beruflich fokussierende, sondern den Bildungshorizont weitende Wirkung. Die Fähigkeit, einen Verband anzulegen, oder die Erfahrung mit Menschen, die unter der Alzheimer Krankheit leiden, wird in der Regel nicht als Bildungsfokus, nicht als Ausbildungsrüstzeug, sondern als bereichernde, zusätzliche Bildungserfahrung gewertet.[385] Diakonische Ausbildung geschieht zwar an allgemeinbildenden Schulen im Rahmen der diakonischen Praktika. Sie tritt aber als Rüstzeug für die Tätigkeiten im Praktikum auf und zielt nicht auf die Qualifikation für einen Beruf. Diakonische »Ausbildung« an allgemeinbildenden Schulen ist also keine Berufsausbildung im eigentlichen Sinn, sondern erweitert den Horizont diakonischer Bildung um ein Praxisfeld.

Bildung und Ausbildung im Bereich von diakonischer Berufsausbildung und von diakonischen Studiengängen

Anders als an allgemeinbildenden Schulen steht im Bereich von diakonischer Berufsausbildung und von diakonischen Studiengängen die Vorbereitung und Qualifikation für einen Beruf im Zentrum. Wir blicken hier auf ein weit gefächertes Angebot an Ausbildungen, das von Berufsausbildungen innerhalb des dualen Systems (z. B. Altenpflegeausbildungen) bis hin zu Studiengängen an Fachhochschule und Universitäten[386] (z. B. Diakoniemanagement) reicht. Auch zahlenmäßig stellt der Bereich diakonischer Ausbildungen einen beträchtlichen Anteil beruflicher Ausbildungen überhaupt. So beziffert das diakonische Werk der Evangelischen Kirche in Deutschland in seiner Einrichtungsstatistik für das Jahr 2008 die Zahl der Aus-, Fort-, und Weiterbildungsstätten für so-

---

[383] »Compassion erfüllt demnach für die Schüler nicht das Ziel der Berufsorientierung.« Kuld, Gönnheimer 2000, S. 61.

[384] Gramzow 2010, S. 444 und S. 579.

[385] Diese Einschätzung belegen zahlreiche Befragungen und Berichte von Schülern. Vgl. z. B. die Auszüge aus Befragungen von Bettina bei Gramzow 2010, S. 403 und besonders S. 406.

[386] Vgl. dazu die Angebote der zahlreichen evangelischen Fachhochschulen und Hochschulen sowie des Diakoniewissenschaftlichen Instituts Heidelberg. Letzteres verknüpft schon von seinem Ansatz her in hervorragender Weise diakonische Bildung und Ausbildung, indem es konkrete, berufsqualifizierende Studiengänge wie beispielsweise den in Kooperation angebotenen Masterstudiengang »Führung in Kirche und Diakonie« und diakoniewissenschaftliche Forschung unter einem Dach vereint.

ziale und pflegerische Berufe auf 482.[387] Insgesamt wurden 27.051 Ausbildungsplätze zur Verfügung gestellt. Das sind zwischen vier und fünf Prozent aller Ausbildungsplätze, die das Bundesministerium für Bildung und Forschung zählt.[388] Die diakonische Ausbildung ist gesamtgesellschaftlich also von hoher Relevanz und in seiner kulturellen und bildenden Wirkung nicht zu unterschätzen.

Auch in den diakonischen Ausbildungszweigen besteht, wenn auch nicht in derselben Weise wie bei der erwähnten amerikanischen Fleischhauerausbildung, die Gefahr der Instrumentalisierung der Bildungssubjekte, und zwar in mehrfacher Hinsicht: Zum einen besteht die Gefahr darin, dass Auszubildende als billige Arbeitskräfte für den Betrieb der diakonischen Einrichtung einkalkuliert und missbraucht werden, zum anderen darin, dass die Auszubildenden nur auf die späteren Tätigkeiten hin, nicht aber auf ihre subjektiven Bildungsbedürfnisse hin ausgebildet und damit langfristig funktionalisiert werden.[389]

Dieser Gefahr kann der Umstand wehren, dass in der diakonischen Ausbildung der Mensch im Zentrum steht: Die Beschäftigung mit dem Menschen, mit einem Gegenüber, impliziert zugleich eine Beschäftigung mit mir selbst. Gute Menschenbildung ist darum immer auch Selbstbildung. Im Bereich sozial-diakonischer Ausbildungen finden sich die Pole von Individualisation und Partizipation daher häufig in einem guten Verhältnis. Dies wird sehr schön am Rahmenplan für Altenpflege deutlich, in dem Sorge für die eigene Gesundheit, aber auch personale Kompetenzen wie das Lernen-Lernen für den Auszubildenden fest verankert sind.[390] Der Lehrplan für das Fach Religion für den Schulversuch Altenpflegefachschule weist vorbildlich noch weitere individuelle Bildungsbereiche aus, die freilich nicht abstrakt, sondern gerade auf diejenigen Menschen hin unterrichtet werden, für die sie sich ausbilden lassen. So wird der Themenbereich A »Menschen begegnen« substantiell in der Polarität von Individualisation und Partizipation, von Selbst und Gegenüber entfaltet. Das Bild des Altenpflegers wird, um nur ein Beispiel zu nennen, in der Spannung aus (auto-)biografischen Überlegungen der Schüler und ge-

---

387 Diakonisches Werk der Evangelischen Kirche in Deutschland e.V. (Hg.): Einrichtungsstatistik zum 1. Januar 2008, Leinfelden-Echterdingen 2009, S. 85.

388 Bundesministerium für Bildung und Forschung (Hg.): Bundesbildungsbericht 2011, http://www.bmbf.de/de/544.php (25.6.2011), S. 22.

389 Im Bereich sozial-diakonischer Studiengänge ist diese Gefahr der Funktionalisierung weniger stark, da in ihnen Theorie und Praxis nicht so eng miteinander verflochten sind wie in den Ausbildungen des dualen Systems.

390 Vgl. Ministerium für Arbeit und Sozialordnung, Familien und Senioren Baden-Württemberg; Ministerium für Kultus, Jugend und Sport Baden-Württemberg (Hg.): Rahmenplan für die praktische Ausbildung in der Altenpflege in Baden-Württemberg, S. 11.

sellschaftlichen Bildern und Wertungen reflektiert.[391] Was hier am Beispiel eines staatlichen Schulversuchs gezeigt wurde, gilt grundsätzlich für jede diakonische Ausbildung: Die Bildungsanlässe, die ein diakonischer Arbeitsbereich gibt, bieten sich geradezu an für die persönliche Bildung der Schüler und müssen als solche genutzt bzw. angeboten werden. Weil der Mensch mit seinen existenziellen Nöten und Lebensfragen im Zentrum aller diakonischer Bildung steht, gibt es hier ausgezeichnete Bildungsanlässe für die Menschen in Ausbildung. Diese fruchtbar zu machen, ist die didaktische Aufgabe diakonischer Ausbildungsstätten wie Altenpflegeschulen, Heilerziehungspflegeschulen, Sozialpädagogikfachschulen etc.

Nun könnte eingewendet werden, die Beschäftigung mit Sinnfragen sei – wie im genannten Beispiel – Aufgabe des Religionsunterrichtes und nicht des Diakonieunterrichtes, sollte daher nicht als didaktische Aufgabe ausgewiesen werden. Zusammenhang und Abgrenzung dieser beiden Fächer werde ich im nächsten Kapitel darstellen. So viel sei vorweggenommen: Die Wahrnehmung diakonischer Lebenssituationen beeinflusst die Wahrnehmung religiöser Sinnfragen grundlegend – bis hin zur Veränderung der Fragen selbst. In diakonischen Einrichtungen soll aber – soweit sei dem Einwand zugestimmt – darüber hinaus nicht nur theologische, sondern auch im engen Sinne diakonische Bildung zur Ausbildung dazugehören. Zu denken ist an die Beschäftigung mit Personen und Fragestellungen aus der Diakoniegeschichte oder mit biblischen Texten und Grundlagen zur Diakonie. Genau wie die Inhalte allgemeiner Bildung und theologischer Bildung sollten sie immer im Bezug zum jeweiligen Ausbildungskontext und immer im Spannungsfeld persönlicher und beruflicher Kompetenzanforderungen unterrichtet werden. So wird eine allgemeine Behandlung des Gleichnisses vom barmherzigen Samariter sicherlich nicht sehr nachhaltig sein. Beschäftigen sich die Schüler bzw. die Auszubildenden aber mit dem Gleichnis beispielsweise hinsichtlich der Problematik des Setzens und Anerkennens persönlicher Grenzen von Kraft und Hilfeleistung, dann wird dieser biblische Text ganz anders sprechen – und sowohl persönlich als auch für das Arbeitsfeld seine bildende Wirkung entfalten.

In dieser Spannung zwischen konkretem Ausbildungskontext und allgemeiner theologisch-diakonischen Bildung, zwischen persönlichem Lerninteresse und dem Bedarf von Gesellschaft und Beruf muss diakonische Ausbildung geschehen und damit nicht nur berufliche, sondern auch persönliche Kompetenzen fördern.[392]

---

[391] Ministerium für Kultus, Jugend und Sport Baden-Württemberg: Schulversuch – 41-6622.43/125 vom 17. August 2009. Lehrplan für die Berufsfachschule. Berufsfachschule für Altenpflege. Evangelische Religionslehre/Religionsgeragogik. Schuljahr 1, 2 und 3, http://www.ls-bw.de/bildungsplaene/beruflschu-len/bfs/bfs_sonstige/bfs_sch_vers_soz_pfl/lp_sch_vers_alt_pfl.htm, 2009, S. 7.

[392] Für den Bereich der Altenpflegeausbildung fordert den Zusammenhang weiter diakonischer Bildung und spezieller Ausbildung auch Annette Riedel, indem sie auf die Diakoniewissenschaft als wissenschaftlichen Bezugsrahmen der Altenpflegeaus-

Dass in der diakonischen Ausbildung der Mensch im Zentrum steht, das kann der Gefahr der Funktionalisierung aber andererseits auch Vorschub leisten. Gerade wenn der persönliche Pol diakonischer Ausbildung vernachlässigt wird, steckt in der Beschäftigung mit Menschen im Bereich der Diakonie eine große Gefährdung. Die Wahrnehmung der häufig als Not empfundenen Lage der Menschen, für die die Schüler ausgebildet werden, kann dazu verleiten, aus Mitleid, Pflichtgefühl oder einfach aus offensichtlicher Not oder Notwendigkeit heraus Einsatz über den Ausbildungsrahmen hinaus, Einsatz bis zur Selbstausbeutung zu erbringen. Auf das Gleichgewicht zwischen persönlicher Bildung und zweckgerichteter Ausbildung ist darum jederzeit besonders zu achten.

Bildung und Ausbildung im Bereich diakonischer Aus-, Fort- und Weiterbildung
Auch der Bereich diakonischer Aus-[393], Fort- und Weiterbildung, im Folgenden kurz Weiterbildung genannt soll hier bedacht werden. Er wurde in den letzten Jahren nicht zuletzt aufgrund des Anliegens, die diakonische Identität diakonischer Einrichtungen zu stärken[394] und die Qualität in den Einrichtungen zu sichern, immer weiter ausgebaut und ausdifferenziert.[395] Nicht nur an hauptamtliche, sondern auch an ehrenamtliche Mitarbeiter richtet sich mittlerweile ein reiches Fort- und Weiterbildungsangebot in der Diakonie. Anbieter sind einzelne Einrichtungen genauso wie übergeordnete Stellen, die die Erwachsenenbildung zu ihrem Programm gemacht haben. Angebote umfassen Spezialisierungskurse für Hauptamtliche, wie beispielsweise die Fortbildungsangebote für Erzieher des Bildungshauses Diakonie in Karlsruhe[396], bis hin zu

bildung verweist. Vgl. Riedel, Annette: Professionelle Pflege alter Menschen. Moderne (Alten-)Pflegeausbildung als Reaktion auf gesellschaftlichen Bedarf und die Reformen der Pflegeberufe, Marburg 2007, S. 527 ff.

393 Hier sind im Unterschied zu den grundständigen Ausbildungen, die im dualen System und im Studium angeboten werden, vor allem Ausbildungen im Bereich des Erwachsenenbildungssektors im Blick, die nicht im eigentlichen Sinne berufsqualifizierend sind, sondern die für haupt- und ehrenamtlichen Aufgaben und Tätigkeiten qualifizieren.

394 Vgl. die Einschätzung von Susanne Kobler-von Komorowski, die die theologische Fort- und Weiterbildung als Teil der »Identifikationspolitik« diakonischer Einrichtungen versteht. Durch theologische und diakonische Fort- und Weiterbildung soll eine Stärkung diakonischer Identität bei den Mitarbeitenden und über diese eine Profilierung diakonischer Identität der gesamten Einrichtung erreicht werden. Vgl. Kobler von Komorowski, Susanne: Diakonische Identität in der Praxis stationärer Altenhilfe, in: Eurich, Johannes (Hg.): Diakonische Orientierungen in Praxis und Bildungsprozessen, DWI-Info 37, Heidelberg 2005, S. 127 und S. 134.

395 Hanns-Stephan Haas nennt für das Jahr 2002 35.000 Anbieter von etwa 400.000 Angeboten für die Fort- und Weiterbildung. Haas, Hanns-Stephan: Aus-, Fort- und Weiterbildung in der Diakonie, in: Ruddat, Günter; Schäfer, Gerhard K. (Hg.): Diakonisches Kompendium, Göttingen 2005, S. 448.

396 Einen Überblick über das Angebot mag folgender Link geben: http://www.bildungshaus-diakonie.de (23.6.2011).

Ausbildungen für Ehrenamtliche wie die in Grund- und Aufbaukurse ausdifferenzierte Ausbildungen im Bereich des Hospizdienstes für Ehrenamtliche in Ettlingen.[397]

Auch hier ist das Spannungsfeld aus persönlicher Weiterbildung und Weiterbildung für einen gesellschaftlichen Bedarf bzw. einen Bedarf der jeweiligen Einrichtung zu beachten. Hanns-Stephan Haas urteilt treffend: »Bildungsarbeit in der Diakonie sollte jenseits falscher Alternativen gestaltet werden. Sie orientiert sich an dem sozialwirtschaftlichen Bedarf *und* der gesellschaftlichen Verantwortung, sie hat die Lerninteressen von Individuen im Blick *und* orientiert sich am Entwicklungsbedarf von Organisationen.«[398] Es geht also, wie im Bereich diakonischer Ausbildung dargestellt, darum, Synergien aus den unterschiedlichen polaren Bildungsinteressen zu gewinnen. Diakonische Bildungssituationen haben fast immer das Potenzial persönlicher Bildung. Haas hat hauptamtliche Mitarbeiter im Blick, wenn er noch einmal die Bedeutung von guter Weiterbildung für die Arbeit und die Person festhält: »Gute fachliche Ausbildung und lebenslange Weiterbildungsangebote spielen dabei nicht nur für die Fachlichkeit der Arbeit eine besondere Rolle, sondern sind zugleich auch eine entscheidende Voraussetzung für Persönlichkeitsbildung und die eigene Motivation.«[399] Nicht nur für Hauptamtliche, auch für Ehrenamtliche gilt diese Gleichung.

Diakonische Ausbildung als mittelbare diakonische Bildung (Makroebene)
Wie nun verhalten sich diakonische Ausbildung und Bildung auf der Makroebene?

Zunächst sei der Einfluss diakonischer Schulbildung auf die Ausbildung betrachtet. Ein Effekt diakonischer Bildung an Schulen auf die Berufsfindung ist umstritten. Welcher Effekt könnte statt dessen von einer guten allgemeinen diakonischen Bildung auf die diakonische Ausbildung erwartet werden? Setze ich die unten noch darzustellenden Erkenntnisse aus der neurobiologischen Forschung und der konstruktivistischen Didaktik voraus, dann wird schnell deutlich, dass bei den Schülern durch solch eine allgemeine diakonische Bildung wesentlich mehr Anker und Vernetzungsmöglichkeiten vorhanden sind, an die nun in der Ausbildung angeknüpft werden kann. Spezialisierte Inhalte und Lernerfahrungen innerhalb der doch in vielem auf die fachpraktischen Fähigkeiten ausgerichteten Ausbildung werden von den Lernenden daher von vornherein in einen breiteren Horizont eingewebt werden, der dann auch leichter und selbstverständlicher von den Auszubildenden selbst in Diskussionen, in Begegnungen, eben in sämtliche Lernsettings eingetragen wird.

---

397 Vgl. http://www.diakonie-laka.de/angebote/hospizdienstettlingenprogramm.php (23.6.2011).

398 Haas 2005, S. 450.

399 Ebd.

Aber die Fragerichtung nach dem gegenseitigen Einfluss von diakonischer Bildung und Ausbildung kann auch umgekehrt werden: Wie gestaltet sich der Einfluss diakonischer Ausbildung auf den Bereich diakonischer Bildung? Im Bereich der Diakonie sind deutschlandweit etwa 420.000 Menschen hauptamtlich und über 400.000 Menschen ehrenamtlich beschäftigt.[400] Die Zahl an »dienstlichen« Begegnungen, aber auch an Begegnungen außerhalb des Dienstes, im privaten Bereich, in denen Erfahrungen in und mit dem Dienst thematisiert werden, lassen sich nicht quantifizieren, aber sind in jedem Falle überaus zahlreich. Solche Begegnungen haben das Potential, im Bollnow'schen Sinne bildend zu sein. Umso wichtiger erscheint eine breite und fundierte Ausbildung und Weiterbildung, die einen weiteren Horizont kennt als die Vermittlung rein fachlicher Kenntnisse. Lässt sich darüber hinaus ein Einfluss diakonischer Ausbildung auf die diakonischer Bildung an den Schulen ausmachen? Chronologisch-biografisch geht die Schulbildung der Ausbildung voraus. Ein Einfluss ist von daher also nicht zu erwarten. Spätestens aber über die Praxisanleiter kann von einem Einfluss diakonischer Ausbildung auf die diakonische Bildung ausgegangen werden.

Diakonische Bildung und Ausbildung erwiesen sich also auf allen Ebenen als miteinander verbunden. Dieser notwendige Zusammenhang sollte bei der Konzeption diakonischer Bildungs- und Ausbildungsangebote berücksichtigt und genutzt werden.

7.1.3 Religionsunterricht und Diakonieunterricht

Im Folgenden soll nun der Fokus auf die allgemeinbildenden Schulen gerichtet werden, denn die Schule ist der Bildungsort, an dem die Breite der pluralen persönlichen und gesellschaftlichen Anforderungen und Herausforderungen abgebildet wird. Einsichten für diakonische Bildung an der Schule werden in ihrer Differenziertheit und Breite daher auch für andere Bildungsbereiche maßgeblich sein. Wenn, wie gezeigt, Wort und Tat, Verkündigung und Diakonie aufeinander bezogen sind und sein müssen, wie könnte sich dies im Verhältnis des etablierten und gesetzlich verankerten Religionsunterrichts abbilden? Wie kann das Verhältnis von Religionsunterricht und Diakonie-Unterricht an allgemeinbildenden Schulen bestimmt werden? In der Unterrichtspraxis finden sich verschiedene Modelle der Zuordnung.[401] Die Spanne reicht von der Einrichtung eines separaten Unterrichtsfachs bis zur Integration in den Religionsunterricht. Grundlage für eine Bestimmung dieses Verhältnisses ist die Beziehung zwischen diakonischer Bildung und »christlicher Religions-Bildung« einerseits und das Verhältnis zwischen diakonischer Bildung und allgemeiner Bildung andererseits, die oben bereits dargestellt wurden. Wie beim Verhältnis von ethischer Bildung und diakonischer Bildung sind auch hier vier Beziehungen denkbar.

---

400 Quelle: http://www.ekd.de/glauben/abc/diakonie.html (23.6.2011).

401 S. o. S. 15 ff.

1. Das Gegenüber von Diakonieunterricht und Religionsunterricht
Die Aufteilung von Diakonie- und Religionsunterricht auf zwei Fächer wird an verschiedenen Schulen evangelischer Trägerschaft praktiziert. Zu nennen wären beispielhaft das bereits vorgestellte Leipziger Modell[402], teilweise auch die Elisabeth-von-Thadden-Schule in Heidelberg, die einen Diakonie-Grundkurs anbietet, oder das Ev. Schulzentrum in Michelbach/Bilz, das ein Diakonieprofil vorsieht.

Streng genommen muss das Gegenüber von Diakonie- und Religionsunterricht noch einmal in zwei Unterarten bzw. Möglichkeiten unterteilt werden. Deren erste, die Möglichkeit des beziehungslosen Nebeneinanders, d.h. der kompletten Differenz, sollte – geht man vom Zusammenhang diakonischer Bildung und theologischer Bildungsdimension aus - an und für sich gar nicht erst in Betracht kommen. Deren zweite Möglichkeit, die eines beziehungsreichen (sowohl beratenden, kooperierenden als auch kritischen) Gegenübers, wird nicht nur bei den als Beispiel aufgeführten Schulen die praktizierte Form sein.

Die Vorteile einer solchen Aufteilung liegen auf der Hand: Zum Ersten kann das Fach Diakonie als Vertiefung zusätzlich zum für alle verpflichtenden Religionsunterricht angeboten werden. Es wird dadurch zum identifizierbaren Schulprofil, ohne dass dafür in die vorgegebenen Standard-Curricula des Religionsunterrichts eingegriffen werden müsste. Zum Zweiten lassen sich die Erfordernisse, die aus dem Praxisbedarf des Fachs resultieren, in einem eigenen Fach leichter organisieren als innerhalb eines ansonsten theoretisch angelegten Fachs.

Aber auch die Nachteile einer solchen Trennung sind offensichtlich: Der Unterricht im Gegenüber findet sein Pendant im Gegenüber von Diakonie und Kirche als Institutionen. In der kirchlichen wie gesellschaftlichen Wahrnehmung allerdings werden Beziehungen zwischen den beiden Institutionen häufig vermisst. Diesen beiden getrennten (bzw. getrennt wahrgenommenen) Bereichen entspräche dann auch die Trennung der beiden Fächer Religion und Diakonie. Das Fach Diakonie würde als Spezialisierung oder als Zusatz, womöglich als eine nicht für alle gültige »bessere Gerechtigkeit« empfunden. Vom biblischen Befund her kann solch eine Trennung nicht akzeptiert werden. Wort und Tat gehören christologisch wie ekklesiologisch zusammen. Eine Unterscheidung ist zwar sinnvoll, nicht aber eine Trennung.[403] Die Aufteilung auf verschiedene Unterrichtsfächer würde also die beschriebene beklagenswerte Wahrnehmung einer Trennung von Wort und Tat, von Diakonie und Kirche noch befördern, sofern diese nicht aufs engste vernetzt unterrichtet würden, bzw. sofern diese Vernetzung nicht auch im Unterricht sichtbar würde.

---

[402] S.o. Kapitel 2.2.

[403] Vgl. Hanisch, Gramzow, Hoppe-Graff 2004, S. 127, die bei ihrer Schülerbefragung eben aus dem Mangel an Theologie eine Unterbestimmung von Diakonie feststellen.

2. Diakonieunterricht als Teil des Religionsunterrichts
Die zweite Beziehung zwischen Diakonie- und Religionsunterricht ist wohl der Standard an allgemeinbildenden Schulen in Deutschland, an denen Religion unterrichtet wird. »Im Religionsunterricht ist das Thema Diakonie seit den Anfängen der so genannten Problemorientierung fast überall verankert.«[404] Im Regelfall bleibt jedoch solcher Diakonie-Unterricht theoretisch. Die als grundlegend herausgearbeitete Theorie-Praxis-Verbindung fehlt. In der Schülerwahrnehmung wird Diakonie durch solch eine Einordnung darüber hinaus leicht zu einem »Spezial«-Gebiet von Kirche. Es ist ein Thema unter anderen, findet sich neben Schöpfung, Leben Jesu, Bibel, historisch-kritischer Textauslegung etc. und wird in der Regel eben nicht verknüpft und in einen inneren Zusammenhang gebracht. Selbst wenn sich ein Religionsunterricht darum bemühte, das Thema Diakonie praktisch zu unterrichten, bliebe Diakonie in der unterrichtlichen Wahrnehmung am Rande von Theologie und Kirche und eben nicht in deren Mitte.

3. Religionsunterricht als Teil des Diakonieunterrichts
Wenn auch nicht so offensichtlich und auch nicht danach benannt, so gibt es doch auch das Phänomen der Unterordnung des Religionsunterrichts unter den Diakonieunterricht in der unterrichtlichen Praxis, und zwar überall dort, wo – insbesondere im Bereich der oberen Mittelstufe und der Oberstufe – vor allem ethische Themen und Dilemmata im Religionsunterricht bearbeitet werden. Es handelt sich hierbei um ein historisch gewachsenes Zerrbild problemorientierten Religionsunterrichts. Religion wird reduziert auf das Tun. Fataler noch: Glaube wird reduziert auf das Sprechen über das gute Tun! (Religion hat seinen Ruf als »Laberfach« mitunter wohl aus dieser Praxis gewonnen.) Somit werden bei dieser Form sowohl die Verkündigung als auch die Diakonie zum Torso. Das Wort wird seines soteriologischen Charakters beraubt und die Diakonie ihres Wesens, nämlich der »tätigen Tat«, die durch die »besprochene Tat« diskreditiert wird. Die solchermaßen praktizierte Verhältnisbestimmung einer Subsumierung des Fachs Religion unter das Fach Diakonie wird den Anforderungen theologischer bzw. diakonischer Bildung keinesfalls gerecht.

4. Religionsunterricht als Diakonieunterricht, Diakonieunterricht als Religionsunterricht
Die vierte Verhältnisbestimmung zwischen Diakonie- und Religionsunterricht zielt auf die enge Einheit beider Fächer. Wort und Tat können und müssen zwar unterschieden werden, somit auch Wort-Unterricht und Tat-Unterricht. Umgekehrt aber dürfen sie nicht auseinandergerissen und ihres Zusammenhangs beraubt werden. Weder kann das Wort ohne die Tat, noch kann die Tat ohne das Wort unterrichtet werden. Konsequent angewandt würde das bedeuten, dass sämtliche Themen und Teilgebiete des Religions- und Diakonieunterrichts in ihrem inneren Zusammenhang unterrichtet werden müssten.

---
404 Vgl. Schmidt, Zitt 2003, S. 64.

Beispielsweise käme die historisch-kritische Methode zur Anwendung in der Erarbeitung biblischer Grundlagen für diakonisches Handeln. Schöpfungslehre würde weder rein bibelkundlich noch rein ökologisch-anwendbar unterrichtet werden, sondern immer auch in ihrem inneren Zusammenhang zur Anthropologie und von da ausgehend der diakonischen Ethik und Kultur. Umgekehrt müsste ein diakonisches Praktikum unterrichtlich vernetzt werden mit den sonst rein theoretisch verhandelten Themen des Religionsunterrichts. Solch vernetztes und vernetzendes Unterrichten würde allerdings extrem hohe Ansprüche an das Fach, die Fachlehrer und die Fachdidaktiken stellen.[405]

5. Fazit

Zusammenfassend kann festgehalten werden, dass aus theologischen wie bildungstheoretischen Gründen die Einheit von Religions- und Diakonieunterricht die ideale Zielperspektive darstellt. Praktikabilitätserwägungen werden aber immer wieder ein Abrücken von diesem Ideal nötig machen. So kann es je nach Situation nicht nur leichter durchsetzbar, sondern durchaus auch didaktisch sinnvoll sein, ein separates Fach Diakonie einzurichten – allerdings nur dann, wenn die Verbindung zum Fach Religion möglichst eng gestrickt und die Kommunikation dieser Verbindung möglichst breit gepflegt wird, so dass oben beschriebene Missverständnisse vermieden werden können.

Auch beim Idealfall einer vollständigen Integration von Diakonie- und Religionsunterricht wird es immer wieder zu Verschiebungen zugunsten der einen oder anderen Seite kommen. Und natürlich ist es auch sinnvoll, einmal beispielsweise die Methoden der historisch-kritischen Forschung für sich im Fokus zu haben, ohne ihre Bezüge zum diakonischen Lernen zu betrachten, um sie einerseits ganz zu begreifen und andererseits auf ihre Aussagefähigkeit zu prüfen.

Aus dem geforderten engen Zusammenhang von Diakonie- und Religionsunterricht könnte die Schlussfolgerung abgeleitet werden, es sei generell nicht sinnvoll möglich, eine Didaktik diakonischen Lernens zu erarbeiten, da sie doch nur im Zusammenhang mit der Religionsdidaktik möglich sei. Diese Schlussfolgerung hat teilweise ihre Berechtigung. Eine Didaktik diakonischen Lernens steht immer unter dem Anspruch dieser Vernetztheit mit der Religionsdidaktik. Es wäre jedoch verkehrt, aus der Forderung eines gemeinsamen Diakonie- und Religionsunterrichts zu folgern, zwischen den beiden Bereichen könnte nicht unterschieden werden. Auch innerhalb der bisherigen Religions-

[405] Auch der allgemeine Bildungsauftrag des Fachs Religion kann und darf kein Gegenargument gegen die geforderte Identität der beiden Fächer sein. Denn selbst die im Fach ev. Religion unterrichteten anderen Religionen sollten nicht nur durch einen theoretischen Zugang über ihre sogenannten Wesensmerkmale vermittelt werden, sondern wollen in der tatsächlichen Begegnung erlebt werden. Der praktische Umgang mit ihren Vertretern will geübt und erlernt werden, nicht ein Wissen über sie. So betrachtet wird offensichtlich, dass auch und gerade in der Begegnung mit Vertretern anderer Religionen diakonische Elemente liegen, die reflektiert und erprobt sein wollen.

didaktik gibt es verschiedene Gegenstände und Zugänge, die ihre eigene Didaktik haben, wie zum Beispiel die Bibeldidaktik oder die Symboldidaktik[406]. Würden sie isoliert und damit verabsolutiert, geriete der Religionsunterricht in Schieflage. Ihre Unterscheidung ist also nötig und sinnvoll. Ihre Trennung aber muss vermieden werden. Das Gleiche gilt für die Didaktik diakonischen Lernens. Sie hat von ihrem »Gegenstand« her eine eigene, dem Gegenstand angemessene Gestalt, ist aber nur im Zusammenhang mit den übrigen Religionsdidaktiken sinnvoll. Gleichwohl ist die Diakoniedidaktik auch nicht als eine Didaktik unter vielen im Bereich der Religionsdidaktik anzusehen, sondern als eine in allen Bereichen jeweils komplementär präsente. Denn Wort und Tat gehören auch im Religionsunterricht als Komplemente zusammen.[407]

7.1.4 Diakonieunterricht im Fächerverbund

Auch die Stellung des Diakonieunterrichts im gesamten Fächerkanon muss bedacht werden. Schon Kuld und Gönnheimer wiesen den positiven Effekt des fächerübergreifenden Unterrichtens für das diakonische Lernen nach.[408] Je stärker das Praktikum auch in anderen Fächern vorbereitet und aufgegriffen wurde, desto wertschätzender wurde es von den Schülern rezipiert. Eine gute Vernetzung mit den übrigen Fächern stärkt die wertschätzende Wahrnehmung des Diakonieunterrichts und damit seines Anliegens. Umgekehrt profitierten auch die Fächer, die sich am jeweiligen Praxisprojekt beteiligten. Hier wird also ganz praktisch sichtbar, was sich theoretisch aus dem oben erarbeiteten Bildungsbegriff schon erschließen lässt: Diakonische Bildung ist eine wesentliche Dimension allgemeiner Bildung. Wo die Dimensionen unterrichtlich vernetzt sind, werden die sonst separat ablaufenden Bildungsprozesse vernetzt und damit verstärkt. Eine Diakonie-Didaktik muss sich also von ihrem Bildungsbegriff her nicht nur aufs engste mit der Religionsdidaktik verbinden, sondern auch darüber hinaus mit den übrigen Fächern vernetzen.

7.1.5 Diakonische Bildung und Kultur an staatlich getragenen Schulen

Die Mehrzahl der Erfahrungen mit Diakoniepraktika und -projekten sind bislang an kirchlich getragenen Schulen gesammelt worden. Aus kirchlicher und bildungstheologischer Sicht wäre es sinnvoll und wichtig, solche Initiativen ließen sich auch an Schulen in staatlicher Trägerschaft einführen. Aus theologischen Überlegungen heraus ist der Mehrwert eines diakonischen Bildungsbeitrages sowohl für Schulen in kirchlicher als auch für Schulen in staatlicher Trägerschaft offensichtlich. Aus nichttheologischer Sicht ist dies nicht so deutlich. Gleichwohl ist auf den oben dargestellten Beitrag zu verweisen, den

---

406 Auch wenn es unter den verschiedenen symboldidaktischen Entwürfen große Unterschiede bez. ihrer Grundlagen und Reichweite gibt, leisten sie doch einen unumstrittenen und unterscheidbaren Beitrag zur Religionsdidaktik.

407 Vgl. 1Joh 3,18.

408 S. o. S. 18 ff., vgl. Kuld, Gönnheimer 2000, S. 76–80. 137.

diakonische Bildung und Kultur zur allgemeinen leisten können.[409] Britta von Schubert formuliert den Gewinn für Gesellschaft und Schule folgendermaßen: »Die leitende gesellschaftliche Perspektive ist der Aufbau einer solidarischen und vielfach vernetzten Zivilgesellschaft. Soziales Lernen soll dazu befähigen, Kompetenzen in Aufgaben des Miteinander-Lebens zu entwickeln und angesichts zunehmender Isolierung, Rücksichtslosigkeit und Gewalt zu bürgerschaftlichem Engagement zu ermutigen.«[410] Schule hat nicht nur als Dienstleister für die Gesamtgesellschaft einen mittelbaren Nutzen von diakonischer Bildung, sondern sie profitiert selbst und unmittelbar als Gesellschaftsausschnitt bzw. als Subgesellschaft von den Angeboten diakonischer Bildung.[411]

Ist die prinzipielle Möglichkeit diakonischer Bildungsangebote erst einmal akzeptiert, dann tauchen als Nächstes neben organisatorischen Bedenken vor allem Fragen des Umgangs mit Schülern verschiedener Konfessionen, verschiedener Religionen und Konfessionslosigkeit auf. Wie sollen muslimische Schüler in ein Diakonie-Projekt integriert werden? Muss dann ein religionsneutrales Parallelangebot gemacht werden, müssen also an ein und derselben Schule mehrere soziale Lernangebote parallel laufen: ein nicht konfessionsgebundenes Sozial-Projekt neben einem Caritas- und einem Diakonie-Projekt? Spätestens hier werden aus inhaltlichen Fragen wieder organisatorische Bedenken. Und falls es nur *ein* konfessionelles Angebot gäbe, wären dann nicht die anderen Schüler benachteiligt? Wie also können die Anliegen und Ansprüche eines diakonischen Unterrichts an einer staatlich getragenen Schule verwirklicht werden? Folgende Modelle, deren Ränder jedoch nicht absolut trennscharf sind, sind grundsätzlich denkbar:

1. Das Modell der Begrenzung auf den konfessionell verantworteten Bereich des Religionsunterrichts

Diakonische Bildung verbliebe bei diesem ersten Modell in der alleinigen Verantwortung des Religionsunterrichts bzw. des Fachbereiches Religion.

Damit wären insbesondere den praktischen Anteilen diakonischen Lernens enge Grenzen gesetzt. Mehr als die ein oder andere Exkursion ist in solch einem engen zeitlichen Rahmen kaum denkbar. Die im Rahmen des Schulunterrichts vorkommenden theoretisch-diakonischen Einheiten müssten sich die verfügbare Unterrichtszeit mit den übrigen Einheiten des Religionsunterrichts teilen. Außerdem drohten die oben aufgeführten Gefahren einer Ein-

[409] S. o. S. 140 ff..

[410] Schubert, Britta von: Grundkurs Diakonie. Ein Konzept diakonischen Lernens in der Oberstufe des Gymnasiums, in: Glaube und Lernen, Jg. 15, Heft 1/2000, S. 88–98.

[411] Von der Bildungspolarität Individualisation und Partizipation aus betrachtet ist schnell klar, dass es sich beim Zusammenspiel von diakonischer und allgemeinsozialer Bildung nicht um ein einliniges, sondern um ein durchaus spannungsvolles Verhältnis handelt, das aber gerade dadurch dem allgemeinen Bildungsanliegen gerecht wird.

bzw. Unterordnung des Diakonieunterrichts unter den Religionsunterricht.[412] Andererseits kommt dieses Modell dem theologischen Anliegen, Tat und Wort, Diakonie und Verkündigung möglichst eng zusammenzubinden, am nächsten. Um dem zusätzlichen Zeitbedarf gerecht zu werden, müsste die Stundenzahl des Fachs Religion ausgeweitet werden. Zugleich müsste ein Teil des Stundenkontingents in größere Einheiten zusammengefasst werden können, um die nötige Zeit für Praxisphasen zu haben. Am ehesten wäre solch ein Unterfangen noch in der relativ freien Kursstruktur der gymnasialen Oberstufe in Form eines Neigungs- oder Leistungsfachs zu denken. Der Gewinn für die Schule insgesamt wäre bei diesem Modell minimal – nur ein geringer Teil interessierter Schüler würde erreicht.

2. Das Modell der Subsidiarität: Diakonie-Caritas-Unterricht

Analog zum Religionsunterricht könnte eine Schule in staatlicher Trägerschaft die Gestaltung ihres sozialen Bildungsanliegens delegieren und in die Verantwortung der Kirchen geben. Die jeweiligen an der Schule vertretenen und anerkannten Religionsgemeinschaften hätten dann gemeinsam ein für die Schule insgesamt bindendes Modell »diakonischer« Bildung zu entwickeln. In der Regel wäre dies ein ökumenisches Modell, langfristig gar ein interreligiöses Unterfangen.[413] Der sog. Caritas-Diakonie-Unterricht an der allerdings kirchlich getragenen Elisabeth-von-Thadden-Schule zeigt, dass ein gemeinsam von den beiden großen Konfessionen verantworteter Unterricht sehr gut möglich ist.[414] Diakonische Bildung leistet damit einen Beitrag zur ökumenischen Bildung. Bislang noch keine Erfahrungen gibt es mit interreligiösen Projekten. Es müsste dabei darauf geachtet werden, dass es sowohl gemeinsam gestaltete als auch separat gehaltene Einheiten gibt. Nur so können die jeweiligen konfessionellen Begründungsmuster sowohl geteilt als auch identifikatorisch verankert werden. Dass Diakonie konfessionsübergreifend, ja religionsübergreifend agiert, ist mit der Erzählung vom barmherzigen Samariter, aber auch mit der Erwähnung der Fremden in Mt 25 geboten. Gerd Theißen spricht in diesem Zusammenhang vom universalen Hilfsethos. Durch enge Kooperation mit dem jeweiligen Religionsunterricht können – hier mag ich nur für den evangelischen Religionsunterricht sprechen – die christologischen und ekklesiologischen Bezüge fruchtbar gemacht werden. Je nachdem, wie viel Gestaltungsfreiraum von der Schule zur Verfügung gestellt wird, kann aus solch einem subsidiären Projekt durchaus ein Schulprofil erwachsen. In den

---

412 S. o. S. 156.

413 Im Bundesland Rheinland-Pfalz gibt es beispielsweise Modellschulen, die mit großem Erfolg einen Islamunterricht eingerichtet haben.

414 Schubert, Britta von: Caritas-Diakonie-Projekte an der Elisabeth-von-Thadden-Schule Heidelberg. Absichten und Erfahrungen, in: Herrmann, Volker; Kießling, Sven; Leis, Annette (Hg.): Wege der Diakoniewissenschaft, DWI-Info 30 (1996/1997), Heidelberg 1996, S. 59–61.

meisten Schularten und Bundesländern vorgesehene Sozialpraktika böten beispielsweise einen guten inhaltlichen und zeitlichen Rahmen, an den angeknüpft werden könnte. Die Schulleitung wäre dabei in der Entwicklung stark entlastet, was bei den derzeitigen Anforderungen bez. Schulentwicklung und Schulprofilierung ggf. dankbar angenommen werden dürfte.

3. Das Modell der kooperativen Integration: »Diakonie- und Sozialprojekt«
Das dritte Modell öffnet den Kreis der Verantwortlichkeit noch weiter. Die Verantwortlichkeit wird nicht völlig delegiert. Analog zum Fach Ethik, das parallel zu den Fächern ev. und kath. Religion angeboten wird, gäbe es neben dem Diakonie- und Caritas-Projekt ein Sozialprojekt. Vorteil dieses Modells wäre, dass für konfessionelle und religiöse Minderheiten genauso wie für konfessionslose Schüler ein vergleichbares Angebot an der Schule vorhanden wäre. Diese Angebote könnten unterschiedlich eng aneinander gebunden werden. Denkbar ist die gesamte Spannbreite weiterer oder engerer Zusammenarbeit. Die Spanne reicht von drei (oder mehr) verschiedenen, eher unverbundenen Angeboten (Sozial-, Diakonie-, Caritas-Projekt), die nur das zeitliche Raster und das soziale Anliegen gemeinsam haben, bis hin zu einem von allen Verantwortlichen gemeinsam und fächerübergreifend vorbereiteten und durchgeführten Angebot. Der Vorteil eines sich vernetzenden, fächerübergreifenden Lernens im Zusammenhang mit solchen diakonisch-sozialen Projekten ist sowohl für die Schüler als auch für die Schule mittlerweile hinlänglich erwiesen.[415] Durch die Beteiligung von Schulleitung und etlicher Fachbereiche wird solch ein Projekt noch stärker profilbildend sein als in Modell 2. Insbesondere dann, wenn das Diakonie- bzw. Sozialprojekt fächerübergreifend angelegt ist, ist auf eine enge Vernetzung mit dem Religionsunterricht und dem Ethikunterricht zu achten. Für das Fach Religion ist hierfür zunächst die Begründung aus dem Zusammenhang von Wort und Tat leitend. Für den Ethikunterricht gilt Ähnliches, da sein reflexiver Zugang zu Wert und Moral nun durch konkrete Erfahrungen gefordert bzw. herausgefordert wird.

Wie aber kann das fächerübergreifende Miteinander bekenntnisgebundener Fächer und Projekte (Religion, Diakonie- oder Caritasprojekt) mit den bekenntnisneutralen Fächern (Ethik, Gemeinschaftskunde, Geschichte, Deutsch u. a.) gedacht werden? Wie kann die Bekenntnisbindung diakonischer Projekte oder diakonischen Unterrichts mit der geforderten Allgemeinverbindlichkeit der übrigen Fächer vereinbart werden, wenn diese beiden Ansprüche in der fächerübergreifenden Arbeit aufeinandertreffen? Was wie ein Hindernis für die fächerübergreifende Arbeit erscheint, birgt im Gegenteil besonders ergiebige Bildungschancen: Erst durch die fächerübergreifende Kooperation ergibt sich die Gelegenheit, dass die verschiedenen konfessionellen und nichtkonfessionell gebundenen Werteorientierungen und Begründungszusammenhänge in einen Diskurs eingebracht werden, der sonst an den Schulen durch das Ne-

[415] S. o. S. 18. Vgl. Kuld, Gönnheimer 2000, S. 76–80. 137.

beneinander der Fächer nicht geführt wird. Der bekenntnisorientierte christlich-diakonische Zugang muss und wird sich auf diesem Weg als profilierter Beitrag christlicher Wertorientierung in einem pluralen Wertediskurs in der Schule und damit in der Gesellschaft erweisen.

Als gelungenes Beispiel eines Rahmens solch einer fächerübergreifenden, kooperativen Integration von diakonischem und sozialem Lernen in die Schule kann der Bildungsplan für Realschulen in Baden-Württemberg gelten, der mit TOP SE (Themenorientiertes Projekt Soziales Engagement) ein fächerübergreifendes und praxisorientiertes Sozialprofil im Umfang von 72 Unterrichtsstunden für ein Schuljahr vorsieht.[416] TOP SE ist m. E. eine richtungsweisende Entwicklung im Bereich der Bildungspläne und wäre auch für weitere Schularten anzustreben.

4. Fazit

Damit wird dies dritte Modell zum Modell der Wahl. Aber die anderen Modelle sind ebenfalls denkbar, auch wenn dem Wirkungsbereich an der Schule engere Grenzen gesetzt sind. Für die Wahl eines der Modelle gilt - wie im Fall der Zuordnung des Diakonieunterrichts zum Religionsunterricht - das Kriterium der Durchführbarkeit bzw. der Durchsetzbarkeit. Je nach Schule und Schulkontext sind die ersten beiden Modelle dem dritten Modell vorzuziehen.

5. Die Bedeutung der Praktikumsorte für die Schule und die Auswahl der Praktikumsorte

Diakonisches Lernen braucht Praktika. Dabei reicht eine diakonische Praxis innerhalb der Schule nicht aus, da so nur ein zu geringer Ausschnitt diakonischen Handelns sichtbar würde. Gleichwohl ist es optimal, wenn am Ort Schule Möglichkeiten für diakonisches Engagement eingerichtet werden.[417] Diakonische Konzepte wie ein integratives Schulmodell und diakonische Initiativen wie Streitschlichterprogramme, Hausaufgabenbetreuung von Schülern für Schüler, Schülerseelsorge von Schülern etc. werden ein Schulklima nachhaltig und positiv verändern. Für eine umfassende diakonische Bildung aber sind außerschulische Praktikumsorte nötig. Für die Schule bedeutet das,

---

[416] Auf der Website des Bildungsservers des Landes Baden-Württemberg finden sich manche Best-Practice-Beispiele. Die angeführten Beispiele ohne eine Beteiligung des Faches Religion erstaunen, bietet der Bildungsplan doch hier den Rahmen, in den ein diakonisch-soziales Profil eingezeichnet werden könnte, bzw. in dem die christlich-diakonische Wertorientierung als ein besonders profilierter Beitrag zur allgemeinen sozialen Bildung einen hervorragenden Ort hätte. Dies belegt die oben, S. 20 ff., erwähnte Darstellung gelungener Pilot-Projekte diakonischer Bildung im Zusammenhang mit TOP SE bei Rupp, Knapp, Dammann 2006.

[417] Vgl. Sperth, Fritz: Eine Schule nicht nur zum Lernen: Ein integriertes System von Hilfen zum Lernen – zur Lebensbewältigung – zur Erziehung, in: Beck, Helmut; Schmidt, Heinz (Hg.): Bildung als diakonische Aufgabe. Befähigung - Teilhabe - Gerechtigkeit, in Zusammenarbeit mit Antje Fetzer, Christian Oelschlägel und Pamela Barke (Diakonie 6), Stuttgart 2008, S. 213–251.

dass – bildlich gesprochen – die Klassenzimmer mehr Fenster bekommen. Der Schul-Raum wird also letztlich erweitert um die Erfahrungen, auf die der Unterricht vorbereitet und die im anschließenden Unterricht besprochen werden. Schule vernetzt sich damit besser in die Erfahrungswelt der Schüler und gewinnt an sichtbarer Lebensrelevanz. Darüber hinaus initiiert Schule einen Erfahrungsraum, der den Schülern sonst in den meisten Fällen so lange verschlossen bleibt, bis er dann unvorbereitet und unbegleitet begegnet.[418]
Für die Auswahl der Praktikumsorte gilt zunächst die größtmögliche Offenheit. Theißens These vom universalen Hilfsethos legt es nahe, dass der praktische Teil diakonischer Bildung an der Schule nicht zwingend in diakonischen Einrichtungen geleistet werden muss, sondern durchaus auch im Rahmen nichtkirchlich getragener sozialer Einrichtungen und Initiativen geleistet werden kann.

Die besondere Situation in »nichtdiakonischen« Praktikumsorten bringt dennoch Nachteile bzw. pädagogische Herausforderungen mit sich. So muss damit gerechnet werden, dass sich die *community of practice*, die für das *situated learning* so wichtig ist, in einer Einrichtung nichtkirchlicher Trägerschaft u. U. deutlich von der einer Einrichtung in kirchlich-diakonischer Trägerschaft unterscheidet. Das Teilen der christlich-diakonischen Motivationen und Einstellungen in solch einer *community of practice* würde dann möglicherweise fehlen – und zwar auf der Ebene der Mitarbeitenden, die nicht auf ihre diakonische Motivation und Identität befragt werden könnten, genauso wie auf der institutionellen Ebene, weil eine diakonische Unternehmenskultur nicht erlebt werden könnte. Die *community of practice* würde also nicht aus ihrem Modellcharakter heraus, sondern – wenn überhaupt – aus der Differenz heraus wirken. Dieser Verlust wiegt schwer, weil damit die Chance verspielt wird, den Zusammenhang von unterrichtlicher Theorie und außerunterrichtlicher Praxis, mehr noch, den Zusammenhang von Wort und Tat konkret erfahrbar zu machen.

Auf der anderen Seite entspricht diese Situation der Realität des sozialen Marktes. Auch das birgt eine Bildungschance. So kann erlebt werden, wie die persönlichen christlich-diakonischen Einstellungen, Werte, Motivationen und Fragestellungen in eine nicht christlich geprägte *community of practice* eingebracht werden können. Ergänzend sollte erwähnt werden, dass – genauso, wie christlich motivierte Mitarbeiter in nichtdiakonischen Einrichtungen angetroffen werden können – durchaus auch eine nicht spezifisch christlich motivierte *community of practice* in diakonischen Einrichtungen vorgefunden werden kann. Das gilt besonders für Regionen, in denen es außer den kirchlichen Anbietern für einen sozial-diakonischen Dienst keine Alternativen gibt.[419]

---

418 Als Beispiel für solche unvorbereiteten Begegnungen mit diakonischen Räumen wäre an die oft späten Erfahrungen mit Altenheimen, Hospizarbeit o. Ä. zu denken.

419 Die Daten Christoph Gramzows empirischer Untersuchung des Michelbacher Modells belegen, dass Diakonie in den diakonischen Einrichtungen in der Wahrnehmung der Schüler »gar nicht so ›christlich‹ oder ›kirchlich‹ ist wie angenommen oder viel-

Die Entscheidung für oder gegen einen nichtkirchlichen Praktikumsort bedarf daher der Einzelfallprüfung, die sowohl die Einrichtung mit ihren Mitarbeitern als auch den betreffenden Schüler in seiner persönlichen Lern- und Bildungssituation berücksichtigen muss. Die besondere Situation in nichtdiakonischen Praxisorten macht aber in jedem Fall eine besondere theologische Reflexion sowohl im vorbereitenden als auch im aufnehmenden Unterricht sowie in begleitenden Gesprächen nötig, in der die unterschiedlichen Werteorientierungen zunächst herausgearbeitet und ggf. in die zugehörigen (geistesgeschichtlichen) Kontexte eingeordnet werden, um sie dann für den diakonisch-sozialen Diskurs der Schüler fruchtbar zu machen.

Um den oben bereits erwähnten und wünschenswerten Werte-Diskurs auch am Praktikumsort bzw. in der *community of practice* zu gewährleisten, sollte es zur Bedingung gemacht werden, dass es auch in den nichtdiakonischen Praktikumseinrichtungen Werte bzw. Leitwerte gibt, an die sich das jeweilige Unternehmen gebunden weiß und auf die hin sich die Organisation, aber vor allem auch die Mitarbeiter befragen lassen. Die Beschäftigung mit den inzwischen immer häufiger veröffentlichten Leitbildern, Unternehmensphilosophien oder Selbstverpflichtungen und vor allem Gespräche vor Ort können bei der Sondierung und Auswahl geeigneter Praktikumsstellen hilfreich sein.

Um von vornherein die Verantwortung und die Freiheit der Schüler zu stärken, ist es wichtig, diese in die Auswahlentscheidung für ihren Einsatzort mit einzubeziehen. Damit Über- und Unterforderung vermieden werden, sind die Schüler in ihrer Entscheidung durch die Lehrkräfte zu begleiten. Da vielen Schülern der diakonische Bereich noch völlig fremd ist, kann es hilfreich sein, wenn vom Lehrer eine Liste möglicher Einsatzorte vorbereitet wird. Steht viel Zeit zur Verfügung, könnte vor allem in den oberen Klassenstufen bereits das Zusammenstellen einer solchen Liste in den Unterricht integriert werden, da sich die Schüler auf diesem Wege die diakonische Landschaft ihres Wohn- bzw. Schulortes erschlössen.[420]

6. Zusammenfassung

Es kann zusammenfassend festgehalten werden, dass diakonische Bildung nicht nur Schulen in kirchlicher, sondern auch in staatlicher Trägerschaft bereichern wird. Die Schule bekommt durch die Praktika Fenster, die die

---

leicht auch im Unterricht vermittelt. Auch nach der Erfahrung Lehrender ist das christliche Beispiel oder Vorbild unter den diakonischen Mitarbeitern die Ausnahme.« Gramzow 2010, S. 515. Diakonie zeige sich eher am »zwischenmenschlichen Klima« und am wertschätzenden Umgang mit den Menschen und innerhalb des Teams. Solch ein Klima der Wertschätzung aber ist durchaus auch in Einrichtungen nichtdiakonischer Trägerschaft zu erwarten. Dennoch empfiehlt Gramzow, diakonische Einrichtungen als Praktikumsorte zu bevorzugen. Vgl. Gramzow 2010, S. 534.

[420] Weitere Hinweise und Kriterien zur Wahl des Praktikumsortes finden sich bei Gramzow 2010, S. 534 f.

(kommende) Lebenswirklichkeit der Schüler in den Schulraum einlässt. Diakonische Initiativen an der Schule selbst werden die Schulen bereichern und das Schulklima positiv verändern.[421] Es gibt im Wesentlichen drei Modelle, anhand derer ein Diakonieunterricht in Schulen implementiert werden kann: das Modell des allein konfessionell verantworteten Diakonieunterrichts, das Modell der Subsidiarität und das Modell der kooperativen Integration. Alle drei Modelle sind denkbar, wobei vom letzten die größtmögliche Vernetzung und Verankerung in der Schule zu erwarten ist. Letztlich aber werden Praktikabilitätserwägungen den Ausschlag geben.

7.2 Ansehen – Deuten – Handeln als grundlegender diakonisch-didaktischer Dreischritt

Nachdem nun der »Ort«, das »Wo« diakonischer Bildung an der Schule abgegrenzt und bestimmt ist, ist es an der Zeit, das »Wie« zu entfalten. *Ansehen – Deuten – Handeln*, das ergab bereits die Analyse von Lk 10,25-37, sind die Grundschritte diakonischen Lernens.

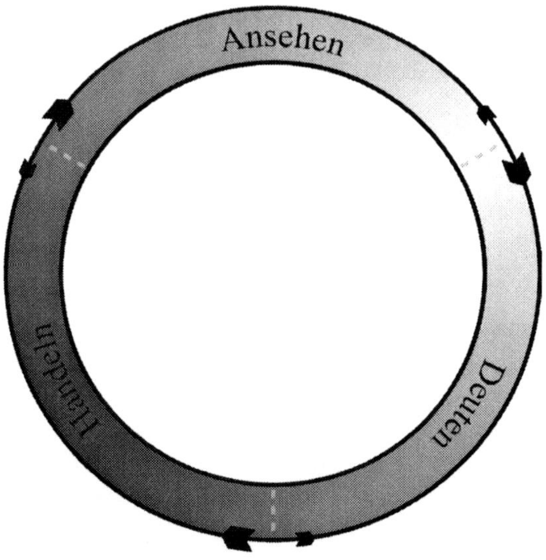

Abb. 4: Diakonisch-didaktischer Zirkel

[421] Vgl. dazu die Erfahrungen an der Hauptschule Innenstadt Tübingen, veröffentlicht in: Sperth, Fritz: Eine Schule nicht nur zum Lernen: Ein integriertes System von Hilfen zum Lernen – zur Lebensbewältigung – zur Erziehung, in: Beck, Helmut; Schmidt, Heinz (Hg.): Bildung als diakonische Aufgabe. Befähigung – Teilhabe – Gerechtigkeit, in Zusammenarbeit mit Antje Fetzer, Christian Oelschlägel und Pamela Barke (Diakonie 6), Stuttgart 2008, S. 213–251.

Nun sind diese drei Schritte nicht als eine lineare Kette zu verstehen, deren erstes Glied das Sehen, deren zweites das Deuten des Wahrgenommenen und deren drittes Glied das folgerichtige Handeln ist. Vielmehr handelt es sich bei dem Dreischritt um einen Zirkel. Idealerweise führte jede Wahrnehmung und jedes rechte Deuten zu einem angemessenen diakonischen Handeln, was wiederum das Sehen verändern wird. Einen eigentlichen Anfang gibt es in diesem Zirkel nicht. So erwächst rechtes Ansehen großenteils erst aus dem Handeln; das ergab die Analyse von Mt 25. Die einzelnen Schritte sind darüber hinaus wechselseitig miteinander verschränkt. Es ist nicht nur so, dass das *Ansehen* mein *Deuten* beeinflusst. Das *Deuten* kann umgekehrt auch direkt das Ansehen verändern. Beispielsweise werden Schüler, die durch den Unterricht auf ihr Praktikum vorbereitet wurden, die erlebte und die eigene diakonische Praxis anders wahrnehmen als Schülerinnen und Schüler, die nicht auf das Praktikum vorbereitet wurden. Sie werden ihr Augenmerk auf andere Dinge legen, und ihre Empathie wird vermutlich anders zum Schwingen kommen. Langfristig aber kann kein Schritt ohne den anderen auskommen. Ein Unterricht beispielsweise, der diakonische Praxisfelder lediglich beobachtete und deutete, bliebe defizitär. Er liefe Gefahr, entweder Utopien bei den Schülern zu erzeugen, die nicht praktikabel sind, oder das schale Gefühl zu hinterlassen, die Defizite in der Diakonie zwar zu sehen, aber doch nicht verändernd auf sie einwirken zu können. Das Handeln erdet die Utopien, stärkt den Realitätssinn und wird zugleich Begrenztheit und Chancen des eigenen diakonischen Wirkens zeigen.

Beim obigen Beispiel lokalisierte ich das Sehen und das Handeln im diakonischen Praxisfeld, das Deuten aber verortete ich in der Schule. Nun wäre es sehr verkürzt, nähme ich für jeden der drei Schritte eine einfache lokale Zuordnung vor, etwa so, dass das Sehen im Praktikum seinen Ort fände, das Deuten im Unterricht, das Handeln wiederum im Praktikum und dann in der Welt. Vielmehr greifen idealerweise alle drei Schritte in allen für diakonische Bildung relevanten Orten und Personen. Zum Ersten sollte ich als Lehrer, der für den Diakonieunterricht zuständig ist, meine Schülerinnen und Schüler (je einzeln, aber auch im Klassenverband) sehen, meine Wahrnehmung reflektieren und entsprechend im Unterricht oder in begleitenden Gesprächen handeln. Zum Zweiten sollte ich natürlich auch die diakonischen Praxisfelder ansehen, die Menschen, die dort arbeiten, und die Menschen, die dort leben oder betreut werden, dabei deuten und wiederum entsprechend handeln. In diesem Zusammenhang wird mein Handeln im Wesentlichen nicht direkte karitative Tat sein, sondern auf das Unterrichten zielen. Diese Zielsetzung für mein Handeln birgt die Gefahr, den Praxisort und die Menschen dort für unterrichtliche Zwecke zu missbrauchen, sie zu Studien- bzw. Lehr- und Lernobjekten zu machen. Angemessenes Handeln wird aber von einem angemessenen, einem liebenden und erbarmenden Sehen[422] ausgehen, auf das ein von dieser Wahrnehmung geleitetes Deuten und Handeln folgt. Die Menschen am Praxisort

422 S. o. S. 85 ff.

werden also im Blick sein und werden als Subjekte angesehen sein, die eine sicherlich nicht planbare Rolle im Bildungsprozess spielen werden. Außerdem sollte ich als Lehrkraft die Schule sehen. Wo krankt die Schule, wo leiden die Menschen an der Schule? Die oben angestellten Erwägungen zum Ort diakonischer Bildung[423] an der Schule gehören bereits in den Bereich des Deutens und müssen natürlich entsprechend auf den tatsächlichen Schulort hin konkretisiert werden. Das daraus folgende Handeln könnte neben der Wahrnehmung schulseelsorgerlicher Tätigkeiten in Einzelfällen eben auch strukturelle Veränderung sein wie z. B. der Einsatz für ein diakonisches Profil an der Schule. Über die Schule hinaus muss außerdem zum Vierten immer die »Welt«, auf die hin die Schule ihre Schülerinnen und Schüler vorbereiten will, im Blick sein. Die Wahrnehmung des lebensweltlichen Kontextes der Schüler, die Deutung kirchlicher, gesellschaftlicher oder politischer Konstellationen und das Ziel eines diakonischen Handelns, das unsere Welt menschlicher macht, ihr ein menschlicheres Ansehen verleiht, sind der allerdings weite und nicht immer leicht überschaubare Rahmen diakonischen Handelns. Dieser Horizont ist unerlässlich für eine diakonische Bildung, die unsere Kultur bilden möchte.

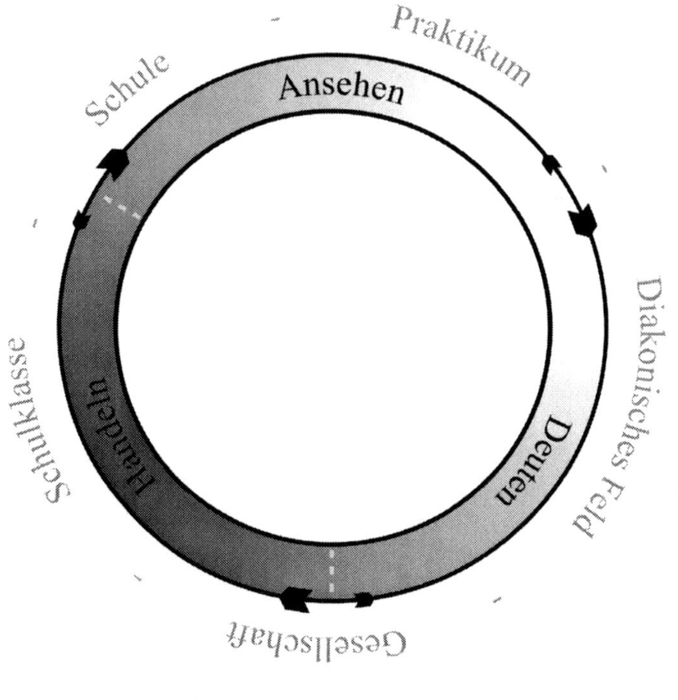

Abb. 5: Diakonisch-didaktischer Zirkel im Kontext

423 S. o. Kap. 7.1.5.

Es geht aber natürlich nicht nur um das Ansehen, Deuten und Handeln der Lehrkräfte, sondern auch um das der Schülerinnen und Schüler. Auch ihr Ansehen soll sich auf den Praxisort und seine Menschen, auf die Schule, ihre Mitschüler genauso wie ihre Lehrkräfte und auf ihre Lebenswelt beziehen. Ebenso verhält es sich mit dem Deuten und Handeln der Schüler. Nun zeigt sich recht schnell, dass die verschiedenen diakonischen Zirkel nicht nebeneinander her »kreisen«, sondern ineinander verschränkt sind. So gehört es beispielsweise zur Aufgabe der Lehrkräfte, die Schüler anzusehen und wahrzunehmen – und zwar in allen drei diakonischen Dimensionen, in ihrem Sehen, in ihrem Deuten und in ihrem Handeln, um das Gesehene wiederum selbst zu deuten und entsprechend zu handeln.

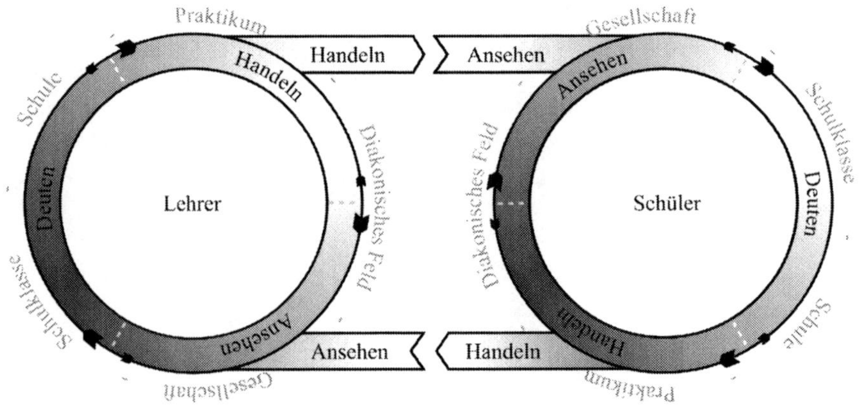

Abb. 6: Diakonisch-didaktischer Zirkel: Lehrer-Schüler-Interaktion

Idealerweise würden auch die Praxisanleiter vor Ort, ggf. auch die Menschen, die für die diakonischen Einrichtungen arbeiten,[424] nach diesem Modell verfahren. In der Praxis wird das jedoch wahrscheinlich schwer und nur mit hohem zeitlichen Aufwand zu implementieren sein, da die Schülerinnen und Schüler in je unterschiedlichen Praktikumseinrichtungen untergebracht sein werden, so dass pro Klasse im Extremfall bis zu 33 verschiedene Praktikumsstellen, damit 33 oder mehr Praxisanleiter und ggf. noch weitere beteiligte Personen in die Handhabung des Modells eingewiesen werden müssten. Gleichwohl wäre das der Idealfall, und der Bildungsprozess würde dadurch um etliche Perspektiven, Deutungen und Handlungserfahrungen bereichert werden. Ich werde daher unten, wenn ich die einzelnen Schritte ausführlich darstelle, auch die Praxisanleiter mit einbeziehen.

---

424 Hier wäre zum Beispiel an Seniorinnen und Senioren in Seniorenstiften zu denken oder an Menschen mit Behinderung, die von mobilen sozialen Diensten betreut werden.

Bevor nun zur ausführlichen Darstellung der drei diakonischen Schritte übergangen werden kann, will ich drei vorbereitende Exkurse einschieben, die alle einem konstruktivistischen Paradigma folgen und die jeweils für alle drei diakonischen Schritte Konsequenzen implizieren. Der erste Exkurs nimmt den Diskurs über die an Jean Piaget anknüpfenden Theorien zur sozialen und moralischen Entwicklung auf, um von dort aus Einsichten für das diakonische Lernen zu gewinnen. Der zweite Exkurs fundiert aus neurowissenschaftlicher Sicht das konstruktivistische Paradigma und nennt bereits erste didaktische Konsequenzen. Der dritte Exkurs schließlich beschäftigt sich mit Beiträgen der systemisch-konstruktivistischen Didaktik zur diakonischen.

7.3 Erträge aus der Entwicklungspsychologie

Auf der Grundlage eines konstruktivistischen Paradigmas untersuchte Jean Piaget die kognitive Entwicklung des Menschen und beschrieb sie anhand eines Stufenmodells. Auf seine Erkenntnisse berufen sich etliche Nachfolgeuntersuchungen, die – wie Piaget – jeweils für ihren Bereich ein Entwicklungsmodell entwerfen. Für unseren Kontext der diakonischen Bildung und des diakonischen Lernens sind insbesondere die Entwicklung des sozialen Verstehens und die Entwicklung des moralischen Urteils interessant.[425]

Die Religionspädagogik hat seit den späten 80er und frühen 90er Jahren intensiv Erkenntnisse aus den in der Tradition von Jean Piaget stehenden entwicklungspsychologischen Theorien rezipiert und aufgenommen.[426] Fritz Oser mit Paul Gmünder und James W. Fowler haben gar eine analoge Entwicklungstheorie für das religiöse Urteil (Oser/Gmünder) bzw. des Glaubens (Fowler)

---

[425] Anders Kunstmann, der den Nutzen der Entwicklungspsychologie bezweifelt: »Deutlich wird damit auch, dass die verbreiteten religionspädagogischen Bemühungen zur Entwicklungspsychologie [...] unbefriedigend geblieben sind. Der Forschungsstand im Bereich der religiösen Entwicklungspsychologie kann zwar – die Problematik und Fragwürdigkeit der Stufentheorien einmal beiseitegestellt – eine gewisse heuristische Hilfe geben, hat aber religionsdidaktisch keine wirklich fruchtbaren Anstöße zu geben vermocht.« Kunstmann 2002, S. 429. Kunstmann begeht hier den Fehler in seinem Urteil, seinen Ästhetik-Begriff enger zu fassen, als es sein Ansatz bei einer Wahrnehmung nahelegt, die so weit gefasst ist, dass sie kognitive Vorgänge einschließt. Kunstmann ist jedoch insofern zuzustimmen, als es nicht sinnvoll ist, Erträge aus der Entwicklungspsychologie oder auch aus der Neurobiologie in ihrer pädagogisch-didaktischen Reichweite dahingehend zu überfordern, dass eine einseitig auf diesen Erkenntnissen aufgebaute Religionsdidaktik konstruiert wird. Dieser Gefahr erliegen tatsächlich teilweise Oser, Gmünder und Fowler in ihren Stufenmodellen.

[426] Z.B. Schmidt, Heinz: Leitfaden Religionspädagogik, Stuttgart-Berlin-Köln 1991; Schweitzer, Friedrich; Nipkow, Karl Ernst; Faust-Siehl, Gabriele; Krupka, Bernd: Religionsunterricht und Entwicklungspsychologie. Elementarisierung in der Praxis, Gütersloh ^{2}1997.

vorgestellt.[427] Beide Modelle sind in der Theologie und Religionspädagogik bald kritisiert worden.[428]

Aber auch in der Psychologie hat mittlerweile ein Paradigmenwechsel stattgefunden. Die Geltung der über Jahrzehnte beherrschenden kognitiven Entwürfe Piagets und seiner Nachfolger wurde eingeschränkt. So wurde insbesondere im in dieser Arbeit zum Tragen kommenden Bereich der moralischen Entwicklung festgestellt, dass diese, anders als Kohlberg vorausgesetzt hatte, nicht allein auf kognitiven (bewusst-kognitiven) Denkakten beruht, sondern dass weit mehr Faktoren auf die moralische Entwicklung einwirken. Kontext, Emotion, Motivation, die Art der persönlichen Betroffenheit (ob die moralische Entscheidung abstrakter Natur ist oder auf direkten, persönlichen Beziehungen beruht) und sog. »*tacit systems*« (verinnerlichte Prozessstrukturen) wurden als weitere maßgebliche Faktoren moralischer Entscheidung und moralischer Entwicklung festgestellt. Moralische und soziale Entwicklung werden somit als »*multifaceted*«[429] angesehen:

> »Most psychological approaches to moral development view morality as multifaceted and as having affective, cognitive, and behavioral components, but theoretical perspectives have varied in the extent to which they have prioritized the different components. Like other structural-developmental theories of moral judgment development, researchers from the social-cognitive domain perspective [...] propose that moral development is best understood through psychological analyses of mor-

---

[427] Oser, Fritz; Gmünder, Paul: Der Mensch - Stufen seiner religiösen Entwicklung, Gütersloh ^{4}1996; Fowler, James W.: Stufen des Glaubens. Die Psychologie der menschlichen Entwicklung und die Suche nach Sinn, Gütersloh 2000.

[428] Insbesondere die Konstruktion einer Stufenhierarchie mit einer letztlich empirisch nicht nachweisbaren letzten, höchsten Stufe wurde hinterfragt: Woher nehmen empirisch arbeitende Forscher eine solche Stufe? Tragen sie nicht ihre persönlichen theologischen Idealvorstellungen in dieses Bild ein? Schließlich wurden die jeder Hierarchie impliziten Wertungen hinterfragt. Oser und Gmünder beeilen sich zwar zu betonen, dass die höheren Stufen nur deswegen besser seien, weil sie in der Lage sind, komplexeren Lebenssituationen zu begegnen. Fowler hingegen verwendet hier einen Reifebegriff, der einen doppelten Verdacht begründet: zum einen den Verdacht des höheren Wertes eines Menschen auf einer höheren Stufe, zum anderen den Verdacht der Ersetzung der Rechtfertigungstheologie durch eine Vervollkommnungspädagogik.

[429] Turiel, Elliot: Thought, Emotions, and Social Interactional Processes in Moral Development, in: Killen, Melanie; Smetana, Judith G. (Hg.): Handbook of Moral Development, Mahwah - London 2006, S. 12; Smetana, Judith G.: Social-Cognitive Domain Theory: Consistencies and Variations in Childrens's Moral and Social Judgments, in: Killen, Melanie; Smetana, Judith G. (Hg.): Handbook of Moral Development, Mahwah – London 2006, S. 119 und S. 123. Gustavo Carlo nimmt »multilevel system influences of children‹s prosocial behaviors« an und nennt zusätzlich Familie, Geschwister, Peer und Medien. Carlo, Gustavo: Care-Based and Altruistically Based Morality, in: Killen, Melanie; Smetana, Judith G. (Hg.): Handbook of Moral Development, Mahwah - London 2006, S. 563.

al judgments, but as discussed in this chapter, emotion and behavior have not been neglected. Emotion is seen as inseparable from and providing one motivational or energetic force for judgments, and behavior is seen as following from individuals' interpretations of situations. Also consistent with other structural-developmental theories of moral judgment development, domain theory proposes that morality is constructed out of reciprocal individual-environment interactions.«[430]

Neuste entwicklungspsychologische Ansätze (Berkowitz, Narvaez, Smetana) versuchen daher die Erkenntnisse verschiedenster Ansätze (Kognitionspsychologie, Sozialpsychologie, Behaviorismus) in eine Zusammenschau zu bringen. Diese Ansätze stehen jedoch allesamt am Anfang, so dass abschließende und umfassende Ergebnisse noch nicht vorliegen. Allen gemeinsam ist aber die partielle Integration und Weiterentwicklung der kognitiven Entwicklungsmodelle.[431]

Im Folgenden sollen daher nun zwei dieser sehr gut untersuchten kognitiven Teilbereiche moralischer Entwicklung in ihrer Bedeutung für das diakonische Lernen dargestellt werden, nämlich die Entwicklung der sozialen Perspektivübernahme nach Robert L. Selman und im Anschluss daran die Entwicklung des moralischen Urteils nach Lawrence Kohlberg und seine Weiterentwicklung[432] durch den sogenannten *neo-Kohlbergian approach*.[433] Beide Entwicklungsmodelle stehen in der Tradition der kognitiven Entwicklungstheorie Jean Piagets. Piaget geht in seiner Theorie davon aus, dass der Mensch, wenn er Wirklichkeit kognitiv zu erfassen sucht, seine Wahrnehmung der Wirklichkeit an die bei ihm vorhandenen kognitiven Strukturen *assimiliert*. Dies leistet

---

430 Smetana 2006, S. 119.

431 Den Zusammenhang von Emotion und Motivation einerseits und Wertebildung bzw. dem Lernen im Wertebereich andererseits belegen neuerdings auch Studien aus der Neurobiologie. Vgl. Bauer 2005, S. 40 ff. und insbesondere Spitzer 2002, S. 328 f.: Geht es »um moralisches Abwägen von Werten, um Bewertungen von Verhaltensweisen, so aktiviert [...] dies vor allem Bereiche des medialen Frontalhirns. Gerade die persönlich-moralischen Entscheidungen aktivieren unter anderem solche Areale, von denen bekannt ist, dass sie auch durch emotionale bzw. motivationale Prozesse aktiviert werden. [...] Beim Nachdenken über persönlich-moralische Probleme sind somit die Emotionen im Sinne der Funktion der Bewertung beteiligt, ob man dies will oder nicht.«

432 Insbesondere der Darstellung des *neo-Kohlbergian approach*s werde ich einigen Raum widmen, weil eine Rezeption der Fortentwicklung des Modells von Kohlberg in der deutschsprachigen Religionspädagogik nach meinem Kenntnisstand nicht stattgefunden hat.

433 Auch die Entwicklung des religiösen Denkens ist natürlich für das diakonische Lernen mittelbar interessant, insofern es biblisches und theologisches Lernen voraussetzt. Biblisches und theologisches Lernen und ihre entwicklungspsychologischen Voraussetzungen sind in der Religionspädagogik breit und zu Recht kontrovers diskutiert worden und müssen hier nicht eigens untersucht werden.

er so lange, bis Problemstellungen der Wirklichkeit sein kognitives System überfordern, so dass er es neu an die Wirklichkeit anpassen muss. Diesen Vorgang nennt Piaget *Akkommodation*. Durch empirische Untersuchungen fand Piaget heraus, dass sich in diesem Prozess von *Assimilation* und *Akkommodation* Gleichgewichte bilden, die er als kognitive Stufen bezeichnet. In seiner kognitiven Entwicklung durchläuft der Mensch verschiedene, immer in gleicher Reihenfolge aufeinanderfolgende Stufen. Piaget erforschte vorwiegend die Entwicklung des logischen Urteils.[434] Kohlberg und Nachfolger untersuchten ausgehend von Piagets Grundannahmen die Entwicklung des moralischen Urteils, Selman die Entwicklung des sozialen Verstehens. Beide bieten, wie zu zeigen bleibt, Modelle, deren Beachtung für den Prozess des diakonischen Lernens hilfreich sein kann.[435]

7.3.1 Die Entwicklung des sozialen Verstehens

Bevor ich die Konsequenzen der Anwendung von Selmans Modell auf die Didaktik des diakonischen Lernens anwende, möchte ich zunächst seine Stufentheorie des sozialen Verstehens entfalten. Selmans Stufenmodell gründet sich auf George Herbert Meads Annahme, »daß die menschliche Fähigkeit zur Koordination von Perspektiven sowohl die Quelle des Bewußtseins von sich selbst als auch den Kern sozialer Intelligenz bildet«.[436] Die Fähigkeit zur Koordination von Perspektiven ist ebenso grundlegend für ein angemessenes diakonisches Handeln und Lernen. Ansehen und Deuten lernen heißt lernen, Perspektiven zu übernehmen und zu koordinieren.

---

[434] Piagets Studien zum moralischen Urteil beim Kinde, in der er den Umgang von Kindern mit Regeln untersucht, sollen hier unberücksichtigt bleiben, da sie in der genannten Fragestellung nicht weiterführen. Vgl. Piaget, Jean: Das moralische Urteil beim Kinde, Vorwort von Hans Aebli. Aus dem Französischen von Lucien Goldmann, Stuttgart [2]1983.

[435] Eine weitere, in der Religionspädagogik häufig rezipierte Entwicklungstheorie ist die Entwicklung der sozialen Identität nach Erik H. Erikson. Im Bereich des diakonischen Lernens nahm vor allem Huldreich Toaspern ausdrücklich darauf Bezug, der von der identitätsfördernden Funktion des diakonischen Lernens ausgeht. Vgl. Toaspern 2007, S. 215–226. Hier mag es genügen, auf Toasperns Rezeption der Theorie Eriksons zu verweisen. Zwar lassen sich einzelne Stufen der Identitätsentwicklung gut in die Polaritäten von Individualisation und Partizipation (z. B. Intimität vs. Isolierung), Freiheit und Bedingtheit (z. B. Autonomie vs. Scham und Zweifel) eintragen, gleichwohl trüge eine wiederholte Untersuchung in unserem Zusammenhang wenig Neues aus.

[436] Selman, Robert L.: Die Entwicklung des sozialen Verstehens. Entwicklungspsychologische und klinische Untersuchungen, Frankfurt a. M. 1984, S. 33. Vgl. Mead, George Herbert: Mind, self and society, Chicago 1934; dt.: Geist, Identität und Gesellschaft aus der Sicht des Sozialbehaviorismus, Frankfurt a. M. 1968.

7.3.1.1 John Flavell: Die Entwicklung der Perspektivübernahme

Um den grundsätzlichen Zugang Selmans zur Perspektivübernahme leichter zu verstehen, möchte ich zunächst das Experiment von John Flavell schildern, auf das sich Selman beruft und auf dem er aufbaut[437]: Flavell konstruierte folgende Versuchsanordnung bzw. folgendes Spiel. Auf einem Tisch stehen zwei Becher. Der eine Becher ist mit »10 Cent« beschriftet, der zweite mit »5 Cent«. Unter den Bechern liegt jeweils die entsprechende Münze. Das Spiel funktioniert folgendermaßen: Ein Kind befindet sich am Tisch und darf eine der beiden Münzen unter den Bechern entfernen. Ein zweites Kind wird hereingeführt und darf einen der Becher umdrehen. Es weiß, dass Kind 1 eine Münze entfernt hat. Wenn sich eine Münze unter dem gewählten Becher befindet, darf Kind 2 diese behalten. Untersucht wird nun, wie Kind 1 begründet, warum es die gewählte Münze entfernt, bzw. nach welcher Strategie Kind 1 die Münze entfernt. Hierbei stellt Flavell aufgrund der Begründungen der Kinder folgende 4 Niveaus fest:

Niveau 0: Kind 1 erfasst nicht, dass es darum geht, die Motive von Kind 2 zu erfassen.

Niveau 1: Kind 1 erkennt die Motive des anderen Kindes, nicht aber die Möglichkeit, dass Kind 2 das gleiche auch von Kind 1 erkennen kann.

Niveau 2: Dieses Niveau ist am besten mit dem Satz zu umschreiben: »Ich weiß, dass du weißt, dass ich weiß.«

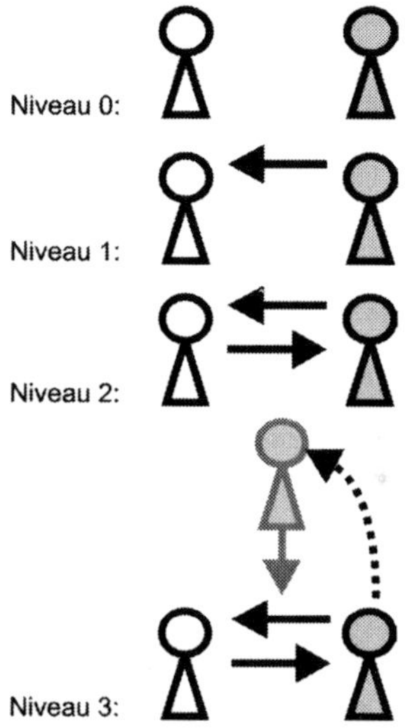

Abb. 7: Perspektivübernahme nach Flavell

Niveau 3: Kind 1 hat die Fähigkeit, sich aus der dyadischen, immanenten Perspektivübernahme herauszubegeben, um gleichsam von außen auf die Beziehung zu sehen.

7.3.1.2 Robert L. Selman: Die Entwicklung des sozialen Verstehens

Ausgehend von diesem Modell beschreibt Selman ein differenzierteres Modell mit fünf Niveaus der sozialen Verstehensentwicklung, das er ähnlich wie L. Kohlberg bei seiner Untersuchung des moralischen Urteils mit Hilfe der Dilemma-Methode erarbeitet. Den Probanden wird dabei ein Dilemma vorgestellt. Danach wird mit »halb-standardisierten« Interviews[438] erfragt, mit Hilfe welcher Wahrnehmungs- und Denkstrukturen der Proband mit dem Dilemma umgeht.

---

[437] Flavell, John H.: Rollenübernahme und Kommunikation bei Kindern, Weinheim 1975.

[438] Bei halbstandardisierten Interviews werden den Probanden vorgegebene Fragen gestellt. Freie Nachfragen zur Klärung sind jedoch zugelassen.

Folgendes Dilemma sei mit den dazugehörigen Fragen beispielhaft zitiert:

> »Holly, ein achtjähriges Mädchen, klettert gern auf Bäume. Sie ist der beste Kletterer in der ganzen Nachbarschaft. Eines Tages fällt sie beim Herabsteigen von dem niedrigsten Ast eines hohen Baumes herunter, tut sich aber nicht weh dabei. Ihr Vater sieht, wie sie herunterfällt. Er ist bestürzt und verlangt von ihr das Versprechen, nicht mehr auf Bäume zu klettern. Holly verspricht es ihm.
>
> Später am gleichen Tag treffen sich Holly und ihre Freundin Sean. Ihr Kätzchen ist auf einen Baum geklettert und kann nicht mehr herunterkommen. Irgend etwas muß sofort unternommen werden, damit das Kätzchen nicht herunterfällt. Holly ist die einzige, die gut genug klettern kann, um an das Kätzchen heranzukommen und es herunterzuholen, sie erinnert sich jedoch an das Versprechen, das sie ihrem Vater gegeben hat.«[439]
>
> Fragen: »Was wird Hollys Vater denken? Wird er, sollte sie tatsächlich auf den Baum klettern, ihre Gründe dafür verstehen oder nicht?«[440]

Aus den Antworten auf die Fragen zu dieser und ähnlichen Dilemmasituationen leitet Selman fünf Entwicklungsniveaus des sozialen Verstehens ab. Dabei unterscheidet er innerhalb jeder Stufe einerseits die Vorstellungen, die eine Person vom »psychischen Funktionieren eines Individuums«[441] und dessen »innerer Komplexität«[442] hat, und andererseits die damit »eng verwandten Vorstellungen von der Art der Verknüpfung dieser individuellen Perspektiven, ihr gegenseitiges Verstandenwerden und ihre gegenseitige Koordination«.[443] Folgende Niveaus schlägt er vor:

Niveau 0: *Undifferenzierte und egozentrische Perspektivenübernahme (ca. 3-8 Jahre):*
Die *Vorstellungen von Personen* sind undifferenziert. Psychisches und physisches Verhalten von Personen wird nicht unterschieden. Psychische Befindlichkeiten werden einlinig vom äußeren Verhalten der Personen abgelesen.

Die *Vorstellungen von Beziehungen* sind durchweg egozentrisch. Die eigene subjektive Perspektive wird als objektive Realität angenommen. Perspektiven anderer werden nicht von der eigenen unterschieden. (Ausnahme: Räumliche Perspektiven anderer werden erkannt.)

---

[439] Selman 1984, S. 49.

[440] Selman 1984, S. 49.

[441] Selman 1984, S. 50.

[442] Selman 1984, S. 50.

[443] Selman 1984, S. 50.

***Niveau 1:** Differenzierte und subjektive Perspektivenübernahme (ca. 5–9 Jahre)*
Vorstellungen von Personen sind nun insofern differenziert, als physische von psychischer Befindlichkeit unterschieden werden kann. Absichtliches kann von unabsichtlichem Verhalten unterschieden werden. Dennoch werden »intrapsychische Vorgänge wie Denken, Meinen oder Fühlen«[444] als einheitlich angesehen.

Vorstellungen von Beziehungen: Die eigene, subjektive Perspektive wird unterschieden von der Perspektive des anderen. Die Beziehungen der verschiedenen Perspektiven zueinander aber können immer nur von einer Seite aus betrachtet werden und bleiben somit subjektiv. Damit wird eine ebenso einseitige Kausalität der Beziehung angenommen. Beispielsweise ist es für ein schenkendes Kind selbstverständlich, dass sich der Beschenkte über das Geschenk freut.

***Niveau 2:** Selbstreflexive bzw. zweite Person – und reziproke Perspektivenübernahme (ca. 7–12 Jahre)*
Vorstellungen von Personen: Die Kinder können nun »im Geiste aus sich heraustreten und eine Zweite-Person-Perspektive auf die eigenen Handlungen und Gedanken einnehmen«.[445] Das innere Befinden wird nunmehr als vielseitig und zusammengesetzt, nicht mehr als einlinig erkannt, wobei eine der Befindlichkeiten als vorherrschende angenommen wird. Es wird erkannt, dass Handlungen auch unabsichtlich geschehen können.

Vorstellungen von Beziehungen: Kinder sind nun in der Lage, sich an die Stelle des anderen zu versetzen. Sie verstehen, dass ihr Gegenüber dies ebenso tun kann. (Vgl. Flavell: Ich weiß, dass er weiß, dass ich weiß, dass er weiß.) Durch die Unterscheidung von innerer und äußerer Befindlichkeit weiß ein Kind auf Niveau 2 um die Möglichkeit der bewussten oder unbewussten Täuschung durch äußeres Verhalten.

***Niveau 3:** Dritte Person – und gegenseitige Perspektivenübernahme (ca. 10–15 Jahre)*
Vorstellungen von Personen: Personen werden nun als »Systeme über längere Zeit konsistenter Einstellungen und Werte verstanden«.[446] Sie haben die Fähigkeit, im Geiste aus sich herauszutreten und eine Dritte-Person-Perspektive einzunehmen. Das bedeutet, dass sie nicht nur aus sich selbst heraustreten und auf sich blicken können, sondern auch aus sich selbst als System bzw. aus sich selbst in einem System herauszutreten, um auf eben jenes System zu sehen.

Vorstellungen von Beziehungen: Nun ist nicht mehr nur ein gleichsam immanenter Perspektivwechsel vom einen zum anderen und wieder zurück

---

[444] Selman 1984, S. 51.

[445] Selman 1984, S. 52.

[446] Selman 1984, S. 53.

möglich, sondern die koordinierten Perspektiven, die Beziehung als solche kann in den Blick genommen werden. Soziale Befriedigung, Verständnis und Miteinander-Auskommen werden als notwendig gegenseitig verstanden, damit sie verwirklicht werden können.

Niveau 4: *Tiefenpsychologische und gesellschaftlich-symbolische Perspektivenübernahme (ca. 12 Jahre bis Erwachsenenalter)*
Vorstellungen von Personen: Handlungen, Gedanken, Motive und Gefühle werden als psychologisch und lebensgeschichtlich determiniert betrachtet, nicht aber notwendigerweise auch zugleich als bewusst. Somit entsteht ein Begriff des Unbewussten, der über den Begriff des Unabsichtlichen von Niveau 2 hinausgeht.

Vorstellungen von Beziehungen: »Das Individuum des Niveaus 4 entwirft die subjektiven Perspektiven von Personen aufeinander (Gegenseitigkeit) nicht mehr nur auf der Ebene gemeinsamer Erwartungen oder gegenseitigen Gewahrseins (wie auf Niveau 3), sondern als simultan auf mehreren, auch tieferen Ebenen der Kommunikation existierend.«[447] Nun kann der Adoleszente von diesen vielfältig geteilten Perspektiven abstrahieren auf allgemeingültige (legale, gesellschaftliche, moralische) Perspektiven. In der Kommunikation mit anderen wird diese Perspektive des generalisierten anderen vorausgesetzt und als Hilfsmittel zur Verständigung verwendet.

7.3.1.3 Anwendung der Stufen Selmans auf die Didaktik diakonischen Lernens
Überträgt man nun die Ergebnisse der Forschung Selmans auf die Situation in der Schule, so wird deutlich, dass, den verschiedenen Niveaus entsprechend, mit unterschiedlichen sozialen Verstehensmöglichkeiten an der Schule zu rechnen ist. Auch innerhalb einer Klassenstufe ist bis etwa zur neunten Klasse kein einheitliches soziales Verstehen zu erwarten; die Schüler und Schülerinnen derselben Klassenstufe werden sich auf unterschiedlichen Niveaus befinden.

Folgendes fiktives Beispiel mag dies verdeutlichen: In einer 6. Klasse Realschule findet eine Exkursion in ein Heim mit körperlich behinderten Menschen ähnlichen Alters statt. Die Schüler der 6. Klasse werden sich zum größten Teil auf Niveau 2 befinden. Manche Schüler sind Niveau 3 zuzuordnen, einige auch Niveau 1. Ein Schüler auf Niveau 1 wird sich sicherlich bereits eine Vorstellung davon machen, wie das besuchte Gegenüber auf seinen Besuch und eventuelle Hilfeleistung reagiert. Aber diese Vorstellung bleibt einseitig, letztlich gebunden an die eigene subjektive Perspektive und bedingt durch kausale Denkmuster.

So wird der Schüler auf Niveau 1 grundsätzlich Dankbarkeit erwarten für etwaige Hilfeleistung im Rahmen seines Besuches, aber kaum mit Verunsicherung, mit Ärger oder Abwehr rechnen.

Ein Schüler auf Niveau 2 kann sich hingegen bereits in den anderen hineinversetzen. Er kann sich schon vorstellen, dass sein Gegenüber nicht nur

447 Selman 1984, S. 54.

Freude und Dankbarkeit als Reaktion auf sein Handeln empfinden könnte, sondern auch Verunsicherung, Scham oder Ärger aufgrund der Nötigung durch den Besuch o. Ä., denn er weiß mittlerweile darum, dass die »Seelenlage«[448] des anderen nicht kausal (etwa durch die Hilfeleistung) bedingt und auch nicht immer einheitlich mit der äußeren Erscheinung der Person ist. Diese Fähigkeit zur Übernahme der Perspektive eines anderen ist die grundlegende Voraussetzung für ein dem Gegenüber *angemessenes* diakonisches Ansehen.

Ein Schüler auf Niveau 3 vermag es nun bereits, »abstrakt aus einer zwischenmenschlichen Interaktion herauszutreten«[449] und alle beteiligten Personen, also das Beziehungssystem insgesamt, in den Blick zu nehmen. Er kann gleichsam von außen, beobachtend und reflektierend auf seine Beziehung zu seinem Gegenüber – bzw. auf seine Beziehung zu seinem Gegenüber im Gesamtsystem der für ihn überschaubaren Beziehungen – sehen. Er kann sich also nicht nur einfühlen in den anderen, was eine grundlegende Voraussetzung für ein angemessenes diakonisches Ansehen ist, sondern er kann kritisch beobachtend von außen auf Beziehungsprozesse sehen, so dass auch ein angemessenes diakonisches Deuten möglich ist.

Um die Reihe abzurunden, möchte ich nun den Lehrer der Klasse in den Blick nehmen, dessen soziales Verstehen sich im Idealfall auf Niveau 4 einstufen ließe. Was bringt er über die vorigen Niveaus hinaus in die Situation ein? Zum Ersten hat er eine wesentlich komplexere Vorstellung von Personen: Unbewusste Vorgänge werden angenommen, psychische Determinationen durch die eigene Geschichte einbezogen. Somit wird er z. B. eher als die Schüler mit Ängsten vor der Begegnung mit den behinderten Menschen auf Seiten der Schüler rechnen als diese selbst, weil er um solche psychischen Reaktionen auf Fremdes weiß. Zum Zweiten hat er die Fähigkeit, von der erlebten Situation zu abstrahieren, wesentlich weiter entwickelt als die Schüler auf Niveau 3. So wird er versuchen, die erlebte Situation der konkreten Begegnung mit seinen gesellschaftlichen, moralischen oder juridischen Perspektiven zu koordinieren.

Aus obigem Beispiel wird deutlich, dass zum diakonischen Lernen gehört, das soziale Verstehen zu fördern – insbesondere den Perspektivwechsel bis hin zu den Fähigkeiten auf Niveau drei und vier. Denn diakonisches *Ansehen* setzt voraus, dass ich die Perspektive meines Gegenübers einzunehmen gelernt habe (Niveau 2). Das *Deuten* ist in gesellschaftlich-moralisch-juridischen Kontexten nur möglich, wenn ich aus der persönlich-dyadischen Beziehung heraustreten kann, um von ihr zu abstrahieren und zu generalisieren (Niveau 3 und 4).

Damit ergibt sich zuerst eine Wahrnehmungs- und Deutungsaufgabe für den Lehrer. Um seine Schüler in ihren Äußerungen, Fragen und in ihrem Verhalten richtig verstehen zu können (also empathisch ansehen, und zutreffend

---

[448] Selman 1984, S. 52.

[449] Selman 1984, S. 53.

deuten zu können), ist es wichtig, ihre jeweilige Fähigkeit der Perspektivübernahme bzw. des sozialen Verstehens im Blick zu behalten. Von dieser Wahrnehmung ausgehend können nun in einem nächsten Schritt – je individuell – Perspektivübernahme und soziales Verstehen gefördert werden.

Diese Förderung des sozialen Verstehens kann im Unterricht auf mehreren Ebenen geschehen. Hierfür kann die Lehrkraft den Stufenfortschritt durch den Einsatz von Dilemmageschichten fördern.[450] Dazu eignen sich natürlich die Dilemmageschichten, die Selman selbst zur Erhebung der Stufen verwendet hat. Noch besser wäre es, die Dilemmasituationen aus dem diakonischen Themenspektrum zu gewinnen – sie zu konstruieren oder idealerweise sogar aus der konkreten Praxiserfahrung zu entnehmen. In den anschließenden Diskussionen über Wege, mit dem Dilemma umzugehen, ist es die Aufgabe der Lehrkraft, die Argumente derjenigen Schüler, deren Argumentation sich auf einem höheren Niveau befindet, hervorzuheben und zu verstärken oder selbst den Schülern Analysen und Argumentationen auf einem höheren Niveau anzubieten, um dadurch die Entwicklung der Schüler auf niedrigerem Niveau zu fördern.[451] Der Königsweg scheint mir jedoch zu sein, konkret auftauchende Dilemmata während der Praxisphasen bzw. Praktika oder auch im theoretischen Unterricht als Lernsituationen zur Förderung des sozialen Verstehens und damit des diakonischen Sehens zu verwenden. Solche konkreten Dilemmata erfüllen noch besser die Anforderungen an ein Lernsetting, wie wir sie von der konstruktivistischen Didaktik her kennen und einfordern (Anwendungsrelevanz, Komplexität).

7.3.1.4 Zusammenfassung

Es ist deutlich geworden, dass die Entwicklung des sozialen Verstehens das diakonische Ansehen, Deuten und Handeln von Schülern grundlegend bestimmt und daher auch das der Lehrer ebenso grundlegend bestimmen sollte. Die Fähigkeit der Perspektivübernahme (Niveau 2) ist dabei der erste wesentliche Schritt, der für ein angemessenes diakonisches Sehen gefördert werden soll. Erst die Fähigkeit, von der erlebten Situation zu abstrahieren und sich aus der dyadischen Perspektivübernahme herauszubewegen, ermöglicht eine kritische Beobachtung und Reflexion der Beziehung bzw. des Beziehungssystems (Niveau 3) und den Transfer auf eine gesellschaftlich-moralische Ebene

---

[450] Vgl. zur Methode der Förderung des sozialen Urteils mutatis mutandis die Förderung des moralischen Urteils nach L. Kohlberg, beschrieben in Kuhmerker, Lisa: Die Förderung der moralischen Entwicklung durch Dilemmadiskussionen, in: Kuhmerker, Lisa; Gielen, Uwe; Hayes, Richard L.: Lawrence Kohlberg. Seine Bedeutung für die pädagogische und psychologische Praxis, München 1996, S. 129–142.

[451] Vgl. auch Schweitzer, Nipkow, Faust-Siehl, Krupka 1997, S. 204 f. Schweitzer und Kollegen fordern die »+1-Konvention« bzw. die »-1/3- Konvention« als notwendige, freilich nicht hinreichende Bedingung für einen gelingenden Religionsunterricht. Sie wenden diese Konvention u. a. auf die Fähigkeit der Rollenübernahme, auf das moralische Urteil nach Kohlberg sowie auf das religiöse Urteil nach Oser und Gmünder an.

(Niveau 4), so dass ein angemessenes »diakonisches Urteilen« möglich wird. Das soziale Verstehen ist darum durch den Lehrer im Prozess des diakonischen Lernens zu fördern. Dies kann sowohl durch die Methode der Dilemmadiskussion geschehen, indem der Lehrer die Schüler durch eine gezielte Überforderung mit dem je höheren Niveau konfrontiert, als auch anhand der begleitenden Reflexion praktischer Einheiten, in denen der Lehrer ebenfalls das gegebene soziale Verstehen erfragt und fördert.

7.3.2 Die moralische Entwicklung

Da die Diskussion in der religionspädagogischen Literatur insbesondere im Bereich der Entwicklung des moralischen Urteils in weiten Teilen bei der Auseinandersetzung mit Kohlberg stehengeblieben ist, und weil der *neo-Kohlbergian approach* in seinen Thesen durch die Abgrenzung von seinem Vorgänger besser verständlich ist, werde ich zunächst ausführlich das über Jahrzehnte die Forschung dominierende Paradigma der moralischen Entwicklung nach Lawrence Kohlberg entfalten.

7.3.2.1 Lawrence Kohlberg

Gerechtigkeit ist eine zentrale Kategorie der Diakonie.[452] Lawrence Kohlberg seinerseits versteht Gerechtigkeit[453] als die wesentliche Kategorie moralischen Denkens. Seine Untersuchungen der moralischen Entwicklung basieren wie bei Selman auf dem Umgang der Probanden mit Dilemmageschichten. In seinen Dilemmageschichten steht jedoch ein Konflikt im Zentrum, der sich um die Frage der Gerechtigkeit dreht.[454] Am bekanntesten ist das sog. Heinz-Dilemma:

---

[452] Vgl. oben, Kapitel 4.5. In der Diakonie geht es immer auch um die Durchsetzung göttlichen (d. h. von Gott und Christus kommenden) Rechtes durch die Menschen.

[453] Kohlberg versteht unter Gerechtigkeit keine Kategorie, die christologisch von der Reich-Gottes-Botschaft her begründet ist, sondern er begründet Gerechtigkeit philosophisch, u.a. von Kant, Dewey und Rawls herkommend. Kohlberg 1995, S. 24. Vgl. auch Gielen, Uwe: Kohlbergs Theorie der moralischen Entwicklung, in: Kuhmerker, Lisa; Gielen, Uwe; Hayes, Richard L.: Lawrence Kohlberg. Seine Bedeutung für die pädagogische und psychologische Praxis, München 1996, S. 32.

[454] Es soll an dieser Stelle nicht unerwähnt bleiben, dass Selman ein Schüler Kohlbergs ist, dessen Untersuchungen auf den Erkenntnissen Kohlbergs aufbauen. Ich wählte die umgekehrte Reihenfolge in der Darstellung, weil Selman das grundlegendere Phänomen untersucht, die soziale Rollenübernahme bzw. die Fähigkeit zum Perspektivwechsel, die letztlich auch Kohlbergs Modell zugrunde liegt. Somit kann gesagt werden, dass die Entwicklung der Fähigkeit zum Perspektivwechsel Bedingung sine qua non für die Fortentwicklung des moralischen Urteils ist. Umgekehrt aber kann aus dem Entwicklungsstand des Perspektivwechsels nicht auf den Stand in der moralischen Entwicklung geschlossen werden. Die Entwicklung des Perspektivwechsels ist also notwendige, aber nicht hinreichende Bedingung für die Entwicklung des moralischen Urteils. Kohlberg allerdings war es, der die Methode der Auswertung von Dilemmadiskussionen entwickelt hat.

»In einem fernen Land lag eine Frau, die an einer besonderen Krebsart erkrankt war, im Sterben. Es gab eine Medizin, von der die Ärzte glaubten, sie könne die Frau retten. Es handelte sich um eine besondere Form von Radium, die ein Apotheker in der gleichen Stadt erst kürzlich entdeckt hatte. Die Herstellung war teuer, doch der Apotheker verlangte zehnmal mehr dafür, als ihn die Produktion gekostet hatte. Er hatte 200 Dollar für das Radium bezahlt und verlangte 2000 Dollar für eine kleine Dosis des Medikaments.

Heinz, der Ehemann der kranken Frau, suchte alle seine Bekannten auf, um sich das Geld auszuleihen, und er bemühte sich auch um eine Unterstützung durch Behörden. Doch er bekam nur 1000 Dollar zusammen, also die Hälfte des verlangten Preises. Er erzählte dem Apotheker, dass seine Frau im Sterben lag, und bat, ihm seine Medizin billiger zu verkaufen bzw. ihn den Rest später bezahlen zu lassen. Doch der Apotheker sagte: »Nein, ich habe das Mittel entdeckt, und ich will damit viel Geld verdienen.« - Heinz hat nun alle legalen Möglichkeiten erschöpft; er ist ganz verzweifelt und überlegt, ob er in die Apotheke einbrechen und das Medikament für seine Frau stehlen soll.«[455]

Wie für Selmans Entwicklung des sozialen Verstehens, so ist auch für Kohlbergs Stufenmodell der Perspektivwechsel von grundlegender Bedeutung. Die Erweiterung der Fähigkeit zum Perspektivwechsel ist notwendige Voraussetzung für einen Stufenfortschritt im kohlbergschen Modell. Kohlberg stellt sechs Stufen der moralischen Entwicklung fest, von denen er je zwei zu einer Gruppe zusammenfasst:

I Die präkonventionelle Ebene[456]
Das Kind auf der präkonventionellen Ebene beachtet zwar moralische Regeln, die Motivation aber dazu liegt verborgen in »physischen oder hedonistischen Konsequenzen«[457], in der Angst vor Bestrafung bzw. in der Erwartung von Belohnung oder im Austausch von Gefälligkeiten. Die präkonventionelle Ebene umfasst folgende zwei Stufen:
Stufe 1 – Orientierung an Strafe und Gehorsam: Gut ist, was nicht bestraft, sondern belohnt wird. Schlecht ist, was bestraft wird. Moralisches Handeln ist motiviert durch Vermeidung physischer Strafen. Die Regeln und Werte werden von außen (z. B. von den Eltern) festgelegt; sie sind heteronom.

---

455 Kohlberg, Lawrence: Dilemma Heinz, aus: Ders., Die Psychologie der Moralentwicklung. Hg. von Wolfgang Althoff. Frankfurt a. M. 1995, S. 495 f., in: Büttner, Gerhard; Dieterich, Veit-Jakobus (Hg.): Die Religiöse Entwicklung des Menschen. Ein Grundkurs, Stuttgart 2000, S. 64.

456 In der Literatur kursieren verschiedene Überschriften für die einzelnen Ebenen und Stufen. Dies ist u. a. auf die unterschiedlichen Übersetzungen zurückzuführen.

457 Kohlberg 1977, S. 61.

Stufe 2 – Instrumentell-relativistische Orientierung: Richtiges Handeln ist das, was vor allem die eigenen Bedürfnisse, gelegentlich auch die Bedürfnisse anderer befriedigt. Der Begriff von Fairness entwickelt sich zwar: Fair ist, wenn Geben und Nehmen ausgeglichen sind. Letztlich ist die Moral aber eine instrumentelle und dient dem Individuum selbst.[458]

II Die konventionelle Ebene

Wer sich auf der konventionellen Ebene befindet, orientiert sich an den Regeln der Gruppe (Familie, Freunde, Gesellschaft). Ein Handeln ist richtig, wenn es Konsens der Gruppe ist. Wesentlich für die Motivation ist die Identifikation mit Personen einer Gruppe, mit der Gruppe als ganzer, aber auch mit ihren Normen und Werten.

Stufe 3 – Orientierung an zwischenmenschlicher Übereinstimmung (good boy – nice girl): Die Anerkennung der Gruppe wird gesucht. Daher richtet man sein Verhalten an den Erwartungen der Gruppe aus.[459]

Stufe 4 – Orientierung an »Law and Order«: Die vierte Stufe geht über die vorherige dahingehend hinaus, dass moralisches Urteilen nun um der Ordnungen, um der Gesetze und deren sozialer Funktion willen geschieht, nicht mehr einzelner Personen oder Gruppen zuliebe.

III Die postkonventionelle Ebene

Die postkonventionelle Ebene wird nur von einem relativ geringen Teil der Menschen erreicht. Sie unterscheidet sich von der vorhergehenden dadurch, dass nicht mehr eine Gruppe oder ihre Gesetze für das moralische Urteil den Ausschlag geben, sondern dass sich ein Bewusstsein für die Gründe und Werte hinter den Konventionen und Gesetzen entwickelt.[460] Gesetze können auf-

---

[458] An dieser zweiten Stufe kann sehr gut deutlich gemacht werden, wie Selman und Kohlberg aufeinander aufbauen: Der Fairnessbegriff dieser Stufe ist ohne die Entwicklung der einfachen Perspektivübernahme (Selman, Niveau 1) nicht denkbar.

[459] Noch einmal möchte ich einen Bezug zu Selman herstellen: Die Möglichkeit der Selbstreflexion und der Einnahme einer Zweite-Person-Perspektive ist Voraussetzung für die Fähigkeit, sich ein Bild von der Wahrnehmung der Gruppe zu machen (*good boy – nice girl*).

[460] Die jüngere neurobiologische Forschung unterstützt die Beobachtung der späten Entwicklung reflektierten, prinzipiengesteuerten Handelns von Kohlberg. »Aus neurobiologischer Sicht ist das Gehirn sogar darauf angelegt, Werte erst spät zu lernen.« Spitzer 2001, S. 351. Denn moralisches Abwägen von Werten aktiviert vor allem Bereiche des medialen Frontalhirns. »Der frontale Kortex ist dasjenige kortikale Areal, dessen Verbindungsfasern zu anderen Arealen im Laufe des Lebens als letzte mit Myelin ummantelt werden. Diese Myelinisierung der Fasern zum und vom frontalen Kortex ist erst zur Zeit der Pubertät oder teilweise sogar noch später abgeschlossen.« Spitzer 2001, S. 352. In der Phase vor diesem Abschluss wächst dieser Bereich, indem er Werte und Beurteilungen lernt, ohne jedoch bereits über sie reflektieren zu können. »Ähnlich wie die Entwicklung der Fähigkeit zum grammatikalisch richtigen (komplizierten) Sprechen hat man sich die Entwicklung der Fähigkeit zum moralisch richtigen

grund der allgemeineren, dahinterliegenden Werte verändert und gebrochen werden.

Stufe 5 – Legalistische Orientierung am Gesellschaftsvertrag: Es besteht das Bewusstsein, dass die Gesetze und Ordnungen, die Konventionen einer Gesellschaft auf Vereinbarungen und Konsens beruhen. Recht ist gemeinschaftliches, nach demokratischen Prinzipien ausgehandeltes Recht, das wichtiger ist als die zugrundeliegenden persönlichen Werte. Es kann jederzeit von neuem über Gesetze verhandelt werden, falls diese dem Gemeinwohl nicht mehr ausreichend nützen.

Stufe 6 – Orientierung an universalen ethischen Prinzipien: Wer auf der sechsten Stufe steht, orientiert sich grundsätzlich an »selbstgewählten ethischen Prinzipien, die logisch umfassend, universal und konsistent sind«.[461] Als solche Prinzipien gelten Kants kategorischer Imperativ oder die goldene Regel, die abstrakt und von größter Allgemeinheit sind.

7.3.2.2 Carol Gilligan: Die andere Stimme

Kohlbergs System ist von mancher Seite kritisiert worden. Viel beachtet war die Kritik seiner Schülerin Carol Gilligan, die in ihrem 1982 erschienenen Buch »In a different Voice« die These aufstellt, dass Frauen eine andere Kategorie in den Mittelpunkt ihres moralischen Urteilens stellen würden, nämlich die Kategorie der Fürsorge, im Amerikanischen »*care*«. Gilligan kritisiert an Kohlberg, er habe sein Modell aus Untersuchungen an vornehmlich männlichen Probanden gewonnen, aber dessen Gültigkeit auch für Frauen behauptet. Folge dieses Vorgehens sei, dass Probandinnen im Schnitt schlechter abschnitten als Probanden.[462] Gilligan setzt Kohlberg ein eigenes Entwicklungsmodell entgegen, das sie, anders als Kohlberg, nicht aus hypothetischen Dilemmas gewonnen hat, sondern durch Befragung von Frauen, die vor oder nach einer Abtreibungsentscheidung standen, also von einem »*real-life-dilemma*« betroffen waren. Die Grundthese des Entwicklungsmodells von Carol Gilligan lautet dabei: Die Logik von Frauen ist nicht eine Logik von Fairness, sondern eine

---

(noch komplizierteren) Handeln vorzustellen. Das Kleinkind produziert Verhalten und unmittelbare Bewertungen (ebenso wie es plappert). Dann entstehen erste einfache Repräsentationen von Handlungsfolgen, die für zukünftige Handlungen relevant werden (ähnlich wie es Zweiwortsätze lernt). Darauf werden dann immer komplexere Strukturen aufgebaut, bis schließlich am Ende der Entwicklung ein erwachsener Mensch steht, der ganz von alleine fast alles richtig macht, wie er von alleine fast immer korrekt spricht.« Spitzer 2001, S. 352. So wie ein Kindergartenkind zwar richtig spricht, aber noch keine grammatikalischen Regeln reflektiert, so ist der Mensch auch erst nach der Pubertät, also nach der Myelinisierung und somit der vollständigen Vernetzung des frontalen Kortex nach außen, in der Lage, über die Regeln seines moralischen Handelns, über seine Werte und Prinzipien zu reflektieren.

461 Kohlberg 1977, S. 53.

462 Vgl. Gilligan, Carol: Die andere Stimme: Lebenskonflikte und Moral der Frau, München u.a. 1984, S. 89.

Logik der Beziehung.[463] Bei moralischen Entscheidungen gehen Frauen nicht wie Männer von Gerechtigkeit und Rechten aus, sondern von Beziehungen, von wechselseitiger Bindung und Verbundenheit, von Anteilnahme und daraus resultierender Fürsorge (*care*).[464] Dabei ist nicht die Frage leitend: »Was ist gerecht?«, sondern die Frage: »Wen verletze ich mit dieser Entscheidung? Wie sorge ich für die, mit denen ich verbunden bin?«. Die Entwicklung verläuft in drei Schritten:

1. Die egoistische Phase: Mädchen und Frauen sehen sich selbst als Gegenstand ihrer Sorge.

2. Die Phase der Verantwortlichkeit für andere: »Die Ausformulierung dieses Konzepts der Verantwortlichkeit und seine Verschmelzung mit einer mütterlichen Moral, welche die Fürsorge für die Abhängigen und Schwächeren zu sichern sucht, kennzeichnet die zweite Perspektive.«[465]

3. Die Phase der Verantwortlichkeit für sich und andere: Nachdem in der zweiten Phase die eigene Person aufgrund des Egoismusverdachts hinten anstand, wird nun die Sorge für sich selbst in das Konzept der Verantwortung integriert; Egoismus und Altruismus werden vermittelt.

Gilligan stellt darüber hinaus die These auf, dass die Moral der Verbundenheit und Fürsorge negativ mit der Moral der (trennenden) Gerechtigkeit korreliere. Eine gut entwickelte Fürsorgemoral bedeute zugleich eine schlecht entwickelte Gerechtigkeitsmoral. Darum würden auch Frauen bei Kohlbergs Interviews schlechter abschneiden als Männer. Neueste Studien zeigen, dass sich das Konzept der Fürsorge und das der Gerechtigkeit nicht ausschließen, sondern sich im Gegenteil ergänzen und damit positiv verstärken. Wer gute *care-scores* hat, hat in der Regel auch hohe Gerechtigkeits-Scores.

Auch Gilligans These, es gäbe bez. der moralischen Entwicklung Geschlechterunterschiede, ist mittlerweile widerlegt. Zahlreiche Studien belegen, dass Geschlechterunterschiede nicht nachweisbar sind.[466] Vielmehr wird

---

463 Vgl. Gilligan 1984, S. 94.

464 Vgl. Gilligan 1984, S. 43; 94; 123.

465 Gilligan 1984, S. 94 f.

466 Vgl. exemplarisch die Studie von Shimizu, Hidetada: Japanese Adolescent Boys' Senses of Empathy (Omoyari) and Carol Gilligan's Perspectives on the Morality of Care: A Phenomenological Approach, in: Culture & Psychology, Vol. 7(4), London - Thousand Oaks, CA - New Delhi 2001, S. 453–475. Shimizu stellt an japanischen Schülern sowohl bei männlichen als auch bei weiblichen Probanden eine vergleichbare Komplementarität beider Konzeptionen fest. Lawrence J. Walker nennt in seiner Beurteilung von Gilligans Forschungsarbeit 152 Samples mit insgesamt 10.637 Versuchsteilnehmern, die belegen, dass sich zum einen keine Gender-Unterschiede bez. des moralischen Urteils

heute angenommen, dass vorhandene Unterschiede in der Verwendung von *justice-* oder *care-*Urteilen kontextuell und situativ bedingt sind.[467] So ist auch die Dominanz an *care-*basierten Urteilen bei Gilligans Untersuchungen anhand von *real-life-*Dilemmas damit zu erklären, dass es bei ihnen um enge Beziehungen (zum Partner und zum ungeborenen eigenen Kind) ging.[468]

Gilligans bleibender Beitrag zur Erforschung des moralischen Urteils kann darum folgendermaßen beschrieben werden: Zum einen unterstreicht Gilligans Untersuchung die Bedeutung von Situation und Kontext für das moralische Urteil, zum anderen zeigt sie, dass außer der Gerechtigkeitsperspektive auch noch andere Perspektiven (insbesondere die *care-*Perspektive) das moralische Urteil beeinflussen.[469] Damit legte Gilligan den Grundstein zur Annahme, dass der Bereich des moralischen Urteils als »*multifaceted*« zu betrachten ist.

Somit lehne auch ich Gilligans geschlechterspezifische Engführung des Fürsorgekonzeptes ab, zumal Gilligan selbst eingeräumt hat, ihre Beobachtungen aufgrund einer sehr kleinen und unrepräsentativen Stichprobe gemacht

---

nach Kohlberg bzw. Kohlbergnachfolgern nachweisen lassen, und dass zum andern Gilligans These, *care-*Argumentationen und *justice-*Argumentationen würden sich negativ beeinflussen oder gar ausschließen, als widerlegt anzusehen ist. Im Gegenteil: Versuchspersonen, die *care-*orientiert argumentieren, erreichen in der Regel höhere Scores nach Kohlberg bzw. Kohlbergnachfolgern. Vgl. Walker, Lawrence J.: Gender and Morality, in: Killen, Melanie; Smetana, Judith G. (Hg.): Handbook of Moral Development, Mahwah - London 2006, S. 98 f.

[467] »In short, many individuals use a considerable mix of both orientations, evidencing no clear focus of preference. As such, the classification of individuals simply on the basis of modal moral orientation may be misleading and the use of the term orientation seems unwarranted." Walker 2006, S. 102.

[468] Vgl. anders Kuld, Gönnheimer 2000, S. 121ff. Kuld und Gönnheimer stellen, die Folgeforschung zu Gilligan nicht wahrnehmend, in ihrer Untersuchung des Genderaspektes beim Compassion-Programm Unterschiede zwischen den Geschlechtern fest. Da sich die Unterschiede mit der Dauer des Projektes angleichen, gehen Kuld und Gönnheimer davon aus, dass es sich nur um Sozialisationseffekte und nicht um genetische Dispositionen handeln kann. Eine genderspezifische Stufung kann also auch nach Kuld und Gönnheimer nicht aufrechterhalten werden.

[469] Diese (so eingeschränkten) Ergebnisse aus Gilligans Forschung werden aus neurobiologischer Sicht begründet. So schreibt Bauer in seinem Buch »Warum ich fühle, was du fühlst?«: »Die Aufdeckung der neurobiologischen Aspekte des Spiegelungsgeschehens bestätigt, was zuvor bereits aus philosophischer Sicht erkannt worden war: *Im Antlitz des anderen Menschen begegnet uns unser eigenes Menschsein.* Erst indem wir uns gegenseitig als Menschen erkennen und anerkennen, werden wir zum Mitmenschen, und erst dadurch erleben wir uns als Menschen. [...] So spannt sich von der modernen Neurobiologie in überraschender Weise ein Bogen zu [...] den modernen Vertreterinnen einer weiblichen Ethik wie Judith Butler, Elisabeth Conradi und Carol Gilligan.« Bauer 2005, S. 116 f.

zu haben,[470] und schließe mich der Sicht an, die Fürsorgeperspektive als eine unter mehreren Perspektiven des moralischen Urteils zu verstehen. Gilligans Kritik an Kohlbergs Stufenmodell führt nicht zu einer Ablösung, sondern zur Begründung und Erweiterung seines Modells.

7.3.2.3 Konsequenzen für das diakonische Lernen

Für das diakonische Lernen ist zuerst Gilligans Einführung der *real-life*-Dilemmas weiterführend. Gilligan selbst wollte, wie bereits erwähnt, damit zu einer präziseren und wirklichkeitsgetreueren Erfassung der moralischen Urteile kommen. Folgeuntersuchungen fanden jedoch heraus, dass *care*-Konzepte, anders als Gilligan behauptete, bei Männern je nach Kontext ebenso ausgeprägt sind wie bei Frauen. Damit hat sich der Erkenntniswert der von Gilligan eingeführten *real-life*-Dilemmas verschoben und führt mich diesbezüglich zu folgender These in 5 Teilen:

1. Das *real-life*-Dilemma erfasst die in realen Situationen angewandten moralischen Urteilsstrukturen tatsächlich besser.
2. Dies ist so, weil im Gegensatz zu den hypothetischen Dilemmata echte Beziehungsstrukturen im Hintergrund stehen.
3. Je nach Kontext, Situation und implizierten Beziehungsstrukturen verändern sich daher die vom Probanden herangezogenen Urteilsstrukturen.
4. *Real-life*-Dilemmas messen darum nicht nur spezifischer, sondern formen das moralische Urteilen auch intensiver (vgl. dazu die Forschung Kohlbergs).
5. Übertragen auf das diakonische Lernen bedeutet das, dass *real-life*-Kontexte das diakonische *Deuten* intensiver und adäquater fördern, als es Klassenzimmersituationen oder hypothetische Dilemmas können.

Auch Gilligans Entdeckung der *care* für das moralische Urteilen ist – mit den angesprochenen Modifikationen – für das diakonische Lernen hilfreich. Damit rückt sie Kohlbergs Gerechtigkeitsbegriff (Freiheit und Gleichheit) durch den Begriff der Sorge, der auf Beziehung und Verbundenheit beruht, näher an die biblische Tradition, in der Gerechtigkeit schon vom Alten Testament her als צדקה, als Gemeinschaftstreue, bestimmt ist und somit in Beziehungen und Fürsorge eingebettet ist. Eine präzise Verhältnisbestimmung zwischen Fürsorge und Gerechtigkeit sowie eine evaluierte Entwicklungsabfolge wäre darum

[470] Vgl. Gilligan 1984, S. 156. Die Basis für Gilligans Beobachtungen sind Interviews mit 29 Frauen, die vor der Entscheidung stehen, eine Abtreibung vorzunehmen oder zu unterlassen. Darüber hinaus befragte Gilligan 20 Studierende (davon 16 weiblich). Aufgrund dieser Beobachtungen schloss sie noch eine Längsschnittuntersuchung mit 144 Probanden an (ca. je acht Männer und Frauen aus 9 Altersstufen), vgl. ebd. S. 11f. Überhaupt wurde Gilligan für ihre Forschungsmethode kritisiert. Gilligan versäumte es, die Scoringmethode für ihr Stufenmodell offenzulegen und damit nachvollziehbar und überprüfbar zu machen. Vgl. Walker 2006, S. 100.

hilfreich und weiterführend. Heinz Schmidts Ausführungen zur Komplementarität von Liebe und Gerechtigkeit weisen in die richtige Richtung.[471]

7.3.2.4 Der Minnesota-approach oder neo-Kohlbergian approach

Ein weiterer Schüler Kohlbergs, James R. Rest, entwickelte in den 70er Jahren einen sog. Papier-und-Bleistift-Test, um die Evaluation von Kohlbergs Stufen auf eine breitere Basis zu stellen. Dieser Test, der Defining Issue-Test (DIT), besteht aus den von Kohlbergs Interviews abgeleiteten Standard-Antworten, die dem Probanden zum Ankreuzen und Bewerten vorgelegt wurden. Der Proband musste nun also nicht mehr selbst Antworten formulieren, die anhand von Tabellen aufwendig interpretiert werden mussten, sondern er wählte und bewertete lediglich bereits vorgegebene Antworten. Nach anfänglichen Schwierigkeiten[472] wurde der Test zu einem verlässlichen Messinstrument[473], der in der Lage war, Kohlbergs These einer Entwicklung des moralischen Urteils auf breiter Datenbasis[474] zu evaluieren.[475] Ein ursprünglich nicht beabsichtigter Effekt dieser Methode war jedoch, dass Kohlbergs Modell mit zunehmender Datenmenge modifiziert werden musste. Folgende Modifikationen wurden gegenüber Kohlbergs Stufenmodell festgestellt:

---

[471] S. o. S. 35 f.

[472] Beispielsweise ergab sich folgendes Problem: Antworten auf höherem Niveau erscheinen interessanter und komplexer, auch dann, wenn sie vom Probanden nicht verstanden werden. Daher wurden vom Probanden häufig Antworten auf einem Niveau angekreuzt, ohne dass er sie kognitiv erfasst hatte. Solche und weitere Messfehler wurden jedoch mit der Zeit durch Kontrollfragen etc. ausgeräumt.

[473] Inzwischen ist der DIT sowohl an die Zeit, als auch an die neueren Erkenntnisse des *Minnesota-approach*s angepasst worden. Dafür wurden einerseits einige Dilemmas ausgetauscht (z. B. war das Vietnam-Dilemma nicht mehr zeitgemäß) und wurde andererseits die Auswertungsmethode verfeinert. Grundlegend Neues ergibt dieser DIT-2 jedoch nicht, vielmehr gibt es eine hohe Korrelation zwischen DIT und DIT-2. Thoma, Stephen J.: Research on the Defining Issues Test, in Killen, Melanie; Smetana, Judith G. (Hg.): Handbook of Moral Development, Mahwah - London 2006, S. 77.

[474] 1998 waren es bereits 500 Studien mit ca. 45.000 Probanden, darunter verschiedene Longitudinalstudien. Vgl. Thoma 2006, S. 78 und Thoma, Stephen J.: An Overview of the Minnesota Approach to Research in Moral Development, in: Journal of Moral Education Vol. 31, No. 3, 2002, S. 238.

[475] Im Wesentlichen beinhaltet der DIT folgende Schritte: 1. Ein Dilemma wird präsentiert (hauptsächlich Kohlbergs Dilemmas). 2. Der Proband gibt ein Rating auf einer Drei-Punkte-Skala darüber ab, was bez. des Dilemmas zu tun sei. (Z. B.: Soll Heinz stehlen? Ja. - Nein. - Ich weiß nicht.) 3. Ein weiteres Rating schließt sich an, bei dem zwölf begründete Aussagen zum Dilemma auf einer Fünf-Punkte-Skala bewertet werden. 4. Nun muss der Proband seine vier bevorzugten Items ranken. Dieses Verfahren wird mit verschiedenen Dilemmas wiederholt.

Schema statt Stufe

Kohlberg ging in seinem Modell von sog. harten Stufen aus, die im Wesentlichen durch drei Kriterien gekennzeichnet waren:
Eine Stufe musste (1) ein in sich abgeschlossenes Ganzes, eine kognitive Einheit, eine »strukturierte Ganzheit«[476] sein. Diese Stufen folgen aufeinander als (2) invariante Sequenz. Sie folgen also notwendig aufeinander und keine Stufe kann übersprungen werden.[477] Die Stufen sind (3) hierarchisch, d.h., dass eine höhere Stufe die Strukturen der niedrigeren Stufen impliziert. Dabei gilt jedoch, dass die höchstmögliche Stufe in der Regel bevorzugt wird.

Insbesondere das erste Stufenkriterium konnte nach den Ergebnissen des DIT nicht weiter aufrechterhalten werden, so dass der *neo-Kohlbergian approach* nicht mehr von Stufen, sondern von »Schemata« spricht.[478] Im Gegensatz zu den Stufen handelt es sich bei den Schemata folglich nicht um abgeschlossene Ganzheiten, die entweder ganz oder gar nicht erreicht werden, sondern um kognitive Konzepte, die von den untersuchten Personen bevorzugt ausgewählt wurden. Diese Konzepte werden nicht abrupt oder stufenweise, sondern kontinuierlich erreicht und ggf. wieder verlassen (»shift«). Thoma definiert wie folgt: »Schemas are, therefore, highly contextual, often automatic, and less reflective than Kohlberg‹s stages. Consistent with this view and current thinking in cognitive psychology is a companion position suggesting that schemas may not be explicitly understood by the individual and may operate at the tacit level.«[479]

Aufgabe des Universalitätsanspruchs

In engem Zusammenhang mit dieser Definition der Schemata steht die Aufgabe des Universalitätsanspruchs, den Kohlberg im Bereich der postkonventionellen Urteile, insbesondere in der Stufe 6 verankert hatte. Im *neo-Kohlbergian approach* werden die Kriterien für das postkonventionelle Urteil neu festgelegt: Nach wie vor steht dabei das Urteilen aufgrund von Idealen im Zentrum. Diese Ideale sind jedoch, anders als bei Kohlberg, nicht mehr im Sinne einer

---

[476] Kohlberg 1995, S. 53.

[477] Georg Lind ist ebenso wie James R. Rest der Ansicht, dass sich der »harte« Stufenbegriff bei Kohlberg nicht aufrechterhalten lässt. Insbesondere bez. des Kriteriums der invarianten Sequenz, also der Unumkehrbarkeit der Reihenfolge, weist er mit Hilfe des von ihm entwickelten Messinstruments des MUT nach, dass es sehr wohl nicht nur Fortschritt in der Entwicklung, sondern auch Regression gibt. Diese Einsicht belegt Linds These, dass moralische Entwicklung keine altersabhängige Entwicklung, sondern ein Bildungsphänomen ist. Moralische Bildung ermöglicht moralische Entwicklung. Wo moralische Bildung aufhört, beginnt Regression. Lind, Georg: Moral und Bildung. Zur Kritik von Kohlbergs Theorie der moralisch-kognitiven Entwicklung, Heidelberg 1993, S. 95.111.113.

[478] Vgl. Rest, James R.; Narvaez, Darzia et al.: Post-conventional moral thinking: A neo-Kohlbergian approach. Mahwah, NJ 1999.

[479] Thoma 2006, S. 72.

deontologischen Moralphilosophie in der Tradition von Kant und Rawls festgelegt und auf dieser Basis als allgemeingültig und universal definiert. Vielmehr müssen die Ideale nunmehr lediglich den Kriterien der Kommunikabilität und der reziproken Anwendbarkeit auf die gesamte Gesellschaft genügen. Damit wird auch im Bereich der postkonventionellen Urteile der inzwischen anerkannten Bedeutung von Kontext, sozialem Umfeld und Geschichte Rechnung getragen.[480]

Die Stufe 6

Da sich der *neo-Kohlbergian approach* konsequent an der Empirie, also am DIT und später am DIT-2 orientiert, wird das Postulat einer sechsten, empirisch nicht nachweisbaren Stufe abgelehnt.

Neue Stufenunterteilung

Aber auch Kohlbergs Ebenen der präkonventionellen und der konventionellen Moral werden durch das neue Datenmaterial präzisierend verändert. So geht der *neo-Kohlbergian approach* nicht mehr von 3 Ebenen mit jeweils 2 Stufen aus, die sich vom Egozentrismus über die Orientierung an Gruppen zur Orientierung an Idealen entwickeln, sondern insgesamt von nur noch 3 Schemata: das *personal-interest*-Schema (1), das *maintaining-norms*-Schema (2) und das *postconventional*-Schema (3).

Hier hat sich eine deutliche inhaltliche Schwerpunktverschiebung ergeben. Die Entwicklung des moralischen Urteils wird nun nicht mehr so verstanden, als bewege sie sich vom Egoismus über die Orientierung an der Gruppe hin zur Orientierung an Prinzipien. Entwicklung heißt nicht mehr Weitung des Blickes vom Ego über die Gruppe auf universal Gültiges. Entwicklung heißt nun, sich ausgehend von Konzepten, die um das persönliche Interesse kreisen, über Konzepte, die im Zentrum die Aufrechterhaltung von Normen haben, hin zum postkonventionellen Schema zu entwickeln, in dessen Zentrum Urteilskonzepte stehen, die Prinzipien und Ideale zugrunde legen. Dies hat zur Folge, dass Antworten auf Kohlbergs Stufe 3 (*good boy - nice girl*) folgerichtig nicht mehr als konventionell eingestuft, sondern dem *personal-interest*-Schema zugeordnet werden, weil es auch bei der Orientierung an Gruppen um das eigene Wohl geht. Um diese Verschiebung deutlich zu machen, vergleiche ich Kohlbergs Ansatz und den seiner Nachfolger in einer Tabelle:

[480] Obwohl Kohlberg aus Furcht vor einem um sich greifenden Werterelativismus an seinem Universalitätspostulat festhielt, kannte er die Kontextualität zumindest im Bereich der präkonventionellen und konventionellen Urteile, die sich eben nicht an universalen Prinzipien ausrichten, darum aber möglichst zu überwinden seien.

neo-Kohlbergian approach **(3 Schemata)**	**Kohlberg** **(6 Stufen)**	**(3 Ebenen)**
	1. Strafe - Gehorsam	präkonventionell
personal interest	2. instrumentell hedonistisch	
	3. good boy - nice girl	konventionell
maintaining norms	4. law and order	
postconventional	5. legalist. Orientierung	postkonventionell
	6. Orientierung an univers. Prinzipien	

Grenzen
Genauso wie nach oben hin die sechste Stufe aufgrund der strengen Bezugnahme auf die Empirie verlorengeht, kann der DIT auch keine Aussagen über das moralische Urteil der Kinder machen, die noch nicht lesen bzw. schreiben können.

7.3.2.5 Beurteilung
Lawrence Kohlberg hat mit seiner über Jahrzehnte andauernden Erforschung des moralischen Urteils Grundlegendes erarbeitet. Dazu gehört die Übertragung bzw. die Fortführung der Theorie Piagets auf den Bereich des moralischen Urteils. Die Entwicklung der Dilemma-Methode ist ebenfalls aus der Entwicklungspsychologie nicht mehr wegzudenken. Mit Rest und dem von ihm initiierten, empirisch äußerst reich belegten *neo-Kohlbergian approach* ist jedoch über Kohlberg hinauszugehen. So ist es hilfreich, von Schemata mit »weichem« Übergang auszugehen.[481] Ebenso ist es weiterführend, das Postulat der Universalität der Prinzipien auf Stufe 6 aufzugeben, um damit dem Verdacht einer deduktiven Theorieentwicklung von oben in empirischer Verkleidung zu entkommen.

Muss von dieser Erkenntnis her Kohlbergs Modell ganz zu Gunsten des *neo-Kohlbergian-approach*s aufgegeben werden? Hier sollten keine falschen Alternativen aufgemacht und gegeneinander ausgespielt werden. Die quan-

---

[481] Vgl. Lapsley, Daniel K.: Moral Stage Theory, in: Killen, Melanie; Smetana, Judith G. (Hg.): Handbook of Moral Development, Mahwah - London 2006, S. 51. Lapsley nimmt insgesamt in der Entwicklungspsychologie einen Trend weg von den harten Stufen wahr.

titative Überlegenheit der empirischen Datenmenge der Untersuchungen des *neo-Kohlbergian approach*s genügt nicht, um eine Ablösung der Stufen Kohlbergs zu rechtfertigen. Vielmehr muss in den Blick genommen werden, dass die unterschiedlichen Messmethoden Kohlbergs und des DIT tatsächlich auch Unterschiedliches messen. Kohlbergs Methode ist nicht in der Lage, die sog. *tacit systems*, die unbewussten, im Hintergrund ablaufenden Konzepte moralischen Urteilens zu messen. Sie misst lediglich gleichsam die Spitze des Eisberges, das bewusste, reflektierende Urteilen. Die in diesem Sinne umfassendere Messung des *neo-Kohlbergian* Approachs hat daher den umfangreicheren und daher aussagekräftigeren Messbereich, so dass es sich ihm anzuschließen gilt.[482] Gleichwohl bleiben wir bez. des Vorschulalters und der ersten ein bis zwei Schuljahre, also des Alters der Kinder, in dem sie noch nicht zu schreiben und zu lesen gelernt haben, auf die gesprächsorientierte Methode Kohlbergs angewiesen, da der DIT bislang nur schriftlich durchgeführt wurde.

Eine Zusammenschau der verschiedenen moralischen und sozialen Entwicklungsbereiche hat begonnen, steckt allerdings noch in den Anfängen, so dass sichere Aussagen noch nicht getroffen werden können und sich die Darstellung hier mit diesen wenigen relevanten und relativ gesicherten Modellen begnügen muss.

7.3.3 Erwägungen für den Unterricht

Diakonisch *Ansehen* und *Deuten* impliziert vor dem Hintergrund des (biblisch bezeugten und von der Reich-Gottes-Botschaft her motivierten) Gerechtigkeitsbegriffs die Situation Benachteiligter zu erfassen, einzuschätzen und auf ihren Handlungsbedarf hin zu beurteilen. Dazu dürfen diakonisches *Ansehen* und *Deuten* nicht beim Einzelphänomen, bei der konkreten Hilfe des Einzelnen oder von Einzelnen stehenbleiben. Diakonie hat von ihrem christlichen Grundverständnis mit Gemeinschaft, mit Gemeinde zu tun – und geschieht immer in ihrem jeweiligen gesellschaftlichen und sozialen Kontext (Individualisation

---

[482] Eine entsprechende Weiterentwicklung der Erforschung des sozialen Urteils, wie Selman sie vorgelegt hat, bleibt bis dahin ein Desiderat. Es liegt jedoch nahe anzunehmen, dass sich bei Bewährung der grundlegenden Annahmen Verschiebungen im Einzelnen ergeben.

Neuerdings hat Gerhard Minnameier ein strukturgenetisches Stufenmodell für die Entwicklung von Gerechtigkeitsoperationen vorgestellt, das Heinz Schmidt in den Diskurs über das diakonische Lernen eingeführt hat. Schmidt selbst konstatiert aber, dass dem »neuen Konzept [...] noch die psychologisch-methodische Ausgestaltung und die empirische Überprüfung« fehlen. Schmidt, Heinz: Diakonisches Lernen – diakonische Bildung, in: Ruddat, Günter; Schäfer, Gerhard K. (Hg.): Diakonisches Kompendium, Göttingen 2005, S. 437. Vgl. Schmidt, Heinz: Gerechtigkeit und diakonisches Lernen, in: Dabrock, Peter; Jähnichen, Traugott; Klinnert, Lars; Maaser, Wolfgang (Hg.): Kriterien der Gerechtigkeit. Begründungen - Anwendungen – Vermittlungen. Festschrift für Christofer Frey zum 65. Geburtstag, Gütersloh 2003, S. 413–428; Minnameier, Gerhard: Strukturgenese moralischen Denkens. Eine Rekonstruktion der Piagetschen Entwicklungslogik und ihre moraltheoretischen Folgen, Münster u. a. 2000.

und Partizipation). Diakonisches Lernen, diakonisches *Deuten* bedarf daher des Perspektivwechsels vom Einzelnen auf die Gemeinschaft, vom Individuellen auf das Soziale, vom engen Kontext des Singulären auf den Kontext des Gesamten. So erfordert beispielsweise die Beschäftigung (im Unterricht) mit der Diakonie in Deutschland immer auch die Beschäftigung mit ihrer rechtlichen Verfasstheit. Große Arbeitsbereiche der Diakonie sind darüber hinaus aufs engste verknüpft mit dem Umgang mit den damit zusammenhängenden rechtlichen Regelungen.

Hier sei beispielsweise auf die Arbeit mit Flüchtlingen und Asylanten bzw. die damit zusammenhängende Arbeit mit dem 2004 geänderten und sich immer wieder ändernden Zuwanderungsrecht verwiesen.[483] Um die Problematik und den Handlungsbedarf im Bereich der Zuwanderung unter diakonischen Gesichtspunkten umfassend ansehen und beurteilen zu können, bedarf es auch der Berücksichtigung der diese Situation betreffenden und bestimmenden Gesetze. Auf dem *personal-interest*-Schema können solche Gesetze begreiflicherweise nicht sinnvoll behandelt werden. Der Fokus von Schülern und Schülerinnen auf diesem Niveau wird immer auf der Einzelsituation liegen, auf der damit verbundenen Strafe (um an dieser Stelle noch Kohlbergs Stufe 1 zu Hilfe zu nehmen) oder dem damit verbundenen Nutzen für die Person selbst (Außenbild der Gruppe, Gruppenkonformität, Bedeutung der Eltern, Bewertung des Lehrers). Im Bereich des *maintaining-norms*-Schemas muss sich der Lehrer darüber klar sein, dass die Gefahr besteht, dass die Beurteilung von Asylverfahren sehr konventionell, unreflektiert, an Normen orientiert ausfallen wird. Eine echte inhaltliche Auseinandersetzung mit dem Zuwanderungsverfahren, den maßgeblichen Rechten und Gesetzen, ihren jeweiligen Schwächen, Lücken und Leistungen und ihrer Kompatibilität zu den ihnen zugrundeliegenden (diakonischen) Prinzipien wird frühestens auf Stufe 5 möglich.

Georg Lind belegt ähnlich wie Rest in seiner Studie, dass im Bereich der moralischen Entwicklung nicht von einem harten, d. h. irreversiblen Stufenübergang ausgegangen werden kann. Er konnte darüber hinaus zeigen, dass die moralische Entwicklung nicht grundsätzlich altersabhängig ist. Seine damit weit über Rest hinausgehende These lautet: Moralische Entwicklung ist bildungsabhängig.[484] Es lohnt sich daher auch im diakonischen Unterricht, das moralische Urteil der Schüler bildend zu fördern. Hierzu eignet sich ähnlich wie bei Selman der Einsatz von Dilemmageschichten, bei deren Besprechung der Lehrer damit arbeitet, die Schüler durch die bereits erwähnte, gezielte Stufen-Überforderung zu fördern.[485] Ideal wäre es auch hier, Dilemmata aus dem erlebten diakonischen Bereich zu wählen oder entsprechend passende

[483] Vgl. BGBl. Teil I Nr. 41 vom 5.8.2004, S. 1950 ff., insb. § 60, die Genfer Flüchtlingskonvention sowie Art. 16a GG.

[484] Lind 1993, S. 95.111.113.

[485] Vgl. Kuhmerker 1996.

zu konstruieren. Die Alterszuweisungen von Selman, Kohlberg und Rest sind dabei als Hinweise zu betrachten, die lediglich etwas über die Wahrscheinlichkeit des Entwicklungsstandes eines Schülers aussagen. Für Lehrer bedeutet das, dass sie sich in ihrer Wahrnehmung nicht allzu schnell festlegen sollten und dass sie die Stufenmodelle als Wahrnehmungsinstrument so gebrauchen, dass es Perspektiven zum Verständnis der Entwicklung und Fähigkeiten der Schüler eröffnet und nicht verbaut.

7.3.4 Zusammenfassung

Ich habe gezeigt, dass die Fähigkeit zum Perspektivwechsel grundlegende *Voraussetzung* für ein diakonisches Ansehen und Deuten ist. Das Stufenmodell Selmans ist dem Lehrer eine Hilfe, seine Schüler hinsichtlich ihres sozialen Verstehens, insbesondere hinsichtlich ihrer Fähigkeit zum Perspektivwechsel und zur Koordination von Perspektiven, einzuschätzen. Er kann von dort aus Rückschlüsse auf ihr diakonisches Verstehen ziehen. Das Modell des *neo-Kohlbergian approach*es ermöglicht die Einschätzung der moralischen Urteilsstruktur und erlaubt Rückschlüsse auf die Fähigkeit der Schüler zum diakonischen Deuten. Beide, diakonisches Ansehen und Deuten, sind nicht nur Gegenstand der unterrichtsvorbereitenden Analyse, sondern zugleich auch Unterrichtsgegenstand und damit Lerninhalt. Mit dem Einsatz von Dilemmageschichten bietet sich im Unterricht zugleich auch eine Methode an, wie soziales Verstehen bzw. moralisches Urteilen - und damit eben diakonisches Ansehen und Deuten gefördert werden können.[486] Weder Selman noch Kohlberg und Nachfolger leisten es jedoch ausreichend, die Konsequenzen des sozialen Verstehens bzw. des moralischen Urteils auf ein entsprechendes Handeln in der konkreten Situation zu untersuchen.[487]

[486] Beim Einsatz von Kohlbergs Modell muss beachtet werden, dass sein Konzept von Gerechtigkeit ein immanentes Konzept darstellt. Der für die Diakonie wesentliche Bezug zwischen Gerechtigkeit und Reich Gottes ist in seinem Modell nicht im Blick. Hier sei ergänzend auf die Arbeiten von Fritz Oser und Paul Gmünder hingewiesen. Sie beschreiben (in größter methodischer Nähe) zu Kohlberg die Entwicklung des religiösen Urteils, das die Beziehung zum Unbedingten zum Gegenstand hat. Vgl. Oser, Gmünder 1996.

[487] Diese fehlende Beschäftigung mit den Bedingungen und Kriterien für eine entsprechende Umsetzung des kognitiven Urteils kritisiert u.a. die »neo-kohlbergsche« Minnesota-Gruppe, die den Ansatz Kohlbergs aufnimmt und ihn u.a. hinsichtlich der Motivationsforschung und der Untersuchung derjenigen Komponenten, die zur Umsetzung eines Urteils, zur moralischen Handlung führen, erweitert. Vgl. Thoma 2002, S. 236 und Rest, James R.; Narvaez, Darzia et. al.: A Neo Kohlbergian Approach to Morality Research, in: Journal of Moral Education Vol. 29, No. 4, 2000, S. 381–395.

7.4 Erkenntnisse aus der Neurobiologie

> »Im Antlitz des anderen Menschen begegnet uns unser eigenes Menschsein. Erst indem wir uns gegenseitig als Menschen erkennen und anerkennen, werden wir zum Mitmenschen, und erst dadurch erleben wir uns als Menschen. Die Teilhabe an der Welt intersubjektiver Erfahrungen ist ein nicht nur philosophisch, sondern auch neurobiologisch begründetes Menschenrecht.«[488]

Diese Erkenntnis Joachim Bauers ist nicht neu. Dass Menschen einander brauchen, aneinander lernen, einander ein Gegenüber und Spiegel sind, das ist eine durchaus biblisch-theologische Erkenntnis (vgl. Gen 2, Lk 10,27: Doppelgebot der Liebe, Mt 25,31-46) und findet sich nicht nur bei biblisch beeinflussten Philosophen wie Martin Buber[489] wieder. Das bahnbrechend Neue ist die vollkommen andere Begründung. Es sind nicht biblische, nicht religiöse oder humanistische Wurzeln, die Bauer zu dieser Erkenntnis bringen, sondern experimentell belegte Theorien und Erkenntnisse aus der neurobiologischen Forschung: die Entdeckung der »Spiegelneuronen«.

Worum handelt es sich bei den Spiegelneuronen? Zwischen Menschen lassen sich leicht viele Resonanzphänomene beobachten. So wirkt das Gähnen eines Menschen in einer Gruppe offenbar ansteckend und wird mit dem Gähnen anderer beantwortet. Wenn etwa in einem Gespräch das Gegenüber seinen Blick abwendet und zur Seite sieht, dann folgt der Blick des Gesprächspartners unwillkürlich. Und wenn Eltern ihren Kleinsten zu essen geben, öffnen sie, ohne darüber nachzudenken, häufig selbst den Mund, intuitiv wissend, dass das Kind dies nachahmen wird. Schließlich ist die Fähigkeit der meisten Menschen zur Empathie zu erwähnen: Intuitiv erfassen Menschen die Gemütslage ihres Gegenübers und fühlen dessen Schmerz oder dessen Freude bisweilen sogar körperlich, am eigenen Leib, nach. Solche und andere Resonanzphänomene im zwischenmenschlichen Bereich werden von den Spiegelneuronen ermöglicht.

Entdeckt wurden die Spiegelnervenzellen von Giacomo Rizzolatti.[490] Er stellte in Experimenten mit Affen fest, dass es für bestimmte Handlungen (beispielsweise das Greifen nach einer Nuss) genau zu lokalisierende Neuronen[491] gibt, die eben genau bei dieser Handlung – und nur bei dieser – »feuern«, also aktiv werden. Das Besondere aber an dieser Entdeckung ist, dass sie nicht nur feuern, wenn der Affe selbst die Bewegung ausführt. Auch wenn er die Bewegung nur beobachtet, werden dieselben Neuronen aktiv. Ein bestimmtes Handlungsmuster ist also – gleich, ob bei eigener oder fremder Handlung – an derselben Stelle im Gehirn neuronal repräsentiert. Mehr noch, auch wenn

---

[488] Bauer 2005, S. 115.

[489] Buber, Martin: Ich und Du, Heidelberg [11]1983.

[490] Bauer 2005, S. 21.

[491] Genauer: Neuronennetzwerke.

die Handlung nur unvollständig zu sehen ist, feuern die entsprechenden Neuronen. Das bedeutet, dass auch aus einer bruchstückhaften Beobachtung die volle Handlung konstruiert wird. Wenig später wurde diese Entdeckung durch bildgebende Verfahren auch beim Menschen nachgewiesen.

Besonders interessant für unseren Zusammenhang wird diese Beobachtung, wenn wir noch eine weitere Erkenntnis hinzunehmen: Die neuronalen Handlungsmuster sind aufs engste mit den neuronalen Repräsentationen von Emotionen verknüpft. Handlungen sind also immer rückgekoppelt an Gefühle, an Ziele und Werte. Es konnte nachgewiesen werden, dass aufgrund der engen Verbindung von Handlung und den zugehörigen Emotionen nicht nur Handlungen, sondern auch Gefühle und Emotionen entsprechend »gespiegelt« werden.

Spiegelneuronen sind somit der Grund unserer Intuition. Ohne bewusst nachzudenken, erkennt ein Fußgänger in der Fußgängerzone, ob der entgegenkommende Fußgänger ausweichen wird – und nach welcher Seite er ausweichen wird. Ohne dass ich bewusst nachdenke, erscheint mir mein Gegenüber als vertrauenswürdig oder als verschlagen. Ohne bewusst zu reflektieren, spüre ich intuitiv, wie es meinem Gegenüber geht – oftmals selbst dann, wenn er durch ein Lächeln seine eigentliche Stimmung zu überspielen versucht. Der Grund dafür ist die intuitive Erfassung von Körpersprache, Haltung, Augenverhalten etc., auf die dann die neuronal zugehörigen Emotionen ansprechen. Solche Intuition ist nicht bloßes Gefühl. Solche Intuition ist gelernt; sie beruht auf einem (unbewussten) Wissen, das wir der Fähigkeit der Spiegelneuronen zu verdanken haben, dass sie ohne unsere bewusste Beteiligung lernen und somit das Anlegen meist sehr zuverlässiger Strukturen im menschlichen Gehirn ermöglichen.

Bauer wird an dieser Stelle nicht müde zu betonen, wie wichtig diese Intuition für den Menschen, für seine Beziehungen und damit für das gesellschaftliche Zusammenleben ist.[492] Gleichwohl warnt er davor, das bewusste Reflektieren zugunsten der Intuition ganz aufzugeben. Denn die Intuition kann auch in die Irre gehen. (Ist der Gebrauchtwagenhändler wirklich so vertrauenswürdig, wie er tut? Vernünftige Prüfung ist geraten.)[493] Denn die Spiegelneuronen

[492] Zur Unterscheidung von Intuition und Reflexion vgl. auch Spitzer 2002. Spitzer unterscheidet zwischen Können und Wissen. Können ist implizites, prozedurales Wissen, das zwar kompetent angewandt, selten aber bewusst reflektiert oder versprachlicht werden kann. »Im Vergleich zu unserem Können ist unser Wissen bei Licht betrachtet unglaublich bescheiden.« Spitzer 2002, S. 60. Spitzer veranschaulicht das sehr schön an unserem Umgang mit Sprache: »Wussten Sie, dass die Verben, die auf ›-ieren‹ enden, das Partizip Perfekt ohne ›ge‹ bilden? Wir sind gelaufen, sind aber nicht durch den Wald ge-spaziert.« Spitzer 2002, S. 59.

[493] So auch Elisabeth Naurath: Es »sind Kognition und Emotion zwar zu differenzieren, jedoch nicht zu trennen, denn erst der Zusammenhang von kognitiven Erkenntnisstrukturen und emotionalem Selbstbezug initiiert religiöse wie ethische Lernprozesse«. Naurath, Elisabeth: Die emotionale Dimension ethischer Bildung in der Sekundarstufe I, in: KatBl 132 (2007), S. 28.

und der intuitive Drang, sie zu verwenden, sind uns zwar allen mit der Geburt gegeben – aber die Art und Weise, wie sie verwendet werden, ist erlernt! »Was die Gene bereitstellen, ist eine fantastische neurobiologische Grundausstattung. Sie bedient sich aber nicht von selbst, sie muss bedient und eingespielt werden.«[494] So hat bereits das Neugeborene die Fähigkeit, alles nachzuahmen, was ihm begegnet: die Mimik der Eltern, das Lächeln der Mutter, die sich über die Wiege beugt, die kosenden Laute etc. Durch diese frühen Beobachtungen bereits werden Spiegelneuronen in Gebrauch genommen, bilden sich Neuronen oder besser Neuronennetze, die zunehmend differenziert auf die jeweiligen Bewegungen, Handlungen, Mimiken etc. der Bezugspersonen reagieren. Es bleibt insbesondere im frühen Kindesalter nicht beim Beobachten. Da die Mechanismen der Imitationshemmung noch nicht ausgebildet sind, wird ein Kleinkind immer auch versuchen, das bei anderen Menschen Beobachtete nachzuahmen. Da Handlung und Emotion, wie bereits erwähnt, vernetzt sind, werden beim Beobachten und Nachahmen sogleich auch Gefühle assoziiert. Beim Handeln, später auch beim reinen Beobachten, werden somit immer auch die mit der (beobachteten) Handlung, Gestik oder Mimik assoziierten Emotionen aktiviert. Es ist klar, dass darum oft auch Handlungen mit zugehörigen Emotionen gelernt werden, die zwar in den ursprünglichen (Lern-) Kontexten hilfreich, in neuen, anderen Kontexten aber plötzlich völlig unpassend sind und somit zu Fehlinterpretationen (beim Beobachten) oder in der Wahrnehmung Außenstehender zu unpassendem Verhalten führen können. (Gesten und zugehörige Emotionen sind darum niemals eindeutig. Und je nach Mensch und Kontext sind unterschiedliche Emotionen an dieselbe Handlung assoziiert.) Das bedeutet, dass das Spiegeln zwar ein unglaublich schneller und statistisch gesehen zuverlässiger Zugang zur Einschätzung einer Situation ist, dass diese Einschätzung aber im Einzelfall sehr wohl der weitergehenden, bewussten Reflexion, der Deutung, bedarf.

Die »Verwendung« der Spiegelneuronen ist also erlernt – und zwar erlernt von einem *lebendigen* Gegenüber. Experimente haben gezeigt, dass die Spiegelneuronen des Affen, die für das Greifen nach einer Nuss zuständig sind, nicht feuern, wenn statt eines Affens ein Roboter nach der Nuss greift. Damit die Spiegelneuronen aktiv werden, damit sie ihre Netzwerke ausbilden und verknüpfen, damit solches Lernen möglich ist, bedarf es lebendiger Beziehung – idealerweise angstfreier, emotional positiv besetzter Beziehung.[495]

---

[494] Bauer 2005, S. 118.

[495] Auch Strafe lehrt. Da aber die entsprechenden Emotionen, die mit der Strafe verbunden sind, mitgelernt werden, verhindert Strafe langfristig ein fortschreitendes, eigenmotiviertes Lernen. Letzteres funktioniert über Ausschüttung des Neurotransmitters Dopamin. Immer dann, wenn ein Resultat unseres Tuns besser ist als erwartet, stellt sich nicht nur der »beruhigende Abgleich von Vorausberechnetem und Eingetretenem« (Spitzer 2001, S. 177) ein, sondern wird darüber hinaus Dopamin ausgeschüttet. Dopamin wiederum regt die körpereigene Produktion von Opioiden an, die ein gutes Gefühl verursachen und dadurch einen Lernprozess auslösen. »Das Dopaminsys-

Diese neurobiologischen Forschungsergebnisse dürfen nicht ohne Folgen für die Didaktik bleiben. Von ihren wissenschaftstheoretischen und methodischen Voraussetzungen her kann die Neurobiologie zwar selbst und selbständig keine pädagogischen Ableitungen aus ihren Erkenntnissen treffen. Gleichwohl müssen auch zwei so unterschiedliche Wissenschaften wie die Pädagogik und die Neurobiologie um interdisziplinäre Anschlussfähigkeit bemüht sein.[496] Umgekehrt ist es daher sinnvoll, wenn die Pädagogik die neurowissenschaftlichen Erkenntnisse über das Lernen mit ihren Erkenntnissen und Inhalten korreliert. Solche Korrelation ermöglicht durch die Erweiterung der wissenschaftlichen Perspektive einerseits eine epistemologische Vergewisserung und zeigt andererseits Forschungsdesiderate für die jeweils andere Wissenschaft auf. Folgende in der Pädagogik bereits erprobten Korrelationen sind daher festzuhalten, und von einer Didaktik im Allgemeinen, insbesondere aber auch von einer Didaktik diakonischen Lernens zu berücksichtigen:

Lernen durch Beobachten von Vorbildern – Lernen am Modell
Lernen im Bereich von Emotionen und damit von Werten, also auch diakonisches Lernen, geschieht am sinnvollsten durch ein Lernen am Modell[497], also durch ein Lernen an und mit Vorbildern.[498] Dabei spielt die Beziehung zum Gegenüber eine besonders wichtige Rolle. »Alle neueren Forschungsergebnisse zeigen: Die Entfaltung der neurobiologischen Grundausstattung des Menschen ist nur im Rahmen von zwischenmenschlichen Beziehungen möglich. Da zwischenmenschliche Beziehungen, mit denen sich ein Zugang zum Kind finden lässt, überwiegend Spiegelungsakte sind, gäbe es ohne Spiegelneuro-

---

tem ist an Strafe nicht beteiligt.« Spitzer 2001, S. 181. Und die durch Strafe ausgelöste Angst hemmt kreative Prozesse. »Große Angst bewirkt zwar rasches Lernen, ist jedoch kognitiven Prozessen insgesamt nicht förderlich und *verhindert* zudem genau das, was beim Lernen erreicht werden soll: Es geht nicht um ein einzelnes Faktum, sondern um die *Verknüpfung* des neu zu Lernenden mit bereits bekannten Inhalten und um die *Anwendung* des Gelernten auf viele Situationen und Beispiele.« Spitzer 2001, S. 161.

[496] Vgl. Lampe 2006.

[497] »Spiegelneurone sind die entscheidende neuronale Basis für das seit langem bekannte und ausgiebig erforschte ›Lernen am Modell‹: Experimente zeigen, dass die Beobachtung einer bestimmten Handlung die Fähigkeit verbessert - und prinzipiell auch die Bereitschaft erhöht -, diese Handlung selbst auszuführen. Diese Übertragungsfunktion der Spiegelneurone beschränkt sich nicht nur auf den reinen Handlungsaspekt, sondern schließt auch andere Komponenten mit ein, die beim Erwerb von Kompetenzen eine Rolle spielen, vor allem sensorische oder emotionale Wahrnehmungen (›Wie fühlt sich das für einen Menschen an?‹).« Bauer 2005, S. 122.

[498] Vgl. auch Toaspern 2007, S. 49–121, der das *situated learning* anwendet auf diakonisches Lernen. Am Beispiel der Hebammenausbildung in Yucatan wird auch bei ihm deutlich, wie sehr diakonisches Lernen angewiesen ist auf ein Gegenüber, auf die emotionale Beziehung zu ihm, auf die Möglichkeit, von ihm durch Zusehen und partielles Mitarbeiten zu lernen. Vgl. insbes. ebd. S. 81–83.

nen für die Außenwelt keine Möglichkeit, mit dem Säugling - und später mit dem Kleinkind oder Jugendlichen – in Beziehung zu treten.«[499] Lässt man, wie in manchen Experimenten, die zu beobachtende Handlung von einer Maschine oder einem Roboter statt von einem lebendigen Vorbild durchführen, dann werden die Spiegelzellen des Beobachtenden nicht aktiviert. »Persönliche Unterweisung, auch das Zeigen und Vormachen«[500] durch Lehrende, die möglichst in gelingender Beziehung zu den Lernenden stehen, sind somit der erste Schritt. Zu denken ist hier beispielsweise an Praxisanleiter in diakonischen Einrichtungen, die im persönlichen Kontakt mit den Schülern, in ihrem persönlichen Umgang mit ihrer Arbeit und den ihnen anvertrauten Menschen zu Lernvorbildern werden.[501]

Lernen durch Tun

Das Beobachten von Vorbildern ist eines. Bleibt es ohne das »*handelnde* oder *fühlende* Ausprobieren des Gelernten«[502], besteht die Gefahr, dass sich das Beobachtete nicht nachhaltig vernetzt. »Wissen, das ohne Zusammenhang mit überzeugenden Aktions-, das heißt Anwendungsmöglichkeiten aufgenommen werden soll, hat in neuronalen Netzwerken, in denen es um nichts anderes als Handlungsvorstellungen und die dazugehörenden Empfindungen geht, keine Überlebenschance. Die neurobiologischen Systeme, deren wir uns bei der Aufnahme von sprachlich vermitteltem Wissen bedienen, funktionieren nicht wie ein Aktenordner oder Lexikon. Das Gehirn speichert Wissen am optimalsten, wenn es ihm zusammen mit lebensnahen praktischen Handlungserlebnissen angeboten wird.«[503] Das bedeutet für das diakonische Lernen, dass es dafür geradezu wesentlich ist, dass die Lernenden Menschen und Kontexte aufsuchen, von denen und in denen sie sich diakonisches Handeln und Fühlen, diakonische Existenz abschauen können – und im nächsten Schritt diese probeweise selbst praktisch ausüben.[504] Hierin liegt die Stärke handlungsorientierter Pädagogik begründet. Darüber hinaus liefert diese Erkenntnis eine

---

[499] Bauer 2005, S. 119.

[500] Bauer 2005, S. 123.

[501] Auch diakonisches Handeln im Unterricht, z. B. durch konsequent wertschätzendes Verhalten des Lehrers beim Unterrichten, kann solche positiven Lernprozesse auslösen.

[502] Bauer 2005, S. 123.

[503] Bauer 2005, S. 124. Auch diese Erkenntnis ist nicht neu: Seit Jahren wird handlungsorientiertes Lernen gefordert. Auch die Kontextbezogenheit wird in Modellen des *situated learnings* seit Jahren unterstrichen. Neu ist jedoch, dass diese Einsichten nun tatsächlich neurobiologisch fundiert und erklärt und damit noch einmal klarer untermauert werden können.

[504] Vgl. auch hier Toaspern 2007, der mit seiner Anwendung der Modelle des *world travelling* und der *legitimate peripheral participation* (*situated learning*) genau diesen Forderungen Rechnung trägt.

weitere Begründung dafür, dass gerade beim diakonischen Lernen das eigene Handeln von nicht zu überschätzender Bedeutung ist. Schließlich zeigen diese Beobachtungen, wie und warum Wahrnehmung und Handeln im diakonischen Lernprozess so eng miteinander verzahnt sein müssen. Beobachten und selbst Ausprobieren sind wesentliche Elemente nachhaltigen Lernens – auch und gerade beim diakonischen Lernen. Und sie gehören aufs engste zusammen.

Im Kontext lernen

Aber noch eines kommt hinzu: Der Kontext muss beachtet werden. Lernen ist kontextuell. Erst im richtigen Kontext, sozusagen durch den Ernstfall, kann es geleistet werden, dass die Schüler diakonisches Handeln und Sein mit *sinnvollen* Emotionen verknüpfen. Nur über sinngebende Kontexte wird es möglich, dass Schüler Emotionen und die damit verbundenen Werte nachhaltig lernen.[505] Beispielsweise werden Schüler den Umgang und die Pflege alter Menschen, die damit verbundenen Emotionen (schwierige wie erfüllende) nur in der Begegnung mit alten Menschen kennenlernen – nicht aus Filmen, nicht aus Büchern, auch nicht aus Erzählungen. Und die Erfahrungen werden sich sehr unterscheiden, ob sie im Altenheim, im Pflegeheim oder unterwegs mit einem mobilen sozialen Dienst gemacht werden. Die genaue Wahrnehmung des Lernkontextes ist daher eine weitere notwendige Erfordernis für diakonisches Lernen.

Kultur der Wertschätzung

Wie bereits ausgeführt, ist nicht nur das Vorhandensein einer Beziehung, sondern auch die Qualität der Beziehung für das Lernen von Bedeutung: »Wichtig ist zunächst einmal, ob sich Lehrer und Schüler gegenseitig schätzen und mögen.«[506] Manfred Spitzer zitiert in diesem Zusammenhang treffend Marga Bayerwaltes: »Wenn ein Lehrer *Erfolg* hat, das heißt, wenn die Schüler gern

---

505 Bauer bemerkt ganz in diesem Sinne: »Weit dramatischer als die derzeit beklagten Defizite des schulischen Wissenserwerbs sind die Probleme von Schülerinnen und Schülern im Bereich der sozialen Kompetenz, der seelischen Gesundheit und des Verhaltens.« Bauer 2005, S. 125. Soziale Kompetenz aber kann eben nur im Umgang mit Menschen in Situationen und Kontexten, die über den schulischen Kontext hinausgehen, erlernt werden.

Aus Schülersicht beschreibt Elisabeth Naurath in ihrem Aufsatz zur emotionalen Dimension ethischer Bildung das Phänomen emotional defizitärer Bildung: »Zu Beginn eines Seminars über ethische Bildung im Religionsunterricht frage ich die Lehramtsstudierenden nach ihren eigenen Erfahrungen ihres als Schülerinnen und Schüler erlebten Unterrichts: ›Wir haben in Religion dauernd über Ethik geredet! Es ging immer wieder um Abtreibung, Frieden und Umweltzerstörung – Texte durchkauen und Diskussionen ohne Ende! Irgendwann hat das gelangweilt, weil es eigentlich nicht viel mit uns zu tun hatte ...‹ – so das Stimmungsbild in der Retrospektive.« Naurath 2007, S. 26. Damit ethischer und diakonischer Unterricht mit den Schülern zu tun haben, bedarf es der Beziehung und bedarf es des sinngebenden Kontextes.

506 Spitzer 2001, S. 412.

und gut bei ihm lernen, wenn sie fleißig sind und bereit, sich für bestimmte Aufgaben und Ziele anzustrengen, wenn sie etwas Ungewöhnliches leisten, dann liegt es nach meiner Erfahrung [...] immer an der Liebe.«[507] Es bedarf also in der Lehrer-Schülerbeziehung, in der Anleiter-Praktikantenbeziehung einer grundlegenden Kultur der Wertschätzung.[508] Diese neurobiologische Erkenntnis fordert somit eigentlich nur, was der Diakonie, und somit diakonischem Lernen, ohnehin immanent sein sollte. Denn die Wertschätzung des Gegenübers gehört zu den Grundlagen jeglichen diakonischen Handelns.[509] Diese Gedanken zu einer Lernkultur dürfen auch über den Bereich des diakonischen Lernens hinaus nicht ohne Folgen für unsere Schulkultur überhaupt bleiben. Diakonisches Lernen, wie es hier vorgestellt ist, wird einen wesentlichen Beitrag zu einer Verwandlung der Schulkultur leisten.

Die Entdeckung der Spiegelneuronen und ihrer Funktionsweise zeigt also noch einmal die Bedeutung einer engen Vernetzung der drei Schritte, des *Ansehens*, des *Deutens* und des *Handelns*. Das intuitive Sehen bedarf der bewussten Deutung – zur Überprüfung im Einzelfall, aber auch zur grundsätzlichen Veränderung und Anpassung der Intuition, falls diese regelmäßig fehlgeht.

7.5 Diakonische Didaktik als systemisch-konstruktivistische Didaktik

Die neurobiologische Erkenntnis, dass es sich beim Lernen nicht um ein naiv-analoges Abbilden, sondern um neuronale Repräsentationen handelt, die z. T. bewusst, mehrheitlich aber unbewusst gebildet werden, unterstützt diejenigen pädagogischen Modelle, die sich einem konstruktivistischen Ansatz verpflichtet wissen. Im Folgenden soll der Zugang einer systemisch-konstruktivistischen Didaktik dargestellt und auf ihren Beitrag für die Didaktik diakonischen Ler-

[507] Bayerwaltes, Marga: Große Pause. Nachdenken über Schule, München 2002, S. 85, zitiert nach Spitzer 2001, S. 412. Der Vollständigkeit halber sei notiert, dass Spitzer durch seine Kürzung des Zitates die polemische Zuspitzung von Bayerwaltes gegen die Wirksamkeit von Qualifikationen unterschlägt. Da es auch in unserem Zusammenhang nicht um ein Gegeneinanderausspielen von Qualifikation und Beziehung gehen kann, ist die Kürzung des Zitates sachlich richtig.

[508] Die Modellschule Hauptschule Innenstadt Tübingen belegt diese These eindrucksvoll: Nicht nur die Noten bei der zentralen Hauptschulprüfung sind deutlich besser als der landesweite Durchschnitt, nicht nur der Übergang in die Berufswelt bzw. zur Ausbildung ist deutlich erfolgreicher (60% der Abgänger finden direkt einen Ausbildungsplatz), auch das Schulklima selbst ist bemerkenswert: Es existiert signifikant weniger Gewalt an der Schule. Stattdessen prägen Höflichkeit und zuvorkommender Umgang den Schulalltag und die Atmosphäre der Schule. Vgl. Sperth 2006.

[509] Vgl. nur das sog. Doppelgebot der Liebe, Lk 10,27. Vgl. auch Schmidt 2004.

nens untersucht werden.[510] Dazu soll zunächst in der gebotenen Kürze geklärt werden, was unter Konstruktivismus zu verstehen ist und wo im Spektrum der konstruktivistischen Positionen ich mich selbst verorte. Dann sollen die wesentlichen Elemente der systemisch-konstruktivistischen Didaktik von Kersten Reich vorgestellt und auf die diakonische Didaktik hin interpretiert werden.

Die erste Grundannahme des Konstruktivismus ist eine erkenntnistheoretische: Es gibt keinen ungebrochenen Übergang von der »objektiven Realität« zur subjektiven Erkenntnis. Die objektive Realität ist nicht identisch mit der subjektiven Wirklichkeit. Damit ist die zweite Grundannahme gegeben, dass wir nicht mehr von der einen Wirklichkeit sprechen können, sondern nur noch von Wirklichkeiten, wie wir sie uns je individuell konstruieren. Mit Peter Lampe gehe ich hier nicht von einem in dem Sinne radikalen Konstruktivismus aus, dass er auch eine Realität hinter den konstruierten Wirklichkeiten in Frage stellt, sondern nehme eine »objektive Wirklichkeit« hinter den subjektiven, konstruierten Wirklichkeiten an. Diese objektive Wirklichkeit, die ich mit Peter Lampe »Realität« im Unterschied zur subjektiven und konstruierten »Wirklichkeit« nenne, bleibt unzugänglich.[511] Die Wirklichkeit, die das Subjekt je individuell konstruiert, hilft idealerweise dem Subjekt, einerseits in der objektiven Realität und andererseits innerhalb der verschiedenen subjektiv konstruierten Wirklichkeiten der Mitmenschen, der Gesellschaft[512] zurechtzukommen. Damit ist der Konstruktivismus anschlussfähig zu dem dargestellten Kulturverständnis, das Kultur als Zeichensystem, als symbolisches Konstrukt und zugleich als den Prozess von Symbolisierung und Zeichenaustausch, also als Kommunikation beschreibt. In der Kultur und den Kulturen als Verständigungsgemeinschaften werden die verschiedenen subjektiven Wirklichkeiten und Zeichensysteme kommuniziert und dadurch weiter verarbeitet, also je neu konstruiert. Ein Konstruktivismus, der solche kulturelle und soziale Vernet-

---

[510] Heinz Schmidt hat in seinem 2006 gehaltenen und 2007 erschienen Vortrag »Diakonische Bildung als Konstruktion von Wissen und Werten. Didaktische Anregungen aus konstruktivistischer Sicht« erste Vorschläge dazu gemacht, wie Grundeinsichten und Methoden aus der konstruktivistischen Didaktik genutzt werden könnten. Der Vortrag ist erschienen in: Herrmann, Volker (Hg.): Diakonische Existenz im Wandel. »Hephata – öffne dich«, DWI-Info 39, Heidelberg 2007, S. 111–122.

[511] Vgl. zur Unterscheidung von Realität und Wirklichkeit Lampe 2006.

[512] Der Zusammenhang bzw. die Kommunikation der verschiedenen Wirklichkeiten beschäftigt den sog. »sozialen Konstruktivismus«. Auf den sozialen Konstruktivismus bezieht sich die Pädagogik häufig und scheint sich damit der erkenntnistheoretischen Wahrheitsfrage zu entziehen, weil durch die Konzentration auf die Kommunikation der Wirklichkeiten die Frage nach dem Zusammenhang der verschiedenen Wirklichkeiten mit der Realität aus dem Fokus gerät. Letztlich darf – von der Theologie aus betrachtet – die Wahrheitsfrage auch in der Pädagogik nicht ausgeblendet werden. Wahrheit ist zwar nicht zugänglich, muss aber mit Peter Lampe vorausgesetzt werden. Ein Wahrheitserweis kann jedoch nur kommunikativ bzw. diskursiv verfolgt, aber niemals erreicht werden.

zung berücksichtigt, versteht sich als sozialer Konstruktivismus. Es geht also – anders als im neurobiologischen Fokus – nicht nur um die Wirklichkeitsrepräsentationen des Individuums, sondern auch um den systemischen Zusammenhang der individuellen Konstruktionen in Kultur und Gesellschaft. Diese Polarität aus individueller und kommunizierter Konstruktion entspricht dem für alle Bildung und Kultur konstitutiven Spannungsfeld von Individualisation und Partizipation. Auch die beiden anderen Spannungsfelder lassen sich in dieses Konstruktivismusverständnis einzeichnen: Die Polarität aus Dynamik und Form finden wir im Wechselspiel aus sich verfestigenden, gerinnenden Konstruktionen und neuem Konstruieren – und zwar sowohl im individuellen Bereich (feste Deutungs- und Verstehensmuster gegenüber dem täglichen Lernen, Neukonstruieren) als auch im geteilten, kommunizierten Bereich (beispielsweise sich in Gesetzen niederschlagende, verfestigte Wertvorstellungen gegenüber den politischen Diskursen über die Veränderungen dieser Gesetze). Die Polarität aus Freiheit und Bedingtheit findet sich beispielsweise in der didaktischen Umsetzung, in der der Lerner in seiner Freiheit, eigene Konstruktionen und Repräsentationen zu entwickeln, wertgeschätzt wird, in der zugleich aber auch die Interdependenz der je individuellen Konstruktionen und die mächtigen Einflüsse sozialer Konstruktionen auf das Individuum berücksichtigt werden.

Die Fragerichtung des didaktischen Konstruktivismus zielt nun nicht auf die Erkenntnistheorie, sondern darauf, wie Lernen unter solcher systemisch-konstruktivistischer Perspektive funktioniert und wie das Lehren und Lernen entsprechend gestaltet werden kann.

7.5.1 Kersten Reich: »Konstruktion – Rekonstruktion – Dekonstruktion« als Vermittlung zwischen subjektiver und gesellschaftlich-kultureller Wirklichkeit

Die erste wichtige Position einer systemisch-konstruktivistischen Didaktik wurde bereits genannt: Die Einsicht in die Beobachterabhängigkeit aller Wirklichkeitskonstruktion impliziert einerseits die Einsicht in die Relativität der je individuellen Wirklichkeitskonstruktion und andererseits (nur scheinbar paradoxerweise) die Wertschätzung des je individuellen Konstruierens und Lernens. Lernen ist subjektive Konstruktion und darf nicht am Subjekt, an dessen Vorerfahrungen, an dessen Konstruktionen vorbei gehen, da sonst nicht neu konstruiert, mithin gelernt wird. Die zweite Position ist die systembezogene: Das Subjekt kann und darf in seinem Lernen und Konstruieren nicht von den sie umgebenden individuellen wie sozialen Konstruktionen und Wirklichkeiten isoliert werden. Kersten Reich, dessen systemisch-konstruktivistischer Didaktik ich in meiner Darstellung folge,[513] schlägt als Vermittlung zwischen

[513] Vgl. Reich, Kersten: Systemisch-konstruktivistische Pädagogik. Einführung in Grundlagen einer interaktionistisch-konstruktivistischen Pädagogik, Neuwied-Kriftel [4]2002 und Reich, Kersten: Konstruktivistische Didaktik. Lehr- und Studienbuch mit Methodenpool, Weinheim - Basel [4]2008. Noch einmal sei darauf verwiesen, dass Reich

den Polen individueller und sozialer Konstruktion einen Zirkel aus drei Schritten vor: Konstruktion – Rekonstruktion – Dekonstruktion.[514]

Das Grundmotto für den ersten Schritt, die Konstruktion, lautet: »Wir sind Erfinder unserer Wirklichkeit.«[515] Es gilt danach, die gesamte Lernsituation, die Methoden und Inhalte so einzurichten, dass je eigene, individuelle Konstruktion möglich ist. Wertschätzung und Selbstbestimmung sind notwendige Voraussetzungen für diesen Schritt. Es geht also darum, durch Eigenaktivität zu lernen.

Der zweite Schritt, die Rekonstruktion, meint dabei das Nachvollziehen, Nachentdecken vorhandener sozialer Konstruktionen. »Wir sind die Entdecker unserer Wirklichkeit«[516] lautet das Motto der Rekonstruktion. Als Beispiele mögen dafür im Bereich der Mathematik das Erlernen des Satzes des Pythagoras oder im Bereich des diakonischen Lernens die Rekonstruktion biblischer Texte zur Diakonie und ihrer Auslegungen gelten. Solche Rekonstruktion ist immer auch Konstruktion, denn der Lerner konstruiert auch das, was bereits von anderen konstruiert wurde, je neu – auch dann, wenn er es nur lernend nachvollzieht. Und solche Rekonstruktion weiß um die nur relative Bedeutung der vorgefundenen Rekonstruktionen. »Damit wird die immer noch übliche Rekonstruktion verschwinden, die etwa behauptet, ›Damals war es so oder so‹, ›Es ist gewiss, dass die Menschen gar nicht anders konnten, als so oder so zu handeln‹, ›Experten haben uns aber gesagt, dass nur dies richtig ist‹ usw. Eine konstruktivistische Didaktik wird unter der Perspektive der Rekonstruktion ihre Teilnehmer anders fragen lassen: ›Wer hat es damals so und wer hat es anders gesehen? Welche Handlungsmöglichkeiten haben Beobachter damals festgestellt und welche fallen uns hierzu ein? Was veranlasst wissenschaftliche Beobachter der Gegenwart dazu, ein Ereignis kausal so zu bestimmen, dass es notwendig erscheint? Welche unterschiedlichen Experten kommen zu welcher Aussage und wie stehen wir dazu?‹«[517]

Im dritten Schritt, der Dekonstruktion, lautet das Motto: »Es könnte auch noch anders sein! Wir sind Enttarner unserer Wirklichkeit!«.[518] Zentrales Moment dieses Schrittes ist der Perspektivwechsel, durch dessen Hilfe ich meine Konstruktionen und Rekonstruktionen kritisch reflektieren kann.

---

selbst seine Didaktik ganz bewusst nicht aus den Erkenntnissen der Neurobiologie ableitet, um den Blickwinkel nicht subjektivistisch zu verengen. Gleichwohl ist seine Theorie anschlussfähig an die Erkenntnisse aus der Neurowissenschaft, was ihre Plausibilität durchaus verstärkt. Vgl. Reich 2002, S. IX.

[514] Vgl. Reich 2002, S. 118 ff.

[515] Reich 2008, S. 138.

[516] Reich 2008, S. 139.

[517] Reich 2008, S. 140.

[518] Reich 2008, S. 141.

Eine diakonische Didaktik weiß sich genau wie die systemisch-konstruktivistische in die Polarität von Individuum und Gesellschaft, zwischen individueller und geteilter Konstruktion gestellt. Ich werde daher diesen Zirkel aus Konstruktion, Rekonstruktion und Dekonstruktion als ein wesentliches Element des *Deutens* fruchtbar machen.[519]

7.5.2 Der Einbezug der Emotionen in den didaktischen Prozess (Reich, Schulz von Thun)

Eine weitere Erkenntnis aus der Neurobiologie war, dass all unsere Repräsentationen und all unser Handeln mit Emotionen verknüpft sind. Wie können Emotionen fruchtbar in den didaktischen Prozess eingebracht werden? Wie gezeigt werden konnte, ist diese Frage für eine Didaktik diakonischen Lernens von besonderer Bedeutung. Reich gewinnt auf diese Frage vor allem aus seinem systemischen Denken wertvolle Antworten – und verknüpft diese so, dass sie zugleich eine weitere Antwort auf die Frage nach dem Umgang mit der Intuition geben. Reich unterscheidet hierfür, von Watzlawick und Schulz von Thun herkommend, zwischen Inhalt und Beziehung.[520] Für jeden Unterricht ist es von besonderer Wichtigkeit, sich diese Entscheidung klarzumachen und das Unterrichts- bzw. Lerngeschehen nicht nur auf seine inhaltliche, curriculare Seite hin zu betrachten, sondern auch auf das Beziehungsgeschehen. Denn wo immer Wirklichkeitskonstruktionen kommuniziert werden, werden nicht nur das inhaltliche Konstruktionsgerüst, sondern auch – und zwar meist unbewusst – die damit assoziierten und verknüpften Emotionen transportiert. Nach Schulz von Thun transportiert jegliche Aussage oder Nachricht immer vier Ebenen: Sie enthält natürlich einen Inhalt, sie enthält eine Aussage über mich selbst, sie enthält einen Appell und eine Aussage über die Beziehung zu meinem Gegenüber. Folgendes Beispiel mag das verdeutlichen: »Die Ampel ist rot« kann viererlei Bedeutung annehmen: Auf der Inhaltsebene transportiert sie schlicht die Information, dass die Ampel rot ist. Die Selbstaussage könnte sein: »Ich habe Angst vor einem Unfall.« Der Appell lautet: »Stopp!« Und über die Beziehung formuliere ich etwa mein Misstrauen in die Fahrkünste des Fahrers. Für die Kommunikation im diakonischen Bereich ist diese Erkenntnis besonders wichtig. Was heißt etwa der Satz einer alten Dame im Altenheim, den sie gegenüber einer Pflegerin äußert, die sie als Letzte aus der Bastelstunde abholt: »Es ist schon wieder Viertel nach sechs!«? Es ist schnell deutlich, dass vor allem die emotionale Seite, also die Selbstaussage bzw. die Beziehungsebene auch im jeweiligen Kontext kaum eindeutig erfasst werden kann. Will die Dame sagen, dass sie Sorge trägt, das Abendessen zu verpassen, oder

---

[519] S. u. S. 227 f.

[520] Vgl. Watzlawick, Paul: Wie wirklich ist die Wirklichkeit? Wahn, Täuschung, Verstehen, München ^{25}1999; Watzlawick, Paul; Beavin, Janet H.; Jackson, Don D.: Menschliche Kommunikation. Formen, Störungen, Paradoxien, Bern – Stuttgart – Toronto ^{8}1990; Schulz von Thun, Friedemann: Miteinander reden 1. Störungen und Klärungen, Reinbek 2006.

will sie damit ausdrücken, dass schon wieder ein Tag wie der andere vergangen ist (Selbstaussage)? Will sie ausdrücken, dass sie sich von der Pflegerin zurückgesetzt fühlt, weil sie als Letzte abgeholt wurde, oder will sie über die Beziehung der Bastelanleiterin ausdrücken, wie schade es sei, sich jetzt verabschieden zu müssen (Beziehungsaspekt)? Und auch der Appellaspekt ist unklar: »Holen Sie mich das nächste Mal früher!« oder »Sie sollten die Bastelstunde verlängern!«. Diakonische Bildung sollte daher einerseits unbedingt die Fähigkeit der Unterscheidung dieser Kommunikationsebene schulen, andererseits die nötige Einsicht in die Schwierigkeit vermitteln, sich über die emotionalen Ebenen der Kommunikation zu verständigen. Auch beim Lernen selbst, ob im Unterricht oder im diakonischen Praktikum, sind die emotionalen Aspekte der Kommunikation von großer Bedeutung, da die Klärung von Beziehung und Emotion die Möglichkeit eröffnet, negative Emotionen, die den Lernprozess behindern, zu bearbeiten, sie auszuräumen oder gar zu verwandeln. Das wichtigste Instrument für solche Klärung ist die Metakommunikation, also die Kommunikation über die Kommunikation.[521]

7.5.3 Kersten Reich: Drei Welten in einer Wirklichkeit – das Symbolische, das Imaginäre und das Reale

Reich stellt zutreffend fest, dass wir, wenn wir die Emotionen in, mit und unter unserer Kommunikation klären, uns bereits im Bereich dessen befinden, was er als den symbolischen Bereich bezeichnet. Reich unterscheidet drei Bereiche: den symbolischen, den imaginären und den realen.

Der *symbolische Bereich* umfasst all das, was wir mit Hilfe von Sprache, von Zeichen von uns geben und dadurch mit anderen teilen – also alle kulturellen Äußerungen, Symbole, Regeln, Werte etc. Auch die Emotionen gehören darum, sobald wir sie austauschen, sie kommunizieren bzw. über sie kommunizieren, in den symbolischen Bereich. Reich nennt diesen Bereich symbolischen Bereich und nicht etwa Zeichenbereich, weil er den *Zusammenhang* einzelner Zeichen, den Bedeutungs*zusammenhang* betonen will. Der Begriff des Zeichens legte den Fokus zu sehr auf das Einzelne, die kleinen Einheiten. Diese sind für semiotische Analysen o. Ä. relevant, nicht aber für den pädagogischen Zusammenhang.

Der *imaginäre Bereich* umfasst den inneren und damit vorsprachlichen Bereich der Gefühle wie das Wollen oder Begehren. Dieser Bereich wird nicht durch Zeichen oder Symbole ausgedrückt. Wenn ich die Gefühle meines Gegenübers erfassen möchte, dann werde ich sie nicht (nur) seinen symbolischen Äußerungen entnehmen, sondern werde sie imaginieren, werde sie mir einbilden.[522] Auch von mir selbst habe ich Imaginationen. So »sind wir in diesem imaginären Fluß immer wieder vor Blicke und mit ihnen Perspektiven

[521] Wertvolle Hinweise für solch eine Beziehungsdidaktik finden sich bei Miller, Reinhold: Beziehungsdidaktik, Weinheim - Basel ^{4}1997.

[522] Der Zusammenhang zwischen Imagination und Spiegeln lässt wiederum die neurobiologischen Ergebnisse bez. der Spiegelneuronen anklingen.

gestellt, die sich vor allem als Bilder und Gefühle in uns aufrichten: Hier sehen wir uns wie von außen, als eine Art Ganzheit, als ein imaginäres Ich [...], das selbst zwar nur eine Momentaufnahme des Erblicktseins durch uns selbst sein kann, das sich auch noch gar nicht sprachlich formuliert, sondern als Intuition, als Wunsch, als plötzliche Reaktion, als Empfindung bzw. Gefühl.«[523] Jede symbolische Mitteilung über den imaginären Bereich verändert diesen, verfremdet ihn, verliert das Unmittelbare. Wenn Imaginäres mitteilbar wird, wird es zugleich mittelbar. Auch das Imaginäre ist als Imagination eine Konstruktion. An all meinen Beobachtungen, Wahrnehmungen, bei allem Lernen und aller Konstruktion ist Imagination beteiligt. Es gilt: keine Konstruktion ohne Imagination. Und damit: keine Kommunikation ohne darunterliegender Imagination.

Das Reale ist genau wie das Imaginäre und das Symbolische ebenfalls Konstruktion. Es ist aber die widerfahrende Seite, die nicht planbare, also von symbolischen Konstruktionen nicht vorausberechenbare Wirklichkeit, die als Widerständigkeit, als Grenze oder als »Noch nicht« begegnet und in die symbolischen und imaginären Konstrukte (ver-)störend eingreift. Das Reale ist nicht Realität – weder solche Realität, wie ich sie mit Peter Lampe definiert habe, noch Wirklichkeit (welche Kersten Reich als Realität bezeichnet):

> »Die Realität[524] und das Reale sind zwei unterschiedliche Perspektiven. Die Realität ist unser Konstrukt einer Situierung in sinnlicher Gewißheit, was eine direkte Perspektive symbolischer Ordnung und imaginärer Verbindung einschließt. Sowohl im Alltag als auch in allen Spezialisierungen unseres Wissens sind wir uns dieser Realität relativ sicher, denn sie drückt das Wiederkehrende in unserem Leben aus: Alltagsabläufe, gelernte Handlungsroutinen, Rollenmuster und Habitus, Sozialisationserfahrungen, Kulturleistungen, wissenschaftliche Diskurse usw. Diese Realität ist vermischt mit Imaginärem und Symbolischem, und in ihr ist auch enthalten, was wir das Reale nennen. Dieses Reale ist das Noch-Nicht, das Nichts, das wir nur als Nichts benennen, bis es sich irgendwie geltend gemacht hat: Es erscheint in der Realität, wo wir es finden, wo es uns begegnet, es tritt uns gewaltsam entgegen, wenn wir es als Beobachter jenseits unserer Imaginationen und unserer symbolischen Ordnungen noch aufspüren können oder nicht mehr zu verneinen vermögen.«[525]

---

[523] Reich 2002, S. 88 f.

[524] Kersten Reich bezeichnet mit Realität das, was ich im Anschluss an Peter Lampe als Wirklichkeit definiert habe.

[525] Reich 2002, S. 109.

Symbolisches, Imaginäres und Reales: Konsequenzen für die Didaktik

Welche didaktischen Konsequenzen hat diese Unterscheidung und Zuordnung von Symbolischem, Imaginärem und Realem?

Zum Ersten macht sie Lehrenden wie Lernenden bewusst, dass wir niemals einen unverstellten, unmittelbaren Zugang zu den Wirklichkeiten der anderen haben. Alle symbolische Vermittlung – auch wenn ich mich bemühe, sie auf der Metaebene zu klären – verbleibt unscharf und abhängig vom jeweiligen Betrachter. Diese Unterscheidung warnt vor allzu schnellen Klarheiten und vor allzu schnellen Zuschreibungen, insbesondere im Bereich der Emotion bzw. des Imaginären.

Zum Zweiten macht sie noch einmal die Bedeutung der Emotion, des Imaginären für unsere Wirklichkeit deutlich. Das Imaginäre prägt unsere Erwartungshaltungen, unsere Voreinstellungen und damit die (emotionale) Haltung gegenüber einem Bildungs- oder Lerngegenstand genauso wie die Beziehung zwischen Lehrenden und Lernenden. Das Imaginäre kann darum Lern- und Bildungszugänge ermöglichen und fördern, genauso aber auch bremsen oder gar verhindern. Das Imaginäre ist immer dabei und muss berücksichtigt werden!

Zum Dritten ist in allen Lernprozessen mit dem anderen, dem Uneinholbaren, dem Realen zu rechnen. Es ist in der Unterrichtssituation geradezu mit einzuplanen. Bollnow bezeichnet diese Realität als die unstetigen Formen der Erziehung, die von besonderer Bedeutung für unser Lernen sind. Blenden wir diese unstetigen Formen, blenden wir dieses »Reale« aus, haben wir es nicht mehr mit Bildung, sondern mit einem erstarrten und sich selbst verstärkenden und versteifenden Bildungskorsett zu tun. Bildung wäre dann lediglich Systemstabilisierung. Die systemisch-konstruktivistische Didaktik wird also immer nach Lernsituationen suchen, in denen das Reale begegnen kann. Da »Pädagogen von jeher dazu neigen, eine symbolisch heile Welt zu konstruieren, und da diese auch noch an einem heilen Platz, der Schule, einer von der übrigen Lebensrealität abgekoppelten Kunstwelt ihren eigenen Raum und eigene Zeitvorstellungen findet, erscheint es als unerläßlich, die räumliche und zeitliche Klammer stets aufzusprengen und zu dekonstruieren. Schüler und Lehrer müssen aus dieser Kunstwelt hinaustreten dürfen, sie sollten nicht bloß symbolisch andere Welten kennenlernen, sondern reale Ereignisse erfahren dürfen, die besonders ihre Symbolverliebtheit hinterfragen«[526] lassen. Den Weg außerschulischer Praktika bezeichnet Reich insofern als halbherzig, als sie in der Regel eine Feigenblattfunktion hätten, aber nicht wirklich zur Begegnung mit dem Realen führten. »Lehrer und Schüler sollten vielmehr bei jeder Unterrichts- und Stoffeinheit bedenken, ob und wo sie sich dem stellen könnten, was sie als real ansehen.«[527] Bezogen auf die diakonische Didaktik bedeutet das: Diakonische Praktika allein genügen nicht – vielmehr geht es um das Arbeiten an einer für das Reale offenen Wahrnehmung und Haltung. Praktika allein genügen nicht, da ist Reich zuzustimmen, aber sie sind für die

---

[526] Reich 2002, S. 109.

[527] Reich 2002, S. 109.

Lernenden nicht nur *ein*, sondern *der* hervorragende Ort für solche Begegnung, wenn der unterrichtliche Gesamtkontext ebenfalls darauf ausgerichtet wird.

7.5.4 Praktische Konsequenzen einer systemisch-konstruktivistischen Didaktik für eine Didaktik diakonischen Lernens

Damit sind wir bereits bei den praktischen Konsequenzen einer systemisch-konstruktivistischen Didaktik angelangt. Wie sieht nun ein solchermaßen begründetes Lehr- und Lernsetting aus?

Eigen-aktives Lernen

Eine systemisch-konstruktivistische Didaktik wird immer nach einem Setting suchen, das individualisiertes, eigen-aktives Lernen möglich macht. Entdecken und Erforschen wird den Vorrang haben vor Erklären und Dozieren. Damit die individualisierten Lernvorgänge sich nicht im negativen Sinn verselbständigen, beispielsweise zu lange auf Lernumwegen verharren, oder so sehr der individuellen Lernlust und Imagination nachgehen, dass die partitiven Bildungsaspekte aus dem Blick geraten, sind sie in die Lerngemeinschaft zurückzuholen. Dazu dienen Präsentationen, Diskussionen (bei denen die je eigene Position eingebracht wird, bzw. das je individuelle Konstrukt sichtbar wird), Feedbackschleifen, Rollenspiele – alle Methoden eben, die auf einen kommunikativ-symbolisierenden Akt hinauslaufen. Diakonisches Lernen, das mit den individuellen Erfahrungen der Schüler in den verschiedenen Praktika von vornherein stark auf individualisiertes Lernen setzt, wird auf die Methoden der Rückführung dieser individuellen Lernkonstruktionen in die Gemeinschaft nicht verzichten können.

Komplexität vor Elementarisierung: anregende Lernlandschaften

Lernen als Konstruktion ist immer Eigenaktivität der Lernenden. Eine systemisch-konstruktivistische Didaktik sucht daher nach sog. *anregenden Lernlandschaften*, die die *Aktivität* des Lernenden durch zwei Eigenschaften herausfordern. Zum Ersten wird in solchen Landschaften das Wissen anwendungsrelevant; es verwandelt sich von abstraktem Wissen in lösungsrelevantes Wissen und wird dadurch für den Lernenden interessant. Zum Zweiten fordern sie die Lernenden durch ihre Komplexität heraus. »In der Regel werden aber Sachverhalte didaktisch so präsentiert, dass sie möglichst einfach durchschaubar sind und wenig Lernaufwand verursachen. Man nennt dies didaktische Elementarisierung. Dies führt bei den Lernenden zu wenig Aktivität und unterfordert sie häufig.«[528] Anregende Lernlandschaften dürfen darum *niemals unterkomplex* sein, sondern fordern gerade durch ihre vielseitigen Problemstellungen die Lernenden zum eigeninitiativen Entdecken, Beobachten, Erschließen heraus. Diakonische Praktika bieten solche komplexen Lernlandschaften. Die Schüler tauchen in eine ihnen in der Regel fremde Arbeits- und Lebenswirklichkeit mit vielfältigen und differenzierten Anforderungen und Aufgaben ein.

---

[528] Schmidt 2007, S. 115.

Heinz Schmidt nennt in seinem oben vorgestellten Vortrag drei Methoden aus dem Bereich der konstruktivistischen Didaktik, die hier sinnvoll zur Anwendung kommen könnten: Zunächst nennt er die sog. *cognitive apprenticeship*. Sie ist aus der *traditional apprenticeship* abgeleitet, also der traditionellen Meisterlehre im Handwerk. Es geht dabei darum, implizites Expertenwissen weiterzugeben – und zwar nicht abstrakt, sondern by doing. Der Meister führt dem Schüler bzw. Lehrling eine Tätigkeit vor und erklärt ihm Schritt für Schritt seine Handlungen. Nach dieser Phase soll der Schüler die Tätigkeit nachvollziehen – und ebenfalls dabei erklären, was er gerade tut. Der Meister unterstützt den Schüler dabei, wird seine Unterstützung aber von Mal zu Mal reduzieren. Dieser Prozess wird bei der *cognitive apprenticeship* auf kognitive Problemstellungen übertragen. Die Schüler erhalten also das nötige (Vor-)Wissen nicht abstrakt, sondern immer bezogen auf eine aktuelle Problemstellung. Weil sie dieses Wissen direkt gebrauchen können, wird es für sie wesentlich motivierender sein, es sich anzueignen, als wenn es ohne den Problemkontext angeboten werden würde. Anfangs, beim Vorführen der Lösungsstrategien des Lehrers (*modeling*), geht es eher um eine beobachtende Aktivität. Je mehr der Lehrer in der Folge seine Begleitung und Beratung zurücknimmt (*fading*), desto mehr sind die Schüler gefordert, selbst konstruierend zu entdecken. So fügt sich diese Methode mit ihrem wahrnehmenden, reflexiven und handelnden Aspekt gut in den von mir vorgeschlagenen diakonischen Dreischritt ein.[529] Auch die Methode der *anchored instruction* baut sowohl auf die Motivation durch Komplexität als auch auf die anwendungsorientierte Wissenserschließung. Eine Problemstellung wird dabei beispielsweise als Erzählung oder Video so präsentiert, dass das zur Problemlösung nötige Wissen aus der Präsentation erschlossen werden kann. Für das diakonische Lernen schlage ich vor, diese Methode insofern zu erweitern, als die Schülerinnen und Schüler nach ihren Praktika als Experten verstanden werden könnten, die aus ihren Erfahrungen für ihre Mitschüler eine Problemstellung aus ihrer Praxiserfahrung mit eingebundenem Lösungswissen präsentieren. Die solchermaßen erweiterte Methode hätte damit zugleich auch die Funktion der Rückführung der individuellen Lernkonstruktion in die Gruppe – einerseits zur »Lernkontrolle«, andererseits aber auch dafür, dass das Gelernte den Mitschülern zugänglich gemacht werden kann. Im Folgenden werde ich diese erweiterte Methode als »Präsentation als verankerte Instruktion« bezeichnen. Schließlich nennt Schmidt noch die Methode des *landscape-criss-crossings*, bei dem es darum geht, ein Problem aus möglichst vielen verschiedenen Perspek-

529 Eine differenziertere Darstellung der einzelnen Schritte dieser Methode findet sich bei Schmidt 2007, S. 115 f. und bei Reich, Kersten (Hg.): Methodenpool. In: url: http://methodenpool.uni-koeln.de. Die Anzahl und Abgrenzung der einzelnen Schritte dieser Methode variieren stark. Ich nenne hier noch einmal die vier wesentlichen: *modeling* (Vorführen), *scaffolding* (unterstützte Eigentätigkeit), *fading* (Nachlassen der Unterstützung durch den Lehrer bei steigender Kompetenz der Lernenden) und *coaching* (betreutes Beobachten). Vgl. Reich, Methodenpool.

tiven und Kontexten zu explorieren. Dazu gehören Rollenspiele, die Perspektivwechsel ermöglichen, aber auch Internetrecherchen über Hyperlinks, die ebenfalls einen nichtlinearen Wissenserwerb unterstützen. In diakonischen Kontexten wäre insbesondere an die Exploration von diakonischen Feldern durch solche Internetrecherchen zu denken. Als Sicherungs- bzw. Kommunikationsmedium wäre dann an eine Mindmap oder aber an eine »diakonische Landkarte«[530] zu denken, die ein diakonisches Feld erschließen.

Beobachterabhängigkeit

Eine systemisch-konstruktivistische Didaktik wird immer besonderen Wert darauf legen, dass die Beobachterabhängigkeit im Lernprozess sichtbar gemacht wird. Dazu dienen beispielsweise Rollenspiele, natürlich auch Diskussionen, die genannte Methode des *landscape-criss-crossings* oder aber der Nachvollzug des bereits dargestellten Zirkels aus Konstruktion, Rekonstruktion und Dekonstruktion. Insbesondere im Bereich der Diakonie ist die Wahrnehmung verschiedener Perspektiven auf die jeweilige diakonische Aufgabe unabdingbar. Zu den hier genannten Methoden zur Perspektivklärung werden für eine diakonische Didaktik noch die ebenfalls auf einer konstruktivistischen Sicht basierenden Beschreibungen der Entwicklung der sozialen Perspektivübernahme von Bedeutung.[531]

Beziehungsarbeit

Eine systemisch-konstruktivistische Didaktik wird ein besonderes Augenmerk auf die Beziehungsarbeit lenken. Erste Voraussetzung ist ein wertschätzender, motivierender Umgang zwischen Lehrern und Schülern, aber auch der Schüler untereinander. Die beschriebene Methode von Schulz von Thun wird dafür vor allem ab der Sekundarstufe II besonders hilfreich sein, um den Schülern einen Zugang zu den dem individuellen wie sozialen Lernen förderlichen Emotionen zu ermöglichen. Es geht also durchaus auch darum, Gefühle zu lernen oder neu zu konstruieren – insbesondere dann, wenn negative, das Lernen störende oder den Schüler einschränkende Emotionen vorhanden sind. Emotionen und emotionale Verknüpfungen und Muster werden in der Regel, wenn

---

[530] Eine »diakonische Landkarte« könnte je nach Fragestellung sehr unterschiedlich aussehen. Die einfachste Form wäre, die Fragestellung, welche diakonisch-sozialen Einrichtungen es in einer Stadt gibt, um von da aus nach Defiziten und Stärken zu suchen. Dies wäre jedoch noch nicht unbedingt eine Landkarte im Sinne des *landscape-criss-crossings*. Solch eine Landkarte entstünde etwa, wenn ich im Internet ein diakonisches Feld, wie beispielsweise die Arbeit für und mit Menschen mit Behinderung, in einer Region oder Stadt erschließe. Da werden schnell maßgebliche Einrichtungen in der Region auftauchen, auch die Unterschiede in den Einrichtungen. Auch juristische Zusammenhänge werden auf der Landkarte eingetragen werden können, genauso Opferverbände, Wohlfahrtsverbände, Statistiken, Strukturen, Organisationen und Organisationsformen etc. Auf solch einer Landkarte werden nun wieder die verschiedenen Perspektiven auf das diakonische Feld sichtbar.

[531] S. o. Kapitel 7.3.1, S. 172 ff.

sie erst einmal vorhanden sind, durch das weitere Erleben verstärkt, weil sie in Form einer Erwartungshaltung, einer Voreinstellung gleichsam nach ihrer Erfüllung suchen. Das wirkt sich insbesondere bei den benannten negativen Emotionen nachteilig für den Lernenden aus. Um solche selbstreferenziellen Kreisläufe zu durchbrechen, eignen sich die Methoden aus der systemischen (Familien-)Therapie. Durch Perspektivwechsel, durch ein Reframing können auch starke emotionale Muster durchbrochen werden.[532] Dabei ist allerdings Vorsicht und Zurückhaltung geboten – anders als ein systemischer Therapeut hat ein Lehrer nicht unbedingt den Auftrag, sich in die Gefühlswelten seiner Schüler einzumischen. Außerdem ist und bleibt die Möglichkeit, die Gefühle der Schüler zu interpretieren, begrenzt und behält letzte Unsicherheit. Im Bereich diakonischer Bildung dürfte allein schon die Teilnahme am Diakoniepraktikum für manche Belange einen solchen Perspektivwechsel bedeuten. Das Diakoniepraktikum wirkt bereits, ohne daraufhin angelegt zu sein, als Reframing. Zu denken wäre auch an Phantasiereisen und Erzählungen, die zur Empathie anregen. Mit einem daran anschließenden gestalterischen, künstlerischen Umgang können Emotionen auch auf eine andere als die konventionell-sprachliche Art sichtbar gemacht werden. Mit Hilfe von Rollenspielen und Standbildern, an die sich ein Austausch über die Gefühle anschließt, können ebenfalls Zugänge aus verschiedenen Perspektiven zu den Emotionen geschaffen werden. Diakonisches Lernen braucht diesen Umgang mit den Emotionen in besonderem Maße. Denn es geht um ein Lernen im zwischenmenschlichen Bereich. Es sind also nicht nur die eigenen Lernmotivationen von Belang, sondern auch die Wahrnehmung der Motivationen, der Gefühle, der Abneigungen und Zuneigungen, der Ängste und Sorgen, des Begehrens und Ablehnens derjenigen Menschen, die an einem diakonischen Feld partizipieren – also der Hilfsbedürftigen, der Patienten, der Angehörigen, der Mitarbeiter, der Sponsoren und Geldgeber, der kirchlichen und kommunalen Vertreter etc.

Die Rolle des Lehrers

Wird die Eingeninitiative und Eigenaktivität der Schüler beim Lernen so stark betont, wird das im Gegenzug Konsequenzen auf die Aktivität des Lehrers haben. Die klassische Lehrerfalle wird analog zur Therapeutenfalle zu beschreiben sein. Genauso wenig wie ein Therapeut das Problem seines Klienten löst, wird der Lehrer für seine Schüler lernen. Vielmehr ist es zuerst die Aufgabe von Therapeut wie Lehrer, zuzuhören und zu beobachten – *anzusehen* eben. Denn sowohl Emotionen als auch Kognitionen müssen beobachtet werden. Von seiner Wahrnehmung ausgehend wird er nun nicht den Lernprozess führen und leiten, sondern wird an geeigneten Punkten »dazwischengehen«[533], an geeigneten Stellen sowohl im emotionalen als auch im kognitiven Bereich neue

[532] Dass Emotionen konstruiert und damit lernbar sind, das zeigt beispielsweise die kulturelle Bedingtheit von Ekel. Vgl. Reich 2008, S. 216.

[533] Arnold, Rolf: Ich lerne, also bin ich: Eine systemisch-konstruktivistische Didaktik, Heidelberg 2007, S. 108 ff. Und s. u. S. 238 f.

Perspektiven einbringen oder Perspektivwechsel anregen, bzw. das Lernsetting so gestalten, dass er seine Aktivität zugunsten der Schüleraktivität zurücknehmen kann.

Soziales Lernen vs. inhaltsorientiertes Lernen? Konsequenzen für das Schulsystem
Eine systemisch-konstruktivistische Didaktik hat auch Konsequenzen für das Schulsystem. Nehme ich den systemischen und damit partitiven Anteil des Lernens ernst, dann ist Lernen immer auch soziales Lernen. Es sollte von diesem Standpunkt aus darüber nachgedacht werden, wie sinnvoll eine so frühe Aufteilung der Schüler nach individualisierend-sachlichen Leistungsgesichtspunkten ist! Kersten Reich weist zu Recht darauf hin, dass, obwohl »im deutschen Sprachraum das fachliche Lernen eindeutig favorisiert wird, [...] es sogar noch schlechtere Ergebnisse in den Lernleistungen [erbringt] als in jenen Ländern, in denen das soziale Lernen einen höheren Stellenwert hat und diese Zeit kostet«.[534] Auch unter diakonischen Gesichtspunkten ist zu fragen, ob nicht eine wesentlich spätere Differenzierung der Schularten sinnvoller sei – und ob nicht darüber hinaus Schulen und Schulklassen grundsätzlich integrativ gestaltet werden sollten. Schule würde sich damit den späteren, außerschulischen Lebenswirklichkeiten wesentlich annähern.

7.6 Ansehen und ansehen lernen

Nachdem die drei Schritte des diakonischen Zirkels in ihrem Zusammenhang beschrieben wurden und dafür von der Entwicklungspsychologie, den Neurowissenschaften und der konstruktivistischen Didaktik her erste Impulse erarbeitet wurden, sollen nun die Schritte im Einzelnen erläutert werden. Die Schwierigkeit in der folgenden Darstellung liegt in der engen Verzahnung der drei, insbesondere der ersten beiden Schritte. Nicht immer sind die Schritte trennscharf. Die Beachtung der unterschiedlichen Perspektiven auf den didaktischen Prozess (Lehrer, Schüler, Praxisanleiter) wird zu einzelnen Doppelungen in der Darstellung führen bzw. manchen Verweis nötig machen, um solche Wiederholungen zu vermeiden. Für die Entfaltung der drei Schritte sind die Ergebnisse aus der Exegese und die Überlegungen zum Bildungs- und Kulturbegriff grundlegend.

Für den ersten Schritt, das Ansehen, ist zunächst eine genaue Eingrenzung, genauer gesagt eine Abgrenzung vom Deuten nötig: Wenn wir uns den religionspädagogischen Entwurf von Kunstmann vergegenwärtigen, stellt sich die Frage, ob im Begriff der Wahrnehmung bzw. des Sehens nicht schon das Moment des Deutens inbegriffen ist. Kunstmann definiert Wahrnehmung als »*reflektierte* Wahrnehmung«[535], holt also das Deuten bereits mit dem Wahr-

[534] Reich 2008, S. 205.

[535] Kunstmann 2002, S. 238.

nehmungsbegriff ein. Kunstmann bezieht sich u.a. auf neurobiologische Beobachtungen. Wie bereits gezeigt, bedeutet Wahrnehmen tatsächlich zugleich das Abgleichen oder Anlegen von neuronalen Netzwerken. Wahrnehmen heißt immer schon Einpassen in und Anpassen von Denkkonstruktionen. Aber: In der Regel ist solche Wahrnehmung noch kein bewusster Vorgang. Bauer spricht in diesem Zusammenhang von Intuition.[536] Solche Intuition ist zwar nicht unvernünftig, aber eben unreflektiert. Deuten, wie es hier gemeint ist, setzt bewusste und aktive Beteiligung voraus. Das Deuten überprüft das unreflektierte Einordnen in vorhandene Denkstrukturen und sucht ggf. nach neuen Möglichkeiten, das Gesehene zu strukturieren oder kreativ zu verorten und damit zu verändern. Das Deuten hat also die Aufgabe, durch bewussten Umgang mit der Wahrnehmung diese zu überprüfen, zu aktualisieren und veränderungsfähig zu halten. Ohne solch ein bewusstes Deuten läuft das Sehen Gefahr, in die Fallen gewachsener, kontextuell gebundener Muster zu tappen. So wichtig die Intuition für unser alltägliches Leben ist, so sehr ist sie darauf angewiesen, bewusst überprüft und gedeutet, d.h. rekontextualisiert oder de- und rekonstruiert zu werden.

Damit schränke ich den Geltungsbereich der Wahrnehmung nach Kunstmann wieder ein. Und zwar nicht nach ihrem Gegenstandsbereich, sondern nach ihrer Funktion. Wahrnehmung ist noch nicht bewusste Reflexion, Deutung und Neugestaltung, wenn auch, das sei hier noch einmal betont, die Ränder zum Deuten unscharf bleiben; denn sowohl im Fall des Sehens als auch im Fall des Deutens handelt es sich um kognitive Leistungen, neurobiologisch gesprochen um das Vernetzen und Ausbauen neuronaler Strukturen.

Noch eine zweite Abgrenzung muss vorgenommen, kann aber kürzer behandelt werden. Dahinter steht die Frage, ob es sich beim Ansehen nicht letztlich auch um eine Aktion handelt, ob also das Ansehen nicht dem Handeln unterzuordnen ist. Unterstützt wird diese Frage durch die neurobiologisch-konstruktivistische Erkenntnis, dass das Sehen einen – wenn auch unbewussten – neuronalen bzw. konstruktiven, also aktiven Prozess auslöst. Dieses neurobiologische Argument kann dadurch entkräftet werden, dass es sich bei solch einer Wahrnehmung um einen Akt nach innen hin handelt, also ein Vernetzen und Konstruieren, das nicht nach außen dringt.[537] Auch kommunikationstheoretisch wird die Frage verstärkt, ob nicht das Ansehen eine Form des Handelns sei, wenn aus dieser Sicht ein Blick bereits als Zeichen, als kommunikativer Akt verstanden wird. Diese Beobachtung ist durchaus richtig. Der Fokus aber beim Ansehen hier liegt nicht auf der direkten Außenwirkung des Blickes, sondern auf einer durch das Deuten und anschließende Handeln vermittelten Wirkung. Es geht also um den wahrnehmenden und nicht um den kommunikativen Aspekt des Ansehens.

---

[536] Kunstmanns Begriff der Resonanz würde ich ebenfalls als zunächst unbewusste Intuition verstehen, für die Spiegelneuronen verantwortlich sind.

[537] Das Anlegen von neuronalen Repräsentationen für ein Handeln ist eben noch nicht die Aktivierung und Umsetzung dieses Schemas.

Nachdem das Ansehen nun vom Deuten und vom Handeln unterschieden ist, soll nun, was eingangs schon angekündigt wurde, noch einmal auf die Wahl der Terminologie eingegangen werden. Warum ziehe ich den Begriff des Ansehens dem der Wahrnehmung vor? Wäre doch eigentlich der Begriff der Wahrnehmung der treffendere, weil er das Hören, Tasten, Schmecken, Riechen und gar Empfinden mit einschließt.[538] Ist das nicht im diakonischen Bereich sogar von noch größerer Bedeutung als anderswo? Trägt nicht der Geruch von Obdachlosen viel zu deren Isolierung bei, wohl mehr noch als ihr Aussehen? Ist nicht die Berührung am Sterbebett oftmals die einzige verbleibende Möglichkeit, noch zu kommunizieren? Ist das Hören eines Schmerzensschreis nicht ungleich intensiver als das gesehene Leid? Etliche Beispiele hierfür ließen sich noch anschließen. Dennoch bleibe ich beim Begriff des Ansehens. Zum Ersten schillert der in Mode gekommene Wahrnehmungsterminus, und auch eine eigene, präzise Definition schützt oft nicht vor Missverständnissen. Zum Zweiten klingt der befreiungstheologische Dreischritt im Begriff des An*sehens* noch besser an. Zum Dritten beziehe ich mich mit dem Begriff des Ansehens bewusst auf das Ansehen Christi und verstärke den christologischen Bezug dieses Dreischrittes. Zum Vierten – dieser Grund ist nahe am vorigen – betone ich eine besondere Füllung des Ansehens: Es geht beim Ansehen um zuwendendes, um empathisches, erbarmendes, um tiefenscharfes[539], eben um liebendes Sehen. Die von Ingrid Schoberth eingeforderte Leiblichkeit[540] solchen Ansehens ist darin impliziert.

Wie bereits angedeutet, ist nun hinsichtlich der verschiedenen Perspektiven des Ansehens zu unterscheiden. Es gibt das Ansehen der Lehrkraft, der Schüler, der Menschen an den Praxisorten usw. Um eine Didaktik praktikabel zu halten, kann natürlich nicht auf alle Perspektiven Rücksicht genommen werden. Hier kann der Fokus nur auf dem Ansehen der Schüler, der Lehrer und der Praxisanleiter liegen.

Sowohl für Lehrkräfte als auch insbesondere für die Schüler gilt, dass das Ansehen, das konnte gezeigt werden, lernbar ist und geschult werden kann –

---

538 Vgl. Schoberth, Ingrid: Wahrnehmung der christlichen Religion und das Glaubenlernen, in: Schoberth, Ingrid (Hg.): Wahrnehmung der christlichen Religion, Berlin 2006, S. 112. Schoberth weist in ihrem instruktiven Aufsatz zur Wahrnehmung christlicher Religion zu Recht darauf hin, dass Wahrnehmung als ein leibliches Geschehen zu verstehen ist.

539 Die Tiefenschärfe ist ein Begriff aus der Optik bzw. der Fotografie. Er gibt Auskunft darüber, ob über den scharfgestellten Bereich hinaus in der Achse zum Fotografen hin und vor allem vom Fotografen weg die Gegenstände scharf abgebildet werden. Die Schärfentiefe gibt dann an, wie tief dieser Bereich genau ist. Beim Ansehen ist solch ein tiefenscharfes Fokussieren – und zwar ein mehrfaches Fokussieren des Gegenstandes in seiner Umgebung – vorausgesetzt, um ein präzises Bild des Gegenstandes in seiner Differenz und in seinem Zusammenspiel mit seiner Umwelt zu erhalten. Der Wahrnehmung fehlt m. E. in ihrer Allgemeinheit dieser präzise Fokus, wodurch sie diffus bleibt.

540 Vgl. Schoberth 2006, S. 112.

und zwar hin zu einer zuwendenden, empathischen und liebenden Wahrnehmung und hin zu einem tiefenscharfen Sehen, das sich nicht zu leicht von oberflächlichen Blendungen ablenken lässt. Wie funktioniert die Bildung solch eines Sehens?

7.6.1 Ansehen als Zuwenden

Das erste Moment des Ansehens ist das Zuwenden. Zuwenden lernen, das bedeutet hinsehen lernen, wo man bislang bewusst oder unbewusst weggesehen hatte. Zuwenden lernen bedeutet aufmerksam werden auf diakonische Situationen am Rand der von mir selbst und meiner Kultur konstruierten Welt, weil jede Konstruktion gestaltend auswählt und Realitätsaspekte[541] auslässt. Zuwendung lehren bedeutet daher immer auch Interesse wecken. Um solches Interesse zu wecken, ist es nötig, den Schülern diese »blinden Flecken« in ihrer Wirklichkeitskonstruktion aufzuzeigen. Die Diakoniepraktika haben somit unbedingt auch Zeigefunktion, führen die Schülerinnen und Schüler in eine Welt, von der sie u. U. noch gar nicht wussten oder die sie bislang nicht interessierte. Das Moment des Zuwendens hat aber auch eine zwischenmenschliche Konnotation. Zuwenden lernen heißt auch, den Menschen in den besuchten Einrichtungen zu entdecken, für den ich bisher blind war, sich für ihn zu interessieren, von ihm als Gegenüber etwas zu erwarten, sich auf eine Begegnung (durchaus auch im Sinne Bollnows[542]) mit ihm einzulassen.[543]

Solche Zuwendung braucht vorgängige Zuwendung. Das bedeutet für die Lehrer und Praxisanleiter, dass sie sich genau so ihren Schülern zuwenden sollten, dass sie sich für sie interessieren, sie ernst nehmen und von ihnen wirkliche Begegnung erwarten sollten. Hiermit formuliere ich ein Ideal, das in einer Klassensituation nur schwer zu erreichen ist. Der Praxisanleiter hingegen hat es da leichter, weil er nur einen oder wenige Praktikanten als Gegenüber hat. Dass über das Praktikum eine individuelle Zuwendung in die sonst

---

[541] Unter Realität verstehe ich mit Peter Lampe im Unterschied zur Wirklichkeit diejenige »reale« Realität, die unserer »konstruierten« Wirklichkeit zu Grunde liegt. Vgl. Fußnote 339.

[542] Vgl. zur Anwendung Bollnows auf das diakonische Lernen Klappenecker, Gabriele: Religiöse Wahrnehmung und Deutung als Voraussetzung diakonisch-sozialer Bildung. Das »Michelbacher Modell« als didaktische Herausforderung, in: Eurich, Johannes; Oelschlägel, Christian (Hg.): Diakonie und Bildung. Heinz Schmidt zum 65. Geburtstag, Stuttgart 2008, S. 389–402. Klappenecker erschließt die Existenzialien Bollnows *Gestimmt sein, Widerfahrnissen ausgesetzt sein, Wohnen, Üben* und *das Wort hören und verantwortlich gebrauchen* als »Wahrnehmungshorizonte« diakonisch-sozialer Bildung.

[543] Vgl. auch Schoberth 2006, S. 111, wo Ingrid Schoberth auf das Moment der Hingabe in der Wahrnehmung verweist. Nach Schoberth lebt solche Hingabe aus der vorgängigen Hingabe Christi und verhindert sowohl die Reduktion des Lernprozesses auf subjektive Konstruktionsprozesse und damit die Isolation des Lernenden (einseitige Individualisation) als auch die Vernachlässigung des Subjektes, das im Kollektiv der Klasse untergeht (einseitige Partizipation).

eher kollektiv orientierte Schulwelt integriert wird, kann in seiner Bedeutung für die persönliche Entwicklung, aber auch für die Lernmotivation der Schüler nicht hoch genug eingeschätzt werden.

7.6.2 Ansehen als Erbarmen

Das zweite Moment des Ansehens ist das Erbarmen. Erbarmen lernen, das bedeutet, seine Empathiefähigkeit auszubilden. Dass Empathie und Erbarmen lernbar sind, zeigt die Entdeckung der Spiegelneuronen. Vielen Schülern heute ist vor allem die leibliche Seite des Erbarmens verschlossen. Damit erbarmendes Ansehen wieder ge- oder erspürt werden kann, ist es hilfreich, Körperwahrnehmungsübungen in den Unterricht mit einzubeziehen. Werden an einer Schule die Diakonieprojekte fächerübergreifend durchgeführt, lohnt sich dazu die Kooperation mit dem Sport-, mit dem Kunst- und dem Musikunterricht. Ein religionspädagogischer Ansatz, der – ohne dies vielleicht so zu benennen – schon seit langem gute Erfahrungen mit emotions- und körperbezogenem Arbeiten macht, ist die biblische Didaktik von Ingo Baldermann.[544] Seine Methode, mit den meist körperbezogenen und existentiellen Bildern der Bibel, vor allem der Psalmen zu arbeiten, öffnet Zugänge zu den Gefühlswelten der Schüler und geht mit den Schülern den biblischen Weg von der Klage zur Hoffnung, von der Angst- und Todeserfahrung zur Auferstehungsfreude. Dabei werden negative Gefühle eben nicht umgangen oder ausgespart, sondern ernst genommen und aufgenommen. Nicht nur biblische Rollenspiele, wie sie Baldermann ebenfalls als Methode vorschlägt, sondern auch Rollenspiele, die aus der diakonischen Lebenswirklichkeit gegriffen sind, werden dazu verhelfen, sich in andere Menschen einzufühlen. Hierbei gilt es, die oben dargestellte Fähigkeit der Schüler hinsichtlich der Perspektivübernahme zu beachten.[545] Auch das Erzählen oder Bearbeiten von Identifikationsgeschichten kann die Empathiefähigkeit schulen. Dabei ist, wie Jörg Thierfelder zu Recht bemerkt, darauf zu achten, dass es sich bei Identifikationsgeschichten nicht um »Heiligenlegenden« handeln darf, die den Schülern wenig Ansatzpunkte zur Identifikation geben, da die »Vorbilder« zu perfekt und unerreichbar gestaltet sind. Er rät davon ab, »immer nur die sehr bekannten Gestalten der Diakoniegeschichte wie Wichern, Fliedner und v. Bodelschwingh« zu behandeln. Solche Heiligenlegenden gerieten in der Regel historisch zu unkritisch. Darüber hinaus würden vor allem weibliche Vorbilder vernachlässigt, den Schülerinnen also wichtige Identifikationsfiguren genommen. Besser eigneten sich regionale Gestalten.[546] Auch die Praxisanleiter können zu wichtigen Vorbildern werden.

---

544 Vgl. Baldermann 1996 und Baldermann 1994. In den beiden Bänden finden sich nicht nur der große didaktische Bogen Baldermanns, sondern auch instruktive Methoden.

545 S. o. zur Entwicklung des sozialen Verstehens nach Robert L. Selman, S. 173 ff.

546 Vgl. dazu ausführlicher den sehr instruktiven Aufsatz von Thierfelder 2000.

Darüber hinaus ist das empathische Ansehen der Lehrer und der Praxisanleiter für das Lernen wichtig. Das gilt noch einmal mehr für das diakonische Lernen, da ein Lehrer ohne Empathiefähigkeit die Vorbildhaftigkeit für sein Fach verlöre. Damit die Empathie nicht irregeleitet wird, damit also nicht falsche Empathiemuster beim Ansehen einrasten, ist es wichtig, dass der Lehrer ein Gefühl (sic!) für den Entwicklungsstand bez. des sozialen Verstehens und des moralischen Denkens und Fühlens der Schüler bekommt. Sonst droht er »emotionalen Missverständnissen« zu erliegen, die den Lernprozess nachhaltig behindern können, weil sich einerseits die Schüler missverstanden fühlen und weil andererseits dem Lehrer die Wertschätzung der Schüleremotionen schwerfallen könnte, da die Emotionen nicht seinen emotionalen bzw. moralischen Standards entsprechen.

7.6.3 Ansehen als liebendes Sehen

Die Liebe ist von herausgehobener Bedeutung für eine diakonische Bildung, das hat Heinz Schmidt gezeigt.[547] Sie integriert stetige und unstetige Formen der Bildung. Und sie ist diejenige Kraft, die die Empathie in ein Handeln verwandeln wird, die den Schritt von der Empathie zur Intimität wagt. Wer liebend sieht, der sieht mit der Logik der Gabe und Überfülle.[548] Dadurch wird er über die Alltagslogik von Entsprechung und gerechter Verteilung hinausgehen, sie kreativ und dabei integrierend transzendieren.

Ansehen lernen heißt lieben lernen. Anders als beim zuwendenden und beim empathischen Moment des Ansehens, die zumindest teilweise, in ihrem technisch-methodischen Anteil, auch operationalisierbar sind, ist das Moment der Liebe nicht überprüfbar. Sie ist vielmehr ein Ideal, allem Ansehen und aller Bildung immer aufgetragen, nie vollständig einholbar, gleichwohl das Ansehen und die Bildung in ihrem Kern verändernd und prägend! Da Liebe immer auch Gabe ist, lässt sie sich also nicht unterrichtlich erzwingen. Sie lässt sich erhoffen, vorbereiten, vorleben und verschenken, aber nicht einfordern und abprüfen.

---

547 S. o. S. 35 f.

548 Nach Paul Ricœur hat Liebe eine eigene Logik, die Logik der Gabe und Überfülle. Liebe geht über die Entsprechung und gerechte Verteilung der Alltags- bzw. Gerechtigkeitslogik hinaus, steht ihr dialektisch gegenüber und fordert aus ihrer Logik der Überfülle heraus Nicht-Entsprechung. Vgl. Ricœur 1990 und dessen Aufnahme bei Albert, Anika Christina: Die goldene Regel der Bergpredigt und der Kategorische Imperativ Immanuel Kants. Zwei Typen ethischer Regeln, in: Eurich, Johannes (Hg.): Diakonische Orientierungen in Praxis und Bildungsprozessen, DWI-Info 37, Heidelberg 2005, S. 18; dies.: Helfen als Gabe und Gegenseitigkeit: Perspektiven einer Theologie des Helfens im interdisziplinären Diskurs, Heidelberg 2010, S. 336 ff.; und Schmidt 2003, S. 33. Ausführlicher, S. o. S. 38 f.

7.6.4 Ansehen als tiefenscharfe Wahrnehmung

Bereits das intuitive Ansehen hat tiefenscharfes Sehen zum Ziel. Neurobiologisch ist das leicht zu begründen. Die neuronalen Netzwerke funktionieren wesentlich schneller, verarbeiten wesentlich mehr Informationen und prüfen ungleich mehr Optionen gleichzeitig, als uns das bewusst möglich ist. Aber auch das tiefenscharfe, unbewusste Sehen muss geschult werden. Mein Vorschlag, wie das tiefenscharfe Ansehen geschult werden könne, nimmt die oben dargestellten Beobachtungen im Bereich von Bildung und Kultur auf. Bildung und Kultur sind in polaren Spannungsfeldern zu beschreiben. Und genau diese Spannungsfelder für das Ansehen fruchtbar zu machen, darum muss es gehen. Damit wird das liebende Ansehen, das den Menschen bereits in seinen Spannungsfeldern wahrnimmt, zu einem genaueren, tiefenscharfen Ansehen herausfordern. Dieses tiefenscharfe Ansehen genügt – anders als das liebende – wieder den Anforderungen von Methode und Operationalisierbarkeit.

Nun bedarf es zum Analysieren der jeweiligen diakonischen Praxisorte oder Situationen, zum Ansehen der Menschen mit Hilfe dieser polaren Heuristik der bewussten Auseinandersetzung, der bewussten Reflexion. Dieses Analyseinstrument gehört also eher in den Bereich des Deutens. Gleichwohl ist es wichtig, auch bereits die Wahrnehmung nach dieser polaren Heuristik zu rastern, eben von vornherein die vorfindliche Wirklichkeit nach diesem Muster anzusehen. Der pädagogische Weg wird hier von der bewussten Analyse ausgehen, um von dort aus zum unbewussten Ansehen zu kommen – vergleichbar etwa mit dem Erlernen einer Fremdsprache, bei dem über das bewusste Anwenden der Sprachgesetze, der Grammatikregeln der Weg zum nach und nach »automatischen« Sprechen führt, bei dem ich nicht mehr über die Regeln nachdenke, sondern sie unbewusst anwende und zur Verfügung habe. Ziel ist also die Aneignung eines intuitiven Beobachtungsrasters, einer intuitiven Heuristik, die schon im ersten Ansehen in die Tiefe sieht.

Worin liegt die Tiefe in dieser polaren Heuristik? Zum Ersten liegt sie darin, dass sie die Möglichkeit eröffnet, die Menschen, für die in der Diakonie gearbeitet wird, immer in ihrer Gottesbeziehung wahrzunehmen – im Spannungsfeld von geschenkter und aufgegebener Gottebenbildlichkeit, von Heilung und Heilsbedürftigkeit, von Inspiration und Hybris. Auch die (diakonische) Kultur dieser Menschen bzw. um diese Menschen kann in ihrer vertikalen Spannung angesehen werden, wodurch diese Menschen tiefer in ihrer Bedürftigkeit, aber auch in ihrem Charisma verstanden werden können. Zum Zweiten liegt die Tiefe darin, dass die Menschen in ihren horizontalen Spannungsfeldern angesehen werden: Wie viel *Freiheit* haben sie oder nehmen sie sich – und wo sind sie *abhängig* von anderen, von Strukturen, von Zwängen? Welche Rolle spielt dabei die (diakonische) Kultur? Hier ist beispielsweise an die strengen Zeitraster in vielen Altenheimen zu denken, in denen alte Menschen, noch schlaftrunken von den Medikamenten, morgens zur Unzeit aus ihren Betten gezerrt werden – mit dem Argument, dass sonst der Arbeitsrhythmus der Einrichtung nicht reibungslos eingehalten werden könne. Von der so wichtigen körperlichen Zuwendung beim morgendlichen Waschen und Ankleiden bekommen sie oftmals gar nichts mit.

Andererseits erschließen solche Häuser den alten Menschen neue Freiräume, beispielsweise Räume für Kommunikation, die sie allein zu Hause nicht hätten, oder Räume im eigentlichen Sinn, die sie ohne fremde Hilfe nicht betreten könnten. Die Frage aber bleibt, wie frei die Menschen in den Einrichtungen wirklich sind bzw. bleiben, um diese Freiräume auch zu nutzen. Noch dramatischer wird die Frage nach Freiheit und Abhängigkeit, wenn wir uns die problematische Kultur geschlossener Anstalten ansehen.

Auch auf das zweite horizontale Spannungsverhältnis, Individuation und Partizipation, ist das tiefenscharfe Ansehen gerichtet. Es sieht danach, welche Möglichkeiten der Partizipation der Mensch hat und welche ihm verschlossen sind. Es sieht und fragt welche positiven Möglichkeiten der Individualisation der Mensch hat oder ob ihn die Individualisation in die Vereinzelung oder Exzentrik treibt. Und es betrachtet die Kultur in diesem Spannungsfeld.

Schließlich kommt auch die dritte horizontale Polarität von Dynamik und Form in den Blick. Welche Entwicklungsmöglichkeiten hat der Mensch, den ich mir ansehe – und welche Lebensformen hat er für sich gefunden bzw. muss er leben? Welche davon sind heilsam, welche bilden ein Korsett? Wo braucht eine Kultur heilsame Dynamik, wo Form? Wo schützt beispielsweise die Sozialgesetzgebung die Menschen – und wo müssten Rechte an die Bedürfnisse und Bedarfe der Menschen angeglichen werden?

Auch für den Lehrer ist dieses tiefenscharfe Wahrnehmen wichtig. Er muss beides ansehen, den einzelnen Schüler mit seinen jeweiligen Besonderheiten und die Klasse als ganze – also den einzelnen (Individualisation) in seiner Bezogenheit (Partizipation) auf die Klasse, auf die Schule, auf die Praxiseinsatzorte. Er muss seine Schüler auf die Polarität von Freiheit und Bedingtheit hin ansehen: Welche Freiräume sind für seine Schüler wichtig, wo müssen Grenzen gesetzt, Lernwege vorgezeichnet werden? Welche Freiräume wird er sich als Lehrer nehmen, an welche Vorgaben ist er gebunden? Welche Formen nimmt er in der Klasse wahr – Umgangsformen, Lernformen, Glaubensformen etc.? Und welche Dynamiken sieht er – beispielsweise Veränderungen im Sozialverhalten der Klasse oder bei Einzelnen?

Der Weg hin zu einem solchen intuitiven Ansehen führt, wie bereits gesagt, über das bewusste Deuten, weshalb dort der Umgang mit den Polaritäten noch einmal ausführlicher behandelt werden soll.[549]

---

[549] Das tiefenscharfe Ansehen ist damit der Übergang vom Ansehen zum Deuten und umgekehrt. Diese »unscharfen«, oder besser, verbindenden Übergänge werden in Abbildung 8 verdeutlicht. Den Übergang vom Deuten zum Handeln – so viel sei hier vorweggenommen – stellt das Erwägen von Handlungsoptionen und die Kommunikation darüber dar. Den Übergang vom Handeln zum Ansehen bildet das Zuwenden. Vgl. dazu auch Tzscheetzsch, Werner; Wittmann, Petra: »Was soll ich dir tun?«. Diakonisches Lernen – (nicht nur) im Religionsunterricht, in: Entwurf 1/2009: Gustav Werner, Seelze 2009, S. 32–36. Tzscheetzsch und Wittmann stellen in diesem Aufsatz eine Unterrichtseinheit zur Wahrnehmungsschulung vor, die sich eben auf dieser Grenze zwischen Ansehen und Deuten, zwischen intuitiver und bewusster Wahrnehmung bewegt. Pate für diese Unterrichtseinheit steht die Bartimäuserzählung aus Mk 10,46-52.

7.7 Deuten und deuten lernen

Das *Deuten* ist das Moment, das Wahrnehmung und Handeln reflexiv miteinander verknüpft. Ohne solche reflexive Verknüpfung bliebe unser Handeln intuitiv und verlöre zum einen eine notwendige kritische Überprüfungsinstanz und zum anderen wichtige Lernchancen. Denn bewusstes Deuten wird, wenn es eng mit Wahrnehmung und Handeln verknüpft ist, die Intuition, also die spontanen Wahrnehmungsmuster verändern.

Der befreiungstheologische Dreischritt, von dem ich in meinen Überlegungen ursprünglich ausgegangen war, führt an dieser Stelle den Begriff des Urteilens. Darin schwingen die Momente des Beurteilens, der Einschätzung einer Situation mit. Auch bietet sich eine direkte Kompatibilität zur Entwicklung des moralischen Urteils nach Kohlberg geradezu an. Insbesondere die neuere Forschungsgeschichte hat aber – wie dargestellt – gezeigt, dass es auch im Bereich der Moral nicht nur um die Entwicklung eines Urteils bzw. einer Urteilsstruktur geht, sondern dass es sich dabei um komplexere Strukturen handelt (*multifacetted)*, die eben auch *care*-Motive etc. mit einbeziehen. *Deuten* ist daher weiter gefasst und impliziert eben auch die Reflexion, das Bewusstmachen der *tacit systems*, der *care*-Motive, der beteiligten Emotionen und Motivationen etc. Darüber hinaus schwingen beim Urteilen auch juridische Konnotationen mit. Dies ist im Bereich diakonischer Bildung bedingt sinnvoll, insofern es in der Diakonie sehr häufig auch um rechtliche Strukturen geht. Allerdings ist die Diakonie weniger durch eine richterliche als durch ihre anwaltliche Funktion bestimmt. Ein Anwalt aber vertritt die ihm anvertrauten Menschen, indem er Situation und Recht auslegt, indem er stellvertretend anklagt oder verteidigt. Er urteilt und verurteilt aber nicht. Die beschriebenen Bedeutungsmomente des »Urteilens« gilt es zu integrieren. Vor dem Hintergrund unseres Bildungs- und vor allem Kulturbegriffs aber wären diese allein defizitär. Zum Urteilen muss ein gestalterisches Moment hinzukommen.[550] Es geht nicht nur darum, nach fertigen Denkmustern zu urteilen, sondern es geht darum ggf. neue Denk-, Verstehens-, und Deutemuster zu bilden. Dies ist idealerweise ein kommunikativer Prozess. Der Begriff des *Deutens* nimmt die fruchtbaren Momente des Urteilens auf. Mit *vorhandenen* Denkstrukturen, Deutemustern wird Wirklichkeit gedeutet, ausgelegt. *Deuten* geht aber darüber hinaus, sucht nach *neuen* Deutestrukturen, *konstruiert*, schafft selbst Bedeutung und nimmt damit nicht nur das formale, sondern auch das dynamische Element von Kultur gestaltend auf. Das Deuten hat zur Aufgabe, eine Kultur, der es an diakonischen Einsichten, Auslegungen und Engagement mangelt, auf eine diakonische Kultur hin zu verändern.

---

[550] Es fällt dem aufmerksamen Beobachter natürlich sofort auf, dass auch Urteile Wirklichkeit gestalten und schaffen, je nach Urteil sogar neu erschließen und entwerfen. Gleichwohl kann das Deuten hinsichtlich seiner kreativen und konstruktiven Freiheit doch signifikant von der Gestaltungskraft des juridischen Urteilens abgehoben werden.

Damit ist der Begriff des *Deutens* auch besser geeignet als der Begriff der Reflexion, der – schon dem ursprünglichen Wortsinn nach – rückwärtsgewandt, geradezu passiv, nach- im Sinne von hinterher-denkend missverstanden werden kann. Es fehlt dem Begriff der Reflexion genauso wie dem Begriff des Urteilens der deutliche Bezug zur Kreativität, zum Gestalten und Verwandeln von Wirklichkeit. Umgekehrt wäre der Begriff des Gestaltens zu nahe am Begriff des Handelns. Die reflexiven Bedeutungsmomente blieben genauso wie die kommunikativen und damit kulturorientierten zu sehr im Hintergrund.

Auch der mittlere Schritt des ästhetischen Urteils, den Weyer-Menkhoff im Anschluss an Kant ins Gespräch brachte, könnte sich als Beschreibung unseres mittleren Schritts eignen: Als Poiesis bezeichnet Weyer-Menkhoff den reflexiven Prozess, das freie Spiel zwischen »Reproduktion der Vorstellung, also einer Funktion des objektiven Verstandes, mit der Produktion der Einbildungskraft, einer Funktion des Subjektes«.[551] Reflexion und Gestaltung wären also beieinander und aufeinander bezogen. Die Poiesis verbleibt aber – das wurde bereits gezeigt – zu sehr dem ästhetischen Prozess nach Kant verhaftet. Das spielerische Element, das die Stärke des leichtfüßigen Transzendierens vorgegebener Ordnungen und Denkmuster in sich trägt, bedarf aber auch des lebensernstlichen Komplements, wenn es den Anforderungen diakonischer Bildung gerecht werden will. Schließlich bedeutet Poiesis im ursprünglichen griechischen Wortsinn »Handeln« und ist daher zu missverständlich in unserem Kontext. Das *Deuten* integriert den ästhetischen Aspekt der Poiesis, ist aber weiter gefasst. Das *Deuten* kennt den spielerischen genauso wie den lebensernstlichen Umgang mit dem, was die Wahrnehmung, das Ansehen, zur Verfügung stellt. Im Gegensatz zur Poiesis ist das Deuten nicht ebenso trennscharf abzugrenzen. Da das Deuten durchaus die Kommunikation mit anderen (in der Klasse, mit dem Lehrer etc.) mit einschließt, wird die Grenze zum Handeln fließend. Der fließende Übergang betont aber – positiv gewendet – noch einmal die enge Verwobenheit der drei Schritte des diakonischen Zirkels.

Wie nun gestaltet sich der Prozess des *Deutens* im Rahmen des diakonischen Dreischrittes, im Rahmen diakonischer Bildung und diakonischen Lernens an der Schule? Wiederum ist zwischen den Subjekten des Deutens zu unterscheiden. Im Zentrum stehen als Subjekte zum einen die Schülerinnen und Schüler, die ihr Deuten erlernen und erweitern sollen, zum anderen die Lehrer, die neben der diakonischen Aufgabe auch die Schüler reflektieren sollen. Auch das Deuten der Praxisanleiter gehört in den didaktischen Prozess mit hinein. Zum einen wird es sich durch die Begegnung mit den Praktikanten verändern. Zum andern hat es großen Einfluss auf das Deuten der Schüler, die sich mit den begegnenden Deutungen der Praxisanleiter, also mit den kommunizierten handlungsleitenden Motiven, Entscheidungen, Einstellungen etc. in Gesprächen mit den Praxisanleitern, in eigener Reflexion und im Unterricht auseinandersetzen.

---

551 Weyer-Menkhoff 1999, S. 365.

7.7.1 Deuten und deuten lernen der Schüler

Grundlegend für das intuitive, empathische Ansehen – das sei hier noch einmal wiederholt – ist die Fähigkeit, die Perspektive des Gegenübers einnehmen zu können (nach Flavell Niveau 1, nach Selman Niveau 1). Für das bewusste Deuten ist darüber hinaus mittelfristig mindestens Selmans Niveau 3 erstrebenswert, das dem Deuten der Schüler die Möglichkeit der Metaebene gibt, es den Schülern also erlaubt, die Beziehungen, die Konstruktionen und Kommunikationen gleichsam von außen anzusehen. Dieses Niveau kann nicht in jedem Alter vorausgesetzt werden. Für das Deuten des Lehrers ist es darum wichtig, die Entwicklung der Schüler zu beobachten und zu reflektieren, um ihre Wahrnehmungs- und Deutungsmöglichkeiten angemessen fördern zu können.[552]

Bei der Analyse der von den Schülern erlebten Praxis handelt es sich letztlich um die Analyse diakonischer Kultur. Die Strukturpolaritäten von Kultur eignen sich darum hervorragend dafür, um eine diakonische Kultur nicht nur zu beschreiben und bewusst zu erfassen, sondern sie auch zu analysieren, zu beurteilen und ggf. neu zu konstruieren. Es geht also, anders als beim *Ansehen,* nicht nur um die intuitive verortende Wahrnehmung der diakonischen Kultur am Praxisort innerhalb der Polaritäten. Es geht auch nicht nur um das bewusste Nachzeichnen und Verorten der diakonischen Kultur innerhalb der Polaritäten, sondern darüber hinaus auch um die weiterführende Reflexion und den weiterführenden Austausch darüber, wie eine ausgewogenere Kultur ggf. erhalten werden könne oder ob etwas geändert werden müsse, welche Gestaltungsspielräume genutzt werden könnten und welche Grenzen es gäbe.

7.7.1.1 Deuten 1: Das Ansehen mit Hilfe der Strukturpolaritäten deuten

In einem *ersten Schritt* sollen sich die Schüler daher ihre intuitive Wahrnehmung, ihr *Ansehen* bewusstmachen, d. h. eine bewusste Verortung der diakonischen Situation innerhalb der dargestellten Polaritäten vornehmen. Dies kann und muss methodisch vielfältig geschehen – es eignen sich dazu das Ausfüllen von Wahrnehmungsbögen, auf denen sich entsprechende Leitfragen finden. Möglich sind Aufstellungsspiele oder Tafelbilder, bei denen sich die Schüler innerhalb von vorgegebenen Polaritäten verorten können, z. B. »In meiner Einrichtung begegnen die Menschen einander mit Achtung und Wertschätzung« contra »In meiner Einrichtung müssen die Mitarbeiter arbeiten wie Maschinen/müssen die Menschen funktionieren wie Maschinen«. Im anschließenden Gespräch können die Wahrnehmungen verfeinert dargestellt und gemeinsam in ihrer Reichweite begriffen werden. Eine gute methodische Chance liegt auch in Rollenspielen, in denen verschiedene Meinungen zu einem diakonischen Feld vertreten werden oder in denen erlebte Situationen nachgestellt, neu eingespielt und kreativ verändert werden. Durch solch ein Rollenspiel werden automatisch andere Perspektiven eingenommen, was der

[552] Ausführlich dazu oben, Kap. 7.3.

Einordnung und Verfeinerung der eigenen Wahrnehmung dient. Das kreative Schreiben von Visionen und »Horror«-Visionen für die eigene Einrichtung könnte ebenfalls der bewussten Wahrnehmung der Polaritäten dienen, wobei hier bereits erste Gestaltungsimpulse verarbeitet würden. Da es hier jedoch nicht um eine Entfaltung der Methoden, sondern die Grundlegung einer Didaktik geht, will ich das Wahrnehmungsanliegen in einer Reihe von Fragen formulieren, die dann die Lehrer in der konkreten Situation in die jeweilige Methode einfließen lassen müssen.

Im Folgenden stelle ich einige Leitfragen bzw. einige konkrete Fragen zusammen. Den wichtigsten Bereich für die Wahrnehmung stellt das jeweilige diakonische Feld dar, in dem die Schüler jeweils ihr Praktikum leisten. Das erste Frageraster (Schülerbogen 1) bezieht sich also auf die Wahrnehmung im Rahmen und Umfeld des Praktikums.[553] Die Fragen sind hier natürlich notwendig noch recht allgemein gehalten und müssen bzw. können auf das jeweilige diakonische Feld angepasst und erweitert werden. Die Fragen sind bei beiden Bögen noch nicht auf das jeweilige Niveau sozialen Verstehens bzw. moralischen Urteilens hin formuliert. Das heißt, sie müssen altersgemäß angepasst bzw. reduziert werden. Nicht jede dieser Fragen lässt sich in jeder Schulart und Klassenstufe sinnvoll stellen. Eine differenzierte Darstellung nach Alter bzw. Verstehensniveau ist jedoch hier aus Gründen der Übersichtlichkeit nicht sinnvoll. Um die einzelnen Fragen in den Kontext dieser Arbeit zu vernetzen, habe ich zusätzliche Angaben kursiv und in Klammern gemacht, die für einen »realen« Schüler-Wahrnehmungs-Bogen nicht geeignet sind. Diese müssten also beim Anpassen des Bogens auf die jeweilige Klasse gestrichen werden. Auch die zur besseren Übersicht notierten Polaritäten können nur dann verwendet werden, wenn sie (insbesondere in der Oberstufe) eingeführt sind. Im Bereich der ersten Polarität aus Individualisation und Partizipation können die Erkenntnisse von Hanisch und Toaspern hinsichtlich des *situated learnings*, vor allem des Modells von *legitimate peripheral participation* aufgenommen werden, so dass sich im Fragebogen dazu einige Fragen finden.[554] Die Fragen, die die vertikale Polarität bewusstmachen sollen, sind für den diakonischen Kontext besonders wichtig.

Da die Schüler als Beobachter auch teilhaben am Beobachteten, ist es wichtig, auch ihre Selbstwahrnehmung zu aktivieren.[555] So finden bei den Fragen zur Wahrnehmung der Einrichtung immer auch Fragen zur Wahrnehmung der eigenen Person in ihrer Haltung zur beobachteten Kultur, in ihrer Vernetzung mit ihr und in ihrer Abgrenzung von ihr.

---

553 Der Schülerbogen 1 findet sich unten auf S. 224 f.

554 S. o. Kapitel 2.2, S. 20 ff.

555 Damit entspreche ich der Forderung nach Persönlichkeitsbildung bei Hanisch und Kollegen. Z. B. Gramzow 2010, S. 562.

Der zweite Wahrnehmungsbereich, den es sich lohnt abzufragen, ist die Schule. Diese Fragen sind im Schülerbogen 2 zusammengestellt.[556] Hier ist von großer Bedeutung, wie tief das diakonische Projekt in der Schulidentität verankert ist, bzw. wie sehr es von Schule und Kollegen mitgetragen wird. Je besser das Projekt kommuniziert ist und mitgetragen wird, desto größer sind die Chancen auf einen positiven Effekt des Deutens der Schüler auf die Schulkultur. An Schulen in nicht kirchlicher Trägerschaft muss sehr genau erwogen werden, wie und für welchen Bereich an der Schule die Fragen der vertikalen Polarität eingesetzt werden. Die Frage nach der von Gott verliehenen Würde bietet beispielsweise im Kontext des Umgangs mit Noten und Notengebung erheblichen Zündstoff.

[556] S. u. S. 226.

<table>
<tr><th colspan="2">Schülerbogen 1: Fragen zur Wahrnehmung des diakonischen Feldes/Praktikumsortes</th></tr>
<tr><td>Individualisation / Partizipation</td><td>
<ul>
<li>Welche Möglichkeiten stellt die Einrichtung bereit, dass die Menschen darin ihr Leben nach ihren eigenen, persönlichen Bedürfnissen gestalten können?</li>
<li>Gibt es private Räume und Zeiten? Gibt es Rückzugsmöglichkeiten? Welche?</li>
<li>Welche Möglichkeiten der Mitbestimmung, der Gestaltung innerhalb der Einrichtung haben die Betreuten / Klienten / Mitarbeiter?</li>
<li>Welche Zugänge haben die Betreuten / Klienten
<ul>
<li>zu Bildung, zu politischen Vorgängen und Entscheidungen der politischen Gemeinde, des Landes und des Staates,</li>
<li>zu kulturellen Ereignissen in der Einrichtung, in der politischen Gemeinde,</li>
<li>zu kirchlichen Angeboten,</li>
<li>zu finanziellem Wohlstand,</li>
<li>zu gesundheitlicher Versorgung etc.?</li>
</ul></li>
<li>Welche räumlichen oder zeitlichen Gegebenheiten unterstützen Kommunikation, Austausch, Begegnung, und welche hindern? Gibt es Abläufe oder Strukturen, die Gespräch und Begegnung fördern?</li>
<li>Welchen Stand, welche Funktion, welche Rolle hast du im Team der Mitarbeiter der diakonischen Einrichtung? (legitimate peripheral participation)</li>
<li>Wie viel Raum hast du für selbständiges Arbeiten? (legitimate peripheral participation)</li>
<li>Wie viel Einsicht genießt du in die Arbeitsabläufe, in die Entscheidungshintergründe, in die Gemeinschaft? (legitimate peripheral participation)</li>
</ul></td></tr>
<tr><td>Dynamik / Form</td><td>
<ul>
<li>Beschreibe, in welchen Formen deine Einrichtung ihre Aufgabe erfüllt:
<ul>
<li>Gebäude, Räume, Raumaufteilung</li>
<li>Organisationsformen (z. B.: Gibt es eine Hierarchie oder arbeitet ihr im Team? Handelt es sich bei der Einrichtung um einen Verein, eine GmbH, oder ...? Gehört die Einrichtung zu einem größeren Träger, [Diakonie, Caritas etc.]?)</li>
<li>Arbeiten die Mitarbeiter ehrenamtlich oder hauptamtlich?</li>
<li>Welche fest geformten bzw. vorgegebenen Abläufe gibt es?</li>
<li>Welche Traditionen kennst du?</li>
<li>Welche Veranstaltungsformen gibt es (Mahlzeiten, Gottesdienste, Andachten, Beschäftigung, Therapien etc.)?</li>
<li>Gibt es eingefahrene / festgefahrene Muster und Abläufe? Welche?</li>
<li>Gibt es Bereiche, die noch nicht vorgegeben und vorstrukturiert sind, in denen Raum für Spontaneität, für Neues und für Veränderung ist? Welche?</li>
</ul></li>
<li>Welche dieser Formen erfüllen ihren Zweck und dienen dem Auftrag der Einrichtung?</li>
<li>Welche dieser Formen behindern die diakonische Arbeit?</li>
<li>In welchen Veränderungen / Veränderungsprozessen befand oder befindet sich die Einrichtung?</li>
<li>Welche Möglichkeiten gibt es für Mitarbeiter, Klienten, Praktikanten, auf Traditionen verändernd einzuwirken?</li>
<li>Welche Möglichkeiten hast du?</li>
<li>Wie ist der gesetzliche Rahmen für die Einrichtung bestimmt? Und wie wird er umgesetzt?</li>
<li>Welche Entwicklung / Dynamik ist von der Gesetzgebung her gewollt?</li>
<li>Welche Entwicklung würdest du fördern? Welche Gesetze wären dafür nötig, müssten verändert oder abgeschafft werden?</li>
</ul></td></tr>
</table>

Schülerbogen 1: Fragen zur Wahrnehmung des diakonischen Feldes/Praktikumsortes	
Freiheit / Bedingtheit	• Wie sieht der Tagesablauf in deiner Einrichtung / für die Menschen in deiner Einrichtung aus? Fertige einen Stundenplan an. • Wie sieht der Ablauf einer Woche aus? Fertige einen Wochenplan an. • Welche Spielräume lässt der zeitliche Ablauf in der Einrichtung und wo schränkt er die Menschen (die betreuten Menschen / Mitarbeitenden) ein? • Welche Freiräume eröffnen die räumlichen Gegebenheiten und wo schränken sie die Freiheit der Menschen ein? (Schließzeiten, geschlossene und offene Türen, Erreichbarkeit durch öffentliche Verkehrsmittel, Nähe / Distanz zur Stadt, zum Ortskern, Einkaufsmöglichkeiten, bei Altenheimen: fußläufige Erreichbarkeit von Einkaufsmöglichkeiten, Ärzten, Kirche, Menschen, Ämtern etc.) • Welche Freiheit verschafft die Einrichtungen den Betroffenen, wo engt sie ein? Bsp. 1: betreutes Wohnen: weitgehend selbständige Lebensführung, Befreiung von der Last der Pflege eines zu großen Haushaltes; Bsp. 2: Öffnungszeiten und Arbeitszeiten im Kindergarten. • Welche Freiräume / Grenzen setzt der gesetzliche Kontext? Bsp.1: Pflegeversicherung ermöglicht Pflege zu Hause auch für finanziell schwächer gestellte Menschen; Bsp. 2: Gebe ich meine Freiheit, meine Souveränität, über medizinische Maßnahmen zu entscheiden, an der Tür zum Krankenhaus ab? • Welche Spielräume und welche Grenzen setzt der finanzielle Kontext - des Individuums, der Einrichtung, des sozialen Sicherungssystems? Bsp.: »Altersheim« oder »Seniorenstift«? • Wie sieht dein Tagesablauf aus? Wo engt dich deine Arbeit ein? Welche Freiräume hast du?
Vertikale Polarität	• Wie ist der Mensch in seiner Beziehung zu Gott und den Menschen angesprochen? • Werden die Menschen in ihrer Würde wahrgenommen? Wie? Wie wirkt das auf dich? (*schöpfungstheologische Dimension*) • Wie begründet die Einrichtung ihren diakonischen Auftrag? Und wie gestaltet sie ihn? Und du? (*christologische Dimension*) • Woher nehmen die Menschen, die in der Einrichtung arbeiten, ihre Kraft, Motivation und Inspiration? Woher nehmen das die Menschen, die in der Einrichtung leben? Und du? Wo sind Inspirations- und Kraftquellen (Gottesdienste, Ruheräume, kulturelle Angebote, Gebet etc.)? (*pneumatologische Dimension*)

Schülerbogen 2: Fragen zur Wahrnehmung der Schulkultur	
Individualisation / Partizipation	• Welche individuellen Angebote macht unsere Schule, die sich an den Wünschen und Bedürfnissen einzelner Schüler orientiert? (Förderangebote, AGs, Raum für Gespräche zwischen Lehrern und Schülern) • Gibt es Aktivitäten, Räume und Zeiten, die die Schüler selbst gestalten können / die du selbst gestalten kannst? Welche? • Welche Rückzugsmöglichkeiten kennst du? • Welche Möglichkeiten der Mitbestimmung, der Mitgestaltung haben die Schüler / Eltern / Lehrer an unserer Schule? • Wer hat die Möglichkeit, an unserer Schule zu lernen? • Haben Menschen mit Behinderung an unserer Schule zu allen Räumen und zu allen Angeboten Zugang? Welche Einschränkungen gibt es für sie? (Raumgestaltung, Treppen, Aufzüge, Gestaltung der Fachräume, Pausenräume etc.) • Wie nimmst du die Schul-Gemeinschaft wahr? Stell dir vor, die Schulgemeinschaft wäre ein Netz mit möglichst vielen Knotenpunkten. Die Knotenpunkte stehen für Möglichkeiten, sich zu begegnen, sich auszutauschen, voneinander zu lernen, einander zu unterstützen. Welche Knotenpunkte fallen dir ein? Innerhalb deiner Klasse, zwischen den Klassen, zwischen den Klassenstufen, zwischen Lehrern und Schülern?
Dynamik / Form	• Welche festgefügten Formen gibt es in der Schule / in der Klasse? (Schulzeiten, Stundenschemata, Feste, Gottesdienste, Rituale, Noten, Kurssystem etc.) • Gibt es Bereiche, die noch nicht vorgegeben und vorstrukturiert sind, in denen Raum für Spontaneität, für Neues und für Veränderung ist? Welche? • Welche der festgestellten Formen etc. erachtest du für sinnvoll, welche nicht (mehr)? Warum? • Welche der nicht vorgegebenen Bereiche erachtest du für sinnvoll, welche nicht? Warum? • In welchen Veränderungen / Veränderungsprozessen befand oder befindet sich die Schule? Wie beurteilst du sie?
Freiheit / Bedingtheit	• Welche Freiräume / Spielräume lässt der zeitliche Ablauf in unserer Schule und wo schränkt er Schüler und Lehrer ein? • Welche Freiräume eröffnen die räumlichen Gegebenheiten und wo schränken sie die Freiheit der Menschen ein? • Welche Freiräume / Grenzen setzt der gesetzliche Rahmen? (Bildungspläne, Schulpflicht etc.)
Vertikale Polarität	• Wie und wo sind Schülerinnen und Schüler in ihrer Beziehung zu Gott angesprochen? Wo werden sie auf ihren Glauben angesprochen bzw. gibt es Räume, den eigenen Glauben zu leben? • Wo bzw. wie werden die Schüler wertgeschätzt, ernst- und wahrgenommen – und wo nicht? (Schöpfungstheologische Dimension) • Wo nimmst du die Kultur deiner Schule als hilfreich und heilsam wahr? Wo ist sie auf dem Weg dahin? Konkret: Wie sieht die Fehlerkultur an der Schule aus? Wie wird mit Fehlern und Schwächen umgegangen? (christologische Dimension) • Wo bekommen Schülerinnen und Schüler an unserer Schule Ermutigung, Unterstützung, Inspiration? (pneumatologische Dimension)

7.7.1.2 Deuten 2: Rekonstruktion - Dekonstruktion - Konstruktion

In einem *zweiten Schritt* geht es um den reflexiv-konstruktiven Umgang mit den Wahrnehmungen. Hierfür ist der oben beschriebene Zirkel Reichs aus Konstruktion - Rekonstruktion - Dekonstruktion hilfreich. Die Schülerinnen und Schüler sollen ihre Wahrnehmungen zunächst begründend rekonstruieren.[557] Leitfragen dafür sind: Wie kommt es zur wahrgenommenen Situation bzw. zum wahrgenommenen Gleich- oder Ungleichgewicht in der jeweiligen Polarität (historisches Argument)? Wie wird die wahrgenommene Situation begründet bzw. wie kann sie begründet werden (kausales Argument)? Wie wird die wahrgenommene Situation biblisch bzw. theologisch begründet (theologisch-kausales Argument)?[558] Welche Konsequenzen hat das (konsekutives Argument)? Welche Interessen und Machtstrukturen stehen dahinter (dekonstruktivistisches Argument)? Für diese rekonstruktiven und dekonstruktiven Fragen ist es wichtig, eine möglichst breite Perspektivität einzufordern. Es gibt selten nur eine Begründung für eine Situation, selten nur eine Geschichte, sondern immer verschiedene Perspektiven auf die Gründe und Zusammenhänge, die es zu rekonstruieren bzw. zu dekonstruieren gilt. Diese Forderung der Perspektivität folgt notwendig aus dem oben dargestellten pluralistischen bzw. konstruktivistischen Kulturverständnis, aber auch aus der Polarität von Individualisation und Partizipation. Die Beachtung solch einer Multiperspektivität genügt auch den Erkenntnissen konstruktivistischer Didaktik, die gegen das gewöhnlich vorherrschende Elementarisierungsparadigma nicht von vereinfachten, sondern gerade von komplexen Lernumgebungen erwartet, dass sie die Schüler herausfordernd motivieren.[559] Mit Reich müssen daher die oben gestellten Fragen perspektivisch umformuliert werden: »Eine konstruktivistische Didaktik wird unter der Perspektive der Rekonstruktion ihre Teilnehmer anders fragen lassen: ›Wer hat es damals so und wer hat es anders gesehen? Welche Handlungsmöglichkeiten haben Beobachter damals festgestellt und welche fallen uns hierzu ein? Was veranlasst wissenschaftliche Beobachter der Gegenwart dazu, ein Ereignis kausal so zu bestimmen, dass es notwendig erscheint? Welche unterschiedlichen Experten kommen zu welcher Aussage und wie stehen sie dazu?‹«[560] Methodisch eignet sich - vor allem in der Oberstufe - für diesen Schritt der Perspektivenwahrnehmung das *landscape-criss-crossing*, das Heinz Schmidt erstmals für das diakonische Lernen fruchtbar gemacht hat: »Die Lernenden werden beispielsweise aufgefordert, sich als Vertreter unterschiedlicher Positionen mündlich oder schriftlich zu profilieren, für bestimmte Interessengruppen aufzutreten bzw. in die Rolle

---

[557] Vgl. zu den folgenden drei Unterschritten Rekonstruktion, Dekonstruktion und Konstruktion Reich 2000 und oben, S. 201 f.

[558] Mit dieser Frage wird das Desiderat nach biblisch-theologischer Fundierung diakonischen Lernens von Hanisch und Kollegen aufgegriffen. S. o. S. 21.

[559] Vgl. Schmidt 2007, S. 115.

[560] Reich 2008, S. 140.

von Mitarbeitern, Geschäftsführung oder Klienten zu schlüpfen.«[561] Bezüglich der Rekonstruktion biblischer Zugänge ist es ebenfalls wichtig, die Multiperspektivität sowohl innerhalb der biblischen Erzählungen und Traditionen als auch außerhalb, also in der Rezeption und Rezeptionsgeschichte biblischer Texte zu nutzen. Standbilder, Spielszenen, Umschreiben der Erzählungen aus der Perspektive der Akteure oder verschiedener Rezipienten sind nur einige Methoden, um diese Perspektivität zu nutzen.[562]

Von solchem rekonstruierenden und dekonstruierenden *Deuten* kann nun zur Konstruktion fortgeschritten werden. Die Aufgabe kann mit folgenden Fragen umrissen werden: Welche historischen Argumente werden zu Recht angeführt, und welche anderen historischen Argumente müssten in Betracht gezogen werden (konstruktiv-historisches Argument)? Welche Begründungen für die Situation sind zutreffend, und wo müssten sie ersetzt, erweitert, korrigiert, verfeinert werden (konstruktiv-kausales Argument)? Und vor allem: Wie müsste die »Situation« nach diesen veränderten Begründungen aussehen? Welche theologische bzw. biblische Argumentation wurde übersehen, müsste ergänzt werden, zutreffender gebraucht werden (konstruktiv-theologisches Argument)? Welches Setting, welche Struktur, welche gesetzlichen Bestimmungen würden diesen theologischen Gründen entsprechen? Wie könnten Interessen angemessen und transparent vertreten, transparente und angemessene Machtstrukturen verwirklicht werden?

7.7.1.3 Deuten 3: Handlungsoptionen erwägen

In einem *dritten Schritt* schließlich sollen Handlungsoptionen erwogen werden. Dazu zählen zunächst natürlich Handlungsoptionen für die konkreten Aufgaben und Arbeiten sowie für die emotionalen Anforderungen (Konflikte, emotionale Verarbeitung der neuen Erfahrungen) innerhalb des Praktikums. Ebenfalls konkret ist das Prüfen der Handlungsoptionen in Bezug auf die eigene Klasse und Schule.

Methodisch eignet sich hierfür (wiederum wohl erst ab der Sekundarstufe 2) das *zielorientierte Coaching*. Beim Coaching wird das Gegenüber, in unserem Fall der Schüler, als selbständig und verantwortlich Entscheidender und Handelnder angesehen und wertgeschätzt, der lediglich durch Impulse und Fragen in der eigenen Entscheidungsfindung unterstützt wird. John Whitmore nennt ein Merkwort, das die vier wesentlichen Schritte des Coachings zusammenfasst: GROW.[563] G steht dabei für Goal, Zielfindung. In unserem Kontext

---

561 Schmidt 2007, S. 120.

562 Vgl. zur Methodik und zum Umgang mit biblischen Texten auch meine Überlegungen zur Zweistufenhermeneutik bei Mk und Joh. S.o. S. 62 f. Vgl. zur Perspektivität biblischer Texte Boës, Walter: Wirklichkeit neu ausleuchten. Alttestamentliche Texte predigen. In: Oeming, Manfred; Boës, Walter (Hg.): Alttestamentliche Wissenschaft und kirchliche Praxis, Berlin 2009, S. 113–123.

563 Whitmore, John: Coaching für die Praxis, Frankfurt a.M. 1994, S. 57 f.

bedeutet das, dass der Schüler mit Hilfe des Lehrers aus dem Schritt der Re-, De- und Konstruktion der Situation (Deuten 2) zunächst Ziele ableitet, die er verfolgen möchte. R steht für Reality. Es geht in diesem zweiten Schritt darum, die im Ansehen und im bisherigen Deuten erschlossene diakonische Wirklichkeit auf die zuvor festgestellten Ziele hin zu untersuchen. Der Lehrer fördert dieses In-Beziehung-Setzen von Zielen und Situation durch Fragen wie: »Was wurde konkret schon in diesem Zusammenhang unternommen?« oder »Was hindert bislang konkret an der Verwirklichung deines Zieles?«. O steht für Options, in unserem Kontext für die diakonischen Handlungsoptionen. Wichtig ist, dass der Lehrer in diesem dritten Schritt nicht Handlungsoptionen vorschlägt, sondern durch gutes Fragen die Schüler zum Entwerfen eigener Handlungsoptionen anregt. Durchführbarkeit und Situationsbezug müssen vom Lehrer immer wieder fragend eingeholt werden und führen zur Entscheidung für eine oder mehrere Optionen. W steht für Who/What/When. In diesem letzten Schritt werden die gewählten Handlungsoptionen operationalisiert. D. h. durch die Fragen, wer was wann tun müsse, damit ein Ziel erreicht werden kann, wird die bislang noch vage Option in handhabbare Teilschritte zerlegt. Diese Methode, die aus dem Bereich der Mitarbeiterführung entlehnt ist, ist ursprünglich auf ein Vieraugengespräch hin konzipiert. Es ist schnell klar, dass der Lehrer solch ein Coachinggespräch schon aus Zeitgründen nicht für all seine Schüler anbieten kann. Im Einzelfall aber kann es durchaus nötig sein, die Schüler in ihren speziellen Praktikumssituationen zu coachen. Daher wäre es insbesondere dann, wenn das Diakonieprojekt fächerübergreifend gestaltet ist, sinnvoll, verschiedene Lehrer zu *Choaches* für je eine bestimmte Anzahl an Schülern zu gewinnen. Daneben lohnt es sich aber auch, diese Methode im Klassenverband anzuwenden, indem einzelne, konkrete Fragestellungen (aus den Praktika) der Schüler exemplarisch mit der ganzen Klasse gecoacht werden.

Aber auch etliche andere Methoden sind denkbar: Beispielsweise könnten von den Schülern vorgeschlagene Handlungsoptionen anhand einer Aufstellung bewertet und diskutiert werden. Diese Methode eignet sich besonders für Schüler der Sekundarstufe 1 und für Schularten, deren Schülern die Sprachgewandtheit für ausgefeilte Diskussionen fehlt. Bei dieser Methode stellen sich Schüler auf einer imaginären Skala im Klassenraum auf, die sich zwischen zwei Handlungsoptionen, verteilt auf die gegenüberliegenden Ecken des Klassenzimmers, aufspannt. Von der Position der Schüler im Raum können sich dann Diskussionen entfalten. Weitere Methoden wären wiederum Rollenspiele, Diskussionen etc.

Es geht bei diakonischer Bildung durchaus auch um ein Handeln außerhalb von Praktikum und Schule: Die Spanne reicht von konkretem ehrenamtlichen Engagement bis hin zu Überlegungen bez. gesellschaftspolitischer und juristischer Handlungsoptionen. Hier darf und soll kein Zwang ausgeübt werden, aber den Schülern sollen im Sinn einer Methodenkompetenz Werkzeuge mitgegeben werden, die es ihnen ermöglichen, ihr Handeln außerhalb der Schulwirklichkeit zu organisieren. Insofern ist es wichtig, dass sie die beschriebenen Methoden in möglichst vielen Zusammenhängen anwenden, so dass sie eine Transferflexibilität im Methodenbereich erreichen. Gerade für ältere Schüler lohnt auch die Metakommunikation über die Methoden.

7.7.2 Deuten (und deuten lernen) der Lehrer

Auch die Lehrer verfahren nach dem Muster, dass sie sich ihre intuitive Wahrnehmung bewusstmachen, sie anschließend deutend reflektieren, um von dort aus Handlungsoptionen zu erwägen. Auch sie lernen bei diesem Vorgang. Im Unterschied zu den Schülern haben sie einen anderen Fokus: Sie *deuten* nicht nur die diakonische Praxis am Praktikumsort, im diakonischen Feld und an der Schule, sondern darüber hinaus den diakonisch-didaktischen Prozess. Sie haben also zusätzlich die Schüler in ihrem diakonischen Lernkontext im Fokus. Um diesen Fokus soll es im Folgenden nun gehen. Für die vom Schüler losgelöste Analyse des »Stoffes«, gemeinhin als Sachanalyse bezeichnet, sei auf das Deuten der Schüler verwiesen. Dieses kann mutatis mutandis von den Lehrern zur »Sachanalyse« verwendet werden.

7.7.2.1 Deuten 1: Das Ansehen mit Hilfe der Strukturpolaritäten deuten

Im Folgenden sind einige Leitfragen zusammengestellt, die dazu dienen sollen, dass sich die Lehrer ihre intuitive Wahrnehmung bewusstmachen. Die Fragen der Schülerbögen sollten mit den nötigen Anpassungen auch von den Lehrern verwendet werden – nicht nur die Schüler, auch die Lehrer müssen sich Gedanken zur diakonischen Kultur im diakonischen Feld, am Praxisort und an der Schule machen, bevor sie einen didaktischen Prozess initiieren.[564] Über die *kulturellen Spannungsfelder* hinaus rücken nun die in Kapitel 5.2 beschriebenen *Bildungspolaritäten* stärker in den Blick. Insgesamt gilt für diesen Teil des Deutens, dass er sehr aufwendig ist, weil nicht (nur) die Schüler einer Klasse insgesamt, sondern – nicht zuletzt wegen der je individuell verschiedenen Praktikumseinsätze – jeder einzelne Schüler in den Blick genommen werden muss. Dies gilt insbesondere für die theologische, die vertikale Polarität. Jeder einzelne Schüler ist – sofern er dies zulässt und Lehrer dies können – auch in seiner Gottesbeziehung wahrzunehmen. Solche Wahrnehmung impliziert oft automatisch diakonische Züge, wenn ein Schüler beispielsweise als trostbedürftig erscheint. In diesem, sehr persönlichen Bereich ist höchste Sorgfalt geboten, da es sich um sehr persönliche Wahrnehmungen, u. U. aber eben auch um Zuschreibungen handelt. Seelsorge hat zwar auch ihren Ort im Unterricht – sie hat dort aber auch ihre Grenzen.

Insgesamt ist es hilfreich, wenn der Lehrer seine Aufmerksamkeit auf die von Kunstmann in die pädagogische Wahrnehmung eingeführte Atmosphäre lenkt. Gleichgewichte und Ungleichgewichte innerhalb der Strukturpolaritäten werden die jeweilige Atmosphäre in jeweils besonderer Weise prägen. Diese intuitiv, gleichsam als Bauchgefühl erfasste Atmosphäre gilt es, sich bewusst und pädagogisch fruchtbar zu machen.

---

[564] Dieser Schritt entspricht, wie gesagt, der Sach- und Situationsanalyse, die hier nicht weiter behandelt werden muss.

Lehrerbogen 1: Fragen zur Wahrnehmung der Schüler im Praktikum[565]	
Individualisation / Partizipation	• Vgl. mutatis mutandis die Fragen des entsprechenden Schülerbogens. • Welchen Stand, welche Funktion, welche Rolle hat der Schüler im Team der Mitarbeiter der diakonischen Einrichtung? • Wie viel Raum für selbständiges Arbeiten hat er? • Wie viel Einsicht genießt er in die Arbeitsabläufe, Entscheidungshintergründe, Gemeinschaft?
Dynamik / Form	• Vgl. mutatis mutandis die Fragen des entsprechenden Schülerbogens. • Wie kommt der Schüler mit den Regeln der Einrichtung zurecht? • Welche Formen, Regelabläufe, Gesetzlichkeiten und Gesetze des diakonischen Feldes kennt bzw. beherrscht der Schüler? Welche übersieht er bzw. muss er noch kennenlernen? • Wie geht der Schüler mit den Formen um? Wie füllt er sie aus? Wo verändert er sie? Wo transzendiert er sie?
Freiheit /Bedingtheit	• Vgl. mutatis mutandis die Fragen des entsprechenden Schülerbogens. • Wie setzt der Schüler die wahrgenommenen Abhängigkeiten zu seiner eigenen Freiheit und seinem Freiheitsbedürfnis in Beziehung? • Welche Gestaltungsmöglichkeiten, Spielräume hat er? Welche nutzt er? • Welche Einschränkungen muss der Schüler durch das Praktikum in Kauf nehmen? (Arbeitszeiten, Verzicht auf Freizeitaktivitäten, Wochenenddienste) • Wo wird für den Schüler entschieden? Wo wird er in den Entscheidungsprozess mit einbezogen? Wo trifft er selbst Entscheidungen?
Vertikale Polarität	• Vgl. mutatis mutandis die Fragen des entsprechenden Schülerbogens. • Wo braucht der Schüler Begleitung, Trost, Stärkung, aber auch Anleitung und Korrektur des Lehrers – und wo kann dies den Arbeitskollegen in der Einrichtung und Praxisanleitern anvertraut werden?

[565] Die Selbstwahrnehmung bzw. Selbstreflexion des Lehrers habe ich in den Lehrerbogen nicht mit aufgenommen. Gleichwohl gehört sie selbstverständlich zur Didaktik hinzu. Auch für die Selbstwahrnehmung sollten wieder die didaktischen Polaritäten zu Hilfe genommen werden. Zur Vermeidung von Wiederholungen und aus Rücksicht auf den Umfang dieser Arbeit werden diese Überlegungen nicht noch einmal gesondert dargestellt.

Lehrerbogen 2: Fragen zur Wahrnehmung der Schüler in der Schule	
Individualisation / Partizipation	• Vgl. mutatis mutandis die Fragen des entsprechenden Schülerbogens. • Wo steht der einzelne Schüler im Klassenverband? • Wie gestaltet sich sein Verhältnis von Egoismus zu Altruismus? • Wem dient die diakonische Bildung an dieser Schule? Dient sie dem Schüler, der Schule, der Gesellschaft? • Inwiefern dient diakonische Bildung auch der Berufsorientierung bzw. der Vorbereitung auf eine Ausbildung? (Je nach Schulart kommt dieser Frage besondere Bedeutung zu.) • Wie ist das Diakonieprojekt mit den übrigen Fächern vernetzt – und wo führt es ein Eigenleben innerhalb der Schule?
Dynamik / Form	• Vgl. mutatis mutandis die Fragen des entsprechenden Schülerbogens. • Welche Unterrichtsformen kennt bzw. beherrscht der Schüler? Welche dienen dem diakonischen Bildungsprozess, welche hindern ihn? • In welchen Bereichen wird der Schüler kreativ, kann aus sich heraus bzw. über sich hinausgehen? Wo dient das dem diakonischen Bildungsprozess, wo behindert es ihn? • In welchen (diakonischen) Bildungsprozessen befindet sich der Schüler, und welche Bildungsergebnisse hat er erreicht, strebt er an oder sind anzustreben?
Freiheit / Bedingtheit	• Vgl. mutatis mutandis die Fragen des entsprechenden Schülerbogens. • Welche Freiheiten im Lernweg benötigt der Schüler und wo gibt es Grenzen bzw. sind Grenzen nötig? • Wie verhält sich der individuelle Freiheitsraum zu den Freiheitsansprüchen der Gruppe, den Vorgaben im Bildungsplan etc.?
Vertikale Polarität	Schöpfungstheologische Dimension • Wie ist der Mensch in seiner Beziehung zu Gott und den Menschen angesprochen? • Werden die Schüler in ihrer Würde wahrgenommen? Wie? • Wo werden sie wertgeschätzt, wo nicht? • Wo, wen, was schätzen die Schüler wert, wo, wen, was nicht? Christologische Dimension • Wie begründet der Schüler seinen diakonischen Auftrag? Und wie gestaltet er ihn? • Wo braucht der Schüler Begleitung, Trost, Stärkung, Orientierung? Pneumatologische Dimension • Woher nehmen die Schüler ihre Kraft und Inspiration für das (diakonische) Leben und Lernen innerhalb der Schule, für das diakonische Lernen außerhalb der Schule? • Wo sind Inspirations- und Kraftquellen (Gottesdienste, Ruheräume, kulturelle Angebote, Gebet etc.)?

7.7.2.2 Deuten 2: Rekonstruktion - Dekonstruktion - Konstruktion

Wiederum gilt es für den Lehrer nach diesem *ersten Schritt* des systematischen Bewusstmachens der Wahrnehmung der Schüler in der Schule und ihrer diakonischen Praxis, in einem *zweiten Schritt* die wahrgenommene Situation zu reflektieren. Auch er folgt dabei dem Dreischritt der konstruktivistischen Pädagogik aus Rekonstruktion, Dekonstruktion und Konstruktion: Rekonstruierend erarbeitet der Lehrer die historischen, kausalen, theologischen Begründungsmuster und erwägt die Folgen für die Menschen, für die diakonische Bildung der Schüler bzw. für die diakonische Kultur an Schule und Praktikumseinsatzort (konsekutives Argument). Dekonstruierend sucht er nach Kommunikations- und Deutehoheiten, nach verdeckten und offenen Interessens- und Machtstrukturen. Diese Dekonstruktion bezieht sich nicht nur auf den Makrobereich von Kultur und Gesellschaft, sondern bewegt sich durchaus auch und gerade im Mikrokosmos von Schule, Schulklasse oder direkten Beziehungen. Konstruierend sucht der Lehrer nach angemessenen Machtstrukturen und Sinnkonstruktionen, aus denen er dann in einem *dritten Schritt* Handlungsoptionen für den Unterricht erwägt.

7.7.2.3 Deuten 3: Handlungsoptionen erwägen

In diesem dritten Schritt werden die strukturierte Wahrnehmung, die Re-, De- und Konstruktionsüberlegungen daraufhin befragt, welche Formen des »Dazwischengehens«[566] des Lehrers zwischen die Lernprozesse der Schüler nun nötig werden. Der Lehrer sucht also nach Optionen geeigneten methodischen Eingreifens. Dazu ist zuerst einmal wichtig, eine Fülle an möglichen Methoden im Repertoire zu haben - oder sich zu erwerben. Einige für das diakonische Lernen besonders vielversprechende Methoden habe ich bereits genannt und z. T. bereits an den diakonischen Lernbereich angepasst - so beispielsweise den Einsatz »diakonischer Dilemmasituationen«, die von Schmidt genannten Methoden der *cognitive apprenticeship*, des *landscape-criss-crossing* und der *anchored instruction* oder die von mir weiterentwickelte Version der *anchored instruction*, der »Präsentation als verankerte Instruktion«. Auch die von Toaspern beschriebene Methode des *situated learnings* »*knowing what we know*« ist hier zu nennen.[567] Die von Kunstmann eingeführten Momente für gute Lernarrangements sollten in diesem Schritt ebenfalls bedacht werden. Es ist nach Handlungsformen mit größtmöglicher *Beteiligung* der Schüler zu suchen, diakonische Felder sollten nach Möglichkeit *begangen* werden - nur so entstehen *Begebenheiten*.

---

[566] Zum Begriff des Dazwischengehens statt Anleiten, Leiten oder Führen vgl. unten, S. 238 f.

[567] Vielfältige Methoden, die sich auf unseren diakonischen Kontext anpassen lassen, finden sich bei Reich, Kersten: Methodenpool. Darüber hinaus lohnt es sich, die Methoden des *situated learnings*, die nicht nur in ihrer Handlungsbezogenheit, sondern auch in ihrer sozial-konstruktivistischen Begründung den Methoden der konstruktivistischen Didaktik verwandt sind, als Handlungsoptionen zu prüfen.

7.7.3 Deuten der Praxisanleiter

Für das Deuten der Praxisanleiter ist zunächst auf zwei Begrenzungen hinzuweisen, zum Ersten auf eine zeitliche: Praxisanleiter haben nicht so viel Zeit für pädagogische Aufgaben in ihrem häufig sehr engen Berufsalltagskorsett wie die Lehrer. Ihre Arbeit ist ja nicht eigentlich pädagogisch, sondern hat vor allem die diakonische Aufgabe selbst im Blick. So fehlt es an ausgewiesenen Zeiten zur Vor- und Nachbereitung, zur Reflexion und zur pädagogischen Fortbildung. Auch fachlich gesehen muss zum Zweiten davon ausgegangen werden, dass die Praxisanleiter nicht in gleicherweise pädagogisch ausgebildet sind wie Lehrer. Es ist also sowohl in zeitlicher als auch in fachlicher Hinsicht mit Einschränkungen zu planen. Gleichwohl werden die Praxisanleiter in ihren Einrichtungen durchaus Erfahrungen mit Auszubildenden gesammelt haben, so dass daran angeknüpft werden kann. Toaspern weist zu Recht darauf hin, dass auch die Praxisanleiter ihre pädagogische Tätigkeit als bereichernd wahrnehmen, da sie von den Schülern neue Perspektiven auf und Impulse für ihre Arbeit erhalten.[568]

7.7.3.1 Deuten 1: Das Ansehen mit Hilfe der Strukturpolaritäten deuten

Auch für die Praxisanleiter ist es wichtig, dass sie sich ihre Wahrnehmung bewusstmachen. Ihre Wahrnehmung bezieht sich einerseits auf das diakonische Feld, in dem sie arbeiten, konkret auf ihren Arbeitsplatz, andererseits auf den Schüler im diakonischen Feld, den Schüler am Arbeitsplatz. Die Schule und den diakonischen Unterricht werden sie schon aus Zeitgründen nicht ausreichend wahrnehmen können, zumal sie die Schule ggf. nur vermittelt aus Lehrer- und Praktikantensicht vermittelt bekommen.

Um Wiederholungen in der Darstellung zu vermeiden, sei auf die entsprechenden Schüler- und Lehrer-Fragebögen verwiesen: Schülerbogen 1 und Lehrerbogen 1. Was für die Fragebögen grundsätzlich gilt, soll hier noch einmal betont werden: Eine Anpassung auf den jeweiligen Praktikumseinsatzort ist unbedingt nötig.

7.7.3.2 Deuten 2: Rekonstruktion - Dekonstruktion - Konstruktion

Der Zugang zu den recht abstrakten und einiges an Zeit und Kreativität erfordernden Schritte der Rekonstruktion, Dekonstruktion und Konstruktion kann für die Praxisanleiter dadurch erleichtert werden, dass sie sich für diejenigen Bereiche, die sie den Schülern vorstellen möchten, folgende vorbereitenden Fragen zur Einrichtung, zu Tagesabläufen, zu einzelnen Tätigkeiten sowie zu den durch die Fragebögen bewusstgemachten Wahrnehmungen stellen:
Rekonstruktion: Wie kam es dazu, dass wir ... so handhaben? Wie war es früher? Wie ist es heute? Welche Gründe gab es? Welche Gründe gibt es?
Dekonstruktion: Wer profitiert von ... (in der Einrichtung, von den Klienten, vom Personal, in der Gemeinde, in der Gesellschaft)? Wem ist es wichtig, dass es so bleibt? Wer profitiert von einer Änderung?

---

568 Toaspern 2007, S. 80 f.

Konstruktion: Wie lautet meine Wahrheit? Wie würde ich ... handhaben, wenn ich zu entscheiden hätte? Was würde ich beibehalten? Was würde ich ändern?

7.7.3.3 Deuten 3: Handlungsoptionen

Wiederum gilt es in einem dritten Schritt, Handlungsoptionen zu erwägen. Welche Teile der Einrichtung, welche Tätigkeiten stelle ich dem Praktikanten vor? Welche Tätigkeiten und Rhythmen soll er auszuüben lernen, welche soll er nur beobachten? Was traue ich ihm zu? Wie viel Verantwortung lasse ich ihn übernehmen? Und mit welcher Methode soll der Praktikant lernen? Für diese Handlungsentscheidungen liefern die Entwicklung der sozialen Perspektivübernahme und die Entwicklung des moralischen Urteils wichtige Kriterien für die Auswahl. Fraglich ist jedoch, ob von den Praxisanleitern verlangt werden kann, sich wegen solcher kurzen Praktika mit den Entwicklungstheorien von Selman, Kohlberg und Nachfolgern zu beschäftigen. Es muss wohl damit gerechnet werden, dass solche Handlungsoptionen intuitiv aus der breiten Erfahrung heraus geprüft werden. Dann ist es Sache des Lehrers, nicht nur ein intuitives, sondern auch ein reflektierendes Auge auf seine Schüler im Praktikum zu haben.

Als grundlegende Methoden empfehlen sich die *traditional apprenticeship*, die oben als Vorbild der *cognitive apprenticeship* beschrieben wurde,[569] und die Methode der *legitimate peripheral participation*, die Hanisch und Toaspern für das diakonische Lernen erschlossen haben. Wo Schüler als legitime Mitglieder des Teams begriffen werden, werden wesentlich stärkere und nachhaltigere Lernmotivationen entstehen! Solche Motivation und die damit verbundenen Fragen und Impulse werden den Praxisanleitern das Praktikum trotz Mehrbelastung zu einer bereichernden Erfahrung machen.

7.8 Handeln und handeln lernen

Auch der Übergang vom *Deuten* zum *Handeln* ist ein fließender, das zeigten schon die Überlegungen zum Erwägen von Handlungsoptionen im Bereich des *Deutens*. Bevor ich näher auf diesen Überschneidungsbereich eingehe, möchte ich noch einige begriffliche Klärungen vornehmen. Warum bleibe ich bei dem doch recht allgemeinen Begriff des Handelns und suche nicht nach einem diakonisch eingefärbten? Der wichtigste Grund ist, dass es bei einer diakonischen Didaktik um einen ergebnisoffenen Lernprozess gehen muss. Nicht jeder Mensch ist beispielsweise zum Helfer berufen. Nicht jeder Mensch ist Diakon. Je enger ich diesen dritten Schritt des diakonischen Zirkels fasse, desto weniger kreativ wird der darauf vorbereitende Prozess werden. Der Begriff des Helfens beispielsweise könnte Schüler und Lehrer auf ein von vornherein zu individualistisch verengtes Handeln ausrichten – und gerade dadurch Ablehnung und Widerstände produzieren. Außerdem ist an die bereits erwähnte

[569] S. o. S. 208.

Gefahr einer Verstärkung des Gefälles zwischen Helfer und Hilfsbedürftigem zu erinnen. Auch das in der Exegese herausgearbeitete Bedeutungsspektrum vom Dienen bis hin zum Dazwischengehen legt sich nicht nahe. Das Dienen ist durch seine Wirkungsgeschichte zu negativ besetzt. Das Dazwischengehen erfasst nur Teilaspekte diakonischen Handelns. Das Handeln hingegen umfasst die ganze Spannbreite diakonischer Praxis, von der individuellen Hilfestellung bei der eigenen Großmutter oder beim eigenen Kind bis hin zu finanziellen Zuwendungen; von der in der Begegnung gelebten, wertschätzenden Haltung bis zur politischen Einflussnahme durch öffentlichkeitswirksame Maßnahmen; von der Organisation in Selbsthilfegruppen bis hin zur juristischen Unterstützung benachteiligter Menschen. Das Handeln knüpft außerdem an die Erkenntnisse einer handlungsorientierten Pädagogik an. Die Offenheit des Handlungsbegriffs macht es darüber hinaus leichter, die enge Verzahnung zu den beiden anderen Schritten des diakonischen Zirkels aufzuzeigen.

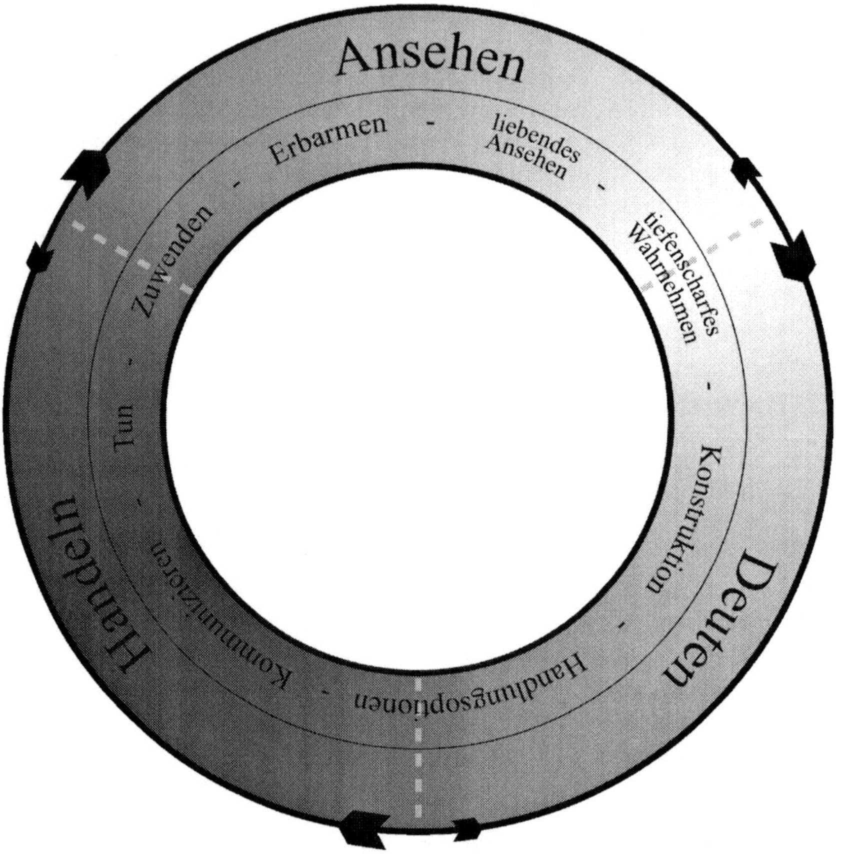

Abb. 8: Der diakonische Dreischritt

Damit sind wir bei den Überschneidungsbereichen, zu denen auch das Versprachlichen von Deutungen gehört. Es gehört sowohl in den Prozess des Deutens hinein, ist aber zugleich auch schon Handlung. Genaugenommen gibt es keinen direkten Zugriff des Lehrers auf das Deuten des Schülers, sondern immer nur einen kommunikativ-symbolisch vermittelten. Die Kommunikation seiner Deutung ist also bereits ein Akt, der vom Deuten zu unterscheiden ist. Der symbolische Ausdruck einer Deutung ist schon Aktion, ist bereits Handlung. Die Wahrnehmung von Deutungen ist also eigentlich die Wahrnehmung einer Handlung. Diese Unterscheidung ist keine Sophisterei. Auch die Versprachlichung einer Deutung verändert Wirklichkeit, schafft Kultur neu, bildet Kultur. Kommunikation ist bereits Gestaltung von Kultur, das konnte bereits gezeigt werden.[570] Wicherns bekannte programmatische Rede auf dem ersten evangelischen Kirchentag 1848 in Wittenberg, die zur Gründung des Centralausschusses für die Innere Mission der deutschen evangelischen Kirche führte, ist das beste Beispiel dafür, dass Worte Wirklichkeit gestalten und Kultur bilden. Wie oben dargestellt, transportiert jegliche Kommunikation immer sowohl Inhalt als auch Emotionen. Die vier Kommunikationsseiten Sachaussage, Appell, Selbstaussage, Beziehungsaussage tragen diesem Umstand Rechnung und sind als wertvolles Instrument in das diakonische Handeln mit einzubeziehen. Das gilt gleichermaßen für Lehrer, die damit die Kommunikation im Unterricht klären können, wie für die Praxisanleiter und die Schüler, die danach im Praktikum und in der Schule kommunizieren lernen.

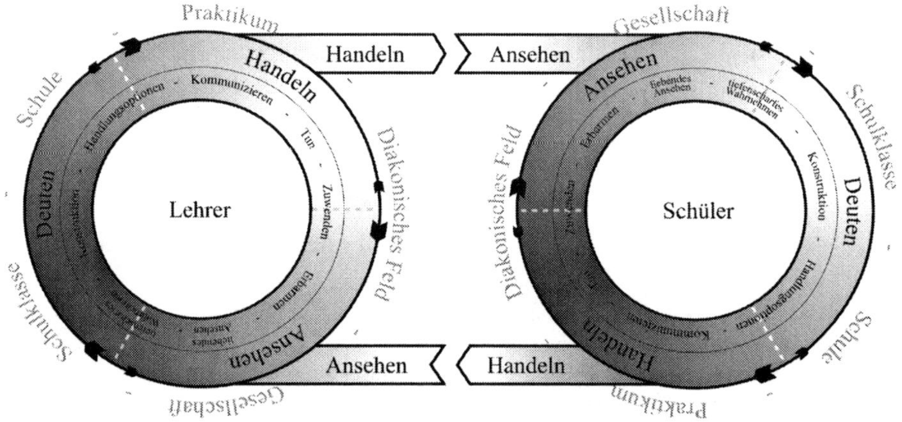

Abb. 9: Diakonisch-didaktischer Zirkel: Gesamtansicht

570 S. o. S. 125.

Das Handeln der Lehrer und Praxisanleiter
Auch beim Handeln muss unterschieden werden zwischen dem (pädagogischen) Handeln der Lehrer bzw. Praxisanleiter und dem der Schüler. Die Kommunikation der Lehrer und Praxisanleiter ist auf den diakonischen Bildungsprozess der Schüler ausgerichtet.[571] Ziel ihrer Kommunikation ist also nicht zuerst eigener Erkenntnisfortschritt, sondern der der Schüler. Solche Kommunikation ist selbstredend nicht als ein anleitendes Dozieren zu verstehen – auch nicht in dem Sinn, dass der Lehrer selbst durch seine Kommunikation, durch seine Impulse das erwünschte Gleichgewicht der (diakonischen) Situation innerhalb der horizontalen und vertikalen Spannungsfelder wiederherstellt. Die Äquilibration, wie Piaget diesen Vorgang bezeichnet, ist vom Schüler zu leisten. Und eben genau darin liegt auch seine Lernchance. Da jeder Schüler in seiner Praxis und in seinem persönlichen Erleben ohnehin je unterschiedliche Gleich- oder Ungleichgewichte, je unterschiedliche Wahrnehmungen mit sich bringen wird, ist ein solch lehrerzentriertes Lernverfahren unangemessen. Die systemisch-konstruktivistische Didaktik, die nicht zuletzt aufgrund der Unterstützung durch die neurobiologischen Einsichten in die menschlichen Lernprozesse zunehmend an Bedeutung innerhalb der pädagogischen Landschaft gewinnt, will den Lehrer mehr und mehr Kontrolle über den Lernprozess abgeben lassen. Rolf Arnold beschreibt den Auftrag des Lehrers als Dazwischengehen statt Anleiten.[572] Er zeichnet also nicht mehr Lernwege aktiv vor, sondern geht – die Lernprozesse genau beobachtend – dazwischen, um eingefahrene Denk- und Deutemuster zu erweitern, um Alternativen anzubieten oder um sie in dem Sinne zu verstören, dass neue, angemessene Konstruktionen bzw. Konstruktionsprozesse angeregt werden. Damit beschreibt Arnold den Anspruch einer Ermöglichungsdidaktik, die persönliche Lernräume und -wege eröffnen will, anstatt Lernbahnen zu kollektivieren.[573]

Dieses individuelle, ermöglichende Dazwischengehen ist im Bereich diakonischer Bildung im Sinne der oben dargestellten moderaten Rezeption von

---

[571] Vgl. Abb. 9.

[572] Arnold, Rolf: Ich lerne, also bin ich: Eine systemisch-konstruktivistische Didaktik, Heidelberg 2007, S. 108 ff.

[573] Das Einfordern einer Ermöglichungsdidaktik durch Arnold ist sehr zu begrüßen. Seine Abwertung einer Bildungsdidaktik, die er der Ermöglichungsdidaktik gegenüberstellt, greift aber zu kurz. Sie geht von einem polemischen Bildungsverständnis aus, das Bildung mit der Nürnberger-Trichter-Methode gleichsetzt. Bildung aber ist – das konnte gezeigt werden – durchaus mehr und vielschichtiger. Arnold verfällt einer einseitigen Bildungsrezeption. Wird aber eine Didaktik nicht bildungstheoretisch fundiert, läuft sie Gefahr, in eine Beliebigkeitsdidaktik abzudriften. Das Dazwischengehen, das Arnold fordert, wird zu sehr auf die Beobachtungstätigkeit des Lehrers reduziert. Solche beobachtende Zurückhaltung verfällt allzu leicht einem durchaus richtungslosen Treibenlassen von Schüleraktion zu Schüleraktion. Ihr im positiven Sinn verstörendes und damit Lernprozesse anstoßendes und Richtung durchaus beeinflussendes Potential geht dann verloren. Vgl. Arnold 2007, S. 114.

John N. Collins durchaus als diakonisches Dazwischengehen zu verstehen. Es ist in den Dienst der anvertrauten Menschen und ihres je persönlichen Lernzuganges gestellt. Solch ein positiv-verstörendes Dazwischengehen kann verschiedenste methodische Formen annehmen. Noch einmal ist auf Selmans und Kohlbergs Dilemma-Diskussionen hinzuweisen, die ihre fördernde Wirkung eben durch ihre verstörende Qualität haben.[574] Auch der Umgang mit biblischen Texten kann von diesem Aspekt her methodisch fruchtbar gemacht werden.[575]

Das Handeln der Schüler

Eigenaktivität ist eines der wesentlichen Merkmale allen Lernens – kognitiv wie körperlich. Die enge Vernetzung von Handeln und Lernen ist spätestens seit der Reformpädagogik bekannt, mittlerweile auch neurobiologisch untermauert. Damit sind die diakonischen Praktika unverzichtbarer Teil des diakonischen Lern- und Bildungsprozesses. Denn diese diakonischen Praktika bieten den Schülern Zugang zu dem, was Reich als das »Reale« bezeichnet, also den Zugang zu Wirklichkeiten, die die Schüler bislang selbst nicht erschlossen haben. Begehung forderten schon Bizer und Kunstmann – und zwar nicht ein bloß rezipierendes Begehen, sondern ein aktives, eingreifendes, partizipierendes. Solches Begehen erst kann ganzheitlich werden. In, mit und unter dem Handeln sind Emotionen und Kognition verbunden. Hier kommt auch noch einmal Kunstmanns Begriff von der Atmosphäre zum Zuge: Erst die Begehung wird die Schüler mit allen Sinnen in die Atmosphäre des jeweiligen Arbeitsfeldes einführen, die ganz anders zu lernen gibt, als die Klassenzimmeratmosphäre.[576]

Wenn ich hier das Handeln als letzten Schritt meines diakonischen Zirkels beschreibe, so ist er eigentlich doch der erste Schritt – das Handeln und die Handlungserfahrung sind Anstoß, Motivation und Grund für ein neues Ansehen und ein neues Deuten. Ohne solch ein Handeln fehlte eine wesentliche Komponente diakonischen Lernens – die Wahrnehmung bliebe defizitär, beschränkt auf theorielastige Informationen. Erfahrungen mit Emotionen von Nähe und Intimität, aber auch von negativen Emotionen wie Überforderung, Hilflosigkeit etc. blieben außen vor und machten ein diese Wirklichkeit treffendes Deuten fast unmöglich.

---

[574] S. o. Kapitel 7.3.1.2 und 7.3.2.1.

[575] V. a. Baldermann, dessen Methode, mit biblischen Texten umzugehen, heilsame Unterbrechungen und Perspektivwechsel verspricht, die die Schüleraktivität herausfordern (Baldermann 1994 und Baldermann 1996). Auch Theißens Hinweis auf das Aufspüren kontrapräsentischer Kultur und Tradition in den biblischen Texten kann zu solch einem wichtigen Dazwischengehen werden. Vgl. Theißen 2003, S. 72.

[576] Vgl. zur Beachtung und Gestaltung von Schulatmosphäre, die unbedingt auch zum diakonischen Gestalten und Lernen hinzugehören sollte, Tzscheetzsch, Wittmann 2009.

Zu hoffen sind von dort aus auch Konsequenzen für das Handeln der Schüler in der Schule und in ihrem außerschulischen Alltag – ein Handeln, das in seinem Kommunizieren und Tun Kultur verändert, Kultur diakonisch gestaltet.

7.9 Diakonische Kompetenz

Nachdem nun die Didaktik diakonischen Lernens in ihren Grundzügen entfaltet ist, ist nun nach den Kompetenzen zu fragen, die sich die Schüler erwerben bzw. erwerben sollen. Die Orientierung an Bildungsstandards und Kompetenzen birgt manche Gefahr, wie oben gezeigt werden konnte.[577] Insbesondere, wenn die Kompetenzmessung zu einseitig für den Vergleich bzw. für die Bewertung von Schülern oder Schule genutzt wird, ergibt sich eine Tendenz zur Bildungsverfestigung, zur Einschränkung von Bildung auf Leistung und Leistungsvergleich anhand eines festgelegten Bildungskanons.[578] Damit werden die Chancen, die in der Kompetenzorientierung angelegt sind, und auf die hier gesetzt werden soll, vergeben. Denn die Orientierung an Kompetenzen eröffnet ja gerade, wie oben dargestellt[579], die Möglichkeit, das Bildungssubjekt, den Schüler, in seiner Welt und Kultur wahrzunehmen. Sie erschließt also den bewussten und gezielten Umgang mit der Spannung von Individualisation und Partizipation. Die Kompetenzorientierung ermöglicht darüber hinaus einen guten Umgang mit der Bildungspolarität aus Dynamik und Form, Prozess und Ergebnis: Kompetenzen beschreiben nachprüfbare Ergebnisse und sind zugleich offen für ihre Verwandlung durch die Aktualisierung, die Performanz in ihrer Anwendung durch die Schüler in verschiedenen Anforderungsformen – und zwar sowohl in den Anforderungsformen, die durch den Schulkontext vorgegeben sind, als auch in denen, die das Leben schreibt.[580] Zum Dritten eröffnet die Kompetenzorientierung ein ausgewogenes Verhältnis aus Freiheit und Bedingtheit des Bildungsprozesses, indem sie zwar die zu erreichenden Kompetenzen vorgeben, den Lehr- bzw. Lernweg aber offenlassen.

Schließlich ist am Kompetenzbegriff, wie ihn Klieme im Anschluss an Weinert für die Bildungsstandards vorschlägt, die Aufnahme der motivationalen, volitionalen und sozialen Bereitschaften und Fähigkeiten zu begrüßen. Ein auf

---

577 S. o. S. 77 ff.

578 Eine der negativen Auswirkung solch eines einseitigen Kompetenzgebrauchs ist das sog. »teaching to the test«, das bei der mit der Kompetenzorientierung einhergehenden Standardisierung Lehrer und Schüler gleichermaßen versuchen dürfte. Vgl. Obst 2009, S. 35.

579 S. o. S. 79 ff.

580 Und so nimmt die Kompetenzorientierung – anders als Nipkow urteilt, der mit dem Aufbau von Kompetenzen die Betonstrebebautechnik assoziiert – gerade die Orientierung am lebenslangen Lernen auf. Vgl. Nipkow 2005, S. 129.

das Wissen oder kognitive Fähigkeiten eingeschränktes Bildungsverständnis wird dadurch erweitert.

Von diesem, die Polaritäten eines Bildungsbegriffes aufnehmenden Kompetenzbegriff, sind daher sinnvolle Orientierungen zu erwarten. Das gilt auch und gerade für den Bereich der diakonischen Bildung, in dem die handlungs- und emotionsbezogenen Momente von so zentraler Bedeutung sind. Welche Kompetenzen sollen nun im Rahmen diakonischer Bildung gefördert werden? Welche Kompetenzen lassen sich auf Grundlage der oben beschriebenen Didaktik diakonischen Lernens erwarten?

7.9.1 Das Michelbacher Kompetenzmodell und seine Weiterführung bei Christoph Gramzow

Ein bereits ausgeführtes und sehr ausführliches diakonisches Kompetenzmodell findet sich in dem von Reinhart Gronbach vorgestellten Lehrplan des Evangelischen Schulzentrums Michelbach/Bilz.[581] Gronbach nennt fünf Kompetenzen: personale Kompetenz, soziale Kompetenz, Methodenkompetenz, Fachkompetenz und in ihrem Zentrum diakonische Kompetenz. Diese fünf Kompetenzen werden jeweils durch eine Reihe von Unterpunkten erläutert. Folgende grafische Übersicht von Gronbach verschafft einen guten Überblick über das Modell:

[581] Gronbach, Reinhart: Diakonisch-soziales Lernen: Ein Curriculum (Das Michelbacher Modell), in: Adam, Gottfried; Hanisch, Helmut; Schmidt, Heinz; Zitt, Renate: Unterwegs zu einer Kultur des Helfens. Handbuch des diakonisch-sozialen Lernens, Stuttgart 2006.

Personale Kompetenz:
- Einfühlungsvermögen
- Offenheit
- Eigeninitiative
- Selbstständigkeit
- Verantwortung übernehmen
- Einsatzfreude
- Frustrationstoleranz
- Ausdauer
- Belastbarkeit
- Sorgfalt
- Zuverlässigkeit

Soziale Kompetenz:
- Kommunikations- und Kooperationsfähikeit
- Teamfähigkeit
- Selbst- und Fremdeinschätzung
- partnerschaftliches Konfliktlösen
- Entscheidungen treffen

Diakonische Kompetenz:
- Christliche Sinn- und Lebensdeutungen
- sich in fremde Welten anderer einlassen – das Gemeinsame im unverwechselbar Einzelnen
- verpflichtet dem biblischen Menschenbild – der Mensch als von Gott geliebtes »Fragment«
- im Horizont der Auferstehungshoffnung
- Nächstenliebe – die Last des anderen mittragen
- Helfen als ethisches Grundprinzip des Miteinanders in der Gesellschaft

Methodenkompetenz:
- Dokumentation und Wahrnehmungsschulung durch Berichte
- Präsentation von Referaten und Jahresarbeiten
- Planung und Durchführung sozialer Aktivitäten

Fachkompetenz:
- Bedeutung des Sozialen in der modernen Gesellschaft
- Einblick in soziale Einrichtungen
- Auseinandersetzung mit drängenden sozialen Fragen
- Aufbau der Sozialsysteme und der Diakonie
- Kennenlernen sozialer Berufsfelder

Abb. 10: Kompetenzen nach dem Michelbacher Modell, Gronbach 2006, S. 101

Es überrascht die Aufteilung in Fachkompetenz und diakonische Kompetenz, würde man doch vermuten, dass die diakonische Kompetenz zugleich die Fachkompetenz ist. Dies ist jedoch offensichtlich bei Gronbach anders vorgestellt: Gronbach subsumiert unter der Überschrift Fachkompetenz nicht diakonische, sondern im Wesentlichen Kompetenzen, die das Sozialwesen im allgemeinen, nicht diakonisch fokussierten Sinne betreffen, genau wie sich auch die Methodenkompetenz, Personal- und Sachkompetenz jeweils mit recht allgemeinen, nicht spezifisch-diakonischen Unterkompetenzen füllen. Die spezifisch diakonischen Kompetenzen, so legt es sich nahe, dieses Modell zu interpretieren, befruchten die allgemeinen Kompetenzen, die nicht von ungefähr mit den grundlegenden bzw. übergreifenden Kompetenzbereichen des baden-württembergischen Bildungsplanes übereinstimmen (Personal-, Sozial-, Fach- und Methodenkompetenz)[582]. Gronbachs Kompetenzmodell zeigt somit den Ertrag diakonischer Bildung sowohl für diakonische als auch für allgemeine Kompetenzen. An dieser Kohärenz von diakonischen und allgemeinen Kompetenzen ist einmal mehr abzulesen, welch wichtigen Beitrag diakonische Bildung zur allgemeinen Bildung leistet.

Aus einem synchronisierenden Abgleich des Michelbacher Kompetenzmodells mit den Dimensionen diakonischen Lernens von Hanisch, Gramzow, Hoppe-Graff und Toaspern gewinnt Gramzow ein eigenes Kompetenzprofil mit den sechs Bereichen personale Kompetenz, soziale Kompetenz, kommunikative Kompetenz, diakonische Kompetenz, Methodenkompetenz und Fachkompetenz.[583] Diakonische Kompetenz erscheint nun als einer von sechs gleichberechtigten Kompetenzbereichen. Gramzow verlässt also den Gedanken des Einflusses eines spezifischen Kompetenzbereiches auf die übrigen allgemeineren und ordnet sie schlicht nebeneinander. Darüber hinaus finden sich im Bereich der Fachkompetenz nun auch durchaus diakonische Kompetenzen. Zusätzlich nimmt Gramzow noch den Bereich der kommunikativen Kompetenz auf, wie er sich im Bildungsplan des Faches Religion in Baden-Württemberg findet.[584] Die zusätzliche Übereinstimmung bei Gramzow mit dem Bildungsplan für Religion im Bereich der kommunikativen Kompetenz ist aufgrund der oben dargestellten Komplementarität von diakonischem Unterricht und Religionsunterricht zu begrüßen. Es bleibt zu fragen, ob dieser Zusammenhang nicht stärker herausgestellt werden müsste und anhand noch weiterer Kompetenzbereiche, die der Bildungsplan Religion über die vier ganz allgemeinen hinaus aufweist, nachvollzogen werden müsste: So ist diakonischer Unterricht doch in seinem Bezug zu den biblischen Texten auf ganz besondere und durch seine Praxisverbundenheit hervorragende Weise beteiligt an der Bildung hermeneutischer Kompetenz. Es ist zu erwarten, dass sich nicht nur das Verstehen der klassischen Diakonietexte wie Mt 25 und Lk 10 durch diakonische

---

582 Ministerium für Kultus, Jugend und Sport des Landes Baden-Württemberg: Bildungsplan 2004. Grundschule, Ditzingen 2004 (Bildungsplan 2004 Grundschule), S. 23.

583 Vgl. Gramzow 2010, S. 142–145; Hanisch, Gramzow, Hoppe-Graff 2004, S. 147 ff.; Toaspern 2007, S. 191 ff.

584 Der Bildungsplan des Faches Religion nimmt zu den vier Kompetenzbereichen Personal-, Sozial-, Sach- und Methodenkompetenz noch den Bereich der religiösen Kompetenz sowie folgende allgemeinen Bereiche hinzu: hermeneutische, ethische, kommunikative und ästhetische Kompetenz. Ministerium für Kultus, Jugend und Sport des Landes Baden-Württemberg: Bildungsplan 2004. Gymnasium, Ditzingen 2004 (Bildungsplan 2004 Gymnasium), S. 25 f.

Praxis verändern wird. Noch manch anderer biblischer und nichtbiblischer Text wird auf diesem Wege für die Schüler diakonisch lesbar werden. Auch die ästhetische Kompetenz wird von Gramzow nicht benannt und nicht untersucht. Ein diakonischer Unterricht, der von der Wahrnehmung herkommt, wird ästhetische Kompetenzen im Blick haben müssen.[585] Er wird außerdem ganz im oben, Kapitel 7.1.1 dargestellten Sinn auch die ethische Kompetenz aufnehmen, um zu zeigen, dass diakonische Bildung einen wichtigen Beitrag zur allgemeinen ethischen Bildung leistet. Schließlich und nicht zuletzt wird er die religiösen Kompetenzen wahrnehmen und fördern. Denn diakonische und religiöse Kompetenz sind – jedenfalls im Bereich christlicher Religiosität – zwar voneinander zu unterscheiden, dürfen aber nicht voneinander getrennt werden. Diakonische und religiöse Kompetenz greifen ineinander wie Wort und Tat, wie dementsprechend auch Religionsunterricht und Diakonieunterricht ineinandergreifen sollten.[586] So soll, um diesen engen Zusammenhang darzustellen, auch die religiöse Kompetenz explizit als von der diakonischen Kompetenz strukturierter und geförderter Kompetenzbereich mit aufgenommen werden.[587]

Die von Gramzow aufgeführten und untersuchten Subkompetenzen halte ich insgesamt für treffend und orientierend. Einigen der Subkompetenzen fehlt es jedoch aufgrund ihrer stichwortartigen Formulierung an Präzision. So werden teilweise Tätigkeiten genannt (z.B. Entscheidungen treffen), teilweise Sach- und Erfahrungsbereiche (z.B. Aufbau der Sozialsysteme und der Diakonie). Aber es ist nicht benannt, in welcher Weise Schüler über diese Tätigkeiten und Bereiche verfügen können sollen. Ich will das an der diakonischen »Kompetenz« »Helfen als ethisches Grundprinzip des Miteinanders in der Gesellschaft«[588] verdeutlichen: Welche Kompetenz sollen die Schüler nun diesbezüglich erwerben? Sollen sie darum wissen, dass es diese Weltsicht gibt? Sollen sie diese Position beurteilen und zu ihrer Welt- und Kulturerfahrung in Beziehung setzen können? Sollen sie Erfahrungen damit gemacht haben? Sollen sie selbst aus dieser Erkenntnis heraus eine Hilfsbereitschaft entwickeln, diese Einstellung damit erworben haben?[589] Es kommt hier also eine Gefahr zum Tragen, die im Kompetenzbegriff liegt: Dadurch, dass Fähigkeiten, Fertigkeiten, Kenntnisse und Einstellungen unter dem Kompetenzbegriff vereint werden, beginnt das Bedeutungsspektrum der jeweiligen Kompetenz zu schillern, so dass sie oft zu vieldeutig und zu schwer fassbar wird. Gramzows

585 S. u. Kapitel 7.9.3.7, wo differenziert entfaltet wird, was unter ästhetischer Kompetenz zu verstehen ist.

586 Vgl. Kapitel 7.1.3.

587 Die Vermutung liegt nahe, dass die von Gramzow festgestellte fehlende Förderung der Einsicht der Schüler in den Zusammenhang von christlicher Motivation und diakonischem Handeln, hierin ihren Grund findet.

588 Gronbach 2006, S. 101 und Gramzow 2010, S. 578.

589 Vgl. Gronbach 2006 und Gramzow 2010, S. 577 ff.

Kompetenzen bedürfen also einer weiteren Präzisierung, damit sie zum einen eine didaktische Orientierungsfunktion übernehmen können und zum andern überprüfbar werden.

Die Kompetenzen des Michelbacher Kompetenzmodells respektive der Weiterverarbeitung durch Gramzow sollen also hier präzisierend aufgenommen werden und in Beziehung zu dem von mir erarbeiteten Bildungsverständnis gesetzt werden. In diesem Zusammenhang soll kritisch Gramzows Vorschlag erwähnt sein, einen Gesamtbegriff von Diakonie zu entwerfen.[590] Ich verstehe diesen Vorschlag als Versuch, einen Kanon zu bestimmen, der als verbindliche Zielvorstellung verlässliche Standards diakonischer Bildung ermöglichen soll. Die neun Dimensionen seines Gesamtbegriffes wären damit am ehesten vergleichbar mit den curricularen Zieldimensionen im Bildungsplan. Sie wären also die curricularen, am *input* und an der Sache orientierten Komplemente zu den am *output* und an den Schülern orientierten Kompetenzen. Gramzow selbst setzt seinen Gesamtbegriff leider nicht in dieser Weise komplementär zu den von ihm erarbeiteten Kompetenzen in Beziehung. Damit läuft sein Diakoniebegriff Gefahr, schon vor dem Prozess seiner Bildung festzustehen. So notiert er konsequent seinem einseitigen Bildungsverständnis folgend, dass ein wesentliches Ziel von Schule darin bestehe, »neue Begriffe einzuführen und bestehende Begriffe zu verändern, wobei letzteres vor allem meint, die idiosynkratische Bedeutungen eines Begriffs den ›sozial normierten, konventionellen oder wissenschaftlichen anzugleichen‹«.[591] Wenn der Bildungsvorgang der Schüler nur als begriffliche Vermittlung verstanden wird, geht eine wesentliche Funktion von Bildung verloren! Die Bildungspolarität von Dynamik und Form wäre damit zum Pol der Form, die Polarität von Freiheit und Bedingtheit zum Pol der Bedingtheit hin verschoben. Diakonie aber muss notwendig offenbleiben – auch als Curriculumbegriff, der im Prozess seiner Bildung bereits Welt und Kultur dynamisch gestalten können soll. Wird der Begriff als bereits abgeschlossen gedacht, als Begriff, der »vollständig«[592] erarbeitet werden kann, dann verliert er sein kulturschöpferisches Potenzial. Der Sache angemessener scheint es mir zu sein, wie Gramzow es an anderer Stelle auch tut, von einem normativen Zielbegriff zu sprechen, der als Anhaltspunkt für diakonisches Lernen gebraucht werden kann.[593] Die von Gramzow angeführten Subkompetenzen dürfen also keinesfalls als Einzelbausteine eines Diakoniebaukastens verstanden werden, der – mit rechter Anleitung

---

[590] Die Bezeichnung Gesamtbegriff ist m. E. etwas unglücklich gewählt, denn sie klingt totalitärer, als sie vermutlich gemeint ist. Vgl. auch Hanisch, Gramzow, Hoppe-Graff 2004, S. 147, wo diese Bezeichnung bereits auftaucht.

[591] Gramzow 2010, S. 545. Gramzow zitiert Hanisch, Helmut; Hoppe-Graff, Siegfried: »Ganz normal und trotzdem König«. Jesus Christus im Religions- und Ethikunterricht, Stuttgart 2002, S. 11.

[592] Gramzow 2010, S. 546.

[593] Gramzow 2010, S. 547.

versehen – zu einem zuvor schon feststehenden Diakoniegesamtgebäude zusammengesetzt werden kann. Diakonie baut sich wie Kirche aus lebendigen Steinen.[594] Diakonische Bildung bleibt in der Spannung von formuliertem Ziel und formulierten Kompetenzen einerseits und dynamischer Weiterentwicklung andererseits; bleibt in der Spannung zwischen am Ergebnis orientiertem Prozess und durch den Prozess sich veränderndem Ergebnis.

7.9.2 Vom Dreischritt diakonischer Bildung zur Dreifachstruktur diakonischer Kompetenz

Wie nun lässt sich vor dem Hintergrund des Michelbacher bzw. Gramzow'schen Kompetenzmodells und meiner Arbeit ein diakonisches Kompetenzmodell aufbauen? Ich schlage den in der Klieme-Expertise favorisierten Weg von den spezifischen zu den allgemeinen Kompetenzen vor, also von den spezifisch diakonischen Kompetenzen zu den Grundkompetenzen.[595] Damit schließe ich mich dem Grundgedanken des Gronbach'schen Kompetenzmodells an, dass von diakonischer Kompetenz ein Einfluss auf die allgemeinen Kompetenzen zu erwarten ist – bis dahin, dass diakonische Kompetenzen wesentlicher Bestandteil allgemeiner Kompetenzen sind. Von der bisherigen Beschreibung diakonischer Bildung her ergibt sich eine Dreiteilung diakonischer Kompetenz: Als diakonische Kompetenz müssen zunächst der Kompetenzbereich des Ansehens genannt werden, die *Wahrnehmungskompetenz*, dann zweitens die *Deutungskompetenz* und schließlich drittens der Bereich der *Handlungskompetenz*.

7.9.2.1 Wahrnehmungskompetenz

Zur diakonischen Wahrnehmungskompetenz gehören neben der Fähigkeit, tiefenscharf wahrzunehmen (*Fähigkeit/Fertigkeit*), vor allem eine zugewandte, erbarmende, liebende Haltung (*Einstellung*), die sich an Christi Zuwendung, Erbarmen und liebendem Ansehen orientiert weiß (*Kenntnis*). Solcherlei Einstellung fördert zugleich eine nicht diakonisch zugespitzte Haltung der Wertschätzung. Inhaltlich wurden diese Kompetenzen sowohl in ihrer biblischen Herleitung als auch in didaktischer Perspektive ausführlich entfaltet.[596]

Solch ein Fähigkeiten, Kenntnisse und Einstellungen umfassender Kompetenzbegriff wird sich – das sei noch einmal erwähnt – nicht in all seinen Dimensionen von den Schülern einfordern lassen. Insbesondere die Aneignung der spezifisch christlichen Einstellungen obliegt der Freiheit der Lernenden. Voraussetzung sowohl für die Wahrnehmungskompetenz als auch für die Deu-

---

[594] Über 1 Petr 2 hinausgehend deute ich das Bild der lebendigen Steine bewusst hinsichtlich einer diakonischen Spiritualität, die ein schöpferisches und handelndes Verkündigen impliziert.

[595] Um den Rahmen dieser Arbeit nicht zu sprengen, muss ich auf die Entfaltung der spezifischen Einzelkompetenzen von der Anforderungssituation aus auf die Grundkompetenzen hin verzichten und mit der Darstellung einer mittleren Kompetenzebene beginnen.

[596] S. o. Kapitel 4.7 und Kapitel 7.6.

tungskompetenz ist die Fähigkeit zum Perspektivenwechsel. Diese Fähigkeit wird immer mitgebildet, wo Wahrnehmungs- und Deutungskompetenz gefördert werden. Zur Förderung der Fähigkeit zum Perspektivenwechsel werden die Erkenntnisse aus der Entwicklungspsychologie wichtig.[597]

7.9.2.2 Deutungskompetenz

Zur diakonischen Deutungskompetenz gehört abgesehen von der Fähigkeit zum Perspektivenwechsel das, was ich diakonische Konstruktionskompetenz nennen möchte, also die *Fähigkeit*, vorhandene, die Diakonie betreffende Wirklichkeitskonstruktionen begreifend nachzuvollziehen und nachzuzeichnen, sie zu analysieren und zu dekonstruieren, um im Anschluss daran die eigene Konstruktion zu wagen und zu vertreten. Ein diakonischer Konstruktionsprozess ist erst dann vollständig, wenn das Abwägen von Handlungsoptionen im Horizont ist. Dies ist ein vornehmlich kognitiver Prozess. Gleichwohl bedarf es dazu einiger *Einstellungen*: Dazu zählt die Bereitschaft, scheinbar Sicherheit gebende Systeme, Strukturen und Wertvorstellungen zu hinterfragen. Damit gehört zur Deutungskompetenz eine im positiven, schöpferischen Sinn kritische Haltung. Um sinnvoll zu konstruieren, bedarf es möglichst reicher diakonierelevanter *Kenntnisse*: Die Spanne reicht von Kenntnissen über die verschiedenen Sozialsysteme bis hin zu Kenntnissen, die aus der jeweiligen Praxis gewonnen werden. Zu den hilfreichen Kenntnissen und Fertigkeiten, die die diakonische Deutungskompetenz erweitern, zählt auch das Wissen um die von mir beschriebenen Bildungs- und Kulturpolaritäten und der Umgang damit. Sie helfen, die Welt in ihrer polaren Verflochtenheit wahrnehmen zu können, und bewahren vor zu schnellen, einseitigen Lösungen.[598]

7.9.2.3 Handlungskompetenz

Bliebe diakonische Kompetenz auf Wahrnehmungs- und Deutungsfähigkeit begrenzt, wäre es keine diakonische Kompetenz. Zur Handlungskompetenz gehört eine *Einstellung* diakonischer Hilfsbereitschaft im Alltag, idealerweise die Freude an diakonischer Wirklichkeitsgestaltung. Positiv beeinflusst werden davon allgemeine Einstellungen und Fähigkeiten wie beispielsweise das Pflegen hilfsbereiter und wertschätzender Umgangsformen, die Fähigkeit, Konflikte nicht nur zu erkennen und zu analysieren, sondern auch anzusprechen und »partnerschaftlich zu lösen«[599]. Es gehören zur Handlungskompetenz methodische *Kenntnisse* sowohl praktisch-fachlicher Art, wie sie für das konkrete Praxisfeld gebraucht werden, als auch übergreifender Natur (z.B. das Wissen um sinnvolle Kommunikations- und Arbeitsabläufe[600]), so dass

---

[597] S.o. Kapitel 7.3, insbesondere Kapitel 7.3.1.1.

[598] Die Darstellung der und der Umgang mit den Polaritäten muss natürlich altersgemäß angepasst werden.

[599] Gramzow 2010, S. 578.

[600] Gramzow 2010, S. 578.

der Betreffende aus einem möglichst breiten Handlungsrepertoire auswählen kann. Schließlich geht es nicht nur um das Wissen um Methoden und Handlungsalternativen, sondern auch um konkrete diakoniepraktische *Fähigkeiten* (z. B. Teamfähigkeit). Handlungskompetent sein heißt, sich aus praktischer Erfahrung heraus und mit den aus praktischer Erfahrung heraus erworbenen Fähigkeiten als handlungsfähig erleben.

Ebenfalls zur Handlungskompetenz gehört die Fähigkeit, diakonische Anliegen zu kommunizieren. Kommunikation ist bereits der erste Schritt der Weltgestaltung.

Für besonders wichtig erachte ich auch Kenntnisse und Fertigkeiten bez. der Handlungsmotivation. Hier liegt ein Schlüssel, der die Tür vom Deuten zum Handeln aufschließt.

7.9.2.4 Diakonische Kompetenz als Strukturkompetenz

Diakonische Kompetenz und allgemeine Kompetenzbereiche sind eng miteinander vernetzt. Wie ist diese Vernetzung nun zu denken? Wie passen diese sich aus dem diakonischen Dreischritt ergebenden Kompetenzbereiche zu denen, die Gronbach oder Gramzow nennen? Und wie passen sie zu den Kompetenzbereichen des baden-württembergischen Bildungsplanes, an dem sich sowohl Gronbach als auch Gramzow orientieren?[601] Wenn sich Kompetenzen vom Spezifischen zum Allgemeinen entfalten, dann wird analog zur spezifisch religiösen Kompetenz der Beitrag der spezifisch diakonischen Kompetenzen zu den Kompetenzbereichen allgemeiner Bildung zu zeigen sein. Dabei lässt sich nicht einer der genannten Kompetenzbereiche diakonischer Bildung einfach einem Kompetenzbereich der allgemeinen Bildung zuweisen. Vielmehr strukturiert die Aufteilung in Wahrnehmungs-, Deutungs- und Handlungskompetenzen jeweils die allgemeinen Kompetenzbereiche. So ist beispielsweise der soziale Kompetenzbereich nicht einfach additiv durch verschiedene Subkompetenzen zu füllen, sondern er konstituiert sich aus dem inneren Zusammenhang der sozialen Wahrnehmungskompetenz, Deutungskompetenz und Handlungskompetenz. Wo einer der Bereiche unterbelichtet bleibt, bleibt der gesamte Kompetenzbereich defizitär. Diakonische Kompetenz ist also eine Kompetenzstruktur – und zwar im doppelten Sinne, indem sie strukturierend auf die allgemeinen Kompetenzbereiche einwirkt, aber auch so, dass sie verschiedene Kompetenzen zu einer diakonierelevanten Kompetenzstruktur zu vereinen im Stande ist.

---

[601] Es ist m. E. kein Zufall, dass die religiöse Kompetenz, wie sie im Bildungsplan für die Grundschule in Baden-Württemberg gefasst ist, im Wesentlichen auch diesen drei Schritten folgt, also von der Wahrnehmung über die Reflexion zur Gestaltung fortschreitet. »Religiöse Kompetenz ist zu verstehen als Fähigkeit, die Vielgestaltigkeit von Wirklichkeit *wahrzunehmen* und theologisch zu *reflektieren*, christliche Deutungen mit anderen zu vergleichen, die Wahrheitsfrage zu stellen und eine eigene Position zu vertreten sowie sich in Freiheit auf religiöse Ausdrucks- und Sprachformen (zum Beispiel Symbole und Rituale) einzulassen und sie *mitzugestalten*.« (Kursive Hervorhebung durch W. B.), Bildungsplan 2004 Grundschule, S. 23.

Wie soll nun mit den Subkompetenzen Gronbachs und Gramzows umgegangen werden? Es scheint naheliegend, die Subkompetenzen innerhalb eines Kompetenzbereichs nach meiner diakonischen Dreifachstruktur zu sortieren. Das hieße beispielsweise im Bereich »Soziale Kompetenz«, dass »Selbst- und Fremdeinschätzung« der Wahrnehmungskompetenz zugeordnet würden. Aber geht es bei der Selbst- und Fremdeinschätzung nicht über die Wahrnehmung hinaus auch um Deutung? Spätestens bei der Teamfähigkeit wäre nicht klar, ob sie in die Wahrnehmungs-, Deutungs- oder Handlungskompetenz einzuordnen wäre. Die im Michelbacher Modell bzw. bei Gramzow additiv aufgeführten Subkompetenzen innerhalb eines Kompetenzbereiches lassen sich nicht mit einer der diakonischen Kompetenzen identifizieren. Vielmehr ist es so, dass auch die Subkompetenzen in sich jeweils dreifach strukturiert sind: Sowohl die Teamfähigkeit als auch die Selbst- und Fremdeinschätzungskompetenz brauchen einen wahrnehmenden, einen reflexiven und einen handelnden bzw. gestaltenden Anteil.

Dies lässt sich am Beispiel der Empathiefähigkeit[602] verdeutlichen. Empathiefähigkeit braucht alle drei genannten Dimensionen: Sie ist erstens Wahrnehmungsfähigkeit, ist die Fähigkeit, intuitiv und einfühlend sein Gegenüber wahrzunehmen. Sie impliziert aber zweitens auch die Fähigkeit, diese intuitive Wahrnehmung zu reflektieren, sie kritisch überprüfen zu können. Drittens meint Empathiefähigkeit auch den Einsatz bzw. den Umgang mit Empathie, also beispielsweise die Fähigkeit, zu entscheiden, wann ich meiner Empathie Raum gebe und wann es besser ist, emotionale Distanz zu halten – und dann die Fähigkeit, auch danach handeln zu können. Zur Handlungsstruktur der Empathiefähigkeit zählt auch die Fähigkeit, sich auch in unangenehmen oder belastenden Situationen zur Empathie zu motivieren. Empathiefähigkeit ist also auch eine Handlungskompetenz.

Der diakonische Dreischritt aus Ansehen, Deuten und Handeln strukturiert also die Kompetenzen weitgehend noch einmal in sich.[603] Es macht an dieser Stelle wenig Sinn, die einzelnen von Gronbach bzw. Gramzow genannten Kompetenzen in ihrer Dreifachstrukturierung aufzufächern. Es entstünde

---

[602] Wie oben in Fußnote 42 beschrieben, hält Gramzow die Empathiefähigkeit m. E. zu Unrecht für nicht förderbar.

[603] Es könnte eingewendet werden, dass diese innere Struktur doch geradezu im Kompetenzbegriff selbst läge. Kompetenz haben hieße doch gerade, die Fähigkeiten und Fertigkeiten, und damit die Möglichkeit zu haben, auf eine wahrgenommene Situation (Wahrnehmen) angemessen (Deuten) zu reagieren (Handeln). Dieser Einwand ist jedoch nur bedingt richtig. Zwar ist die Dreifachstruktur aus Wahrnehmen, Deuten und Handeln im baden-württembergischen Bildungsplan sogar benannt. Leider ist dieser Gedanke aber nicht konsequent durchgehalten, so dass die diakonische Kompetenzstruktur wertvollen Hinweischarakter hat. Insbesondere der Aspekt des Wahrnehmens gerät gerade bei den allgemeinen Kompetenzen aus dem Blick. Die Reihenfolge der »Subkompetenzen« im Michelbacher Lehrplan verrät, dass auch bei den bisherigen diakonischen Kompetenzmodellen die Strukturelemente zwar vorhanden sind, nicht aber in ihrer strukturierten Bezogenheit aufeinander wahrgenommen werden.

ein Kompetenzmodell, das zu komplex und unhandlich würde. Es muss also genügen, die vom diakonischen Dreischritt her entwickelten Grundkompetenzen (Wahrnehmungs-, Deutungs- und Handlungskompetenz) als strukturgebende Kompetenzen immer mitzudenken und im Einzelfall auf die jeweiligen Kompetenzen anzuwenden.

Am Beispiel der Empathiefähigkeit kann über die Dreifachstrukturierung hinaus noch ein Weiteres verdeutlicht werden: Die übergeordneten Kompetenzbereiche scheinen auf den ersten Blick einsichtig und klar konturiert. Tatsächlich aber sind sie nicht wirklich trennscharf.[604] Bei Gronbach und Gramzow wird das Einfühlungsvermögen, also die Empathiefähigkeit, als personale Kompetenz geführt. Per se aber ordnet das Einfühlungsvermögen das Subjekt auf ein Gegenüber. Empathiefähigkeit ist daher wichtiger Bestandteil sowohl personaler als auch sozialer Kompetenz. Von den Bildungspolaritäten Individualisation und Partizipation her wird schnell klar, weshalb das zwingend so sein muss: Selbst und Welt stehen notwendig in einem polaren Beziehungs- bzw. Spannungsverhältnis. Personale Kompetenzen sind immer zugleich auch soziale Kompetenzen und umgekehrt. Personale Kompetenzen erwachsen aus sozialen Erfahrungen. Soziale Kompetenzen wachsen nur mit der Person! Wenn ich also beispielsweise die Teamfähigkeit (soziale Kompetenz) fördern will, sollte ich mein Augenmerk nicht nur auf die Förderung sozialer Kompetenzen richten, sondern auch auf die Förderung relevanter personaler Kompetenzen wie beispielsweise die Fähigkeit, selbständig (sic!) zu arbeiten und Verantwortung zu übernehmen.

Auch die übrigen Kompetenzbereiche haben Überschneidungsbereiche – wie beispielsweise die hermeneutischen und die kommunikativen Kompetenzen oder die ästhetischen und die hermeneutischen. So handelt es sich bei den Kompetenzbereichen m. E. nicht um klar abgrenzbare Bereiche, sondern vielmehr um Hinsichten, um Perspektiven, unter denen die verschiedenen Subkompetenzen zusammengefasst werden.

7.9.2.5 Zusammenfassung: Diakonische Kompetenz als Strukturkompetenz – Kompetenzmatrix diakonischer Bildung

Diakonische Kompetenz kann (das legt schon der polare Bildungsbegriff nahe) nicht als zu den übrigen Kompetenzen separater Kompetenzbereich begriffen werden, sondern als mit ihnen zusammenhängend. Diese Einsicht bestimmt bereits das Michelbacher Kompetenzmodell. Diakonische Kompetenz trägt in ihrer dreifachen Struktur dem diakonischen Dreischritt aus Ansehen, Deuten und Handeln Rechnung und ist als Wahrnehmungskompetenz, als Deutungskompetenz und als Handlungskompetenz zu beschreiben. Diakonische Kom-

[604] Ähnlich sehen diese Trennunschärfe auch die Verfasser des baden-württembergischen Bildungsplanes, die sich darum »einer Festlegung der Bestandteile und ihrer Gewichtung« bewusst enthalten. Bildungsplan 2004 Grundschule, S. 12. Vgl. die identische Formulierung des Überblickes über die Bildungsstandards in den entsprechenden Bildungsplänen für das Gymnasium und die Realschule.

petenz ist ihrerseits strukturgebend für die übrigen Kompetenzbereiche und sorgt für eine wichtige Differenzierung.

		Diakonische Kompetenzstruktur								
		Wahrnehmungskompetenz			**Deutungskompetenz**			**Handlungskompetenz**		
		Kenntnis: zuwendendes, erbarmendes, liebendes Ansehen Christi	*Fähigkeit:* tiefenscharfes Sehen	*Einstellung:* Zuwendung, Erbarmen, Liebe	*Kenntnis:* biblisches, praktisches, diakonie- und sozialkundliches Wissen; Bildungs- und Kulturpolaritäten	*Fähigkeit:* diakonische Wirklichkeitskonstruktion: re-, de- und neu konstruieren und kommunizieren	*Einstellung:* Haltung kritisch-konstruktiver Offenheit	*Kenntnis:* Kommunikationstechniken, fachpraktische und methodische Kenntnisse	*Fähigkeit:* Kommunikation, (Selbst-)Motivation	*Einstellung:* Hilfsbereitschaft, Freude an diakon. Wirklichkeitsgestaltung, wertschätzende Umgangsformen
Übergreifende Kompetenzen	Personalkompetenz									
	Sozialkompetenz									
	Sachkompetenz									
	Methodenkompetenz									
	Kommunikative Kompetenz									
	Hermeneutische Kompetenz									
	Ästhetische Kompetenz									
	Ethische Kompetenz									
	Religiöse Kompetenz									

Abb. 10: Kompetenzmatrix diakonischer Bildung

7.9.3 Entfaltung der diakonischen Kompetenzmatrix

Diese Kompetenzmatrix nun vollständig und in allen Details auszuführen, würde zwar der Präzision dienen, zugleich aber eine Überfülle und Komplexität mit sich bringen, die die Orientierungsfunktion der Kompetenzen einschränken würden. Gleichwohl will ich die Kompetenzmatrix zwar nicht umfassend, aber immerhin beispielhaft inhaltlich füllen. Die folgende Darstellung zielt also nicht auf Vollständigkeit. Aber die diakonische Struktur soll für jeden Kompetenzbereich an exemplarischen Subkompetenzen durchdekliniert werden. So kann gezeigt werden, welchen Ertrag die diakonische Kompetenzstruktur in den einzelnen Kompetenzbereichen zu bringen vermag. Abschließend sollen daraufhin in einem tabellarischen Überblick noch einmal alle wesentlichen Subkompetenzen diakonischer Bildung zusammengestellt werden.

7.9.3.1 Personalkompetenz

Personalkompetenz als Wahrnehmungskompetenz

Als zentrale personale Kompetenz, die durch diakonische Bildung gefördert wird, möchte ich die Selbstwahrnehmungskompetenz nennen. Gramzow subsumiert diese Kompetenz unter den sozialen Kompetenzen. Selbstwahrnehmung hat gewiss soziale Bezüge, geht aber nicht darin auf. So gehören zur personalen Kompetenz nicht nur Fähigkeiten und Einstellungen wie Offenheit, Selbständigkeit, Verantwortung, Einsatzfreude etc., sondern vor allem auch die Fähigkeit zur Wahrnehmung dieser Kompetenzen.

Diakonische Bildung fördert darüber hinaus vom Ansehen Christi her die Wahrnehmung des eigenen Selbstwertes genauso wie die Wahrnehmung der eigenen Angewiesenheit auf Zuwendung, Liebe und Erbarmen.

Personalkompetenz als Deutungskompetenz

In engem Zusammenhang mit der Kompetenz der Selbstwahrnehmung steht die Kompetenz der Selbsteinschätzung, also die Fähigkeit, meine Wahrnehmungen zu hinterfragen, zu prüfen und im Kontext zu deuten. Die Kompetenz der Selbsteinschätzung impliziert zweierlei: Zum einen führt sie mich zu einer klugen Auswahl der Kontexte, in denen ich mich bewege. Dies ist in besonderem Maße für die Auswahl der diakonischer Praxisorte relevant. Zum andern regt sie an, über Bildungschancen und -herausforderungen in den betreffenden Bereichen nachzudenken. Nehme ich beispielsweise eine geringe Selbständigkeit wahr, ist über geeignete Möglichkeiten nachzudenken, in denen ich Selbständigkeit entwickeln kann. Die Schwierigkeit hierbei ist, dass, wenn es mir an Offenheit oder Selbständigkeit mangelt, ich nicht ohne weiteres selbst für eine sinnvolle Bildungsmöglichkeit sorgen werde. Hier sind die Lehrer und ggf. die Praxisanleiter als Gegenüber gefragt.

Personalkompetenz als Handlungskompetenz

Diakonische Praxis bietet gute Möglichkeiten, mit und an den eigenen personalen Kompetenzen zu arbeiten. Im Setting diakonischer Praktika ist impliziert, dass Schüler sich mit ihren Fähigkeiten in einem für sie zunächst nicht alltäglichen Kontext verhalten müssen. Durch den Umgang mit unterschiedlichen Menschen (Mitarbeitern, Hilfsbedürftigen, Klienten etc.) gibt es zahlreiche Gelegenheiten, bei denen ganz unmittelbar die personalen Kompetenzen oder Kompetenzdefizite gespiegelt werden. Da die Praktika zeitlich begrenzt sind, werden die Schüler nicht auf Haltungen und Rollen, die sie einnehmen, festgelegt, sondern sie können diese probehalber übernehmen. So ist im Bereich der personalen Kompetenz eine zentrale Handlungskompetenz die Fähigkeit, neue Rollenmodelle auszuprobieren, beim Tun zu erlernen und zu entwickeln. Es wird sich hierbei v. a. um die von Gramzow evaluierten personalen Kompetenzen und Haltungen wie Offenheit, Selbständigkeit, Verantwortung etc. handeln, die durch die Vorgaben bzw. den Rahmen der diakonischen Praxis ausprobiert und gefördert werden.

7.9.3.2 Sozialkompetenz

Sozialkompetenz als Wahrnehmungskompetenz
Gerade für die sozialen Kompetenzen ist eine gute Wahrnehmungskompetenz grundlegend. Die entwicklungspsychologischen Untersuchungen Flavells und Selmans zeigen, wie die soziale Perspektivübernahme soziales Verstehen und Verhalten bestimmt. Eine möglichst weit entwickelte Fähigkeit zur Perspektivübernahme gehört daher zu den grundlegenden sozialen Kompetenzen. Diakonischer Unterricht und v. a. diakonische Praxis fördern diese Kompetenz, weil sie den Schülern Zugang zu Lebensräumen und Lebenswirklichkeiten eröffnen, die ihnen sonst versperrt blieben. Bei der Arbeit mit und an Menschen wird diese Fähigkeit notwendigerweise ständig trainiert.

Gramzow führt die Kompetenz der Selbst- und Fremdeinschätzung als Sozialkompetenz an. Die Selbsteinschätzungsfähigkeit ist zwar zunächst eine personale Kompetenz (s. o.), in ihrem Zusammenhang mit der Fremdeinschätzung aber wird sie zur sozialen Kompetenz. Auch hier geht es um Wahrnehmung, unter anderem um die Fähigkeit zur intuitiven Wahrnehmung.

Sozialkompetenz als Deutungskompetenz
Selbst- und Fremdeinschätzung bedürfen der Reflexion. Im Unterricht, aber auch in Besprechungen mit Praxisanleitern wird die Fähigkeit zu solcher Reflexion gefördert, wenn gemeinsam über das Team, die Rolle des Praktikanten im Team, aber auch über die Begegnungen mit den in einer Einrichtung lebenden Menschen gesprochen wird.

Sozialkompetenz als Handlungskompetenz
Soziale Kompetenz entwickelt und erweist sich nicht am Reißbrett, sondern im Tun. Sozialkompetenz ist darum auch Handlungskompetenz und zeigt sich in der Fähigkeit der Wahl geeigneter Umgangsformen in unterschiedlichen Anforderungssituationen, in der Fähigkeit, sich mit geeigneten Methoden (Methodenkenntnisse) ins Team einzubringen und in der Einstellung, vom Ge-

genüber (sowohl vom Team als auch vom Klienten) eine wertvolle Begegnung zu erwarten.

7.9.3.3 Sachkompetenz

Sachkompetenz als Wahrnehmungskompetenz

Sachkompetenz wird leicht auf eine reine Kenntnis reduziert. Auch Gramzow erliegt teilweise dieser Fehleinschätzung, wenn er vor allem »Inhalte« aufzählt, die kennengelernt bzw. gewusst werden sollen. Sachkompetenz darf sich aber nicht in einer Anhäufung von Kenntnissen erschöpfen. Gleichwohl bedarf es reicher Kenntnisse, damit eine Wahrnehmung der diakonischen Anforderungssituation möglich wird. Wieder zeigt sich die Zirkularität des diakonischen Lernens. In diesem Kontext sind die bei Gramzow auf S. 579 genannten Subkompetenzen relevant – selbst dann, wenn sie empirisch nur schwach nachgewiesen werden konnten.

Sachkompetenz als Deutungskompetenz

Die von Gramzow genannten Subkompetenzen, wie beispielsweise die Subkompetenz »Aufbau der Sozialsysteme und der Diakonie«[605], wurden vermutlich deswegen so schlecht bewertet, weil sie nicht in ihrer Bedeutsamkeit für die Menschen in den Praktikumsorten erkannt und gelernt wurden. Ein pures, kontextloses Erarbeiten solcher Kenntnisse eignet sich zwar für schöne, schematische Darstellungen in Schulbüchern, nicht aber für ein vernetztes, den Erkenntnissen konstruktivistischer Pädagogik Rechenschaft tragendem Lernen. Deuten hat mit Bedeutung zu tun. Mit Bedeutung für den Lernenden bzw. mit Bedeutung für Menschen, die durch die Begegnung in Praktika und diakonischem Engagement bedeutungsvoll für die Lernenden wird.

Sachkompetenz als Handlungskompetenz

Zur Sachkompetenz gehören auch Handlungskompetenzen. Der handelnde Einsatz im Praktikum wird – gewiss je nach Einsatzort sehr unterschiedliche – praktische Fähigkeiten fördern und erschließen. Diese je nach Einsatzort pflegerischen, erzieherischen oder anderen praktisch-diakonischen Fachkompetenzen werden bei Gamzow nicht notiert. Er nennt lediglich manche typisch praktische kommunikative Kompetenz (z. B. »Kommunikations- und Arbeitsabläufe«). Auch die Subkompetenz »Kennenlernen diakonischer Handlungsfelder« zielt nach meinem Verständnis eher auf die Wahrnehmung verschiedener diakonischer Arbeitsfelder als auf ihre spezifischen Techniken. Die spezifisch diakonischen Sachkompetenzen wie z. B. die Technik, wie ich einen Menschen im Rollstuhl eine Stufe hochschiebe oder manche Pflegetechnik sind Kompetenzen, die nicht unberücksichtigt bleiben dürfen. Sie können aufgrund der vielen verschiedenen diakonischen Praktikumsbereiche und Arbeitsfelder

[605] Gramzow 2010, S. 130. Besser wäre es, diese Kompetenz präziser zu beschreiben – als »Kenntnis des Aufbaus der Sozialsysteme und der Diakonie«.

nicht im Einzelnen aufgelistet werden, sollen aber zumindest summarisch als »exemplarische Fachkenntnisse und Fertigkeiten aus diakonisch-sozialen Praxisbereichen« gefasst werden.[606]

7.9.3.4 Methodenkompetenz

Methodenkompetenz als Wahrnehmungskompetenz
Gramzow führt unter seinen methodischen Kompetenzen den Stichpunkt »Wahrnehmungsschulung durch Berichte«[607] auf. Dies ist der Formulierung nach keine Kompetenz, sondern ein Vorgang. Richtig aber ist, dass u. a. durch das Verfassen der Berichte die Wahrnehmungsfähigkeit gefördert wird. Umgekehrt ist eine sowohl empathische als auch präzise und tiefenscharfe Wahrnehmung die Voraussetzung für das Verfassen angemessener Berichte genauso wie für die Präsentation von Referaten, Jahresarbeiten oder das wissenschaftliche Arbeiten im Bereich der Diakonie.

In seiner Evaluation der Kompetenzen erweist sich der Punkt »Planung und Durchführung sozialer Aktivitäten« als nur mäßig durch den Diakonieunterricht gefördert. In jedem Falle fehlt dieser Kompetenz die Berücksichtigung der Wahrnehmung als Voraussetzung für die Planungs- und Durchführungskompetenz. Es ist zu vermuten, dass die negativen Umfragewerte gerade aus dem Mangel einer präzisen Wahrnehmung resultieren.

Methodenkompetenz als Deutungskompetenz
Zur Planungskompetenz, die Gramzow nennt, gehört abgesehen von Fähigkeiten und Kenntnissen im Bereich des Zeitmanagements, die man sowohl für das Verfassen von Arbeiten und Berichten als auch für die Planung sozialer Aktivitäten benötigt, die Fähigkeit, diakonisch zu deuten, d. h. mit Hilfe diakonierelevanter Kenntnisse biblischer wie sozialkundlicher Provenienz diakonisch sowohl zu re- und dekonstruieren als auch zu konstruieren.

Methodenkompetenz als Handlungskompetenz
In den Bereich der Handlungskompetenz fällt die Fähigkeit, in einer dem diakonischen Feld angemessenen Sprache zu formulieren, die nicht in klischeehafte Vorstellungen von Hilfe und Helfern verfällt, die der diakonischen Vorstellung eines gleichberechtigten Gegenübers von Helfer und Hilfsbedürftigen Rechnung trägt und die darüber hinaus den häufig zu Grunde liegenden seelsorglichen Situationen gerecht wird. Hier überschneiden sich einmal mehr methodische und kommunikative Kompetenzen.

Zur Fähigkeit, soziale Aktivitäten durchzuführen, gehören im jeweiligen diakonischen Feld natürlich auch fachpraktische Kenntnisse und Fertigkeiten, darüber hinaus Fähigkeiten aus dem Zeitmanagement und aus dem Bereich

---

606 S. u. S. 262 f.

607 Gramzow 2010, S. 130.

der Teamarbeit. Auch hier wird die enge Vernetzung der verschiedenen Kompetenzbereiche deutlich.

7.9.3.5 Kommunikative Kompetenz

Kommunikative Kompetenz als Wahrnehmungskompetenz
Kommunikative Kompetenz setzt die Fähigkeit voraus, das Gegenüber und sich selbst wahrzunehmen. Wesentlich hierfür sind die Fähigkeit zur Empathie und Einfühlung sowie die Fähigkeit zuzuhören. Eine grundsätzlich offene, zugewandte, aber durchaus kritische Haltung befördert dies. Kenntnisse aus dem Bereich der Psychologie (z. B. Gesprächsführung nach Rogers) fördern solch eine empathische Wahrnehmung (Sek II).

Kommunikative Kompetenz als Deutungskompetenz
Kommunikative Kompetenz impliziert die Fähigkeit, Äußerungen des Gegenübers zu deuten, d. h. rekonstruierend die sinngebenden Kontexte zu erschließen, sie von den diakonischen Kontexten her zu dekonstruieren und von da aus mit dem Gegenüber in einen konstruktiven Prozess einzutreten. Vor allem in den älteren Jahrgängen sind kommunikationstheoretische Kenntnisse (Deutschunterricht) hilfreich. Kenntnisse zum diakonischen Kontext sind für eine angemessene Deutung wesentlich.

Kommunikative Kompetenz als Handlungskompetenz
Die kommunikative Kompetenz erscheint in dieser Matrix doppelt: Zum einen als übergreifende Kompetenz, zum andern als Teil der Handlungskompetenz. Dies ist kein Fehler oder Versehen. Jede einzelne Kompetenz, auch wenn sie Teil der strukturgebenden Kompetenzen ist, ist in sich wieder dreifach strukturiert als Wahrnehmungs-, Deutungs- und Handlungskompetenz. Kommunikative Kompetenz lebt naturgemäß aus der Fähigkeit, die eigene Kommunikation nicht nur wahrzunehmen und zu deuten, sondern auch zu gestalten. Eine wertschätzende Grundhaltung, die sich auch in den Kommunikationsformen widerspiegelt, ist Teil dieser Kompetenz. Zu den kommunikationsfördernden Kompetenzen zählen wiederum Kenntnisse aus dem Bereich der Psychologie. Wieder sei beispielhaft die Gesprächsführung nach Rogers genannt oder aber Kenntnisse und Fertigkeiten der gewaltfreien Kommunikation.

7.9.3.6 Hermeneutische Kompetenz
Der Bereich der hermeneutischen Kompetenz wird bislang in keinem der mir bekannten diakonischen Kompetenzmodelle geführt. Im baden-württembergischen Lehrplan findet sich diese Kompetenz im Bereich des Religionsunterrichtes. Schon allein aufgrund des engen Zusammenhanges zwischen Religionsunterricht und Diakonieunterricht muss diese Kompetenz bedacht werden. Aber auch die diakonische Strukturkompetenz, die Deutungskompetenz, legt es nahe, die hermeneutische als affine Kompetenz zu bedenken.

Hermeneutische Kompetenz als Wahrnehmungskompetenz
Hermeneutik ist die Lehre vom Verstehen. Hermeneutische Kompetenz scheint damit eindeutig dem Bereich des Deutens zuzuordnen zu sein. Wiederum gilt, dass die Wahrnehmung der Deutung vorausgeht. Die Kenntnis diakonischer Texte und Kontexte (biblisch-diakonischer Texte genauso wie diakonischer Fachliteratur oder anderer kultureller Äußerungen aus und über den diakonischen Bereich) wird die Wahrnehmung und damit auch das Verstehen anderer Texte (anderer biblischer Texte genauso wie anderer literarischer Texte) verändern. Die diakonische Lesebrille bewusst aufzusetzen, einen Text ganz bewusst von anderen diakonischen Texten her zu lesen und wahrzunehmen und diese Wahrnehmung als solche zu indentifizieren, das ist die diakonisch-wahrnehmende Seite hermeneutischer Kompetenz. Wiederholter Umgang mit dieser Herangehensweise wird die Bereitschaft oder gar Einstellung fördern, sowohl textliche Wirklichkeiten als auch die Realität selbst diakonisch zu lesen.

Hermeneutische Kompetenz als Deutungskompetenz
Hermeneutische Kompetenz heißt dann entsprechend, Realität und Wirklichkeiten diakonisch zu deuten, also nicht nur wahrzunehmen, sondern sie zunächst rekonstruieren, dekonstruieren und dann (neu) konstruieren zu können. Hierfür ist ein möglichst breiter diakonischer Kenntnisstand anzustreben, wie er von Gramzow unter der Sach- bzw. Fachkompetenz zusammengefasst ist.[608]

Hermeneutische Kompetenz als Handlungskompetenz
Was aber ist der gestaltende Anteil hermeneutischer Kompetenz? Vor allem dürfte die Kommunikation des eigenen, so gewonnenen Wirklichkeitsverständnisses hinzugehören. Hier überschneidet sich die hermeneutische Kompetenz stark mit der kommunikativen. Aber auch die Methodenkompetenzen werden berührt, sind doch gerade Referate, Berichte und wissenschaftliche Arbeiten jeweils getragen vom eigenen hermeneutischen Zugang zum jeweiligen Gegenstand und der dahinterliegenden Realität.

7.9.3.7 Ästhetische Kompetenz

Auch der Bereich ästhetischer Kompetenz, der im baden-württembergischen Bildungsplan als eine der übergreifenden Kompetenzen des Faches Religion aufgeführt wird, soll hier (nicht nur als affine Kompetenz zur Wahrnehmungskompetenz) betrachtet werden. Gronbach und Gramzow lassen diese Kompetenz beiseite. Wird Ästhetik als bloß künstlerisch und darüber hinaus bloß künstlich verstanden, tun sie recht damit. Wird jedoch, wie in dieser Arbeit, ein weiterer ästhetischer Begriff zu Grunde gelegt,[609] dann sollte auf diese Kompetenz nicht verzichtet werden. Auch der Bildungsplan kennt diese Weite,

---

608 Vgl. Gramzow 2010, S. 579.

609 S. o. S. 107 f. und S. 117 f.

wenn er ästhetische Kompetenz definiert »als Fähigkeit, Wirklichkeit, insbesondere Bildende Kunst, Musik und Literatur, sensibel wahrzunehmen, auf Motive und Visionen hin zu befragen und selbst kreativ tätig zu werden«[610]. Es geht bei dieser Kompetenz also um Wirklichkeit insgesamt – mit besonderem Augenmerk auf den Künsten, die je nach Selbstverständnis durchaus selbst Wahrnehmung, verdichtete Interpretation von Wirklichkeit sind. Es läge nahe, den Bereich ästhetischer Kompetenz mit der diakonischen Wahrnehmungskompetenz zu identifizieren. Solch eine Identifikation griffe aber zu kurz. Auch der baden-württembergische Bildungsplan für Religion gliedert sachgerecht diese Kompetenz dreifach in »sensibel wahrnehmen«, »befragen« und »tätig werden«. Es geht also nicht bloß um Kunstrezeption, sondern um Wahrnehmung, Deutung *und* Gestaltung von Wirklichkeit – unter anderem durch die Kunst. In diesem Sinne sind die Kompetenzmodelle von Gronbach und Gramzow um den Bereich der ästhetischen Kompetenz zu ergänzen. Der Beitrag diakonischer Bildung zu dieser Kompetenz liegt nun darin, die ästhetische Kompetenz der Lernenden um die diakonische Perspektive auf die Wirklichkeit hin zu erweitern. Diakonische Bildung erweitert ästhetische Kompetenz um die diakonische Art und Weise, Wirklichkeit (nicht nur, aber auch über die Kunst) wahrzunehmen, zu deuten und zu gestalten.

Im Hinblick auf diese diakonisch-ästhetische Kompetenz sei folgender Hinweis für die Diakoniedidaktik gegeben: Kunst deutet und schafft Wirklichkeit. Darum eignet sie sich auch für ein diakonisches Lernen. Zur Deutung und Konstruktion von »diakonischer« Wirklichkeit sind Werke von Künstlern, die in diakonischen Einrichtungen leben, besonders interessant. Ihre Werke sind ein ganz hervorragender (nicht nur, aber auch didaktischer) Zugang zu diakonischen Wirklichkeiten, zu diakonischer Wirklichkeitsdeutung und Kultur. Zu verweisen wäre beispielsweise auf Werke der Künstler, die in der kreativen Werkstatt der Diakonie Stetten tätig sind. Nicht nur diakonie-historisch von Interesse ist die Sammlung Prinzhorn in Heidelberg.

Ästhetische Kompetenz als Wahrnehmungskompetenz

Der Bildungsplan von Baden-Württemberg beschreibt ästhetische Kompetenz treffend »als Fähigkeit, Wirklichkeit, insbesondere Bildende Kunst, Musik und Literatur sensibel wahrzunehmen«. Der Beitrag diakonischer Bildung zu dieser Kompetenz liegt zunächst darin, die Realität und Wirklichkeiten vom Ansehen Chrisi her und auf sein Ansehen hin anzusehen, stellt also eine Erweiterung des Repertoires an möglichen Perspektiven dar.

Ästhetische Kompetenz als Deutungskompetenz

Zur ästhetischen Kompetenz gehören auch deutende und gestaltende Aspekte. Diakonische Bildung fördert darum darüber hinaus die Fähigkeit und auch die Haltung, dass die Schüler Kunst, Musik und Literatur auch auf ihre »Motive

---

610 Bildungsplan 2004 Gymnasium, S. 25.

und Visionen hin [...] befragen«[611] – wiederum von einer diakonischen Deutungstradition her und auf eine diakonische Wirklichkeit hin.

Ästhetische Kompetenz als Handlungskompetenz
Der Bildungsplan schließt seine Beschreibung ästhetischer Kompetenz mit dem Hinweis darauf ab, dass es dazugehört, »selbst kreativ tätig zu werden«[612]. Ästhetische Kompetenz meint Gestaltungskompetenz. Diakonischer Unterricht sollte daher nicht beim Verfassen von Berichten und Referaten stehen bleiben. Das Verfassen von Gedichten oder Kurzgeschichten, auch das Gestalten im Bereich der Bildenden Kunst ist in seiner (nicht nur für die Lernenden) Wirklichkeit verdichtenden und formenden Wirkung nicht zu unterschätzen. Dieser Aspekt diakonischer Kompetenz legt es besonders nahe, fächerübergreifend zu arbeiten. Der spezifisch diakonische Beitrag zur Förderung dieser Kompetenz wird u. a. darin liegen, dass die Schüler mit einer ganz anderen persönlichen Beteiligung und Betroffenheit, eben von einem persönlich erlebten diakonischen Ernst her gestalten und sich damit ästhetisch bilden. Die Rede vom Ernst schließt im Übrigen die Darstellung von Freude, von Leichtigkeit oder Humor nicht aus, sondern im Gegenteil ein.

7.9.3.8 Ethische Kompetenz

Ethische Kompetenz als Wahrnehmungskompetenz
Wie der Religionsunterricht, so trägt auch diakonischer Unterricht zur Bildung ethischer Kompetenz bei. Der baden-württembergische Lehrplan unterteilt treffend die ethische Kompetenz analog zur diakonischen Kompetenzstruktur. Er beschreibt ethische Kompetenz als die »Fähigkeit, ethische Probleme zu identifizieren, zu analysieren, Handlungsalternativen aufzuzeigen, Lösungsvorschläge zu beurteilen und ein eigenes Urteil zu begründen, um auf dieser Grundlage verantwortlich zu handeln«.[613] Der diakonische Beitrag zur ethischen Kompetenz im Bereich der Wahrnehmung ist der, dass er ethische Probleme aus einer besonderen Warte, vom Ansehen Christi her, identifizieren hilft. Solche Wahrnehmung wird manch ethisches Problem als solches identifizieren, das ansonsten nicht als solches angesehen würde. Diakonische Wahrnehmungskompetenz dient damit als Erweiterung ethischer Perspektiven – wenn auch diese Perspektive sicherlich nicht immer konsensfähig sein wird.

Ethische Kompetenz als Deutungskompetenz
Der Beitrag diakonischer Kompetenz zur ethischen liegt in der besonderen Weise der Deutung von einem spezifischen, dem diakonischen Kontext aus, der sich sowohl in den Kenntnissen biblisch-diakonischer Texte als auch in

---

[611] Bildungsplan 2004 Gymnasium, S. 25.

[612] Bildungsplan 2004 Gymnasium, S. 25.

[613] Bildungsplan 2004 Gymnasium, S. 25.

einer davon geprägten kritischen, aber sozialen und lösungsorientierten Haltung her ergibt. Die Fähigkeit der Wirklichkeitskonstruktion vor diesem Kontext ermöglicht sowohl eine analytisch-kritische als auch konstruktiv-lösungsorientierte Beteiligung am ethischen Diskurs der Gesellschaft.

Ethische Kompetenz als Handlungskompetenz
Ethische Kompetenz impliziert nicht nur ethisches Analysieren und Urteilen, sondern auch verantwortliches Handeln. Hier ist auf Gramzows diakonische Kompetenz »Helfen als ethisches Grundprinzip des Miteinanders in der Gesellschaft«[614] zu verweisen. Es handelt sich dabei um eine Einsicht oder Haltung, die diakonisches Handeln ganz grundsätzlich in das tägliche gesellschaftliche Leben miteinbezieht.

7.9.3.9 Religiöse Kompetenz
Zur religiösen Kompetenz gehört die spirituelle Kompetenz. Auch der baden-württembergische Lehrplan formuliert dies der Sache nach. Er bleibt lediglich hinsichtlich des Begriffes Spiritualität zurückhaltend, wenn er beschreibt, dass zu religiöser Kompetenz gehört, sich »in Freiheit auf religiöse Ausdrucks- und Sprachformen (zum Beispiel Symbole und Rituale) einzulassen und sie mitzugestalten«[615]. Protestantische Spiritualität lebt vom In- und Miteinander aus Wort und Tat. Günter Ruddat spricht in Aufnahme von Dietrich Bonhoeffer vom »ganzheitlichen Zusammenhang von Glauben und Leben, von christlicher Existenz zwischen ›Beten und Tun des Gerechten‹«[616].

Religiöse Kompetenz als Wahrnehmungskompetenz
Spiritualität hat mit Wahrnehmung zu tun, wenn sie nach religiösen Ausdrucks- und Sprachformen sucht. Sie wird diakonisch, wo sie das in der Wahrnehmung derjenigen tut, deren Möglichkeiten zur Teilhabe an gemeinsamen Ausdrucks- und Sprachformen begrenzt ist. Sie wird diakonisch, wo eigene Spiritualität sich öffnet hin zur Sorge für die Seele anderer. Solche seelsorgliche Kompetenz bedarf besonders der Haltung der Zuwendung, des Erbarmens und der Liebe, die dem Ansehen Christi entspringt und entspricht.

---

[614] Gramzow 2010, S. 130.

[615] Bildungsplan 2004 Gymnasium, S. 25.

[616] Ruddat, Günter: Diakonische Spiritualität, in: Ruddat, Günter; Schäfer, Gerhard K. (Hg.): Diakonisches Kompendium, Göttingen 2005, S. 409. Ähnlich auch Götzelmann, Arnd: Auf der Suche nach Religion. Spirituelle Bedarfe diakonischer Bildung, in: Eurich, Johannes; Oelschlägel, Christian (Hg.): Diakonie und Bildung. Heinz Schmidt zum 65. Geburtstag, Stuttgart 2008, S. 210–226 und Lienhard, Fritz: Ausbildung für eine diakonische Spiritualität in Frankreich, in: Eurich, Johannes; Oelschlägel, Christian (Hg.): Diakonie und Bildung. Heinz Schmidt zum 65. Geburtstag, Stuttgart 2008, S. 227–239.

Religiöse Kompetenz als Deutungskompetenz

Aus diakonischer Perspektive ist Spiritualität nie ohne Zeit und Ort. Sie ist keine Methode, sich aus den Bedingungen der Welt herauszulösen, um sich Gott zu nähern. Eine diakonische Spiritualität lebt geradezu aus ihrer Hinwendung zum Menschen. Sie lebt davon, dass sie sich im Gegenüber zu Gott und zum Menschen weiß. Fritz Lienhart formuliert das so: »Unter Berufung auf den ersten Johannesbrief wird die Orientierung der Liebe umgekehrt: Sie wendet sich nicht an Gott, indem sie sich von den irdischen Menschen abwendet. Es geht also nicht darum, dass man sich der anderen – und zwar der Besten unter ihnen – bedient, um sich Gott anzunähern. Die Liebe wendet sich vielmehr an den Menschen, wie er im Licht der Menschwerdung Gottes erscheint, in seiner gebrechlichen Fleischlichkeit. Der Welt lässt sich also nicht absagen.«[617] Solche Spiritualität braucht Weltdeutung, braucht eine Haltung kritisch-konstruktiver Offenheit, die bereit ist und fähig ist, Welt und Menschen auf ihre spirituellen Bedürfnisse, um nicht zu sagen auf ihre spirituelle Not hin zu deuten. Und solche Spiritualität, die ja nicht von der Anonymität der Allgemeinheit, sondern von der Begegnung im Konkreten lebt, braucht die Fähigkeit, auch im Rahmen seelsorglicher, persönlicher Zuwendung die seelischen Bedürfnisse des Gegenübers zu verstehen und zu deuten.

Religiöse Kompetenz als Handlungskompetenz

Spirituelle Kompetenz meint auch die Fähigkeit, Spiritualität Ausdruck zu verleihen, meint die Fähigkeit, Begegnungen auf ihre spirituellen Seiten hin zu gestalten. Seelsorgliche Kompetenz meint genauso nicht nur Wahrnehmungsfähigkeiten und Deutefähigkeiten, sondern auch die Fähigkeiten und Haltungen, derer es bedarf, sowohl für die eigene also auch für die Seele des Gegenübers aktiv zu sorgen. In diesem Zusammenhang ist auf die neueren Entwicklungen der Schulseelsorge hinzuweisen. Christoph Schneider-Harpprecht unterstreicht in seinem Aufsatz zur Schulseelsorge die Bedeutung des Religionsunterrichtes als seelsorgliches Beziehungsangebot.[618] Indem er die Schulseelsorge einordnet als »diakonischer Auftrag der Christen und der Kirche an der Schule«[619], bringt auch er diakonische Bildung und christliche Religionsbildung in engen Zusammenhang. Im Vorschlag Schneider-Harpprechts der »Ermutigung zur Entwicklung von unterstützenden Beziehungen in der Klasse bzw. der Schülerschaft«[620] zeigt sich, dass in solch einem umfangreichen Schulseelsorgeprogramm durchaus auch die Förderung seelsorglicher Kompetenz der Schüler impliziert ist, die sich in der Schule als Handlungskompetenz erproben und bewähren kann.

---

617 Lienhard 2008, S. 234.

618 Vgl. Schneider-Harpprecht, Christoph: Schulseelsorge, in: Eurich, Johannes; Oelschlägel, Christian (Hg.): Diakonie und Bildung. Heinz Schmidt zum 65. Geburtstag, Stuttgart 2008, S. 440.

619 Schneider-Harpprecht 2008, S. 445.

620 Schneider-Harpprecht 2008, S. 440.

7.9.4 Die diakonische Kompetenzmatrix im Überblick

Abschließend seien die wesentlichen Kompetenzen noch einmal im Überblick zusammengefasst. Die folgende Kompetenzmatrix nimmt in modifizierter Form Gramzows überarbeitetes Kompetenzmodell in seinen Subkompetenzen auf. Das Modell ist jedoch um die von mir erarbeiteten Kompetenzbereiche und Subkomptenzen erweitert. Einzelne Subkompetenzen ließ ich fallen, da sie mir entweder nicht zentral genug erschienen oder aber von Gramzow selbst als nicht sehr valide beschrieben wurden. Der Bereich diakonischer Kompetenz wird anders als bei Gramzow als die anderen Bereiche strukturierend aufgefasst, weshalb die diakonischen Subkompetenzen Gramzows im Wesentlichen in der diakonischen Kompetenzstruktur aufgehen.

<table>
<tr><td></td><th colspan="9">Diakonische Kompetenzstruktur</th></tr>
<tr><td></td><th colspan="3">Wahrnehmungs-kompetenz</th><th colspan="3">Deutungs-kompetenz</th><th colspan="3">Handlungs-kompetenz</th></tr>
<tr><td></td><td>Kenntnis: zuwendendes, erbarmendes, liebendes Ansehen Christi</td><td>Fähigkeit: tiefenscharfes Sehen</td><td>Einstellung: Zuwendung, Erbarmen, Liebe</td><td>Kenntnis: biblisches, praktisches, diakonie- und sozialkundliches Wissen; Bildungs- und Kulturpolaritäten</td><td>Fähigkeit: diakonische Wirklichkeitskonstruktion: re-, de- und neu konstruieren und kommunizieren</td><td>Einstellung: Haltung kritisch-konstruktiver Offenheit</td><td>Kenntnis: Kommunikationstechniken, fachpraktische und methodische Kenntnisse</td><td>Fähigkeit: Kommunikation, (Selbst-)Motivation</td><td>Einstellung: Hilfsbereitschaft, Freude an diakon. Wirklichkeitsgestaltung, wertschätzende Umgangsformen</td></tr>
<tr><td>Personal-kompetenz</td><td colspan="9">• Fähigkeit zur Selbsterkenntnis (Wahrnehmung, Deutung und Kenntnis zwischen Selbstwert und Angewiesenheit, zwischen Person und Rolle)
• Haltung der und Fähigkeit zur Offenheit
• Fähigkeit selbständigen Handelns
• Einsatzfreude
• Frustrationstoleranz
• Belastbarkeit
• Zuverlässigkeit
• Toleranz
• diakonische Spiritualität</td></tr>
<tr><td>Sozial-kompetenz</td><td colspan="9">• Fähigkeit zur sozialen Perspektivübernahme
• Fähigkeit zur Selbst- und Fremdeinschätzung
• Empathiefähigkeit
• Teamfähigkeit
• Kooperationsfähigkeit
• Fähigkeit und Haltung eines wertschätzenden Umgangs
• Konfliktfähigkeit</td></tr>
</table>

Sach-kompetenz	• Wahrnehmung von und Auseinandersetzung mit drängenden sozialen Fragen • Verständnis diakonierelevanter Begriffe • Kenntnis des Aufbaus der Sozialsysteme und der Diakonie sowie die Fähigkeit zur kritischen Reflexion darüber • Kenntnis sozialer und diakonischer Einrichtungen, Berufsfelder und Handlungsfelder sowie die Fähigkeit, deren Aufgaben, Chancen und Schwierigkeiten zu beschreiben • Exemplarische Fachkenntnisse und -fertigkeiten aus diakonisch-sozialen Praxisbereichen
Methoden-kompetenz	• Schriftliche und mündliche Ausdrucksfähigkeit • Wissenschaftliches Arbeiten • Präsentationskompetenz • Zeitmanagementkompetenzen • Planungskompetenz
Kommunikative Kompetenz	• Empathiefähigkeit • Fähigkeit zuzuhören • Offene, zugewandte Haltung (vgl. Personalkompetenz) • Kommunikationsfähigkeit und - kenntnisse • Kommunikation eigener Erfahrungen und Vorstellungen (vgl. Personalkompetenz)
Hermeneutische Kompetenz	• Kenntnis diakonierelevanter biblischer Texte und Auslegungen • Fähigkeit, Texte und Kontexte diakonisch zu lesen und zu deuten und sie auf die »Gegenwart und Zukunft hin auszulegen«[621]
Ästhetische Kompetenz	• Fähigkeit, Wirklichkeit in Kunst, Musik und Literatur von der diakonischen Wirklichkeit (und Realität) her wahrzunehmen, zu deuten und zu gestalten
Ethische Kompetenz	• Aufmerksame Haltung für ethische Fragen und Probleme • Fähigkeit zur Wahrnehmung und Identifikation ethischer Problemstellung • Fähigkeit zur Deutung und Analyse ethischer Problemstellungen • Fähigkeit diakonisch-ethisch begründete Handlungsoptionen zu entwickeln • Fähigkeit zu diakonischer Argumentation in ethischen Fragestellungen • Diakonische Einstellung zu ethischen Fragen (z. B. Hilfsbereitschaft als ethisches Grundprinzip)
Religiöse Kompetenz	• Diakonisch-spirituelle Kompetenz • Seelsorgliche Kompetenz • Kenntnis diakonierelevanter Texte der Bibel und der jüdisch-christlichen Tradition und die Fähigkeit, diese zu reflektieren und sie auf die erfahrene Realität und Wirklichkeiten hin auszulegen (vgl. hermeneutische Kompetenz)

Abb. 11: Kompetenzmatrix diakonischer Bildung mit Subkompetenzen

[621] Bildungsplan 2004 Gymnasium, S. 26.

8. Schluss

Diakonisches Lernen ist an vielen Schulen in kirchlicher Trägerschaft längst zu einem festen Bestandteil des schulischen Profils geworden. Dabei erwiesen sich diakonische Praktika als zentraler Schlüssel für solch ein diakonisches Lernen. Ziel dieser Arbeit war es, ausgehend von den vorhandenen Erfahrungen mit diakonischem Lernen an Schulen, die ihren Niederschlag in den wissenschaftlichen Arbeiten um Lothar Kuld, Helmut Hanisch und Heinz Schmidt fanden, einen bildungstheoretischen Grund zu legen, der zum einen den Ort diakonischer Bildung innerhalb der allgemeinen Bildung ausweist und aus dem zum andern Grundvollzüge einer Didaktik diakonischen Lernens erkennbar werden, die den inneren Zusammenhang von Theorie und Praxis, von Unterricht und Diakoniepraktika aufnehmen, begründen und vertiefen.

Wie kann eine diakonische Didaktik begründet werden? So lautete die erste Fragestellung dieser Arbeit. Hierfür wählte ich nach der biblischen Bestimmung dessen, was unter Diakonie und diakonischem Lernen zu verstehen sei, den Weg, mittels der Korrelationsmethode von Paul Tillich, Bildung in ihrer polaren Struktur sowohl aus nichttheologischer als auch aus theologischer Perspektive zu entfalten. Bildung vollzieht sich aus nichttheologischer Perspektive in den horizontalen Spannungsfeldern von Individualisation und Partizipation, von Dynamik und Form sowie von Freiheit und Bedingtheit. Aus theologischer Perspektive erweitern sich diese Spannungsfelder um eine vertikale Dimension, die sich trinitarisch entfalten lässt. Diakonische Bildung erwies sich dabei als sowohl der christlichen wie der allgemeinen Bildung dienend. Diakonische Bildung wurde als wesentlicher und hilfreicher Faktor zur Gestaltung unserer Kultur und Kulturen erkannt, die in den gleichen Polaritäten als spannungsvoll beschrieben werden konnten. An ihrem Beitrag zu einer lebensdienlichen Kultur will Bildung gemessen sein.

Diakonische Bildung – und damit sind wir bei der zweiten Fragestellung dieser Arbeit, welchen Beitrag diakonische zur allgemeinen Bildung und zur Kultur leistet – vermag es, die Pole in den verschiedenen Spannungsfeldern sowohl allgemeiner als auch christlicher Bildung in guter Weise zueinander ins Verhältnis zu setzen. Sie berücksichtigt durch ihre Ausrichtung des an Schulen zunehmend individualisierten Lernens auf soziale bzw. diakonische Felder sowohl die Gemeinschaft als auch das lernende Subjekt (*Individualisation und Partizipation*). Durch das Einüben von Verantwortung und von Engagement für andere schafft sie ein Bewusstsein für den Zusammenhang von *Freiheit und Bedingtheit* – der eigenen genauso wie der von anderen. Diakonische Bildung schult auf der einen Seite die Wahrnehmung von und den bewussten Umgang mit kulturellen Traditionen und Formen, mit Gesetzen und sonstigen Institutionalisierungen. Auf der anderen Seite führt sie in die erstarrte Formen durchbrechende Dynamik in der Geschichte ein und übt einen kreativen

Umgang mit solchen Formen ein. Damit leistet diakonische Bildung einen wesentlichen Beitrag für einen wertvollen Umgang auch mit der dritten Polarität in Bildung und Kultur, der Polarität aus *Dynamik und Form*.

Wie nun sieht eine Didaktik diakonischen Lernens an der Schule in ihren Grundvollzügen aus? Das war die dritte Fragestellung dieser Arbeit. Sämtliche Beispiele und Untersuchungen diakonischen Lernens gaben einen notwendigen Einbezug diakonischer Praxis vor. Wie nun ist der Zusammenhang von Unterricht, von Theorie und diakonischer Praxis zu denken? Die Exegese der Beispielgeschichte vom barmherzigen Samariter und derjenigen Texte des Neuen Testaments, in denen vom Ansehen Christi erzählt wird, erschloss diesen Zusammenhang und ergab als grundlegenden Vollzug diakonischen Handelns und diakonischen Lernens einen Dreischritt bzw. Zirkel aus Ansehen, Deuten und Handeln. Das Ansehen bestimmte sich näher durch vier Momente des Ansehens Christi: Zuwenden, Erbarmen, liebendes Sehen und tiefenscharfe Wahrnehmung. Die Brücke aus solcher Wahrnehmung zum Handeln – und zwar grundsätzlich zum diakonischen Handeln genauso wie zum pädagogischen Handeln der Lehrer – ist der Prozess des Deutens. Dabei ist das Deuten ein aktiver, zeichengebender, zeichen- und damit kulturschaffender Prozess, der in einem ersten Schritt das (unbewusste) Ansehen mit Hilfe der beschriebenen Strukturpolaritäten von Bildung und Kultur bewusstmacht, in einem zweiten Schritt durch Rekonstruktion, Dekonstruktion und Konstruktion diese Wahrnehmung reflektiert, einordnet und entwickelt, um schließlich in einem dritten Schritt pädagogische bzw. diakonische Handlungsoptionen zu erwägen. Von diesem diakonisch-didaktischen Dreischritt aus konnte eine Kompetenzmatrix erarbeitet werden, die die Bedeutung diakonischer Kompetenzen für die Kompetenzen christlicher Religionsbildung und allgemeiner Bildung aufzeigt.

Eine solchermaßen begründete und gefasste Didaktik diakonischen Lernens macht es wünschenswert, dass die bislang vorherrschende Konzentration diakonischer Bildung auf Schulen in kirchlicher Trägerschaft auf Schulen in staatlicher Trägerschaft hin geöffnet wird. In Baden-Württemberg ist mit der Beteiligung des Religionsunterrichts am »Themenorientierten Projekt Soziales Engagement« (TOP SE) an Realschulen bereits ein erster wichtiger Schritt in diese Richtung gemacht worden.[622] Der enge Zusammenhang von Unterricht und Praxis muss dabei weiterhin Beachtung finden und birgt nicht zu überschätzende Chancen für die Erfahrung von Lebensrelevanz der Schule.

Wolfgang Klafki hat gezeigt, dass »nicht etwa nur die Allgemeine Didaktik, sondern nicht weniger z. B. die Fachdidaktiken in einer nicht auflösbaren Beziehung zur Bildungstheorie stehen. Fachdidaktik ohne Beziehung zur Bildungstheorie müßte ein Torso bleiben, da sie in solcher Isolierung ihr eigentliches, nämlich ihr pädagogisches Thema gar nicht zu Gesicht bekäme.«[623]

---

[622] Vgl. Rupp 2006, S. 56–68.

[623] Klafki 1975, S. 89 f.

Bildungstheorie und Fachdidaktik stehen nach Klafki in wechselseitigem Gespräch. Eine Fachdidaktik lässt sich nicht einseitig deduktiv aus einer vorgängig festgelegten Bildungstheorie ableiten. Vielmehr beeinflussen und entwickeln sich Bildungstheorie und Fachdidaktik gegenseitig. Die vorliegende Arbeit befindet sich genau auf dieser Schnittstelle der Kommunikation zwischen Bildungstheorie und diakonischer Fachdidaktik und konnte den inneren Zusammenhang beider erweisen. Mit der Entfaltung des diakonischen Zirkels konnte ein grundlegender fachlich begründeter, methodisch-didaktischer Zugang erarbeitet werden. Eine inhaltliche Durchführung dieses Zirkels, also eine entfaltete, inhaltliche Didaktik konnte im Rahmen meiner Zielstellungen nicht weiter entfaltet werden. Inhaltliche Grundlinien bzw. Grundthemen wurden von Heinz Schmidt und Renate Zitt aber bereits vorgelegt.[624] Diese Grundthemen nun für die einzelnen Schularten und Altersstufen hinsichtlich der dargestellten Grund(voll)züge einer diakonischen Didaktik, namentlich des diakonischen Dreischritts, zu entfalten, wäre eine weiterführende Forschungsaufgabe.

[624] Schmidt, Zitt 2004.

LITERATUR

Monographien und Sammelbände:

Adam, Gottfried; Hanisch, Helmut; Schmidt, Heinz; Zitt, Renate: Unterwegs zu einer Kultur des Helfens. Handbuch des diakonisch-sozialen Lernens, Stuttgart 2006.

Albert, Anika Christina: Helfen als Gabe und Gegenseitigkeit: Perspektiven einer Theologie des Helfens im interdisziplinären Diskurs, Heidelberg 2010.

Arnold, Rolf: Ich lerne, also bin ich: Eine systemisch-konstruktivistische Didaktik, Heidelberg 2007.

Baldermann, Ingo: Einführung in die Biblische Didaktik, Darmstadt 1996.

Baldermann, Ingo: Ich werde nicht sterben, sondern leben. Psalmen als Gebrauchstexte, WdL 7, Neukirchen-Vluyn [2]1994.

Bauer, Joachim: Warum ich fühle, was du fühlst. Intuitive Kommunikation und das Geheimnis der Spiegelneurone, Hamburg [6]2005.

Bayerwaltes, Marga: Große Pause. Nachdenken über Schule, München 2002.

Beck, Helmut; Schmidt, Heinz (Hg.): Bildung als diakonische Aufgabe. Befähigung -Teilhabe - Gerechtigkeit, in Zusammenarbeit mit Antje Fetzer, Christian Oelschlägel und Pamela Barke (Diakonie 6), Stuttgart 2008.

Beck, Ulrich (Hg.): Perspektiven der Weltgesellschaft, Frankfurt a. M. 1998.

Bertram, Hans (Hg.): Gesellschaftlicher Zwang und moralische Autonomie, Frankfurt a. M. 1986.

Bizer, Christoph: Kirchgänge im Unterricht und anderswo. Zur Gestaltwerdung von Religion, Göttingen 1995.

Boehm, Gottfried (Hg.): Was ist ein Bild?, München [2]1995.

Böhme, Gernot: Atmosphäre. Essays zur neuen Ästhetik, Frankfurt a. M.1995.

Bohren, Rudolph: Daß Gott schön werde. Praktische Theologie als theologische Ästhetik, München 1975.

Bollnow, Otto Friedrich: Existenzphilosophie und Pädagogik. Versuch über unstetige Formen der Erziehung, Stuttgart [2]1962.

Bovon, François: Das Evangelium nach Lukas, Bd. 2, EKK III/2, Neukirchen-Vluyn 1996.

Brandt, Wilhelm: Dienst und Dienen im Neuen Testament, Gütersloh 1931.

Buber, Martin: Ich und Du, Heidelberg [11]1983.

Bultmann, Rudolf: Die Geschichte der Synoptischen Tradition, FRLANT 29, Göttingen [10]1995.

Bundesministerium für Bildung und Forschung (Hg.): Bundesbildungsbericht 2011, http://www.bmbf.de/de/544.php (25.6.2011).

Bundesministerium für Bildung und Forschung (Hg.): Zur Entwicklung nationaler Bildungsstandards. Eine Expertise, [2]2003 (BMBF 2003).

Büttner, Gerhard; Dieterich, Veit-Jakobus (Hg.): Die religiöse Entwicklung des Menschen. Ein Grundkurs, Stuttgart 2000.

Chomsky, Noam: Rules and representations, New York 1980.

Collins, John N.: Deacons and the Church. Making connections between old and new, Leominster - Harrisburg 2002.

Collins, John N.: Diakonia. Re-Interpreting the Ancient Sources, New York - Oxford 1990.

Collmar Norbert; Rose, Christian (Hg.): das soziale lernen - das soziale tun. Spurensuche zwischen Diakonie, Religionspädagogik und sozialer Arbeit, Neukirchen-Vluyn 2003.

Dabrock, Peter; Jähnichen, Traugott; Klinnert, Lars; Maaser, Wolfgang (Hg.): Kriterien der Gerechtigkeit. Begründungen - Anwendungen - Vermittlungen. Festschrift für Christofer Frey zum 65. Geburtstag, Gütersloh 2003.

Damon, William; Hart, Daniel: Self-understanding in childhood and adolescence, New York 1988.

Diakonisches Werk der Evangelischen Kirche in Deutschland e.V. (Hg.): Charakteristika einer diakonischen Kultur. Diakonie Texte. Dokumentation 1/2008, Leinfelden-Echterdingen 2008.

Diakonisches Werk der Evangelischen Kirche in Deutschland e.V. (Hg.): Einrichtungsstatistik zum 1. Januar 2008, Leinfelden-Echterdingen 2009.

Dungs, Susanne; Ludwig, Heiner (Hg.): profan - sinnlich - religiös. Theologische Lektüren der Postmoderne. Festschrift für Uwe Gerber, Frankfurt a. M. u. a. 2005.

Eurich, Johannes (Hg.): Diakonische Orientierungen in Praxis und Bildungsprozessen, DWI-Info 37, Heidelberg 2005.

Eurich, Johannes; Oelschlägel, Christian (Hg.): Diakonie und Bildung. Heinz Schmidt zum 65. Geburtstag, Stuttgart 2008.

Evangelische Landeskirche in Baden; Evangelische Landeskirche in Württemberg (Hg.): Freiheit, Gerechtigkeit und Verantwortung. Perspektiven der Evangelischen Landeskirchen für die aktuelle Bildungs- und Schulpolitik in Baden-Württemberg, Karlsruhe - Stuttgart 2008.

Flavell, John H.: Rollenübernahme und Kommunikation bei Kindern, Weinheim 1975.

Fowler, James W.: Faithful Change. The Personal and Public Challenges of Postmodern Life, Nashville 1996.

Fowler, James W.: Stufen des Glaubens. Die Psychologie der menschlichen Entwicklung und die Suche nach Sinn, Gütersloh 2000.

Frey, Christofer u. a. (Hg.): Repetitorium der Ethik. Für Studierende der Theologie, Waltrop ^{2}1996.

Geertz, Clifford: Dichte Beschreibung. Beiträge zum Verstehen kultureller Systeme, Frankfurt a. M. 1987.

Geertz, Clifford: Welt in Stücken. Kultur und Politik am Ende des 20. Jahrhunderts, Wien 1996.

Gestrich, Christof; Wabel, Thomas (Hg.): Gott in der Kultur. Moderne Transzendenzerfahrungen und die Theologie, Beiheft 2006 zur Berliner Theologischen Zeitschrift (BThZ) 23/2006, Berlin 2006.

Gilligan, Carol: Die andere Stimme: Lebenskonflikte und Moral der Frau, München u.a. 1984.

Gnilka, Joachim: Das Evangelium nach Markus, Bd. 1, EKK II/1, Zürich u.a. 1979.

Gnilka, Joachim: Das Evangelium nach Markus, Bd. 2, EKK II/2, Zürich u.a. [2]1986.

Götzelmann, Arnd; Herrmann, Volker u.a. (Hg.): Diakonie der Versöhnung. Ethische Reflexion und soziale Arbeit in ökumenischer Verantwortung. Festschrift für Theodor Strohm, Stuttgart 1998.

Gräb, Wilhelm: Religion als Deutung des Lebens. Perspektiven einer Praktischen Theologie gelebter Religion, Gütersloh 2006.

Gramzow, Christoph: Diakonie in der Schule. Theoretische Einordnung und praktische Konsequenzen auf der Grundlage einer Evaluationsstudie, Leipzig 2010.

Gräb, Wilhelm; Weyel, Birgit (Hg.): Praktische Theologie und protestantische Kultur (PThK 9), Gütersloh 2002.

Hanisch, Helmut; Hoppe-Graff, Siegfried: »Ganz normal und trotzdem König«. Jesus Christus im Religions- und Ethikunterricht, Stuttgart 2002.

Hanisch, Helmut; Schmidt, Heinz (Hg.): Diakonische Bildung. Theorie und Empirie, Heidelberg 2004.

Hanselmann, Paul Gerhardt: Qualitätsentwicklung in der Diakonie – Leitbild, System und Qualitätskultur in dynamischer Wechselwirkung, Stuttgart 2007.

Heinemann, Stefan; Kalbhenn, Julia (Hg.): Being in Ecumenical Discourse on Concepts of Diakonia, DWI-Info Sonderausgabe 4, Heidelberg 2004.

Hentig, Hartmut von: Bildung. Ein Essay, Weinheim – Basel 2004.

Hentig, Hartmut von: Die Schule neu Denken. Eine Übung in pädagogischer Vernunft, Weinheim – Basel, 2003.

Herrmann, Volker (Hg.): Diakonische Aussichten. Festschrift für Heinz Schmidt, DWI-Info 35, Heidelberg 2003.

Herrmann, Volker (Hg.): Diakonische Existenz im Wandel. »*Hephata* – öffne dich«, DWI-Info 39, Heidelberg 2007.

Herrmann, Volker (Hg.): Soziales Leben gestalten. Beispiele und Herausforderungen, DWI-Jahrbuch Bd. 40, Heidelberg 2009.

Herrmann, Volker; Kießling, Sven; Leis, Annette (Hg.): Wege der Diakoniewissenschaft, DWI-Info 30 (1996/1997), Heidelberg 1996.

Herrmann, Volker; Merz, Rainer; Schmidt, Heinz: Diakonische Konturen. Theologie im Kontext sozialer Arbeit. VDWI 18, Heidelberg 2003.

Humboldt, Wilhelm von: Gesammelte Schriften Bd. I: 1785-1795, hg. von Albert Leitzmann, Berlin 1904.

Kaiser, Christel Ruth (Hg.): Diakonie und Schule. Die Hallenser Barbara-Schadeberg-Vorlesungen, Münster 2006.

Kant, Immanuel: Kants Werke, Akademie-Textausgabe. Unveränderter photomechanischer Abdruck des Textes der von der preußischen Akademie der Wissenschaften 1902 begonnenen Ausgabe von Kants gesammelten Schriften, Bd. 4, Berlin 1986.

Kant, Immanuel: Schriften zur Anthropologie, Geschichtsphilosophie, Politik und Pädagogik 1. Werkausgabe Bd. XI, hg. von Wilhelm Weischedel, Frankfurt a.M. 1977.

Kempter, Klaus; Meusburger, Peter (Hg.): Bildung und Wissenschaft, Heidelberger Jahrbücher 49, Heidelberg 2005.

Killen, Melanie; Smetana, Judith G. (Hg.): Handbook of Moral Development, Mahwah - London 2006.

Kirchenamt der EKD (Hg.): Identität und Verständigung. Standort und Perspektiven des Religionsunterrichts in der Pluralität. Eine Denkschrift der Evangelischen Kirche in Deutschland, Gütersloh [5]2000 (EKD 2000).

Kirchenamt der EKD (Hg.): Maße des Menschlichen. Evangelische Perspektiven zur Bildung in der Wissens- und Lerngesellschaft. Eine Denkschrift des Rates der Evangelischen Kirche in Deutschland, Gütersloh [2]2003 (EKD 2003).

Kirchenamt der EKD (Hg.): Herz und Mund und Tat und Leben. Grundlagen, Aufgaben und Zukunftsperspektiven der Diakonie, EKD-Denkschrift Nr. 143, Gütersloh 1998.

Klafki, Wolfgang: Neue Studien zur Bildungstheorie und Didaktik. Zeitgemäße Allgemeinbildung und kritisch-konstruktive Didaktik, Weinheim - Basel [4]1994.

Klafki, Wolfgang: Studien zur Bildungstheorie und Didaktik, Weinheim - Basel 1975.

Kohlberg, Lawrence: Die Psychologie der Moralentwicklung, hg. von Wolfgang Althoff, Frankfurt a.M. 1995.

Korsch, Dietrich: Religion mit Stil. Protestantismus in der Kulturwende, Tübingen 1997.

Kron, Friedrich W.: Grundwissen Pädagogik, München [5]2008.

Kuhmerker, Lisa; Gielen, Uwe; Hayes, Richard L.: Lawrence Kohlberg. Seine Bedeutung für die pädagogische und psychologische Praxis, München 1996.

Kuld, Lothar, Gönnheimer Stefan: Compassion - Sozialverpflichtetes Lernen und Handeln, Stuttgart 2000 (Kuld, Gönnheimer 2000a).

Kunstmann, Joachim: Religion und Bildung. Zur ästhetischen Signatur religiöser Bildungsprozesse, Gütersloh - Freiburg 2002.

Lämmermann, Godwin: Grundriß der Religionsdidaktik, Stuttgart - Berlin - Köln [2]1998.

Lampe, Peter: Die Wirklichkeit als Bild. Das Neue Testament als ein Grunddokument abendländischer Kultur im Lichte konstruktivistischer Epistemologie und Wissenssoziologie, Neukirchen-Vluyn 2006.

Lienhard, Fritz; Schmidt, Heinz (Hg.): Das Geschenk der Solidarität. Chancen und Herausforderungen der Diakonie in Frankreich und Deutschland, VDWI 28, Heidelberg 2006.

Lind, Georg: Moral und Bildung. Zur Kritik von Kohlbergs Theorie der moralisch-kognitiven Entwicklung, Heidelberg 1993.

Lührmann, Dieter: Das Markusevangelium, HNT 3, Tübingen 1987.

Luther, Martin: D. Martin Luthers Werke, Weimar 1883 - 2009.

Luz, Ulrich: Das Evangelium nach Matthäus, Bd. 3, EKK I/3, Neukirchen-Vluyn 1997.

Mead, George Herbert: Geist, Identität und Gesellschaft aus der Sicht des Sozialbehaviorismus, Frankfurt a.M. 1968.

Mead, George Herbert: Mind, self and society, Chicago 1934.

Meier, Gernot: »Und die Götter landen immer wieder ...«. Zukunftsprognostik in neureligiösen UFO-Bewegungen im Medium Internet, Heidelberg 2003.

Meister Eckhart: Werke in zwei Bänden. Sämtliche deutsche Predigten und Traktate sowie eine Auswahl aus den lateinischen Werken (zweisprachige Ausgabe, Übersetzungen von J. Quint u. a.), hg. von Niklaus Largier, Frankfurt a. M. 1993.

Metz, Johann Baptist; Kuld, Lothar; Weisbrod, Adolf: Compassion. Weltprogramm des Christentums. Soziale Verantwortung lernen, Freiburg i. Br. 2000.

Meyer-Blanck, Michael: Vom Symbol zum Zeichen. Symboldidaktik und Semiotik, Hannover 1995.

Miller, Reinhold: Beziehungsdidaktik, Weinheim - Basel [4]1997.

Minnameier, Gerhard: Strukturgenese moralischen Denkens. Eine Rekonstruktion der Piagetschen Entwicklungslogik und ihre moraltheoretischen Folgen, Münster u. a. 2000.

Ministerium für Arbeit und Sozialordnung, Familien und Senioren Baden-Württemberg; Ministerium für Kultus, Jugend und Sport Baden-Württemberg (Hg.): Rahmenplan für die praktische Ausbildung in der Altenpflege in Baden-Württemberg, 2010 (Rahmenplan Altenpflege 2010).

Ministerium für Kultus, Jugend und Sport des Landes Baden-Württemberg: Bildungsplan 2004. Grundschule, Ditzingen 2004 (Bildungsplan 2004 Grundschule).

Ministerium für Kultus, Jugend und Sport des Landes Baden-Württemberg: Bildungsplan 2004. Gymnasium, Ditzingen 2004 (Bildungsplan 2004 Gymnasium).

Ministerium für Kultus, Jugend und Sport des Landes Baden-Württemberg: Bildungsplan 2004. Realschule, Ditzingen 2004 (Bildungsplan 2004 Realschule).

Ministerium für Kultus, Jugend und Sport Baden-Württemberg: Bildungsplan für die Berufsschule, Band XIII Agrarwirtschaft, Heft 2 Forstwirt/Forstwirtin, Schuljahr 1, 2 und 3, Stuttgart 1998.

Ministerium für Kultus, Jugend und Sport Baden-Württemberg: Schulversuch - 41-6622.43/125 vom 17. August 2009. Lehrplan für die Berufsfachschule. Berufsfachschule für Altenpflege. Evangelische Religionslehre/Religionsgeragogik. Schuljahr 1, 2 und 3, http://www.ls-bw.de/bildungsplaene/beruflschulen/bfs/bfs_sonstige/bfs_sch_vers_soz_ pfl/lp_sch_vers_alt_pfl.htm, 2009.

Moebius, Stefan; Quadflieg, Dirk (Hg.): Kultur. Theorien der Gegenwart, Wiesbaden 2006.

Nipkow, Karl Ernst: Bildung als Lebensbegleitung und Erneuerung: kirchliche Bildungsverantwortung in Gemeinde, Schule und Gesellschaft, Gütersloh 1990.

Nipkow, Karl Ernst: Bildung in einer pluralen Welt, Bd. 1. Moralpädagogik im Pluralismus, Güterloh 1998.

Nipkow, Karl Ernst: Bildungsverständnis im Umbruch. Religionspädagogik im Lebenslauf. Elementarisierung, Pädagogik und Religionspädagogik zum neuen Jahrhundert, Bd. 1, Gütersloh 2005 .

Nietzsche, Friedrich: Werke in drei Bänden, Bd. 3, hg. von Karl Schechta, München 1965.

Nünning, Ansgar, Nünning Vera (Hg.): Konzepte der Kulturwissenschaften. Theoretische Grundlagen - Ansätze - Perspektiven. Stuttgart 2003.

Obst, Gabriele: Kompetenzorientiertes Lehren und Lernen im Religionsunterricht, Göttingen [2]2009.

OECD (Hg.): Lernen für die Welt von morgen. Erste Ergebnisse von Pisa 2003, Paris 2004 (OECD 2004).

Oeming, Manfred; Boës Walter (Hg.): Alttestamentliche Wissenschaft und kirchliche Praxis, Berlin 2009.

Oser, Fritz; Gmünder, Paul: Der Mensch – Stufen seiner religiösen Entwicklung, Gütersloh [4]1996.

Piaget, Jean: Das moralische Urteil beim Kinde, Vorwort von Hans Aebli. Aus dem Französischen von Lucien Goldmann, Stuttgart [2]1983.

Platon: ΑΠΟΛΟΓΙΑ ΣΩΚΡΑΤΟΥΣ, in: Platon. Apologie und Kriton. Nebst Abschnitten aus Phaidon, Münster 1967.

Prior, Manfred: MiniMax-Interventionen. 15 minimale Interventionen mit maximaler Wirkung, Heidelberg [7]2007.

Reich, Kersten: Kontruktivistische Didaktik. Lehr- und Studienbuch mit Methodenpool, Weinheim - Basel [4]2008.

Reich, Kersten (Hg.): Methodenpool, in: url: http://methodenpool.uni-koeln.de.

Reich, Kersten: Systemisch-konstruktivistische Pädagogik. Einführung in Grundlagen einer interaktionistisch-konstruktivistischen Pädagogik, Neuwied - Kriftel [4]2002.

Rendtorff, Trutz: Ethik, Bd. 1, Stuttgart [2]1990.

Rest, James R.; Narvaez, Darcia et. al.: Post-conventional moral thinking: A neo-Kohlbergian approach. Mahwah, NJ 1999.

Riedel, Annette: Professionelle Pflege alter Menschen. Moderne (Alten-)Pflegeausbildung als Reaktion auf gesellschaftlichen Bedarf und die Reformen der Pflegeberufe, Marburg 2007.

Robinsohn, Saul B.: Bildungsreform als Revision des Curriculum und ein Strukturkonzept für Curriculumentwicklung, Neuwied [5]1975.

Rousseau, Jean-Jaques: Der Gesellschaftsvertrag, Stuttgart 1966.

Rousseau, Jean-Jaques: Emile oder über die Erziehung, Stuttgart 1965.

Ruddat, Günter; Schäfer, Gerhard K. (Hg.): Diakonisches Kompendium, Göttingen 2005.

Rupp, Hartmut; Scheilke, Christoph Th.; Schmidt, Heinz: Zukunftsfähige Bildung und Protestantismus, Stuttgart 2002.

Schäfer, Gerhard K.; Strohm, Theodor (Hg.): Diakonie – biblische Grundlagen und Orientierungen. Ein Arbeitsbuch zur theologischen Verständigung über den diakonischen Auftrag, VDWI 2, Heidelberg [3]1998.

Schlag, Thomas; Klie, Thomas; Kunz, Ralph (Hg.): Ästhetik und Ethik. Die öffentliche Bedeutung der Praktischen Theologie, Zürich 2007.

Schmidt, Heinz: Leitfaden Religionspädagogik, Stuttgart – Berlin – Köln 1991.

Schmidt, Heinz: Religionsdidaktik. Ziele, Inhalte und Methoden religiöser Erziehung in Schule und Unterricht Bd. 1, Stuttgart – Berlin – Köln – Mainz 1982.

Schmidt, Heinz: Religionsdidaktik. Ziele, Inhalte und Methoden religiöser Erziehung in Schule und Unterricht Bd. 2, Stuttgart - Berlin - Köln - Mainz 1984.

Schmidt, Heinz: Theologie und Ethik in Lernprozessen, Stuttgart 2003.

Schmitz, Hermann: System der Philosophie 3/IV: Das Göttliche und der Raum, Bonn 1977.

Schoberth, Ingrid: Glauben-lernen. Grundlegung einer katechetischen Theologie, Stuttgart 1998.

Schoberth, Ingrid (Hg.): Wahrnehmung der christlichen Religion, Berlin 2006.

Schoberth, Ingrid; Kowaltschuk, Ina (Hg.): »Was sind das für Dinge, die ihr miteinander verhandelt unterwegs?« (Lk 24) - Christologie im Religionsunterricht, Berlin 2010.

Schulz von Thun, Friedemann: Miteinander reden 1. Störungen und Klärungen, Reinbek 2006.

Schweitzer, Friedrich; Englert Rudolf u. a.: Entwurf einer pluralitätsfähigen Religionspädagogik (RPG 1), Gütersloh - Freiburg 2002.

Schweitzer, Friedrich; Nipkow, Karl Ernst; Faust-Siehl, Gabriele; Krupka, Bernd: Religionsunterricht und Entwicklungspsychologie. Elementarisierung in der Praxis, Gütersloh [2]1997.

Sekretariat der Ständigen Konferenz der Kultusminister der Länder in der Bundesrepublik Deutschland (Hg.): Bildungsstandards der Kultusministerkonferenz. Erläuterungen zur Konzeption und Entwicklung, München - Neuwied 2005.

Selman, Robert L.: Die Entwicklung des sozialen Verstehens. Entwicklungspsychologische und klinische Untersuchungen, Frankfurt a. M. 1984.

Spitzer, Manfred: Lernen. Gehirnforschung und die Schule des Lebens, Heidelberg - Berlin 2002.

Strohm, Theodor: Diakonie in der Perspektive der verantwortlichen Gesellschaft. Beiträge zur sozialen Verantwortung der Kirche II. VDWI 16, Heidelberg 2003.

Tillich, Paul: Die religiöse Substanz der Kultur. Schriften zur Theologie der Kultur, Gesammelte Werke Bd. 9, hg. v. Renate Albrecht, Stuttgart 1967.

Tillich, Paul: Systematische Theologie I/II, Berlin - New York [8]1987.

Tillich, Paul: Systematische Theologie III, Berlin - New York [8]1987.

Theißen, Gerd: Zur Bibel motivieren. Aufgaben, Inhalte und Methoden einer offenen Bibeldidaktik, Gütersloh 2003.

Toaspern, Huldreich David: Diakonisches Lernen. Modelle für ein Praxislernen zwischen Schule und Diakonie. Arbeiten zur Religionspädagogik Bd. 32, Göttingen 2007.

Tödt, Heinz Eduard: Säkularisierung und das Problem einer »christlichen Kulturpolitik«, Heidelberg 1980.

Watzlawick, Paul: Wie wirklich ist die Wirklichkeit? Wahn, Täuschung, Verstehen, München [25]1999.

Watzlawick, Paul; Beavin, Janet H.; Jackson, Don D.: Menschliche Kommunikation. Formen, Störungen, Paradoxien, Bern - Stuttgart - Toronto [8]1990.

Weber, Max: Gesammelte Aufsätze und Wissenschaftslehre, Tübingen [7]1988.

Weyer-Menkhoff, Stephan: Wozu wird christliche Religion unterrichtet? Ein Diskurs zur Notwendigkeit ästhetischer Vermittlung, Münster 1999.

Whitmore, John: Coaching für die Praxis, Frankfurt a. M.1994.

Aufsätze:

Adam, Gottfried: Diakonisch-soziales Lernen. Eine Zwischenbilanz in weiterführender Absicht, in: Eurich, Johannes; Oelschlägel, Christian (Hg.): Diakonie und Bildung. Heinz Schmidt zum 65. Geburtstag, Stuttgart 2008, S. 362–375.

Albert, Anika Christina: Die goldene Regel der Bergpredigt und der Kategorische Imperativ Immanuel Kants. Zwei Typen ethischer Regeln, in: Eurich, Johannes (Hg.): Diakonische Orientierungen in Praxis und Bildungsprozessen, DWI-Info 37, Heidelberg 2005, S. 11–43.

Baumert, Jürgen: Deutschland im internationalen Bildungsvergleich, in: Killius, Nelson; Kluge, Jürgen; Reisch, Linda (Hg.): Die Zukunft der Bildung, Frankfurt a. M. 2002, S. 100–150.

Benedict, Hans-Jürgen: Die größere Diakonie: Versuch einer Neubestimmung im Anschluss an John N. Collins, in: Herrmann, Volker; Merz, Rainer; Schmidt, Heinz: Diakonische Konturen. Theologie im Kontext sozialer Arbeit, VDWI 18, Heidelberg 2003, S. 127–135.

Beyer, Hermann W.: διακονέω κτλ, in: Friedrich, Gerhard (Hg.): Theologisches Wörterbuch zum Neuen Testament, Bd. 2 (ThWNT II), Stuttgart 1935, S. 81–93.

Boës, Walter: Das Ansehen Christi. Zugänge zum Christos Diakonos, in: Schoberth, Ingrid; Kowaltschuk, Ina (Hg.): »Was sind das für Dinge, die ihr miteinander verhandelt unterwegs?« (Lk 24) – Christologie im Religionsunterricht, Berlin 2010, S. 43–55.

Boës, Walter: Wirklichkeit neu ausleuchten. Alttestamentliche Texte predigen. In: Oeming, Manfred; Boës Walter (Hg.): Alttestamentliche Wissenschaft und kirchliche Praxis, Berlin 2009, S. 113–123.

Brandenburger, Egon: Taten der Barmherzigkeit als Dienst gegenüber dem königlichen Herrn (Mt 25,31–46), in: Schäfer, Gerhard K.; Strohm, Theodor (Hg.): Diakonie – biblische Grundlagen und Orientierungen. Ein Arbeitsbuch zur theologischen Verständigung über den diakonischen Auftrag, VDWI 2, Heidelberg 31998, S. 297–326.

Carlo, Gustavo: Care-Based and Altruistically Based Morality, in: Killen, Melanie; Smetana, Judith G. (Hg.): Handbook of Moral Development, Mahwah – London 2006, S. 551–580.

Colby, Ann; Kohlberg, Lawrence: Das moralische Urteil: Der kognitionszentrierte entwicklungspsychologische Ansatz, in: Bertram, Hans (Hg.): Gesellschaftlicher Zwang und moralische Autonomie, Frankfurt a. M. 1986, S. 130–162.

Crüsemann, Frank: Das Alte Testament als Grundlage der Diakonie, in: Schäfer, Gerhard K.; Strohm, Theodor (Hg.): Diakonie – biblische Grundlagen und Orientierungen. Ein Arbeitsbuch zur theologischen Verständigung über den diakonischen Auftrag, VDWI 2, Heidelberg 31998, S. 67–93.

Dietzel, Stefan: Zur Entstehung des Diakonats im Urchristentum. Eine Auseinandersetzung mit den Positionen von Wilhelm Brandt, Hermann Wolfgang Beyer und John N. Collins, in: Herrmann, Volker; Merz, Rainer; Schmidt, Heinz: Diakonische Konturen. Theologie im Kontext sozialer Arbeit, VDWI 18, Heidelberg 2003, S. 126–170.

Dressler, Bernhard: Performanz und Kompetenz. Überlegungen zu einer Didaktik des Perspektivenwechsels, ZPT 3/2008, S. 74–88.

Dressler, Bernhard: Performanz und Kompetenz. Thesen zu einer Didaktik des Perspektivenwechsels, in: Theo-Web. Zeitschrift für Religionspädagogik, 6. Jg. (2007), Heft 2, http://www.theo-web.de 2007, S. 27–31.

Dressler, Bernhard: Religiöse Bildung zwischen Standardisierung und Entstandardisierung – Zur bildungstheoretischen Rahmung religiösen Kompetenzerwerbs, in: Theo-Web. Zeitschrift für Relgionspädagogik, 4. Jg. (2005), Heft 2, http://www.theo-web.de 2005, S. 50–63.

Dunderberg, Ismo: Vermittlung statt karitativer Tätigkeit? Überlegungen zu John N. Collins‹ Interpretation von diakonia, in: Herrmann, Volker; Merz, Rainer; Schmidt, Heinz: Diakonische Konturen. Theologie im Kontext sozialer Arbeit, VDWI 18, Heidelberg 2003, S. 171–183.

Engelhardt, Klaus: Für eine Kultur des Erbarmens, in: Metz, Johann Baptist; Kuld, Lothar; Weisbrod, Adolf: Compassion. Weltprogramm des Christentums. Soziale Verantwortung lernen, Freiburg i. Br. 2000, S. 158–160.

Englert, Rudolf: Bildungsstandards für ›Religion‹: Was eigentlich alles wissen sollte, wer solche formulieren wollte. Zeitschrift für Religionspädagogik, 3. Jg. (2004) Heft 2, http://www.theo-web.de 2004, S. 2–13.

Englert, Rudolf: Performativer Religionsunterricht – eine Zwischenbilanz, in: ZPT 3/2008, S. 3–16.

Eurich, Johannes: Zum Personbegriff in der Pflegeethik, in: Herrmann, Volker: Soziales Leben gestalten. Beispiele und Herausforderungen, DWI-Jahrbuch Bd. 40, S. 73–89.

Geertz, Clifford: Dichte Beschreibung. Bemerkungen zu einer deutenden Theorie von Kultur, in: Geertz, Clifford: Dichte Beschreibung. Beiträge zum Verstehen kultureller Systeme, Frankfurt a. M. 1987, S. 7–43.

Gielen, Uwe: Kohlbergs Theorie der moralischen Entwicklung, in: Kuhmerker, Lisa; Gielen, Uwe; Hayes, Richard L.: Lawrence Kohlberg. Seine Bedeutung für die pädagogische und psychologische Praxis, München 1996, S. 31–58.

Götzelmann, Arnd: Auf der Suche nach Religion. Spirituelle Bedarfe diakonischer Bildung, in: Eurich, Johannes; Oelschlägel, Christian (Hg.): Diakonie und Bildung. Heinz Schmidt zum 65. Geburtstag, Stuttgart 2008, S. 210–226.

Gronbach, Reinhart: Diakonisch-soziales Lernen: Ein Curriculum (Das Michelbacher Modell), in: Adam, Gottfried; Hanisch, Helmut; Schmidt, Heinz; Zitt, Renate: Unterwegs zu einer Kultur des Helfens. Handbuch des diakonisch-sozialen Lernens, Stuttgart 2006, S. 94–114.

Gräb, Wilhelm: Praktische Theologie als Praxistheorie protestantischer Kultur, in: Gräb, Wilhelm; Weyel, Birgit (Hg.): Praktische Theologie und protestantische Kultur (PThK 9), Gütersloh 2002, S. 35–51.

Gudjons, Herbert: Pädagogisches Grundwissen. Überblick - Kompendium - Studienbuch, Bad Heilbrunn 102008.

Haas, Hanns-Stephan: Aus-, Fort- und Weiterbildung in der Diakonie, in: Ruddat, Günter; Schäfer, Gerhard K. (Hg.): Diakonisches Kompendium, Göttingen 2005, S. 439-451.

Hanisch, Helmut: Diakonisch-soziales Lernen als Impuls zur Persönlichkeitsentwicklung, in: Adam, Gottfried; Hanisch, Helmut; Schmidt, Heinz; Zitt, Renate: Unterwegs zu einer Kultur des Helfens. Handbuch des diakonisch-sozialen Lernens, Stuttgart 2006, S. 43-55.

Hanisch, Helmut: Religion und diakonisches Handeln aus religionspädagogischer Perspektive, in: Eurich, Johannes; Oelschlägel, Christian (Hg.): Diakonie und Bildung. Heinz Schmidt zum 65. Geburtstag, Stuttgart 2008, S. 376-388.

Hanisch, Helmut; Gramzow, Christoph: Diakonisches Lernen als Schulfach. Ergebnisse einer empirischen Untersuchung, in: Pastoraltheologie Jg. 91, Heft 10, 2002, S. 445-459.

Hanisch, Helmut; Gramzow, Christoph; Hoppe-Graff, Siegfried: Diakonisches Lernen. Konzeptionelle Annäherungen auf empirischer Grundlage, in: Hanisch, Helmut; Schmidt, Heinz (Hg.): Diakonische Bildung. Theorie und Empirie, Heidelberg 2004, S. 76-170.

Herms, Eilert: Art.: Ethik I. Begriff und Problemfeld, in: Betz, Hans Dieter: Religion in Geschichte und Gegenwart. Handwörterbuch für Theologie und Religionswissenschaft (RGG4), Bd. 2, Tübingen 41999, Sp. 1598.

Holtz, Traugott: Christus Diakonos. Zur christologischen Begründung der Diakonie in der nachösterlichen Gemeinde, in: Schäfer, Gerhard K.; Strohm, Theodor (Hg.): Diakonie - biblische Grundlagen und Orientierungen. Ein Arbeitsbuch zur theologischen Verständigung über den diakonischen Auftrag, VDWI 2, Heidelberg 31998, S. 127-143.

Horn, Friedrich Wilhelm: Diakonische Leitlinien Jesu, in: Schäfer, Gerhard K.; Strohm, Theodor (Hg.): Diakonie - biblische Grundlagen und Orientierungen. Ein Arbeitsbuch zur theologischen Verständigung über den diakonischen Auftrag, VDWI 2, Heidelberg 31998, S. 109-127.

Horstmann, Martin: Diakonische Kompetenz, in: Herrmann, Volker (Hg.): Soziales Leben gestalten. Beispiele und Herausforderungen, DWI-Jahrbuch Bd. 40, Heidelberg 2009, S.245-261.

Humboldt, Wilhelm von: Ideen zu einem Versuch, die Grenzen der Wirksamkeit des Staats zu bestimmen, Gesammelte Schriften Bd. I: 1785-1795, hg. von Albert Leitzmann, Berlin 1904, S. 113-319.

Jonas, Dirk: Diakonein - Diakonia - Diakonos. Studien zum Verständnis des Dienstes (»Diakonie«) bei Markus und Lukas, in: Herrmann, Volker; Merz, Rainer; Schmidt, Heinz: Diakonische Konturen. Theologie im Kontext sozialer Arbeit, VDWI 18, Heidelberg 2003, S. 63-126.

Jonas, Hans: Homo Pictor. Von der Freiheit des Bildens, in: Boehm, Gottfried (Hg.): Was ist ein Bild?, München 21995, S. 105-124.

Kant, Immanuel: Beantwortung der Frage: Was ist Aufklärung? in: Schriften zur Anthropologie, Geschichtsphilosophie, Politik und Pädagogik 1. Werkausgabe Bd. XI, hg. von Wilhelm Weischedel, Frankfurt a. M. 1977, S. 53-64.

Kant, Immanuel: Grundlegung zur Metaphysik der Sitten, in: ders.: Kants Werke, Akademie-Textausgabe. Unveränderter photomechanischer Abdruck des Textes der von der preußischen Akademie der Wissenschaften 1902 begonnenen Ausgabe von Kants gesammelten Schriften, Bd. 4, Berlin 1986, S. 387–446.

Klappenecker, Gabriele: Religiöse Wahrnehmung und Deutung als Voraussetzung diakonisch-sozialer Bildung. Das »Michelbacher Modell« als didaktische Herausforderung, in: Eurich, Johannes; Oelschlägel, Christian (Hg.): Diakonie und Bildung. Heinz Schmidt zum 65. Geburtstag, Stuttgart 2008, S. 389–402.

Knoblauch, Hubert: Kultur, in: Gräb, Wilhelm; Weyel, Birgit: Handbuch Praktische Theologie, Gütersloh 2007, S. 126–136.

Kobler von Komorowski, Susanne: Diakonische Identität in der Praxis stationärer Altenhilfe, in: Eurich, Johannes (Hg.): Diakonische Orientierungen in Praxis und Bildungsprozessen, DWI-Info 37, Heidelberg 2005, S. 117–135.

Kohlberg, Lawrence: Dilemma Heinz, in: Büttner, Gerhard; Dieterich, Veit-Jakobus (Hg.): Die religiöse Entwicklung des Menschen. Ein Grundkurs, Stuttgart 2000, S. 64.

Kohlberg, Lawrence: Kognitive Entwicklung und moralische Erziehung, Übersetzt und bearbeitet von Antonia Holtmann, in: Büttner, Gerhard; Dieterich, Veit-Jakobus (Hg.): Die religiöse Entwicklung des Menschen. Ein Grundkurs, Stuttgart 2000, S. 50–63.

Kohlberg, Lawrence: Meine persönliche Suche nach universeller Moral, in: Kuhmerker, Lisa; Gielen, Uwe; Hayes, Richard L.: Lawrence Kohlberg. Seine Bedeutung für die pädagogische und psychologische Praxis, München 1996, S. 21–30.

Kuhmerker, Lisa: Die Förderung der moralischen Entwicklung durch Dilemmadiskussionen, in: Kuhmerker, Lisa; Gielen, Uwe; Hayes, Richard L.: Lawrence Kohlberg. Seine Bedeutung für die pädagogische und psychologische Praxis, München 1996, S. 129–142.

Kuld, Lothar: Bildungsstandards für das Fach Religion: Hintergründe und Anfragen, in: Theo-Web. Zeitschrift für Religionspädagogik, 3. Jg. (2004), Heft 2, http://www.theo-web.de 2004, S. 66–72.

Kuld, Lothar: Dimensionen der Compassion-Initiative, in: Metz, Johann Baptist; Kuld, Lothar; Weisbrod, Adolf: Compassion. Weltprogramm des Christentums. Soziale Verantwortung lernen, Freiburg i. Br. 2000, S. 89–94.

Kuld, Lothar; Gönnheimer, Stefan: Wissenschaftliche Evaluation des Modellversuchs, in: Metz, Johann Baptist; Kuld, Lothar; Weisbrod, Adolf: Compassion. Weltprogramm des Christentums. Soziale Verantwortung lernen, Freiburg i. Br. 2000, S. 122–140.

Kumlehn, Martina: Inszenierte Form und gestaltete Freiheit. Anmerkungen zur Verschränkung von ästhetischen und ethischen Dimensionen in praktisch-theologischen Vollzügen, in: Schlag, Thomas; Klie, Thomas; Kunz, Ralph (Hg.): Ästhetik und Ethik. Die öffentliche Bedeutung der Praktischen Theologie, Zürich 2007, S. 141–148.

Kumlehn, Martina: Irritation und Expression. Zur Bedeutung der phänomenologisch-ästhetischen Dimension für die Entwicklung diakonischer Kompetenz, in: Schlag, Thomas; Klie, Thomas; Kunz, Ralph (Hg.): Ästhetik und Ethik. Die öffentliche Bedeutung der Praktischen Theologie, Zürich 2007, S. 149–164 (Kumlehn 2007a).

Kurt, Ronald: Hans-Georg Soeffner: Kultur als Halt und Haltung, in: Moebius, Stefan; Quadflieg, Dirk (Hg.): Kultur. Theorien der Gegenwart, Wiesbaden 2006, S.185–198.

Lapsley, Daniel K.: Moral Stage Theory, in: Killen, Melanie; Smetana, Judith G. (Hg.): Handbook of Moral Development, Mahwah - London 2006, S. 37-66.

Laubscher, Matthias Samuel: Kultur. I. Religionswissenschaftlich, in: Betz, Hans Dieter (Hg.): Religion in Geschichte und Gegenwart. Handwörterbuch für Theologie und Religionswissenschaft (RGG4), Bd. 4, Tübingen 42001, Sp. 1820 f.

Leonhard, Silke: Das Spiel mit der Form – Dreh- und Angelpunkt performativer Religionsdidaktik?, in: Büchner, Frauke u. a. (Hg.): Zeitschrift für Pädagogik und Theologie. Der Evangelische Erzieher (ZPT) 01/2008, S. 17–30.

Lienhard, Fritz: Corrélation et théologie pratique. Paul Tillich, théologien pratique, in: Dumas, Marc; Hébert, Mireille; Nelson, Douglas (Hg.): Paul Tillich, prédicateur et théologien pratique. Actes du XVIe Colloque International Paul Tillich, Montpellier 2005, S. 95–104.

Lienhard, Fritz: Ausbildung für eine diakonische Spiritualität in Frankreich, in: Eurich, Johannes; Oelschlägel, Christian (Hg.): Diakonie und Bildung. Heinz Schmidt zum 65. Geburtstag, Stuttgart 2008, S. 227–239.

Luther, Martin: An die Radherrn aller stedte deutsches lands: das sie Christliche schulen auffrichten und hallten sollen, 1524, WA 15, S. 15–53.

Luther, Martin: Eine Predigt Mar Luther, das man kinder zur Schulen halten solle, 1530, WA 30, S. 508–588.

Luther, Martin: Von der Freyheyt eynisz Christen menschen, 1520, WA 7, S. 20–38.

Meier, Gernot: Religion meets Internet. Plädoyer für einen differenzierten Umgang mit einem neuen Forschungsfeld, in: Berliner Theologische Zeitschrift, 23. Jahrgang, Heft 2/2006, Berlin 2006, S. 277–284.

Meier, Gernot: Religionen im Internet – Variantenreiches Christentum!, Veröffentlichung auf der Website der Evangelischen Landeskirche in Baden, www.ekiba.de, abgerufen am 3.12.2009.

Metz, Johann Baptist: Compassion. Zu einem Weltprogramm des Christentums im Zeitalter des Pluralismus der Religionen und Kulturen, in: Metz, Johann Baptist; Kuld, Lothar; Weisbrod, Adolf: Compassion. Weltprogramm des Christentums. Soziale Verantwortung lernen, Freiburg i. Br. 2000, S. 9–18.

Metz, Johann Baptist: Die Autorität der Leidenden. Compassion - Vorschlag zu einem Weltprogramm des Christentums, in: Süddeutsche Zeitung (SZ), Nr. 296, 24/25/26.12.1997, S. 57.

Michaelis, Wilhelm: Art. ὁράω, εἶδον, βλέπω, † ὀπτάνομαι, † θεάομαι, †θεορέω, in: Friedrich, Gerhard (Hg.): Theologisches Wörterbuch zum Neuen Testament, Bd. 5 (ThWNT V), Stuttgart 1954, S. 316–368.

Mühling, Markus: Mut zur Weite der Vernunft. Thesen zum Verhältnis von Vernunft, Glaube, der universitas scientiarum und zum Dialog der Kulturen aus reformatorischer Sicht, in: Dohmen, Christoph: Die »Regensburger Vorlesung« Papst Benedicts XVI. im Dialog der Wissenschaften, Regensburg 2007, S. 100–110.

Naurath, Elisabeth: Die emotionale Dimension ethischer Bildung in der Sekundarstufe I, in: KatBl 132 (2007), S. 26–28.

Nietzsche, Friedrich: »Über die Zukunft unserer Bildungsanstalten«, in: Nietzsche, Friedrich: Werke in drei Bänden, Bd. 3, hg. von Karl Schechta, München 1965, S. 175–264.

Piaget, Jean: Die Entwicklung des Solidaritätsgeistes und des Gerechtigkeitsbegriffs beim Kind, in: Bertram, Hans (Hg.): Gesellschaftlicher Zwang und moralische Autonomie, Frankfurt a. M. 1986, S. 125–129.

Piaget, Jean: Die moralische Entwicklung von Jugendlichen in primitiven und »modernen« Gesellschaften, in: Bertram, Hans (Hg.): Gesellschaftlicher Zwang und moralische Autonomie, Frankfurt a. M. 1986, S. 118–124.

Piaget, Jean: Die moralische Regel beim Kind, in: Bertram, Hans (Hg.): Gesellschaftlicher Zwang und moralische Autonomie, Frankfurt a. M. 1986, S. 106–117.

Rest, James R.; Narvaez, Darcia et. al.: A Neo Kohlbergian Approach to Morality Research, in: Journal of Moral Education Vol. 29, No. 4, 2000, S. 381–395.

Robertson, R.: Glokalisierung: Homogenität und Heterogenität in Raum und Zeit, in: Beck, Ulrich (Hg.): Perspektiven der Weltgesellschaft, Frankfurt a. M. 1998, S. 192–220.

Roloff, Jürgen: Zur diakonischen Dimension und Bedeutung von Gottesdienst und Herrenmahl, in: Schäfer, Gerhard K.; Strohm, Theodor (Hg.): Diakonie – biblische Grundlagen und Orientierungen. Ein Arbeitsbuch zur theologischen Verständigung über den diakonischen Auftrag, VDWI 2, Heidelberg 31998, S. 186–202.

Ruddat, Günter: Diakonische Spiritualität, in: Ruddat, Günter; Schäfer, Gerhard K. (Hg.): Diakonisches Kompendium, Göttingen 2005, S. 407–420.

Rupp, Hartmut; Knapp, Angela; Dammann, Christoph: Diakonisch-soziales Lernen, Service Learning und gesellschaftliche Verantwortung, in: Adam, Gottfried; Hanisch, Helmut; Schmidt, Heinz; Zitt, Renate: Unterwegs zu einer Kultur des Helfens. Handbuch des diakonisch-sozialen Lernens, Stuttgart 2006, S. 56–68.

Schmidt, Heinz: Christoph Gramzow, Diakonie in der Schule. Theoretische Einordnung und praktische Konsequenzen auf der Grundlage einer Evaluationsstudie, EVA, Leipzig 2010, 636, in: Zeitschrift für Pädagogische Theologie. Der Evangelische Erzieher (ZPT) 62. Jg., [4]2010, S. 293–295.

Schmidt, Heinz: Diakonische Bildung als Konstruktion von Wissen und Werten. Didaktische Anregungen aus konstruktivistischer Sicht, in: Herrmann, Volker (Hg.): Diakonische Existenz im Wandel. »Hephata - öffne dich«, DWI-Info 39, Heidelberg 2007, S. 111–122.

Schmidt, Heinz: Diakonische Bildung und die Schule der Zukunft, in: Lienhard, Fritz; Schmidt, Heinz (Hg.): Das Geschenk der Solidarität. Chancen und Herausforderungen der Diakonie in Frankreich und Deutschland, VDWI 28, Heidelberg 2006, S. 228–235 (Schmidt 2006a).

Schmidt, Heinz: Diakonisches Lernen – diakonische Bildung, in: Ruddat, Günter; Schäfer, Gerhard K. (Hg.): Diakonisches Kompendium, Göttingen 2005, S. 421–438 (Schmidt 2005a).

Schmidt, Heinz: Diakonisches Lernen und Mission, in: Heinemann, Stefan; Kalbhenn, Julia (Hg.): Being in Ecumenical Discourse on Concepts of Diakonia, DWI-Info Sonderausgabe 4, Heidelberg 2004, S. 90-99.

Schmidt, Heinz: Diakonisches Lernen: Grundlagen, Kontexte und Formen, in: Rupp, Hartmut; Scheilke, Christoph Th.; Schmidt, Heinz: Zukunftsfähige Bildung und Protestantismus, Stuttgart 2002, S. 155–168.

Schmidt, Heinz: Diakonisches Lernen: Grundlagen, Kontexte, Motive und Formen, in: Hanisch, Helmut; Schmidt, Heinz (Hg.): Diakonische Bildung. Theorie und Empirie, Heidelberg 2004, S. 9–28.

Schmidt, Heinz: Gerechtigkeit und diakonisches Lernen, in: Dabrock, Peter; Jähnichen, Traugott; Klinnert, Lars; Maaser, Wolfgang (Hg.): Kriterien der Gerechtigkeit. Begründungen – Anwendungen – Vermittlungen. Festschrift für Christofer Frey zum 65. Geburtstag, Gütersloh 2003, S. 413–428 (Schmidt 2003a).

Schmidt, Heinz: Gerechtigkeit und Liebe im Dienst der Versöhnung. Zum Ethos diakonischen Handelns und Lernens, in: Collmar, Norbert; Rose Christian (Hg.): das soziale lernen – das soziale tun. Spurensuche zwischen Diakonie, Religionspädagogik und sozialer Arbeit, Neukirchen-Vluyn 2003, S. 27–38 (Schmidt 2003).

Schmidt, Heinz: Mit anderen Augen sehen - Impulse für ein diakonisches Bildungsverständnis, in: Dungs, Susanne; Ludwig, Heiner (Hg.): profan - sinnlich - religiös. Theologische Lektüren der Postmoderne. Festschrift für Uwe Gerber, Frankfurt a. M. u. a. 2005, S. 343–348.

Schmidt, Heinz: Zukunftsperspektiven von Schule und Diakonie, in: Kaiser, Christel Ruth (Hg.): Diakonie und Schule. Die Hallenser Barbara-Schadeberg-Vorlesungen, Münster 2006, S. 52–64.

Schmidt, Heinz; Zitt, Renate: »Fürs Leben lernen« - Diakonisch-soziale Lernprozesse und die Frage nach einem diakonischen Bildungsbegriff, in: Herrmann, Volker (Hg.): Diakonische Aussichten. Festschrift für Heinz Schmidt, DWI-Info 35, Heidelberg 2003, S. 220–236.

Schmidt, Heinz; Zitt, Renate: Fürs Leben lernen: Diakonisches Lernen - diakonische Bildung, in: Hanisch, Helmut; Schmidt, Heinz (Hg.): Diakonische Bildung. Theorie und Empirie, Heidelberg 2004, S. 56–75.

Schneider-Harpprecht, Christoph: Schulseelsorge, in: Eurich, Johannes; Oelschlägel, Christian (Hg.): Diakonie und Bildung. Heinz Schmidt zum 65. Geburtstag, Stuttgart 2008, S. 432–446.

Schoberth, Ingrid: Wahrnehmung der christlichen Religion und das Glauben-lernen, in: Schoberth, Ingrid (Hg.): Wahrnehmung der christlichen Religion, Berlin 2006, S. 110–117.

Schoberth, Ingrid: »Wie man in der Welt menschlich sein und bleiben kann«. Der Beitrag religiöser Bildung in der Postmoderne, in: Kempter, Klaus; Meusburger, Peter (Hg.): Bildung und Wissenschaft, Heidelberger Jahrbücher 49 (2005), Heidelberg 2005, S. 97–125.

Schubert, Britta von: Caritas-Diakonie-Projekte an der E. v. Thadden-Schule Heidelberg. Absichten und Erfahrungen, in: Herrmann, Volker; Kießling, Sven; Leis Annette (Hg.): Wege der Diakoniewissenschaft, DWI-Info 30 (1996/1997), Heidelberg 1996, S. 59–61.

Schubert, Britta von: Grundkurs Diakonie. Ein Konzept diakonischen Lernens in der Oberstufe des Gymnasiums, in: Glaube und Lernen, Jg. 15, Heft 1/2000, S. 88–98.

Schubert, Britta von: Diakonisches Lernen in der Schule. Überblick über Projekte Sozialen Lernens, in: Frenz, Michaela; Herrmann, Volker; Joas, Uwe; Leis, Annette (Hg.): Diakoniewissenschaft heute - Zwischenbilanz und Perspektive, DWI-Info 31 (1997/98), Heidelberg 1997, S. 107–110.

Schwöbel, Christoph: Wiederverzauberung der Welt? Die Transzendenzen der Kultur und die Transzendenz Gottes, in: Gestrich, Christof; Wabel, Thomas (Hg.): Gott in der Kultur. Moderne Transzendenzerfahrungen und die Theologie, Beiheft 2006 zur Berliner Theologischen Zeitschrift (BThZ) 23/2006, Berlin 2006, S. 58–86.

Shimizu, Hidetada: Japanese Adolescent Boys' Senses of Empathy (Omoyari) and Carol Gilligan's Perspectives on the Morality of Care: A Phenomenological Approach, in: Culture & Psychology, Vol. 7(4), London - Thousand Oaks, CA - New Delhi 2001, S. 453–475.

Smetana, Judith G.: Social-Cognitive Domain Theory: Consistencies and Variations in Children's Moral and Social Judgments, in: Killen, Melanie; Smetana, Judith G. (Hg.): Handbook of Moral Development, Mahwah - London 2006, S. 119–154.

Soeffner, Hans-Georg: Kulturmythos und kulturelle Realität(en), in: ders.: Gesellschaft ohne Baldachin. Über die Labilität von Ordnungskonstruktionen, Weilerswist 2000, S. 153–179.

Sperth, Fritz: Eine Schule nicht nur zum Lernen. Das Beispiel der Hauptschule Innenstadt Tübingen (HSI), in: Lehren und Lernen, 32. Jg., 5/6 2006, S. 3–36.

Sperth, Fritz: Eine Schule nicht nur zum Lernen: Ein integriertes System von Hilfen zum Lernen – zur Lebensbewältigung – zur Erziehung, in: Beck, Helmut; Schmidt, Heinz (Hg.): Bildung als diakonische Aufgabe. Befähigung – Teilhabe – Gerechtigkeit, in Zusammenarbeit mit Antje Fetzer, Christian Oelschlägel und Pamela Barke (Diakonie 6), Stuttgart 2008, S. 213–251.

Starnitzke, Dierk: Die Bedeutung von diakonos im frühen Christentum, in: Herrmann, Volker; Merz, Rainer; Schmidt, Heinz: Diakonische Konturen. Theologie im Kontext sozialer Arbeit, VDWI 18, Heidelberg 2003, S. 184–212.

Strohm, Theodor: Diakonie zwischen Gemeindepraxis und sozialstaatlicher Wirklichkeit. Zeitgeschichtliche Herleitungen – Theologische Perspektiven, in: ders.: Diakonie in der Perspektive der verantwortlichen Gesellschaft. Beiträge zur sozialen Verantwortung der Kirche II, VDWI 16, Heidelberg 2003, S. 120–146.

Strohm, Theodor: Diakonie: Zukunftsperspektiven und Lernaufgaben, in: ders.: Diakonie in der Perspektive der verantwortlichen Gesellschaft. Beiträge zur sozialen Verantwortung der Kirche II, VDWI 16, Heidelberg 2003, S. 147–156.

Theißen, Gerd: Die Bibel diakonisch lesen: Die Legitimitätskrise des Helfens und der barmherzige Samariter, in: Schäfer, Gerhard K.; Strohm, Theodor (Hg.): Diakonie – biblische Grundlagen und Orientierungen. Ein Arbeitsbuch zur theologischen Verständigung über den diakonischen Auftrag, VDWI 2, Heidelberg 31998, S. 376–401.

Theißen, Gerd: Die Rede vom großen Weltgericht (Mt 25,31-46). Universales Hilfsethos gegenüber allen Menschen? in: Götzelmann, Arnd; Herrmann, Volker u. a. (Hg.): Diakonie der Versöhnung. Ethische Reflexion und soziale Arbeit in ökumenischer Verantwortung. Festschrift für Theodor Strohm, Stuttgart 1998, S. 61–70 (Theißen 1998b).

Theißen, Gerd: Universales Hilfsethos im Neuen Testament? Mt 25,31-46 und Lk 10,25-37 und das christliche Verständnis des Helfens, in: Glaube und Lernen 15. Jg., [1]2000, Göttingen 2000, S. 22–37.

Thierfelder, Jörg: Diakonisches Lernen und Lebensbilder, in Glaube und Lernen 15. Jg., [1]2000, Göttingen 2000, S. 4–10.

Thoma, Stephen J.: An Overview of the Minnesota Approach to Research in Moral Development, in: Journal of Moral Education Vol. 31, No. 3, 2002, S. 225-245.

Thoma, Stephen J.: Research on the Defining Issues Test, in Killen, Melanie; Smetana, Judith G. (Hg.): Handbook of Moral Development, Mahwah - London 2006, S. 67-93.

Tillich, Paul: Über die Grenzen von Religion und Kultur, in: Tillich, Paul: Die religiöse Substanz der Kultur. Schriften zur Theologie der Kultur, Gesammelte Werke Bd. 9, hg. v. Renate Albrecht, Stuttgart 1967, S. 94-99 (Tillich 1967).

Tillich, Paul: Über die Idee einer Theologie der Kultur, in: Tillich, Paul: Die religiöse Substanz der Kultur. Schriften zur Theologie der Kultur, Gesammelte Werke Bd. 9, hg. v. Renate Albrecht, Stuttgart 1967, S. 13-31 (Tillich 1967a).

Turiel, Elliot: Thought, Emotions, and Social Interactional Processes in Moral Development, in: Killen, Melanie; Smetana, Judith G. (Hg.): Handbook of Moral Development, Mahwah - London 2006, S. 7-36.

Tzscheetzsch, Werner; Wittmann, Petra: »Was soll ich dir tun?«. Diakonisches Lernen - (nicht nur) im Religionsunterricht, in: Entwurf 1/2009: Gustav Werner, Seelze 2009, S. 32-36.

Walker, Lawrence J.: Gender and Morality, in: Killen, Melanie; Smetana, Judith G. (Hg.): Handbook of Moral Development, Mahwah - London 2006, S. 93-115.

Weber, Max: Die ›Objektivität‹ sozialwissenschaftlicher und sozialpolitischer Erkenntnis, in: ders.: Gesammelte Aufsätze und Wissenschaftslehre, Tübingen 71988, S. 146-214.

Weinert, Franz E.: Vergleichende Leistungsmessung in Schulen - eine umstrittene Selbstverständlichkeit, in: Weinert, Franz E. (Hg.): Leistungsmessungen in Schulen. Weinheim - Basel 2001, S. 17-31.

Weisbrod, Adolf; Kuhn, Franz; Hirsch, Friedrich: Compassion - Ein Praxis- und Unterrichtsprojekt sozialen Lernens: Menschsein für andere, in: Engagement. Zeitschrift für Erziehung und Schule, Münster 1994, H. 2-3, S. 268-307.

Weiser, Alfons: διακονέω, EWNT I, Stuttgart [2]1992, Sp. 726-732.

Zenkert, Georg: Art. Bildung, in: Betz, Hans Dieter (Hg.): Religion in Geschichte und Gegenwart. Handwörterbuch für Theologie und Religionswissenschaft (RGG4), Bd. 1, Tübingen [4]1998, Sp. 1577-1587.

Zilleßen, Dietrich: Religionspädagogik zwischen Ästhetik und Ethik. Diskussionspunkte, in: Schlag, Thomas; Klie, Thomas; Kunz, Ralph (Hg.): Ästhetik und Ethik. Die öffentliche Bedeutung der Praktischen Theologie, Zürich 2007, S. 81-94.

Lexika und Wörterbücher

Aland, Kurt; Aland, Barbara (Hg.): Griechisch-deutsches Wörterbuch zu den Schriften des Neuen Testaments und der frühchristlichen Literatur von Walter Bauer, Berlin - New York [6]1988.

Betz, Hans Dieter (Hg.): Religion in Geschichte und Gegenwart. Handwörterbuch für Theologie und Religionswissenschaft (RGG4), Tübingen [4]1998-2007.

Friedrich, Gerhard (Hg.): Theologisches Wörterbuch zum Neuen Testament, Bd. 5, (ThWNT 5), Stuttgart 1954.

Gemoll, Wilhelm: Griechisch-Deutsches Schul- und Handwörterbuch, München - Wien [9]1988.

Gräb, Wilhelm; Weyel, Birgit: Handbuch Praktische Theologie, Gütersloh 2007.

Websites

http://www.bildungshaus-diakonie.de (23.6.2011).

http://www.bmbf.de/de/544.php (25.6.2011).

http://www.diakonie-laka.de/angebote/hospizdienstettlingenprogramm.php (23.6.2011).

http://www.ekd.de/glauben/abc/diakonie.html (23.6.2011).

http://www.ekiba.de (3.12.2009).

http://www.ls-bw.de/bildungsplaene/beruflschulen/bfs/bfs_sonstige/bfs_sch_vers_soz_pfl/lp_sch_vers_alt_pfl.htm, (23.6.2011).

http://www.theo-web.de.

Abkürzungen

Die im Text vorkommenden Abkürzungen folgen den Vorschlägen Betz, Hans Dieter (Hg.): Religion in Geschichte und Gegenwart. Handwörterbuch für Theologie und Religionswissenschaft (RGG[4]) Bände 1-8 + Register, Tübingen [4]1998-2007.